Wissenschaftliche Beiträge
aus dem Tectum Verlag

Reihe Politikwissenschaft

Wissenschaftliche Beiträge
aus dem Tectum Verlag

Reihe Politikwissenschaft
Band 83

Reinhard Hildebrandt
Simone Lück-Hildebrandt

Herrschaft und Beherrschung

Hegemoniale Formationen – Strukturelle Gewalt in der Gesellschaft

Tectum Verlag

Reinhard Hildebrandt / Simone Lück-Hildebrandt
Herrschaft und Beherrschung
Hegemoniale Formationen – Strukturelle Gewalt in der Gesellschaft
Wissenschaftliche Beiträge aus dem Tectum Verlag,
Reihe: Politikwissenschaft; Bd. 83

ISBN: 978-3-8288-4351-6
ePDF: 978-3-8288-7302-5
ePub: 978-3-8288-7303-2
ISSN: 1861-7840

Umschlaggestaltung: Tectum Verlag

Druck und Bindung: CPI buchbücher.de, Birkach
Printed in Germany

Besuchen Sie uns im Internet
www.tectum-verlag.de

MIX
Papier aus verantwortungsvollen Quellen
FSC® C083411

Bibliografische Informationen der Deutschen Nationalbibliothek
Die Deutsche Nationalbibliothek verzeichnet diese Publikation in der Deutschen Nationalbibliografie; detaillierte bibliografische Angaben sind im Internet über http://dnb.d-nb.de abrufbar.

Inhaltsverzeichnis

1 Einleitung

Der norwegische Friedensforscher Johan GALTUNG erweiterte 1969 die klassische Definition von „Gewalt" (violence) um das Konzept der „strukturellen Gewalt" (structural violence). In diesem Konzept wird nicht mehr nur das „destruktive Handeln eines Täters oder einer Tätergruppe" behandelt, sondern die Form von Gewalt, die in der Gesellschaft systemisch wirkt und durch die menschliche Grundbedürfnisse *in der Weise* beschränkt werden, dass die potentielle Entfaltung der Individuen eingeschränkt ist. Das betrifft alle Formen der Diskriminierung, die ungleiche Verteilung von Einkommen und Bildungschancen, die Behinderung emanzipatorischer Bestrebungen sowie die Beeinträchtigung von Lebenserwartung. Gewalt wird in dieser umfassenden Definition nicht mehr konkreten personalen Akteuren zugerechnet. Sie unterminiert anonym alle Werte, Normen, Institutionen, Diskurse sowie Prozesse, wodurch sich die Strukturen einer Gesellschaftsformation herausbilden. Der Ansatz von Galtung enthält zwei wesentliche Prämissen: die Deskription von struktureller Gewalt und zugleich die Beschreibung für ihre Bekämpfung im Sinne einer „präskriptiven Politik". Nur die Abwesenheit von struktureller Gewalt ermöglicht es den Menschen, vorwiegend auf selbstbestimmte Weise ihr individuelles Glück zu suchen und hierbei weder die Würde noch die Rechte anderer Gesellschaftsmitglieder zu berühren bzw. in Frage zu stellen. Unter der Zielsetzung einer „Soziologie des Friedens", mit der „Gewalt aus den Strukturen" genommen wird, entwickelt Galtung ein theoretisches Instrumentarium, mit dem die vielfältigen Ausprägungen von Gewalt in sozialen Interaktionen empirisch erfasst werden können. (Naakow Grent-Hayford und Victoria Scheyer/ Galtung-Institut, Strukturelle Gewalt verstehen [Working Papers G-I-WP-2016-06SG.pdf]). Die Frage, warum – angesichts umfänglicher empirischer Befunde – eine weitere Aufarbeitung struktureller Gewalt von Nöten ist, verlangt eine Antwort.

Galtungs Zielsetzung, mit Hilfe der empirischen Befunde in der Lage zu sein, eine Prognose zu formulieren und vor allem eine entsprechende Therapie zur Bekämpfung der strukturellen Gewalt zu entwickeln, weist schon einen Weg zur Beantwortung. Galtungs Ansatz, der sich am Ziel orientiert, strukturelle Gewalt aus den Interaktionssystemen herauszunehmen, verdeckt die Möglichkeit, davon auszugehen, dass in jeder Gesellschaftsformation unabänderlich strukturelle Gewalt enthalten ist. Analysiert werden muss, welches Maß an struktureller Gewalt das gesellschaftliche Ganze in seinem Fortbestand bedroht oder – im Gegenteil – sogar erhält. Wenn beispielsweise Untergeordnete als Gegner behandelt werden, d.h. Äußerungen ihrer Unzufriedenheit nur noch mit Argumenten begegnet wird, die die Unterordnung konservieren, vielleicht sogar institutionalisieren, wandelt sich das bis dahin existierende Verhältnis zwischen Über- und Untergeordneten in ein Herrschafts-Beherrschungsverhältnis, in dem der demokratische Diskurs nicht mehr stattfindet. Zur Entdeckung solcher Formen struktureller Gewalt werden in der folgenden Arbeit gesellschaftliche Diskursformationen auf ihren Demokratiegehalt analysiert.

Untersucht wird, wie das Zusammenspiel zwischen autonomen Einheiten (einzelne Individuen, bestimmte nach unterschiedlichen Ziele konstituierte Gruppen) funktioniert, so dass aus ihrem zunächst formlosen Gegenhalt ein strukturiertes Ganzes wird, in dem der Staat entscheidend dazu beiträgt, den Fortbestand der Gesellschaft zu gewährleisten. Die theoretische Grundlage für diese Perspektive ergibt sich aus der kritischen Auseinandersetzung mit Hegels „Phänomenologie des Geistes", mit dem poststrukturalistischen Ansatz von Jacques Derrida und den diskurstheoretischen Schriften von Chantal Mouffe und Erneste Laclau. Der Rolle des Staates wird in diesem strukturierten Ganzen sowohl theoretisch als auch konkret über die gesamte Analyse hinweg ein besonderer Stellenwert eingeräumt.

In einem weiteren Schritt wird die Rolle struktureller Gewalt sowohl in konservativen wie progressiven Rechtfertigungsvarianten beleuchtet. Auch hier steht zugleich immer die Frage im Zentrum, in welcher Weise der Staat daran beteiligt ist, strukturelle Gewalt auf ein Maß zu beschränken, das allen gesellschaftlichen Akteuren genügend Raum zur Entfaltung diskursiver Formationen gegeben wird. Anders formuliert: Ist der Staat ein „marktkonformer Staat" (Stiglitz), eventuell sogar Motor weltweit tätiger hegemonialer Formationen oder garantiert er Entfaltungsräume für möglichst viele gesellschaftlich engagierte Individuen und Gruppierungen. Thomas Piketty gelangte z.B. in seinem Buch „Das Kapital im 21. Jahrhundert" zu folgendem Schluss: „Die Geschichte von Einkommen und Vermögen ist immer hochpolitisch, chaotisch und unvorhersehbar. Alles hängt davon ab, was die Menschen als gerecht ansehen und wie sie durch Politik Einfluss nehmen" (zit. von Kolja Rudzio, Lebte schon Jesus im Kapitalismus? Die Zeit, 05.06.14). Als nicht gerecht sehen die Autoren an, dass die Ungleichheit bei der Vermögensverteilung dramatisch wächst. Und ebenso wenig sehen sie den zunehmenden Einfluss privilegierter Eliten als gerecht an. Bereits in seinem 2008 erschienenen Buch „Postdemokratie" konstatierte schon Colin Crouch: „Während die demokratischen Institutionen formal weiterhin vollkommen intakt sind (und heute sogar in vielerlei Hinsicht weiter ausgebaut werden), entwickeln sich politische Verfahren und die Regierungen zunehmend in eine Richtung zurück, die typisch war für die vordemokratischen Zeiten. Der Einfluss privilegierter Eliten nimmt zu, in der Folge ist das egalitäre Projekt zunehmend mit der eigenen Ohnmacht konfrontiert." (Aus dem Englischen übersetzt von Nikolaus Gramm, Frankfurt am Main, 2008, zitiert bei Claus Leggewie, Was nach der Demokratie kommt, Die Zeit, 26.06.08).

Diesem Kapitel schließt sich die Auseinandersetzung mit der marxistisch orientierten Kritik von Narr/Schubert an. Die Ansicht, dass die immer stärkere Unterwerfung der Beherrschten zur totalen Herrschaft der Herrschenden – bis hin zur Herrschaft der Herrschenden über sich selbst – führen wird und dass somit dem kapitalistischen Staat der Verlust seiner Existenzgrundlage droht, hält jedoch einer kritischen Analyse nicht Stand.

Die Behandlung anderer Ansätze, in denen dem Staat in der Erhaltung des strukturierten Ganzen eine konstruktivere Rolle zugewiesen wird, folgt diesem Kapitel. Jene Darstellungen behandeln jedoch oftmals nur Einzelaspekte. Sie beschreiben weder den vielschichtigen Prozess, in den alle Akteure sowie auch der Staat stets eingebunden bleiben, noch beziehen sie die Ergebnisoffenheit fast aller gesellschaftlich relevanter Entscheidungen in ihre Analysen ein.

Die bis zu diesem Punkt weitgehend theoretisch geführte Auseinandersetzung mit dem Phänomen der strukturellen Gewalt wird in drei Schritten konkretisiert:

1. in der von den USA inszenierten Globalisierungsstrategie zur Erhaltung ihrer führenden Weltmachtposition – mit der Folge der dadurch ausgelösten Finanzkrise als weltweit funktionierende strukturelle Gewalt;
2. in der neoliberalen Wende in der Bundesrepublik Deutschland ab den 2000er Jahren, die zu den Hartz I- bis Hartz IV-Gesetzen führte und entscheidend zur zunehmenden Entfremdung sowie zum rechtslastigen Populismus weiter Teile der Bevölkerung beitrug;
3. in der Darstellung und Analyse struktureller Gewalt in der DDR. Sie zeigt zum einen, dass ein Zuviel an struktureller Gewalt die bestehende Gesellschaftsformation in den Untergang führen kann. Zum anderen arbeitet sie heraus, dass die nach der friedlichen Revolution stattfindende rigorose Vereinnahmung der DDR durch die Bundesrepublik Deutschland eine neue Form struktureller Gewalt gegenüber der DDR-Bevölkerung zur Folge hatte und bei ihr einen noch stärkeren rechtslastigen Populismus – als in der ehemaligen Bundesrepublik – hervorrief.

Zusammenfassend kann Folgendes festgehalten werden: Mit Hilfe des Analyseinstruments „strukturelle Gewalt“ können machtdurchsetzte gesellschaftliche Prozesse, die je nach Grundkonstitution der Gesellschaften verschieden sind, durchaus offengelegt und bewusst gemacht werden. Lösungsansätze, um die Spaltung oder gar das Zerbrechen des strukturierten Ganzen zu vermeiden, sind aber nicht – wie im friedenspolitisch ausgerichteten Konzept von Galtung – integrativer Teil dieser Analyse, sondern sie können lediglich auf dieser theoretischen Grundlage plausibel formuliert werden.

2 Gesellschaft und strukturelle Gewalt

2.1 Zusammenspiel von autonomer Einheit, Gesellschaft und Staat

Was sich als „Gesellschaft“ und „Staat“ darstellt, ist ein vielgliedriges Ganzes, das sich im ständigen Aufbruch befindet. Es ist das sedimentierte Resultat widerstreitender einzelner wie assoziierter autonomer Einheiten. In ihrer wechselvollen Auseinandersetzung wachsen sie zu artikulatorischen und hegemonialen Formationen heran, die entsprechend ihrer je spezifischen Ausprägung zu unterschiedlichsten Praxen fähig sind. Historisch ist die Entwicklung wahrzunehmen als Abfolge unterschiedlicher sozialer und staatlicher Formen, als Ensemble relativ stabiler sozialer und staatlicher Formen.

In der so verstandenen Gesellschaft als strukturiertem Ganzen vielfältiger artikulatorischer Praxen werden weder die einzelnen noch die assoziierten autonomen Einheiten vollständig von der Fülle der Strukturen beherrscht. Sie bestimmen auch nicht allein das strukturierte Ganze. Vielmehr finden sie in der politischen Auseinandersetzung erst zu ihrer Identität, akkumulieren die zur Neustrukturierung des Ganzen erforderliche Kraft, bestimmen sich auf jeder Stufe neu und gewinnen oder verlieren Einfluss auf andere autonome Einheiten. Der vielgestaltige Verlauf der gesellschaftlichen Transformation dominiert beide: die autonome Einheit wie die Struktur des Ganzen. Er ist in seiner Entwicklungsrichtung nicht im Voraus zu bestimmen. Welche Praxis die vorhergehende ablöst und welche zur hegemonialen Praxis heranwächst, erweist sich erst in der aktuellen politischen Auseinandersetzung.

In einem derart formulierten strukturierten Ganzen kann der in der Selbsterhaltung des Ganzen tätige Staat weder als übergeordnetes Zentrum noch als zentraler Knotenpunkt des strukturierten Ganzen begriffen werden. In seiner Selbsterhaltungstätigkeit unterliegt er gleichfalls dem allgemeinen Horizont der Veränderung. Er passt sich den sowohl komplexer wie auch einfacher werdenden Beziehungsverhältnissen der autonomen Einheiten zeitverzögert an. Da er neben seiner Selbsterhaltungstätigkeit zugleich eine ganz normale autonome Einheit bleibt, muss er – wie jede andere Einheit – auch seine eigene Aktivität in die ständige Suche nach potentiell zerstörerischen Entwicklungen des strukturierten Ganzen einbeziehen. Die Art und Weise, wie der Staat den Gegensatz zwischen seiner Selbsterhaltungstätigkeit und seinen übrigen Aktivitäten auf eine der aktuellen Struktur des Ganzen angemessene Form bringt, vollzieht sich ebenso wie der gesamte Transformationsprozess im Rahmen eines *umfassenden Diskurses*, in dessen einheitsstiftender Sicht sämtliche autonomen Einheiten lediglich als fragmentierte Elemente erscheinen.

2.2 Bestimmung der autonomen Einheiten in- und außerhalb des Diskurses

Weder innerhalb noch außerhalb der diskursiven Struktur treten die autonomen Einheiten als „Wesens"einheiten bzw. als ausschließlich rationale und sich selbst vollkommen transparente Agenten auf. Die ihnen zukommende Eigenschaft ist die eines Elements, dessen endgültige Bedeutung sich aufgrund seiner Überdeterminierung einer abschließenden Fixierung entzieht.

Jacques Derrida hat in „Die Schrift und die Differenz" dargelegt, dass sich die Elemente nie ohne die „diskursive Bedingung des Auftauchens" als Gegenstände konstituieren können, da es kein – alle Differenzen umfassendes – Grundprinzip bzw. keine die unaufhebbare Spannung zwischen dem gedachten „Ding an sich" und seiner vielfältigen Erscheinungsweise (dem unsichtbaren Inneren und dem wahrnehmbaren Äußeren) gibt: „...Diese zentrale Präsenz", schlussfolgerte er, „ist aber niemals sie selbst gewesen, sie ist immer schon in ihrem Substitut über sich selbst hinausgetrieben worden. Das Substitut ersetzt nichts, das ihm irgendwie präexistiert hätte. Infolgedessen musste man sich wohl eingestehen, dass es kein Zentrum gibt, dass das Zentrum nicht in der Gestalt eines Anwesenden gedacht werden kann, dass es keinen natürlichen Ort besitzt, dass es kein fester Ort ist, sondern eine Funktion, eine Art von Nicht-Ort, worin sich ein unendlicher Austausch von Zeichen abspielt. Mit diesem Augenblick bemächtigt sich die Sprache des universellen Problemfeldes. Es ist dies auch der Augenblick, da infolge der Abwesenheit eines Zentrums oder eines Ursprungs alles zum Diskurs wird ... Die Abwesenheit des transzendentalen Signifikats erweitert das Feld und das Spiel des Bezeichnens ins Unendliche." (Jacques Derrida, Die Schrift und die Differenz, Frankfurt/Main 1972, S. 424). Derrida bestreitet die Auffindbarkeit eines „Dings an sich", eines Wesens, das den wahrnehmbaren „Oberflächen"phänomenen zugrunde liegt. Daraus folgt für ihn, dass der flottierende Charakter von Elementen ihre vollständige Überführung in Momente eines Diskurses zu einer uneinlösbaren Aufgabe macht. Vor diesem Problem stand beispielsweise auch schon Hegel, als er in der „Phänomenologie des Geistes" das Selbstbewusstsein zu bestimmen suchte. Entsprechend seiner zugrunde liegenden Denkkategorien kam er jedoch zu einem anderen Endergebnis.[1]

1 Hegel bezeichnete in der Bestimmung des Selbstbewusstseins mit seinen beiden Momenten, dem „Bewusstsein für anderes" und „dem Fürsichsein", das scheinbar „einzelne" der „sinnlichen Gewissheit" als Trugbild. Die in allgemeine Form gefasste sprachliche Bezeichnung einer einzelnen sinnlichen Wahrnehmung berücksichtigt laut Hegel bereits, dass der dem singulären sinnlichen Eindruck zugrunde liegende Gegenstand sich selbst jedem Beobachter auf andere Weise präsentiert und trägt außerdem dem Umstand Rechnung, dass der Gegenstand einem ständigen Veränderungsprozess unterworfen ist und deshalb – streng genommen – dem Beobachter immer andere Zustände seiner selbst zeigt. Der vom (auswärts gerichteten) „Bewusstsein für anderes" zum (in sich gekehrten) „Fürsichsein" transportierte Strom sinnlicher Eindrücke, der einem ständig aktiven, nahezu grenzenlos ausgedehnten Schleppnetz von Beziehungen zur Umwelt gleicht, kann vom Fürsichsein nicht einfach abgeschaltet werden. Seine ständige Präsenz hindert das Fürsichsein, sich als abgeschlossenes zu fixieren. Unter der Voraussetzung zunehmender Differenz – wie sie in einem Prozess des Werdens vorliegt – ist deshalb weder zu irgendeinem Zeitpunkt vollständige Transparenz noch vollkommene Einheit mit sich selbst (Identität) herstellbar. Dieser Zustand tritt für Hegel erst dann ein, wenn die entäußerte „Idee"

Da ein Subjekt nicht identisch ist mit dem Hegelschen Begriff, kann es weder als Einheit und Homogenität des Ensembles seiner Positionen bezeichnet werden noch als Ursprung und Grund der gesellschaftlichen Verhältnisse. In die diskursive Struktur geht es lediglich als Subjektposition ein, die als diskursive Position am offenen Charakter eines jeden Diskurses teilhaben kann. Andererseits bleibt das Feld der Diskursivität unabänderlich dem Bereich der verstreuten Elemente verhaftet, der – aus der Sicht des Diskurses – zwar frei verfügbar scheint, aber dennoch in einer Weise strukturiert sein kann, die von der im Diskurs ausgelegten Elemente nicht adäquat getroffen wird. Mit der Feststellung, dass das Feld der Differenzen nur unvollständig fixierbar ist, entfällt also auch ein umfassendes *Übereinstimmungspostulat* zwischen der Struktur, die sich im Felde der Diskursivität herausbildet, mit derjenigen, die dem Bereich der verstreuten Elemente, die diesem Felde zugrunde liegt, möglicherweise eigen ist. Regelmäßigkeiten in der Verstreuung haben nur einen begrenzten Aussagewert. Die Suche nach unentdeckten Strukturen kann nicht einfach beendet werden, indem man entweder Übereinstimmung postuliert oder Strukturlosigkeit unterstellt. Jedoch führt kein Weg zur unhaltbar gewordenen Prämisse zurück, die Gesellschaft sei als eine selbstdefinierte (und abgeschlossene) Totalität zu begreifen.

2.3 Die artikulatorische Praxis und das Problem der Objektivität

Ein Diskurs ist zunächst nichts anderes als eine artikulatorische Praxis von aufeinander bezogenen Elementen, deren Identität als Resultat ihres Tuns modifiziert wird. Im von Ernesto Laclau und Chantal Mouffe als „strukturierte Totalität" bezeichneten Diskurs werden die artikulierten „differentiellen Positionen" zu „Momenten", während jede nicht diskursiv artikulierte Differenz ein Element ist. Eine „diskursive Formation" (Foucault) ist danach ein Ensemble differentieller Positionen, das sich durch eine „Regelmäßigkeit in der Verstreuung" auszeichnet. Es konstituiert eine Konfiguration, eine „artikulierte diskursive Totalität" (Laclau, Ernesto/ Mouffe, Chantal ›abgekürzt: L/M‹, Hegemonie und radikale Demokratie/Zur Dekonstruktion des Marxis-

vollständig zu sich selbst zurückgekehrt und der – Abgeschlossenheit nur vortäuschende – allgemeine sprachliche Ausdruck endlich erfüllt ist.
Hegel „löst" das Reduktionsproblem (von der Oberfläche zum Wesen und zurück zur Oberfläche) im Sinne seines grundlegenden Denkmusters. Er wählt die Allgemeinheit der sinnlichen Wahrnehmung zum Ausgangspunkt und beginnt mit der Unterteilung in die beiden Momente des „reinen Seins" und des „reinen Nichts". Beide Momente sind – unter Veränderung ihrer positiven bzw. negativen Ladung – vollständig ineinander überführbar, in ihr jeweiliges Gegenteil verkehrbar. Mit einem derart geformten Ausgangspunkt ist der Weg der Reduktion von der sichtbaren Oberfläche zum zugrunde liegenden gedachten Wesen bzw. „Ding an sich" eindeutig und ebenso unterliegt der Weg vom Wesen zurück zu seinen vielfältigen Erscheinungsformen, abgesehen von der stofflichen Auffüllung, keinerlei Zweideutigkeit. Hegels Denken und Begrifflichkeit schließt außerdem unbewusstes, unterbewusstes, sowie unkontrolliertes Verhalten von Subjekten überhaupt nicht oder nur in Vorformen ein. Er kann deshalb für jeden Augenblick sowohl von einer Fixierung des „Fürsichseienden" (Einheit der beiden Momente „Bewusstsein für anderes" und „Fürsichsein") sprechen und zugleich das „Fürsichseiende" als unabgeschlossenes Selbstbewusstsein über sich selbst hinaustreiben (Negation der Negation). Das Subjekt ist sich selbst gleich und ungleich zugleich.

mus, Wien 1989, S. 155f.), in der jede Identität „relational" ist und alle Relationen einen „notwendigen Charakter" haben. Solange die Differenzen insgesamt zunehmen, kann weder die Transformation der Elemente in Momente als abgeschlossen gelten noch darf eine Diskursformation den Anspruch erheben, eine „genähte Totalität" zu sein. Vermehren sich die Differenzen sogar schneller als die Anzahl der „artikulierten diskursiven Totalitäten" (was offenbar der Fall ist), kommt den zahlreichen Diskursformationen nicht so sehr die Rolle des Gegengewichts zu, sondern eher die – salopp ausgedrückt – von „Fettaugen auf der Suppe" der Differenzen, die noch oder erneut keiner präzisen diskursiven Artikulation unterworfen sind.

Die aus den vielfältigen artikulatorischen Praxen hervorgehende Gesamtheit „strukturierter Totalitäten" zeigt sich in ihrem unauflöslichen Verhältnis zum anderen Pol (den „verstreuten Elementen") als dessen negative Kehrseite.[2] Sie wird von diesem, sie symbolisierenden Pol mit einer „Pluralität von Bedeutungen überflutet". Negativität und Objektivität existieren nur durch ihre wechselseitige Subversion; denn in einem Verhältnis totaler Äquivalenz löst sich die „differentielle Positivität" all ihrer Begriffe auf. („Da alle differentiellen Bestimmungen des eines (einen) Poles sich durch ihre negativ-äquivalentielle Referenz auf den anderen Pol aufgelöst haben, zeigt ein jeder von ihnen ausschließlich das, was er nicht ist." L/M, S. 184/185). Dank des unauflöslichen Verhältnisses zum anderen Pol ist weder der Zustand totaler Äquivalenz noch jener der totalen differentiellen Objektivität je ganz erreichbar (L/M, S. 185).

2.4 Die hegemoniale Praxis

2.4.1 Hegemonie – Autonomie (Die artikulatorische Praxis – Autonomie der Elemente)

Die „autonomen Einheiten" sind bis jetzt nur unzulänglich bestimmt worden. An die Stelle des Begriffs „Einheit" ist als Präzisierung bereits der Begriff „Element" (bzw. „Subjektposition" [als Vervielfältigung des in seinem Wesen nicht zu bestimmenden Subjekts]) getreten. Undefiniert blieb bisher noch der Zusatz „autonom". Mit der Absonderung der – aus dem Blickwinkel des Diskurses als „verstreut" wahrgenommenen

2 Die Praxis der Artikulation besteht aus dem Versuch, „Knotenpunkte" zu konstruieren, in denen Bedeutung teilweise fixiert wird. Der partielle Charakter dieser Fixierung ist Folge der Offenheit des Sozialen. Das unendliche Feld der Diskursivität enthält jedoch nicht nur Systeme völlig konstituierter Differenzen, sondern zwischen diesen Diskursformationen befindet sich das weite Feld der noch unpräzisen Artikulation. Sobald Subjektpositionen und Elemente zusammen eine Diskursformation bilden, wandeln sie den Platz des Zwischenfeldes, den sie vorher selbst – als noch unpräzis Artikulierende – eingenommen haben, um. Erst die Vieldeutigkeit dieses Zwischenfeldes „ermöglicht Artikulation als eine Praxis, die Knotenpunkte instituiert, die in einem organisierten Differenzensystem die Bedeutung des Sozialen teilweise fixieren" (L/M, S. 193).
Weil jeder Diskurs das Schicksal teilt, „von einem ihn überflutenden Feld der Diskursivität untergraben" zu werden, und jeder Diskurs akzeptieren muss, dass der Status der Elemente der von „flottierenden Signifikanten" bleibt, die nicht „gänzlich zu einer diskursiven Kette artikuliert" werden können (L/M, S. 165), strebt er wenigstens danach, seine Lebensdauer (auch auf Kosten anderer) zu erhöhen, seinen Anspruch auf (vorläufige) Gültigkeit auch institutionell zu festigen und so nicht nur im Felde der Diskursivität – wenn möglich – auch für andere längerfristig richtungsweisend zu werden.

– Elemente von dem ihnen allen gemeinsamen und durch die Elemente hindurch „sich selbst erhaltenden Lebensstrom" ist diesem gegenüber eine Grenze gezogen worden. Der alles umfassende Lebensstrom zerfällt unmittelbar in eine Vielzahl artikulationsfähiger und -unfähiger Einheiten, und auf dem unendlichen Felde der Diskursivität artikulieren sich einige von ihnen als Subjektpositionen bzw. Elemente. Als aus dem Lebensstrom entstehende und in ihn wieder zurückfallende Elemente haben sie Anteil an seiner Selbsterhaltungskraft. Da ihnen jedoch der Lebensstrom als Vielzahl verselbständigter anderer Elemente gegenübertritt, nehmen sie seine alles umfassende Kraft als je spezifische Selbsterhaltung der sie umgebenden Elemente wahr. Die anderen Elemente erscheinen ihnen in ihrer Vereinzelung als Elemente, die sich selbst erhalten, indem sie sich auf sich selbst beziehen und zugleich im Selbstbezug – als Widerstand gegenüber den vielfältig auf sie einwirkenden Kräften – ihre eigenen Kräfte gegen die anderen setzen bzw. entfalten müssen. Auf diese nach innen wie nach außen wirkende Selbstbezüglichkeit ist ihre Autonomie, die in ihrer artikulatorischen Praxis als unverzichtbares Bedürfnis empfunden wird, letztlich zurückzuführen.

Verstreuung und Autonomie sind nicht einfach gleichzusetzen. Die Verstreuung der Elemente stellt sich ausschließlich unter der Perspektive des Diskurses her. Der Diskurs setzt die Autonomie der Elemente voraus und sagt über deren Herkunft nichts aus. Die Autonomie der Elemente folgt aus ihrer Selbsterhaltung, die ihnen als in vielfältige Subjektpositionen aufgesplitterte und im Wesen nicht bestimmbare Einheiten (Subjekte) erwächst. Sie zeigt sich unter der Bedingung unpräziser Artikulation noch unausgereift, entwickelt sich unter „der diskursiven Bedingung des Auftauchens" zur artikulatorischen Praxis und wird in der Produktion, Distanzierung und Auflösung von Diskursformationen auf dem unendlichen Feld der Diskursivität zur vollen Entfaltung gebracht. Ebenso wenig wie unter fehlender diskursiver Bedingung des Auftauchens der Sprung von der unpräzisen Artikulation zur Bildung von Diskursformationen und damit zu mehr Autonomie vollzogen werden kann, lässt sich die – zu einem bestimmten Zeitpunkt errungene – Autonomie der Elemente erhalten, wenn das Terrain, in dem das Auftauchen ermöglicht wurde, wieder entschwindet. Zur bloßen Erhaltung dieses Terrains bedarf es also bereits seiner ständigen, bis hin zur organisatorischen und institutionellen Absicherung reichenden bewussten Reproduktion. Für das Maß erreich- und verteidigbarer Autonomie ist demnach nicht gleichgültig, wie stark die Kräfte sind, von denen der Versuch unternommen wird, die Autonomie erst gar nicht zur Entfaltung kommen zu lassen oder sie gleich nach ihrem Auftauchen auf die verschiedenste Weise wieder zu untergraben. Innerhalb einer von der Diskursebene bis hin zur handfesten (gesicherten) organisatorischen wie institutionellen Ausdifferenzierung entfalteten hegemonialen Formation ist das von der hegemonisierenden bzw. Vorherrschaft beanspruchenden Seite erkämpfte Maß an Autonomie zweifellos höher als das der hegemonisierten bzw. unterlegenen. Andererseits bricht jede hegemoniale Formation in sich zusammen, wenn die Autonomie der hegemonisierten Seite gänzlich untergraben worden ist.

2.4.2 Die hegemoniale Formation

Jede hegemoniale Formation wird laut Laclau/Mouffe „durch eine Regelmäßigkeit in der Verstreuung konstruiert, und diese Verstreuung schließt eine Vermehrung ganz verschiedener Elemente ein: Systeme von Differenzen, die teilweise relationale Identitäten definieren; Äquivalenzketten (Anzahl gleichwertiger Elemente: d.Verf.), die zwar die letzteren untergraben, nichtsdestoweniger transformatorisch insofern zurückgewonnen werden können, als der Ort des Gegensatzes selbst regelmäßig wird und so eine Differenz bildet; Formen der Überdeterminierung, die entweder Macht oder die verschiedenen Formen von Widerstand gegen sich konzentrieren, und so weiter" (L/M, S. 202). Entscheidend für eine hegemoniale Formation ist die „fortwährende Neudefinition der sozialen und politischen Räume und jener beständigen Prozesse der Verschiebung der inneren Grenzen, die die für gegenwärtige Gesellschaften eigentümliche soziale Spaltung formen. Nur unter diesen Bedingungen erlangen die durch die Logik der Äquivalenz gebildeten Totalitäten hegemonialen Charakter" (L/M, S. 204).

Als konfrontative Artikulation mit antagonistischen artikulatorischen Praxen setzen Laclau/Mouffe zweierlei voraus:

1) Die Konstituierung eines organisierten Systems von Differenzen, in dem die vormals verstreuten Ausgangselemente ganz oder partiell die Form von Momenten einnehmen,
2) Die Herausbildung von Äquivalenzphänomenen und trennenden Grenzeffekten (z.B. Instabilität der sie trennenden Grenzen) auf einem kreuz und quer von Antagonismen[3] durchzogenen Feld.

„Nur die Präsenz eines weiten Bereiches flottierender Elemente und die Möglichkeit ihrer Artikulation zu entgegengesetzten Lagern – was eine ständige Neudefinition der letzteren impliziert – konstituiert" laut Laclau/Mouffe „das Terrain, das uns erlaubt, eine Praxis als hegemonial zu definieren." (L/M, S. 194). Der Bedeutungsüberschuss jener flottierenden Elemente, die sich im Felde der noch unpräzisen Artikulation aufgehalten haben und nunmehr von den antagonistischen Lagern angesogen worden sind, macht auch die Neudefinition der beiden Lager erforderlich. Ihre Identität ist mit der Verschiebung der Grenze zwischen ihnen und zu Lasten des Feldes der noch unpräzisen Artikulation eine andere geworden.

Beide entgegengesetzte Lager profitieren jedoch nicht nur vom Felde der noch unpräzisen Artikulation. Der Zwang zur Neudefinition kann auch dazu führen, dass im System von Differenzen neue Antagonismen mit neuen Äquivalenzketten entste-

3 Zur Anerkennung des Pluralismus: „Wichtig ist, dass Konflikte nicht die Form eines ‚Antagonismus' (Gegensatz:d.Verf.) annehmen (eines Kampfes zwischen Feinden), sondern die eines ‚Agonismus' (einer Auseinandersetzung zwischen Kontrahenten [Streitgespräch, d.Verf.]). (…) Kontrahenten bekämpfen einander, weil sie wollen, dass ihre Interpretation dieser Prinzipien hegemonial wird, stellen aber das legitime Recht ihrer Kontrahenten, für ihre Position zu streiten, nicht infrage. Dieser Widerstreit zwischen Kontrahenten stellt die ‚agonistische Auseinandersetzung' dar, die Grundbedingung einer lebendigen Demokratie ist." Chantal Mouffe, Agonistik – Die Welt politisch denken, edition suhrkamp, 2. Auflage 2016, S. 28/29).

hen, die quer zu den alten stehen und gerade eben noch bzw. bereits nicht mehr dem einen oder anderen Lager zugeordnet werden können oder dass sogar Teile als Bruchstücke in das weite Feld der unpräsisen Artikulation zurücksinken. Für jede soziale Identität gilt, dass sie zum Schnittpunkt einer Vielzahl von artikulatorischen Praxen werden kann, von denen nicht wenige antagonistisch sind.

Laut Laclau/Mouffe ist unter den gegebenen Umständen eine Überbrückung der Kluft zwischen Artikulierendem und Artikulierten bzw. eine vollständige „Interiorisierung" nicht möglich, da die hegemoniale Kraft dem artikulierenden Pol und das Hegemonisierte dem artikulierten zugeordnet ist. Die hegemoniale Formation umfasst das von ihr hegemonisierte Lager bzw. den von ihr hegemonisierten Pol. Bedingung dafür ist allerdings, dass „die entgegengesetzte Kraft das System der grundlegenden Artikulation dieser Formation als das von ihr Negierte akzeptiert, der Ort der Negation jedoch durch die inneren Parameter der Formation selbst definiert ist" (L/M, S. 198). Laclau/ Mouffe streifen in dieser Definition Hegels zweite Bestimmung des „abhängigen Bewusstseins" (den aufopferungsvollen Dienst am „Überich" [dem im Abhängigen versenkten herrschaftlichen Bewusstsein] in ihm und am herrschaftlichen Bewusstsein außer ihm, aber sie verbleiben auf der Ebene der gegenseitigen Anerkennung von Hegemonisierenden und Hegemonisierten und entfalten die Bestimmung nicht weiter. Niklas Luhmann definierte die „Grundstruktur des Kommunikationsmediums Macht" in ähnlicher Form: „...invers konditionierte Kombination von relativ negativ bewerteten und relativ positiven Alternativkombinationen" (Niklas Luhmann, 1988, 2.Aufl.: Macht, Stuttgart, S. 24). Laclau/Mouffe bezeichnen Hegemonie lediglich als einen „Typus von Beziehung, eine Form ... von Politik". „Hegemoniale Knotenpunkte" gebe es viele in gegebenen Gesellschaften. Einige unter ihnen könnten „Verdichtungspunkte einer Anzahl sozialer Beziehungen bilden und somit zum Brennpunkt einer Vielzahl totalisierender Effekte werden" (L/M, S. 198).

2.5 Hegemoniale Formation und Möglichkeiten für strukturelle Gewalt

2.5.1 Unterordnungsverhältnisse

Die Unterwerfung eines sozialen Agenten unter die Entscheidung eines anderen bezeichnen Laclau/Mouffe als Unterordnungsverhältnis: „Ein Unterordnungsverhältnis errichtet nur eine Reihe differentieller Positionen zwischen den sozialen Agenten." (L/M, S. 213). Als Beispiel führen sie die Unterwerfung eines Arbeiters unter die Entscheidung des Unternehmers oder in traditionellen Familienstrukturen die der Frau unter die Entscheidungen des Mannes an. Verwaltung oder die Armee eines Landes beruhen auf Unterordnung. Als ein System von Differenzen, „das jede soziale Identität als Positivität konstruiert", wäre ein Unterordnungsverhältnis die ideale Bedingung für die Beseitigung aller Antagonismen. Sie käme einem „genähten sozialen Raum" gleich, wie ihn Hegel im Herrschafts-Knechtschafts-Verhältnis entwickelt hat (L/M (S. 213). Wenn bei Hegel das Maß der vom Herrn geforderten Unterordnung unter seine Anweisungen mit dem Maß an Dienst(-bereitschaft) des Knechts deckungsgleich ist, kann nicht von Unterdrückung gesprochen werden. Hegel postuliert auch Deckungsgleichheit zwischen dem Maß an Fürsorge des Herrn gegenüber dem Knecht und dem Wunsch des Knechts nach Anerkennung, Schutz und Dankbarkeit durch den Herrn. In einem derart austariertem Herr-Knecht-Verhältnis ist kein Platz für Unterdrückung.

Nicht anders behandelt Niklas Luhmann die Verhaltensweise des Machtunterworfenen: „Der Machtunterworfene wird erwartet als jemand, der sein eigenes Handeln wählt und darin die Möglichkeit der Selbstbestimmung hat…" (Luhmann, a.a.O., S. 21). Sein antizipatives Handeln „bezieht sich nicht nur auf die Reaktionen des Machthabers im Falle der Nichtbefolgung seiner Wünsche, also auf die Vermeidungsstrategien, sondern auch auf die Wünsche selbst. Der Machthaber braucht gar nicht erst zu befehlen, auch seine unbefohlenen Befehle werden schon befolgt. Sogar die Initiative zum Befehl kann auf den Unterworfenen verlagert werden; er fragt nach, wenn ihm unklar ist, was befohlen werden würde." (Luhmann, a.a.O., S. 36).

Anders als im austarierten Verhältnis akkumuliert in einem nicht austarierten das Unterordnungsverhältnis zwar Unmut auf der Seite des Knechts und Anmaßung auf der Seite des Herrn, aber wegen der fehlenden immanenten Infragestellung bleibt es solange lediglich durch potentielle Unterdrückung gekennzeichnet, wie keine dem Unterordnungsverhältnis äußerliche diskursive Formation den „positiven differentiellen Charakter der untergeordneten Subjektpositionen" untergräbt bzw. in Frage stellt. Andererseits verpufft jeder Versuch, die untergeordnete Subjektposition als „ungerecht" darzustellen und dieser Darstellung zu allgemeiner Anerkennung zu verhelfen, wenn nicht bereits auf der Seite des untergeordneten Subjekts (bzw. exakter: in dessen für dieses Unterordnungsverhältnis relevanten Subjektposition) ein Mindestmaß an Unzufriedenheit herrscht. Eignet sich der Herr außerdem das Arbeitsprodukt des Knechts an, wie es im Herr-Knecht-Verhältnis bei Hegel der Fall ist, nimmt der Knecht erst dann seine Enteignung als „äußerlichen Zwang" wahr, wenn von einer diskursiven Formation die Verausgabung von Arbeitskraft zur eigentlichen Quelle des Werts der Waren erklärt wird und unter den Verkäufern von Arbeitskraft (den Lohnarbeitern) genügend Unmut über ihre als zu niedrig empfundene Entlohnung dazu führt, der Arbeitswertlehre zu applaudieren (die Arbeitswertlehre als ihren theoretischen Bezugspunkt zu betrachten).[4]

4 Solange der Wert der auf dem Markt gehandelten Arbeitsprodukte überhaupt noch nicht auf die Verausgabung von Arbeitskraft bezogen worden war und als Quelle des Werts die Fruchtbarkeit des Bodens (Physiokraten) angesehen wurde, empfand der Knecht die Inanspruchnahme seines Arbeitsprodukts durch den Herrn nicht als ungerecht. Das Gefühl der ungerechten Behandlung entzündete sich eher an dem Zuviel der Inanspruchnahme. Entscheidende Voraussetzung für die ökonomische Mobilisierung bildete die Durchsetzung des demokratischen Prinzips der Freiheit und Gleichheit „als neue Matrix des sozialen Imaginären", als neuer „fundamentaler Knotenpunkt des Politischen" in der Französischen Revolution (L/M, S. 214), durch die das Ancien Regime mit seiner streng hierarchisch gegliederten Gesellschaftsstruktur, seiner Fixierung der Individuen in differentielle Positionen, zu Ende ging. Mit der Ablösung der Gesellschaft, in der die soziale Ordnung ihre Begründung im göttlichen Willen fand, durch eine Gesellschaft, die in der absoluten Macht des Volkes ihre neue Legitimation sah, war die Grundlage gelegt worden für die Entfaltung einer demokratischen Kultur, in der die „Logik der Äquivalenz" zum Instrument der Produktion des Sozialen werden konnte. Nach der Erklärung der Menschenrechte war die Voraussetzung gegeben, in einem demokratischen Diskurs die verschiedenen

2.5.2 Unterdrückungsverhältnisse

Die Existenz von Unterordnungsverhältnissen in einer Gesellschaft ist nicht gleichzusetzen mit der Anwesenheit von struktureller Gewalt. Wenn Unterordnungsverhältnisse jedoch zu Orten von Antagonismen transformiert werden, ist entweder für die unterordnende Seite die Möglichkeit gegeben, mit einer das bestehende Unterordnungsverhältnis rechtfertigenden diskursiven Formation zu antworten (und gleichzeitig den Grund der Unzufriedenheit unter den Untergeordneten abzumildern bzw. ganz zu beseitigen) oder strukturelle Gewalt zuzulassen; das heißt diskursive Formationen zu fördern, die

- nur der Konservierung der in Frage gestellten Unterordnungsverhältnisse dienen,
- eine direkte Auseinandersetzung mit der antagonisierenden diskursiven Formation vermeiden und
- darauf abzielen, den demokratischen Diskurs vorübergehend oder ganz zu unterbrechen und dieses Verhalten auch institutionell abzusichern.[5]

Als Samuel Huntington in einem Bericht an die Trilaterale Kommission im Jahre 1975 behauptete, dass „die Stärke des demokratischen Ideals ein Problem für die Regierbarkeit der Demokratie darstellt", zeigte er gewisse Sympathie für die Tendenz, den Grad an demokratischer Partizipation in Zeiten zurückzunehmen, in denen ein stabiles wirtschaftliches Wachstum oder ein hohes Maß an Regierbarkeit Vorrang genießen (Samuel Huntington, „The Democratic Distemper", in: N.Glaser, I.Kristol (Hrsg.) The American Commonwealth, New York 1976, S. 37). Mit dieser Sympathieerklärung verdeutlichte Huntington, dass für ihn Demokratie eine unter mehreren Techniken des Machterwerbs und -erhalts darstellt und in Zeiten der Gefährdung zugunsten eines höheren Maßes an Regierbarkeit ohne weiteres zurückgenommen werden kann. In den letzten 300 Jahren, wusste Huntington später zu berichten, habe auf jedem Kontinent die ökonomische Entwicklung als zentrale Kraft für die Entfaltung demokratischer Verhältnisse gedient. Mit Blick auf die Entwicklung in Ostasien ergänzte er, der politische Trend in den neunziger Jahren gehe in Richtung auf „competition for power but not alternation in power, and participation in elections for all, but participation in office only for those in the mainstream party" (zit. bei Michael Richardson, in: International Herald Tribüne,16.07.93).

Ebenfalls 1975 hatte Luhmann seine Studie über die Macht veröffentlicht und darin Bestrebungen nach mehr Partizipation in allen gesellschaftlichen Bereichen als „kleinsystemspezifischen Lokalpolitismus" abgetan, wodurch die „organisationstypische Verhinderungsmacht" gestärkt (Luhmann,a.a.o.S,97) und die dem Macht-Code geschuldete „Steigerungsleistung" in der „Regulierung von Kontingenz" (ebd. S. 12) gebremst werde. Macht fließe nicht mehr glatt ab, weil die „Übertragung reduzierter

Formen der Ungleichheit als illegitim und widernatürlich zu qualifizieren, sie einander äquivalent zu setzen und sie als Formen der Unterdrückung zu bestimmen. Für die ökonomische Ungleichheit geschah dies durch die verschiedenen sozialistischen Diskurse.

5 Diese grundlegende Definition struktureller Gewalt bezieht sich noch vornehmlich auf die Diskursebene. Sie wird in den folgenden Kapiteln weiter vervollständigt.

Komplexität" (ebd. S. 31) auf die dadurch beschränkten „Selektionsmöglichkeiten" (ebd. S. 11) des Machtunterworfenen gestört und die Reproduktion von „Selektionsleistungen" unter „vereinfachten, von Ausgangskonstellationen abstrahierenden Bedingungen" (ebd. S. 8) behindert werde. Beide, Huntington wie Luhmann, sprachen sich im Namen effizienter Machtausübung für weniger demokratische Anteilnahme aus.

Dass man in einer komplexeren Gesellschaft Forderungen nach mehr demokratischer Anteilnahme mit einem steigenden Komplexitätsgrad in der Machtausübung in Richtung auf breitere Machtverteilung begegnen könnte, zogen beide nicht in Erwägung. Ihre Reaktionsweise, die auf Komplexreduzierung durch Entwicklung eines höher generalisierten Macht-Codes hinauslief, würde für den Übergang von freiwillig erbrachter Unterordnung zu Unterdrückung die Zulassung struktureller Gewalt einschließen.[6]

Da die Praxis hegemonialer Formationen stets von hegemonialen Knotenpunkten gefährdet wird, die zu einem neuen Verdichtungspunkt einer Anzahl sozialer Beziehungen und zum Brennpunkt einer Vielzahl totalisierender Effekte heranwachsen können, unterliegt die hegemonisierende Seite der ständigen Versuchung, den Handlungsspielraum der unterlegenen artikulatorischen Praxen vorbeugend einzuengen oder wenigstens die innere und äußere Grenze des im Widerstreit mit ihnen entstandenen Ensembles sozialer und staatlicher Formen stärker zu festigen. Die Grenze ist aber weder zeitlich noch räumlich und auch nicht für die Subjekte zu fixieren. Das reale Subjekt beispielsweise, das in die diskursive Struktur als Subjektposition eingeht, ist selbst in seiner Identität von vielen Antagonismen durchdrungen und sieht sich innerhalb der konfrontativen Artikulation einer hegemonialen Formation in Diskurse eingebunden, durch die es zur gleichen Zeit sowohl auf die Seite der Hegemonisierenden wie der Hegemonisierten versetzt wird. So lehnte – unter Berufung auf seinen Beamtenstatus – ein in der Gewerkschaft organisierter Universitätsprofessor die Teilnahme am gewerkschaftlich organisierten Streik ab, obwohl er als Mitglied einer revolutionären Zelle die streikbedingten Kampfmaßnahmen hätte verschärfen müssen. Als Erbe einer wohlhabenden Familie verwaltete er seinen umfangreichen Kapitalbesitz so profitabel wie möglich. Die auf einer Eliteschule erlernten technischen Fähigkeiten und Verhaltensweisen setzte er zur Übernahme der ihm zugedachten gesellschaftlichen Eliteposition ein, und zugleich benutzte er sie zur Unterminierung der von dieser Elite getragenen und geförderten hegemonialen Formation. Dieses extreme Beispiel einer von vielfältigen Antagonismen durchkreuzten Identität eines Subjekts deutet an, dass in einer Gesellschaft viele reale Subjekte Subjektpositionen sowohl auf der hegemonisierenden wie auf der hegemonisierten Seite einnehmen können; was nicht heißt, dass sich – wie bei Hegel – beide Seiten in einer Selbstbewegung in ihr Gegenteil verkehren. Eine um Legitimierung ihrer hegemonialen Praxis bemühte Formation würde in ihrer Legitimations-Strategie versuchen, Subjektpositio-

6 Bismarcks Sozial- und Sozialistengesetze umfassten alle drei Aspekte der oben dargestellten strukturellen Gewalt.

nen der von ihr hegemonisierten Seite ganz für sich zu gewinnen oder darauf abzielen, bei ihnen passives Verhalten zu erzeugen.

Wie bereits erwähnt, unterliegt die Grenze zwischen dem hegemonisierenden und hegemonisierten Bereich einer hegemonialen Formation aus den folgenden drei Gründen einem ständigen Prozess der Verschiebung, so dass sie zwar existent, aber dennoch zeitlich und räumlich nicht exakt fixierbar ist:

- die Existenz eines Bereichs flottierender Elemente;
- die Möglichkeit ihrer Artikulation in neuen diskursiven Formationen, die sich den Äquivalenzketten der einen oder anderen Seite zuordnen oder auch überwechseln;
- die dadurch erzwungene ständige Neudefinition der letzteren.

Jeder Versuch, eine dauerhafte Fixierung der Grenze vorzunehmen, ist ebenso willkürlich wie das Bestreben, die Existenz einer Grenze ganz leugnen zu wollen.

2.5.3 Die hegemonisierende Kraft

In seinem Buch „Die Intellektuellen und die Macht", Hamburg 1991, bezog sich Pierre Bourdieu auf das Feld der Macht als Segment des unendlichen Feldes der Diskursivität. Umfangreicher als Laclau/Mouffe betrieb er die Analyse der hegemonisierenden Kraft bzw. fragte nach der ihr innewohnenden Dynamik, die ihr erlaubt, die Position des Artikulierenden zu ergreifen und als ein bewusst arrangiertes System von Unterschieden und Abständen zwischen „Populationen von Akteuren" dauerhaft zu reproduzieren. Als eigentlichen Gegenstand der Analyse bezeichnete Bourdieu „die objektiven Relationen, die sich zwischen diesen verschiedenen Unterräumen etablieren, und die Mechanismen, die diese Relationen reproduzieren, indem sie die Akteure, die diese Positionen zu besetzen sich anschicken, auf eine Weise redistributieren, dass die Strukturen verewigt werden, und dass vor allem, indem sie ihnen Eigenschaften und Dispositionen einprägen, die diesem Ziel angepasst sind." (Bourdieu, S. 70/71). Den Räumen und Unterräumen entsprächen „Felder" wie beispielsweise das intellektuelle und künstlerische Feld, das Feld der hohen öffentlichen Verwaltung, das Feld der ökonomischen Macht, das religiöse Feld usw. Die historisch gegebene Teilung der Herrschaftsarbeit unterteilte Bourdieu vorrangig in zwei Pole: das „Kapital der ökonomischen Dominanz" (Vermögen, Sachwerte, Eigentumstitel, hohe Einkommen) und das „Kapital kulturellen Typs", das empirisch an Diplomen festgemacht werden könne. Zwischen diesen beiden entgegengesetzten „Profilen der Kapitalstruktur" komme es immer wieder zu Verschiebungen des Abstandes, des Grades der Unterordnung des letzteren unter das erste. Da laut Max Weber keine Macht als „nackte Gewalt" ausgeübt werden kann, kämpft man auf dem Felde der Macht nicht nur um die Ausformulierung des aktuell existierenden Herrschaftsprinzips, sondern auch um das herrschende Legitimationsprinzip; damit die Willkür, die der Macht zugrunde liegt, vom hegemonisierten Lager bestenfalls verkannt, stillschweigend hingenommen oder in der Hoffnung auf künftige Abschaffung vorläufig toleriert wird. Die Frage der Legitimität bedarf einer Lösung, weil die Teilung der Herrschaftsarbeit zunehmend komplexer wird und die

Akteure, die an der komplexen Struktur teilhaben, unterschiedliche Universalitätsansprüche vertreten: die Vertreter des Rechts einen anderen als die der Religionen, der Wissenschaft, der Politik. Aber gerade die gegenseitige Infragestellung bzw. das Untergraben des jeweils andersartigen Universellen bzw. der damit engstens verbundenen unterschiedlichen Hierarchisierungsprinzipien, bewirkt, dass die Orte des Gegensatzes regelmäßig und in bezug auf die Aufrechterhaltung des Antagonismus zum hegemonisierten Lager als eine „organische Solidarität in der Teilung der Herrschaftsarbeit" (Bourdieu, S. 77) transformatorisch zurückgewonnen werden können.

Der von Bourdieu benutzte Ausdruck „organische Solidarität in der Teilung der Herrschaftsarbeit" scheint ein Denken in den Kategorien von Konflikt und Konsens nahezulegen, aber Bourdieu bezeichnete den Kampf um „das herrschende Herrschafts- und Legitimationsprinzip", das gegenseitige Untergraben der unterschiedlichen Universalitätsansprüche, als antagonistisch und lehnte das Begriffspaar Konsens und Konflikt als zu „akademisch" ab. Konsens kann es demnach nur in dem Verlangen geben, an der Herrschaftsarbeit beteiligt zu sein; mit dabei zu sein, wenn es gilt, die Hegemonie über die Hegemonisierten herzustellen und stets zu bewahren. Wer letztlich an der Herrschaftsarbeit beteiligt wird und in welchem Umfang, ist stets strittig und stellt sich erst als Resultat des Kampfes heraus, in dessen Verlauf einzelne wie assoziierte autonome Elemente durchaus vollständig auf die Seite der Hegemonisierten gedrückt werden können und ihren Anspruch auf Teilnahme an der Herrschaftsarbeit zeitweise oder für immer aufgeben müssen. Infolge der sich ständig verändernden und deshalb nicht fixierbaren Grenze zwischen beiden Lagern kann die Erkenntnis darüber, nicht mehr an der Herrschaftsarbeit beteiligt zu sein, bei den Beherrschten sogar recht spät bewusst werden. Im erbittert geführten Widerstreit um die Ausformulierung der hegemonialen Formation und die Bestimmung der hegemonialen Praxis wächst der hegemonisierenden Seite nicht zuletzt auch wegen der zusätzlich stattfindenden Attraktion wie Repellion flottierender Elemente, die sich im Felde der noch unpräzisen Artikulation aufhalten, erst Schritt für Schritt die Kraft zu, sich selbst als solche zu etablieren und die unterlegenen einzelnen wie assoziierten autonomen Elemente als hegemonisiert zu bezeichnen. Angesichts der Unwägbarkeiten, die aus der unaufhebbaren Abhängigkeit des Hegemonieanspruchs von der stets veränderlichen „Matrix des sozialen Imaginären" erwachsen sowie der zu keinem Zeitpunkt sicheren Anerkennung der hegemonialen Formation durch die Hegemonisierten, ist der Kampf um Hegemonie ohne einen starken Glauben an sich selbst, an die eigene „Berufung" bis hin zu einem „doxischen Verhältnis zur Welt" (Bourdieu, S. 90), wahrscheinlich nicht zu bestehen. Eliten sind als Eliten verloren, sobald sie aufhören, an sich selbst zu glauben (Pareto), sich nicht mehr gegenseitig belobigen und belobigen lassen, die Einschränkungen und Dispositionen, die mit der Aufrechterhaltung ihrer Herrschaft verbunden sind, nicht mehr akzeptieren, oder wenn ihre Erben nicht mehr „von ihrem Erbe geerbt" (Bourdieu) werden wollen.

Auch Herrschende werden von ihrer Herrschaft beherrscht (Karl Marx), und laut Bourdieu dienen sie ihr, indem sie sich der Mühe unterziehen, auf Eliteschulen die notwendige sprachliche und technische Kompetenz zur Ausübung der Herrschaftsarbeit zu erwerben. Die schulische Konsekration verstärkt die bereits in der Familie angelegte Entfaltung und Pflege eines ganz besonderen Habitus, durch den sie sich gegenüber ihresgleichen, den rangniedrigeren und besonders den hegemonisierten Subjekten als besondere Individuen ausweisen: scheinbar mit überlegener Essenz ausgestattet und über Eigenschaften verfügend, die zum Herrschen legitimieren. Selbst in Gesellschaften mit familiärer Form der Vererbung des ökonomischen Kapitals (Unternehmen, Aktien, Liegenschaften usw.) wird angesichts der Härte des Konkurrenzkampfes um das herrschende Herrschafts- und Legitimationsprinzip immer mehr auf die schulische Konsekration als zusätzlicher „Ordinationsakt" (Bourdieu), als „Erzeugung von Heiligem und Heiligen des Herrschenden" (Dürkheim) zurückgegriffen.

Unter dem Titel „Zusatzeinrichtungen zur Sprache", die im erforderlichen Umfange die Übertragung von Selektionsleistungen sicherstellen, erläuterte N. Luhmann im Zusammenhang mit der zunehmenden Härte des Kampfes die Ausübung von Macht mit den Mitteln sprachlicher Kommunikation, Sprach-Codes im allgemeinen und besonderer „symbolisch generalisierter Kommunikationsmedien". Ohne die Ausformulierung solcher Kommunikationsmedien können hegemoniale Formationen ihren Kampf um Ausbau und Erhalt von Machtpositionen in komplexen Gesellschaften nicht mehr führen. „Der Ausschluss vom politischen Diskurs erfolgt klassenspezifisch über sprachliche Kompetenz als symbolischem Kapital. Privilegierte Klassen können mittels ihrer Definitionsmacht Sprache reduzieren und komplizieren, so dass Erfahrungen unterprivilegierter Klassen letztlich im politischen Denken nicht mehr thematisierbar sind. Durch die Definition des Politischen erreicht der herrschende Diskurs, der der Diskurs der Herrschenden ist, eine „Art Abschließung, indem er stillschweigend den Bereich der realisierten Möglichkeiten als den aller potentiellen Möglichkeiten ausgibt und auf diese Weise den Bereich des politisch Denkbaren abschließt' (Bourdieu, Die feinen Unterschiede, Frankfurt am Main 1991, S. 720)" (Frisch, Machtmissbrauch im politischen Diskurs, S. 127).

Einfluss nehmende Kommunikation bezieht sich laut Luhmann auf einen Partner, „der in seinen Selektionen dirigiert werden soll" (a.a.o. S. 8). „Als fundamentale Voraussetzung aller Macht" bezeichnet er das Vorhandensein von Unsicherheit beim Gegenüber des Machthabenden. „Er kann bei seinem Partner in Bezug auf die Ausübung seiner Wahl Unsicherheit erzeugen und beseitigen. Diese Umleitung über Produktion und Reduktion von Unsicherheit ist Machtvoraussetzung schlechthin, ist Bedingung eines Spielraums für Generalisierung und Spezifikation eines besonderen Kommunikationsmediums" (ebd. S. 8). Aber auch die „Motivation dessen, der Selektionsleistungen überträgt", meint Luhmann, „wird erst im Kommunikationsprozess aufgebaut und zugeschrieben". Ihm werden, ob er es wolle oder nicht, „auf Grund seiner Macht Erfolge und Misserfolge zugerechnet" und die dazu „passenden Motive oktroyiert". Wie bereits Karl Marx erwähnte, dass Herrschaft der von ihr geschaffenen Bedingungen unterworfen ist, erzeugt auch für Luhmann die Macht zwar zunächst den Willen zur Macht, aber verpflichtet dann, zur Absorption von Risiken und Unsicherheiten, sich an die eigenen Regularien zu binden (ebd. S. 21).

Die Macht ist laut Luhmann umso stärker, je mehr sie „noch überbrückbare Situations- und Selektionsdifferenzierungen" steigern kann (ebd. S. 22). Dazu gehört auch, dass der Machthaber sich zu seiner eigenen Macht selektiv verhält, sie einsetzt oder auch nicht bzw. sie lediglich als Potential wirken lässt (ebd. S. 25). „Symbolisch kontrollierte Selektionszusammenhänge" ermöglichen darüber hinaus, dass „die Macht nicht als abhängig gesehen wird von einer unmittelbar handelnden Einwirkung des Machthabers auf den Machtunterworfenen" (ebd. S. 13). Machtausübung wird im zunehmenden Maße abstrakt. „Die Ausdifferenzierung eines Macht-Codes macht also Einflussprozesse im gewissen Maße unabhängig von allzu konkreten, historischen Quellen ihrer zeitlichen, sachlichen und sozialen Generalisierung. Das erlaubt es, Einflussprozesse mit Selektivitätsverstärkung auszustatten und über sehr heterogene Situationen hinweg innovativ einzusetzen" (ebd. S. 78). Aber selbst dann, wenn Neuerungen ausschließlich auf diesem Wege in Gesellschaften mit hoher Komplexität durchsetzbar wären, würde die Frage nach den Inhalten der Erneuerung einen gesonderten Diskurs erforderlich machen; denn Erfolg heiligt nicht jeden Inhalt (z.B. den zerstörerischen Kampf gegen die Natur).

In der hegemonisierenden Kraft präsentiert sich auf höherer Stufe die selbsterhaltende Kraft des allen autonomen Einheiten zugrunde liegenden allgemeinen Lebensstroms, mit der sie als entstehende und vergehende Elemente verbunden bleiben. Die hegemonisierende Kraft ist Ausdruck des Fortschreitens des allgemeinen Lebensstroms, was nicht bedeutet, dass dem hegemonisierenden Lager das Ziel vorgegeben ist. Erst mittels der Ausformulierung der hegemonialen Praxis sowohl im Widerstreit mit den an der Herrschaftsarbeit beteiligten wie mit den von der hegemonialen Formation umfassten hegemonisierten Elementen entfaltet sich im Transformationsprozess aller Beteiligten die Zielgerichtetheit des allgemeinen Lebensstroms; erkennbar bestenfalls im Nachhinein.

2.5.4 Die „unterlegene" Kraft der Hegemonisierten

Ebenso wie die hegemonisierende ist auch die hegemonisierte Kraft Ausdruck der Gerichtetheit des allgemeinen Lebensstroms. Ohne die Vielzahl der diskursiven Formationen von Subjektpositionen und Elementen, in denen sich die unterlegenen artikulatorischen Praxen versammeln und auch physisch organisieren, um das von der hegemonisierenden Kraft – gegen sie und mit ihnen als unterlegenen – geschaffene Ensemble relativ stabiler sozialer und staatlicher Formen zu ihren Gunsten zu verändern, wäre die beide Seiten transformierende Bewegung nicht denkbar. Dies trifft auch dann noch zu, wenn man, wie Niklas Luhmann, als „Funktion der Macht" ansieht, dass sie mögliche Wirkungsketten unabhängig vom Willen des der Macht unterworfen Handelnden sicherstellt und es auf die Brechung eines fertig vorliegenden Willlensentschlusses des Machtunterworfenen überhaupt nicht ankommt. Fortgesetztes Erleben von Unterlegenheit erzeugt einen Überschuss an unterwürfigem abhängigem Bewusstsein. Für ein solches Bewusstsein bedeutet es keine Enttäuschung, später zu erfahren, dass sein freiwilliges machtkonformes Handeln von vornherein ohne Alternative war (ebd. S. 11/12). In der artikulatorischen Praxis eines Hegemonisierten speichert sich die Erfahrung über die „Selektivität (...) vergangener Machthandlungen des Machthabers“ (ebd. S. 13) und führt zu vorauseilendem Gehorsam in Bezug auf zugemutete künftige Selektionen.

Aus der erfolgstrunkenen Sicht der „Akteure des herrschenden Herrschafts- und Legitimationsprinzips“ gehören zunächst alle Unterlegenen zum Lager der Hegemonisierten, selbst dann, wenn die faktische Teilung der Herrschaftsarbeit zwischen mehreren Universalitätsansprüchen von ihnen schließlich akzeptiert und später auch gewollt wird. Von welcher quantitativen Verteilung an – zwischen dem Ausmaß an Unterwerfung auf der einen und dem im Widerstreit mit zahlreichen Konkurrenten erkämpften „Zipfelchen der Macht“ auf der anderen Seite – die einzelnen bzw. die assoziierten autonomen Elemente über die Grenzlinie hinweg ins Lager der Hegemonisierten befördert werden, ist nicht ohne weiteres zu bestimmen und bereits ein Teil der zeitlichen und räumlichen Flexibilität der Grenze zwischen beiden Lagern.

Sicher ist, dass es immer eine ganze Reihe von Subjekten gibt, die in sämtlichen ihnen als möglich erscheinenden Subjektpositionen jeglichen Anspruch auf Teilnahme an der Herrschaftsarbeit aufgegeben haben und eindeutig als Hegemonisierte betrachtet werden können. Dieser im Umfang bereits präziser zu bestimmende Teil der autonomen Elemente eines strukturierten Ganzen konstituiert sich gleichfalls auf dem Felde der unendlichen Diskursivität. Seine artikulatorischen Praxen sind jedoch entweder stärker von der Unterordnung unter die bestehenden Verhältnisse geleitet oder sie proben – in der einen oder anderen Form – den Widerstand gegen sie. Während Widerstand grundsätzlich als Kraft definiert wird, die sich gegen das hegemonisierende Lager wendet, erzeugt die freiwillige Unterordnung eines Teils der Hegemonisierten auf den ersten Blick den Eindruck der Ohnmacht, der Kraftlosigkeit, ja sogar den der Unterstützung der Gegenseite in deren Hegemonieanspruch. Der sich freiwillig Unterordnende kann jedoch ebenso wie der Widerstand Ausübende dem Machthaber Kräfte entziehen, indem er darüber entscheidet, zu welchem Zeitpunkt er den Machthaber in Entscheidungssituationen einschaltet. Wenn er sich sogar in der Lage zeigt, den Machthaber gar nicht mehr oder ihn immerzu zu Befehlen zu stimulieren, gewinnt er Macht über die für ihn negativen Vermeidungsstrategien“ (Luhmann, S. 36). Aber auch das rein unterwürfige Verharren von Hegemonisierten in ihrer untergeordneten Position erfordert von der hegemonisierenden Seite Kraftaufwand, um beispielsweise mittels positiver Sanktionen die Zufriedenheit der Hegemonisierten zu erhalten.

Ebenso wie die Kraft des hegemonisierenden Lagers wirkt auch diejenige des hegemonisierten attrahierend wie repellierend auf die im „Felde noch unpräziser Artikulation“ ausharrenden oder gerade erst entstandenen flottierenden Elemente, regt sie zur Bildung neuer diskursiver Formationen an oder vermag bereits bestehende Formationen der eigenen Äquivalenzkette zuzuordnen. Die dadurch notwendig werdende Neudefinition des Lagers der Hegemonisierten vertreibt eventuell aber auch diskursive Formationen, die bisher von der hegemonisierten Kraft angesogen wurden, auf die Gegenseite, verursacht möglicherweise den Zerfall anderer und befördert deren Restbestände in das Feld der noch unpräzisen Artikulation zurück.

Das hegemonisierte Lager teilt sich ebenfalls in Räume und Unterräume. Es ist das Experimentierfeld für zahlreiche Versuche, ausgehend sowohl von der hegemonisierenden wie der hegemonisierten Seite, ein bewusst arrangiertes System von Unterschieden und Abständen zwischen den „Populationen von Akteuren" zu reproduzieren. Den Räumen und Unterräumen entsprechen „Felder" wie beispielsweise die von ethnischen Minderheiten, Homosexuellen, Obdachlosen/Nichtsesshaften, Arbeitslosen und Sozialhilfeempfängern, Behinderten, Rentnern, der bäuerlichen Landbevölkerung, des städtischen Kleinbürgertums, des Kleingewerbes, von Arbeitern und der Mehrheit der kleinen und mittleren Angestellten bzw. Beamten (abhängig Beschäftigte) sowie der „Frauen" innerhalb patriarchalisch geprägter Gesellschaften. Auch hier stehen die „objektiven Relationen, die sich zwischen diesen verschiedenen Unterräumen etablieren, und die Mechanismen, die diese Relationen produzieren" (Bourdieu) im Blickpunkt der Analyse: z.B. die schulische Verfestigung des bereits in der Familie entfalteten und gepflegten Habitus, durch den sich Hegemonisierte gegenüber ihresgleichen als ebenbürtig, gegenüber Rangniedrigeren oder -höheren als besser bzw. schlechter, und gegenüber der hegemonisierenden Seite als abhängig empfinden (scheinbar mit einer devoten Essenz ausgestattet, über Eigenschaften verfügend, die zum Beherrschtsein prädestinieren). Didier Eribon hat darüber in seinem Buch „Rückkehr nach Reims" (edition Suhrkamp, Berlin 2016), folgendes Bekenntnis über seine niedrige Herkunft geschrieben: „Warum bin ich, der ich so große soziale Scham empfunden habe, Herkunftsscham, wenn ich in Paris Leute aus ganz anderen Milieus kennenlernte und sie über meine Klassenherkunft entweder belog oder mich zu dieser nur in großer Verlegenheit bekannte, warum also bin ich nie auf die Idee gekommen, dieses Problem in einem Buch oder Aufsatz anzugehen?" (S. 19).

Widerstand der Hegemonisierten gegen eine als ungerecht empfundene Behandlung wird, wie bereits im Kapitel über Unterordnung und Unterdrückung ausgeführt, normalerweise als Kraftäußerung der hegemonisierten Kraft angesehen. Die den Widerstand hervorrufende artikulatorische Praxis ergänzt die „Matrix des sozialen Imaginären" mit einer neuen diskursiven Formation, in deren Spiegel unzufriedene Untergeordnete ihre bis dahin akzeptierte Unterordnung als ungerecht, unmenschlich, beurteilen können. Relevanter Widerstand entsteht aber erst dann, wenn voneinander isolierte autonome Elemente, beeinflusst von der neuen diskursiven Formation, zur Entfaltung einer auf Veränderung ihres „Schicksals" ausgelegten artikulatorischen Praxis zusammenfinden, ihre Praxen in Äquivalenzketten verbinden, und durch Untergrabung der Gegenseite den Versuch unternehmen, die Grenze zwischen Hegemonisierten und Hegemonisierenden zu Lasten der letzteren zu verschieben. Die „Gelbwesten" Frankreichs sind ein beredtes Beispiel.

2.6 Epochale und andere hegemoniale Formationen sowie die Autonomie und das Gewaltmonopol des Staates

2.6.1 Unaufhebbare Differenz zwischen den Entstehens- und Vergehenszeiten hegemonialer Formationen sowie des strukturierten Ganzen

Neue hegemoniale Formationen konstituieren sich wie die bereits existierenden auf dem unendlichen Felde der Diskursivität überall dort, wo Knotenpunkte hegemoniale Verdichtungsmöglichkeiten bieten. Sie entfalten sich neben- und nacheinander, einander überlappend oder auf unterschiedlichen Ebenen gänzlich voneinander isoliert, jeweils über kürzere oder längere Entstehens- und Vergehenszeiten hinweg.

Die Praxis hegemonialer Formationen verläuft entsprechend der ihnen immanenten Dynamik und zielt auf den Ausbau und die Erhaltung des Terrains, das ihnen die Möglichkeit zur Entfaltung geboten hat. Die verschiedenen über-, neben-, unter- und durcheinander existierenden hegemonialen Formationen untergraben sich ständig gegenseitig und treiben auf diese Weise das strukturierte Ganze voran und über sich selbst hinaus. Das Handeln einzelner (darin enthaltener) Akteure ist an die je spezifischen Entstehungs- und Vergehenszeiten der hegemonialen Formation gebunden und reicht nicht über deren äußerste Flexibilitätsgrenzen hinaus. Nicht die Erhaltung des strukturierten Ganzen, das die Grundlage ihrer vielfältigen artikulatorischen Praxen bildet, steht im Vordergrund ihres Tuns, sondern die aktive Ausformulierung und Gestaltung der hegemonialen Formation bzw. die Verwirklichung eines bestimmten Ensembles relativ stabiler sozialer Formen. Die gleiche Prozesshaftigkeit trifft auch für die – alle übrigen Formationen überwölbende – epochale hegemoniale Formation zu, die erst in größeren Zeiträumen zum Brennpunkt einer Fülle totalisierender Effekte heranwächst und deren Ensemble relativ stabiler sozialer Formen durch die Vielzahl der hoch- wie niederrangigen hegemonialen Formationen hindurch zur Entfaltung kommt. Ihr „Akteur" ist die versammelte Aktivität der Akteure aller übrigen hegemonialen Formationen.

Der Entstehungs- und Vergehensprozess des strukturierten Ganzen hingegen, dessen integraler Teil die hegemonialen Formationen darstellen, erstreckt sich über den der hegemonialen Formationen hinaus. Wäre das Gegenteil der Fall, könnte das strukturierte Ganze den hegemonialen Formationen nicht als Entfaltungsraum dienen. Die „versammelten Praxen" der Vielzahl hegemonialer Formationen gestalten also nicht nur die epochale hegemoniale Formation, sondern unterschwellig ist ihnen auch eine Tendenz zur Bildung und Erhaltung des sie selbst überdauernden strukturierten Ganzen immanent. Ohne die Differenz zwischen den eigenen, zu unterschiedlichen Zeiten einsetzenden kürzeren Entstehens- und Vergehenszeiten und der weiterreichenden des strukturierten Ganzen jemals aufheben zu können, bauen sie, ihre künftige Entwicklung antizipierend und darauf hinarbeitend, selbst am strukturierten Ganzen, und konsequenterweise unterliegen sie danach seiner Selbsterhaltung auch dann, wenn diese Kraft gegen sie gerichtet ist.

2.6.2 Hegemoniale Formation und die Autonomie des Staates

Bildung und Selbsterhaltung des strukturierten Ganzen sind jedoch nicht nur als formloser Gegenhalt hegemonialer Formationen zu begreifen. In der Form des Staates entfaltet sich die Selbsterhaltung auch als institutionalisierte Kraft, die ebenso wie alle übrigen diskursiven und hegemonialen Formationen in vielfältigen artikulatorischen Praxen von Subjektpositionen und Elementen auf dem Felde der unendlichen Diskursivität konstituiert und als komplexes Gebilde diskursiver Formationen den neuen Erfordernissen ständig angepasst wird. Aus dem Blickwinkel des Diskurses erscheint der Staat demnach ebenfalls als Regelmäßigkeit in der Vielzahl „verstreuter Elemente", die als Momente diskursiver Formationen artikulatorische Praxis entfalten. Würde der Staat in seiner das Ganze erhaltenden Tätigkeit über die Qualität eines komplexen Gebildes diskursiver Formationen hinaus ebenfalls als epochale oder nichtepochale hegemoniale Formation auftreten, unterschiede er sich nicht mehr von anderen und müsste akzeptieren, dass die übrigen hegemonialen Formationen ihn wie ihresgleichen behandeln.

In einem Ganzen, dessen Struktur unter kontinuierlichen Untergrabungsbemühungen widerstreitender diskursiver Formationen von den zur Hegemonie strebenden Formationen allmählich als Ensemble relativ stabiler sozialer Formen hervorgebracht und ausdifferenziert wird, unterliegt der Staat in seiner auf Selbsterhaltung des Ganzen ausgerichteten Tätigkeit ebenfalls dem umfassenden, in seiner Zielrichtung nur unzulänglich prognostizierbaren Transformationsprozess. Seine Weitsicht ist wie die sämtlicher anderer autonomer Elemente auf den allgemeinen Horizont der Veränderung begrenzt. Als Folge seiner unvollständigen Kenntnis über das Zusammenspiel der Elemente im strukturierten Ganzen fehlt ihm jede Legitimation, Anspruch auf eine dem „Ensemble sozialer Formen" übergeordnete Position zu erheben oder gar zu behaupten, zentraler Knotenpunkt des strukturierten Ganzen zu sein.

Da der Staat den Verlauf der Grenzen zwischen hegemonisierenden und hegemonisierten Lagern auch nicht auf der Grundlage objektiver Kriterien bestimmen kann, unterliegt seine proklamierte Selbstverpflichtung zu Neutralität zwischen den Lagern einer unaufhebbaren Unschärfe; was jedoch nicht heißt, dass er, ausgehend von der Selbstdefinition zweier Lager, von Fall zu Fall zu keiner neutralen Positionsbestimmung in der Lage wäre. Neutralitätspostulat und Realität können jedoch weit auseinander liegen. Ob er insgesamt neutral sein kann, ist noch zu erläutern.

Jenseits seiner Tätigkeit für die Erhaltung des strukturierten Ganzen unterscheidet er sich nicht von anderen autonomen Elementen und teilt mit ihnen das Merkmal, zu vielfältigen artikulatorischen Praxen fähig zu sein, so dass auch seine eigene, aus diesen Bereichen stammende Aktivität in seine ständige Suche nach potentiell zerstörerischen Entwicklungen einzubeziehen ist. Die Art und Weise, wie der Staat den Gegensatz zwischen seiner Selbsterhaltungstätigkeit und seinen übrigen Aktivitäten, die in hegemonisierenden wie im hegemonisierten Bereichen stattfinden können, auf eine der aktuellen Struktur des Ganzen angemessene Form bringt, wird ebenso wie der gesamte Transformationsprozess auf dem unendlichen Felde der Diskursivität als wechselseitiges Untergraben diskursiver Formationen ausgefochten, in denen die Autonomie des Staates sowie die Begründung und der Umfang seiner Selbsterhaltungstätigkeit für das strukturierte Ganze thematisiert werden.

2.6.3 Gewaltmonopol des Staates

Insofern hegemoniale Formationen auf Kosten anderer nach „Verewigung" ihrer Existenz streben, zur Diskriminierung, Begrenzung und Untergrabung der Autonomie anderer neigen und zur psychischen und physischen Gewaltanwendung gegen sie tendieren, erzeugen sie unter den Diskriminierten, Eingegrenzten und von Gewaltmaßnahmen Bedrohten vereinzelten bzw. vereinten Widerstand, ohne dass die Gegenkräfte bestimmen können, ab wann der von ihnen praktizierte Widerstand ebenfalls in Diskriminierung, Eingrenzung, und Androhung von Gewalt umschlägt.

Wechselseitig einsetzender, jeweils über das Ziel hinausschießender Widerstand ruft das Verlangen nach einem Schlichter der Konflikte hervor. Da der formlose Gegenhalt, der aus der Vielfalt der hegemonialen Formationen entsteht, dazu nicht fähig ist, ist diese Aufgabe dem Staat als der institutionalisierten Selbsterhaltungskraft historisch zugewachsen. Welche Gründe im Einzelnen ausschlaggebend waren, seine Schlichtertätigkeit durch die Übertragung des Gewaltmonopols zu festigen, bleibt einer historisch angelegten Untersuchung vorbehalten. Jedoch lassen sich zwei, den Bestand des strukturierten Ganzen zunehmend gefährdende Gründe auch ohne historische Rückblende sofort benennen:

- die steigende Intensität und Zerstörungskraft der gegenseitigen Untergrabungskämpfe hegemonialer Formationen;
- der über die äußeren Grenzen von strukturierten Ganzen hinausgreifende Charakter solcher Kämpfe.

„Die venezianische Regierung erpresste von ihren eigenen Kaufleuten Schutzgelder in einer Weise, die nicht zu unterscheiden ist von der Schutzgelderpressung gewöhnlicher Krimineller; die Regierung installierte sich während Jahrhunderten förmlich als Sicherheits- und Schutzverkäufer – mit entsprechenden Provisionen. Freilich schlachtete man die Kuh nicht, von deren Milch man lebte und sorgte mit militärischen und politischen Attacken auf den Konkurrenten – allen voran Genua – dafür, dass auch dort die Schutz- und Sicherheitskosten anstiegen. Die heimischen Kaufleute sollten ja konkurrenzfähig bleiben – ‚Standortpolitik'. Die symbiotische Verbindung von militärischer Gewalt, Staatsapparat, Finanz- und Steuerwesen treibt folglich zwischen Mittelalter und Neuzeit den modernen Staat einschließlich des Gewaltmonopols hervor. Die Gewalt gegen eigene und fremde Bürger sowie die gewaltsame Durchsetzung von Interessen gegenüber Dritten waren dabei nicht zufälliges Beiwerk, sondern konstitutive Momente und wichtige Triebkräfte." (Rudolf Walther, Aufklärung, Untergang, Fortschritt, Verfall – Der leere Streit um die Logik der Zivilisation, in: Frankfurter Rundschau, 07.05.1994).

Die Begründung von Staatsmacht ist historisch also eher als organisiertes Verbrechen darstellbar. Weniger naheliegend sind Übertragungsakte wie Vertragsabschlüsse oder andere Verfahren der Konsensbildung (War Making and State Making as Organized Crime, bei Charles Tilly,1985, zit. von R. Walther in: siehe oben). Immanuel Kant sprach 1784 von der „barbarischen Freiheit der schon gestifteten Staaten". Aus systemtheoretischer Sicht formulierte Niklas Luhmann: „Gewaltfundierte Macht hat die Eigenschaft eines relativ einfachen, entscheidungsnahen Orientierungsprinzips, das zugleich mit hoher Komplexität kompatibel ist. Ein solches Orientierungsprinzip kann, wenn es mit einer Diskontinuität von Systemen und Umwelt zusammentrifft, nach allgemein systemtheoretischen Einsichten durch Effektakkumulation einfacher Schritte den Aufbau hochkomplexer Systeme auslösen … Die Entstehung des modernen, souveränen Staates auf Grund eines Monopols auf Entscheidung über physische Gewaltanwendung und seine Aufblähung zu kaum mehr kontrollierbarer Komplexität ist auf gesamtgesellschaftlicher Ebene das bedeutsamste Beispiel für eine solche Entwicklung." (ebd. S. 67)

Für Norbert Elias war die zunehmende Affektkontrolle mit einer Privatisierung bzw. Intimisierung körperlicher Funktionen verbunden. Begleitet werde dieser „Prozess der Zivilisation" zunächst mit der Konzentration, dann mit der Monopolisierung der Gewalt in staatlicher Hand. Gewalt werde durchorganisiert und arbeitsteilig verschiedenen Trägern übergeben. „Man kann die Zivilisation des Verhaltens und den entsprechenden Umbau des menschlichen Bewusstseins- und Triebhaushalts nicht verstehen, ohne den Prozess der Staatenbildung und darin jene fortschreitende Zentralisierung der Gesellschaft zu verfolgen." (Norbert Elias, Über den Prozess der Zivilisation, l.Bd.) Der dennoch im Rahmen staatlicher Gesamttätigkeit verhältnismäßig geringe Umfang der Schlichtertätigkeit hat jedoch nicht zur Folge, dass der Staat in seinem Verhältnis zu den hegemonialen Formationen und deren Praxen neutral wird. Ebenso wenig übt er das Gewaltmonopol auf neutrale Weise aus. Die Aussagen, dass der Staat über der Gesellschaft schwebe oder ihr Zentrum bilde oder eine neutrale Position zu den verschiedenen gesellschaftlichen Kräften einnehme, überbewertet seine Schlichterfunktion und leitet aus ihr fälschlicherweise die Bestimmung des Staates ab. Vom Standpunkt der selbsterhaltenden Kraft des strukturierten Ganzen ist dieser Bereich seiner Tätigkeit lediglich ein Teilaspekt.

2.6.4 Mangelnde Autonomie des Staates – Staatlicher Schutz für aufstrebende hegemoniale Praxen

Wenn strukturierte Ganze sich selbst erhalten, indem sie mit Hilfe des Staates die Abfolge antagonistischer hegemonialer Praxen ermöglichen, dann fällt staatlicher Selbsterhaltungstätigkeit die Aufgabe zu, gegen Bestrebungen hegemonialer Praxen vorzugehen, die eigene Existenz auf Kosten neuer hegemonialer Praxen zu verewigen. Offenheit für und Schutz der Praxen neu entstehender hegemonialer Formationen gegen Diskriminierung durch etablierte stoßen dabei auf den Widerstand derjenigen staatlichen Aktivitäten, die nicht unabhängig von Behauptungs- und Verewigungstendenzen des – von der hegemonialen Praxis geschaffenen – Ensembles relativ stabiler sozialer Formen existieren und die der Qualität des Staates als reguläres autonones Element entstammen. Insofern prozessiert der Staat zum Zwecke der Selbsterhaltung des strukturierten Ganzen gegen bestimmte Teile der eigenen, von vielfältigen Antagonismen durchkreuzten Identität. Bis zu welchem Zeitpunkt bzw. Reifegrad neu aufkommende hegemoniale Praxen sich des staatlichen Schutzes erfreuen können und dürfen, wird ebenfalls auf dem Felde der Diskursivität ausgetragen und durch die Konstruktion neuer – Bedeutung fixierender – Knotenpunkte entschieden.

Je länger der vom Staat gewährte Schutz noch junger, im Aufbau befindlicher hegemonialer Praxen gegen die vermeintlich übermächtige Abwehrhaltung einer etablierten hegemonialen Formation dauert, desto mehr verkehrt er sich nach geraumer Zeit in eine einseitige Bevorzugung der aufstrebenden Formation. Die zunehmende personelle und/oder institutionelle Verfilzung verwischt die Grenzen zwischen Staat und hegemonialer Formation und trägt den Keim der mittelbaren oder unmittelbaren Unter- oder Überordnung des Staates unter/über die bevorzugte hegemoniale Praxis in sich. Letztlich läuft der Staat Gefahr, in ein derart enges Verhältnis zur von ihm favorisierten hegemonialen Praxis zu geraten, dass er seine Fähigkeit zur Erhaltung des strukturierten Ganzen zunehmend einbüßt und als Staat den Entstehungs- und Vergehensprozess der hegemonialen Formation nicht überdauert. Die Flexibilitätsgrenzen, die der Praxis dieses Staates aufgrund ihrer historisch bedingten Form auferlegt sind, werden zu Grenzen seiner eigenen Fähigkeit, die Selbsterhaltung des strukturierten Ganzen über längere Zeiträume hinweg zu garantieren.

Hegemoniale Formationen befinden sich stets auf dem schmalen Grat zwischen Einordnung und Unterordnung einerseits und Ausgliederung und Umschlagen der Unterordnung in Unterdrückung andererseits. Unterordnungsverhältnisse, durch neu auftauchende diskursive Formationen zu Orten von Antagonismen transformiert, werden entweder von der hegemonisierenden Seite mit rechtfertigenden diskursiven Formationen sowie der Aufhebung von Mängeln für unzufrieden gewordene Hegemonisierte erneut stabilisiert oder letztere sehen sich mit struktureller Gewalt konfrontiert: d.h. mit diskursiven Formationen, die ausschließlich der Konservierung der in Frage gestellten Unterordnungsverhältnisse dienen, den demokratischen Diskurs vorrübergehend oder für längere Zeit unterbrechen und eine direkte Konfrontation mit den antagonisierenden diskursiven Formationen vermeiden.

Die umfangreiche Skala staatlicher Eingriffe zum Zwecke der Selbsterhaltung des strukturierten Ganzen, wie

- die Unterstützung aufsteigender hegemonialer Formationen gegen bereits etablierte,
- ständiges Ausloten von Flexibilitätsspielräumen und -grenzen hegemonialer Formationen,
- Schlichtertätigkeit (mit oder ohne Rückgriff auf das vom Staat ausgeübte Gewaltmonopol),
- das Offenhalten des Feldes der unendlichen Diskursivität für die Aktivierung und Reaktivierung flottierender Elemente

ist noch in den folgenden Kapiteln im Einzelnen zu erläutern. Die Maßnahmen können jedoch nur dann greifen, wenn der Staat seine Autonomie gegenüber der Fülle von hegemonialen Formationen – einschließlich der epochalen – bewahrt hat bzw. weder institutionell noch personell zulässt, dass seine der Selbsterhaltung des strukturierten Ganzen dienenden Institutionen und Organisationen mit denen der hegemonialen Formationen unauflösbar verfilzen. Verschmelzen hochrangige hegemoniale Formationen und staatliche Tätigkeit zur Selbsterhaltung des strukturierten Ganzen sogar zu einer Einheit, wird entweder der Staat zu deren Anhängsel oder er treibt an vorderster Stelle deren Praxen voran. Im ersten Fall ordnet sich die Entstehens- und Vergehenszeit des strukturierten Ganzen derjenigen der hegemonialen Praxen unter. Zusätzlich zeigt sich der Staat in seiner das Ganze erhaltenden Tätigkeit hilflos gegenüber der strukturellen Gewalt, die von den hochrangigen hegemonialen Formationen ausgeht. Im zweiten Fall legitimiert er sie sogar, leugnet den Wechsel von Unterordnung zu Unterdrückung und ordnet selbst an, mit welchen Formen der physischen wie psychischen Gewalt die von der strukturellen Gewalt Unterdrückten im Zaume gehalten werden sollen. Wie die einzelnen politischen Richtungen ihr Verhältnis zur strukturellen Gewalt regeln, ist Gegenstand der nun folgenden Kapitel. Den Staat und seine vielfältigen Eingriffsmöglichkeiten jedoch ausschließlich als ordnende Aufgabe der Polizei zu definieren, wird dem Staat, wie es Martin Nonhoff in „Diskurs – radikale Demokratie – Hegemonie“ (Bielefeld 2007) beschreibt, keinesfalls gerecht.

3 Entwicklung struktureller Gewalt und konservative Rechtfertigungsvarianten

3.1 Rechtfertigungsideologien konservativer Provenienz – „Revolution von rechts"

Ansatzpunkt konservativer Rechtfertigungsideologien ist in letzter Instanz die Bestimmung der autonomen Einheiten, in die sich die zugrunde liegende Substanz des alles umfassenden Lebensstroms unmittelbar zerlegt. In dieser einfachsten Form des Lebendigen waltet nach den Worten von Moeller van den Bruck etwas „Ewiges", „das sich immer wieder herstellt und zu dem jede Entwicklung zurückkehren muss". Als autonome Einheit mit „unveränderbarer Natur" figuriert der Mensch; als Lebendiges ist er der Substanz entäußert, die ihm gegenüber eine „statische, von Menschenverstand unantastbare, wesenhafte Ordnung der Welt" darstellt (zit. bei Herzinger, Richard, 1994: Das aktive Nichts – Die konservative Revolution und die deutsche Übermoderne, in: Frankfurter Rundschau, 12.02.94; Jahrbuch des Internationalen Arbeitskreises Literatur und Politik in Deutschland.) Das Moment der „unveränderbaren Natur" des Menschen ist ohne das zweite Moment des „aktiven Nichts", der vorwärtstreibenden Kraft, des „reinen Prozesses" (vgl. Hans Freyer „Revolution von rechts", Jena 1931) nicht zu denken. Die ständige Wiederherstellung des Anfangszustandes, die Überführung des Endlichen in Unendliches, sich stets Gleichbleibendes, Ewiges, erfordert den kontinuierlichen Übergang von Etwas zu Anderem als reinen Prozess. Hans Freyer stellt auf diese Weise die Selbsterhaltung eines sich selbst gleichbleibenden Lebendigen dar, das als Lebendiges zugleich dem Entstehens- und Vergehensprozess unterworfen ist, der es der Substanz, dem alles umfassenden Lebensstrom, entreißt und an seinem Ende wieder darin versinken lässt, ohne dass sich seine Natur in der gesamten Lebensspanne verändert hat.

Möller van den Bruck postuliert einen vom menschlichen Geist verursachten Zerfall des ursprünglichen Gleichklangs zwischen der unveränderbaren Natur der autonomen Einheit (Mensch) und der statischen, vom Menschenverstand unantastbaren, wesenhaften Ordnung der Welt. Er unterstellt, dass eine Tendenz zur Rückkehr des verlorenen Idealzustandes erkennbar sei. Freyer greift diesen Gedanken Möller van den Brucks auf. In der proletarischen Revolution des 19. Jahrhunderts, schreibt er, ist die letzte ausgeschlossene Klasse in die Gesellschaft integriert worden und der Kampf der Partialinteressen in den Zwang zum Interessenausgleich umgeschlagen. Die „reine", in der Selbsterhaltung waltende „Stoßkraft" hat im Innern der nunmehr entstandenen „industriellen Gesellschaft" etwas Ganzheitliches heranwachsen lassen, ein organisches Gebilde, das Freyer als „Volk" bezeichnet und zum „historischen Subjekt" der „Revolution von rechts", der „Revolution des 20. Jahrhunderts" erklärt. Dieses „Volk" beantwortet den Hochverrat des Geistes gegen das Leben durch den Hochverrat des Geistes gegen den Geist (Ernst Jünger) und führt die einstmals abgebrochene bzw. durch den Geist abgelenkte Entwicklung wieder zurück zum ursprünglichen Gleichklang. Das „Volk" ist der „Sinn, der in der Welt der industriellen Gesellschaft aufgeht, der lebendige Kern, um den sich die Mittel des industriellen Systems zum ersten Mal zu einer Welt zusammenfügen werden…" (Freyer). Es bringt in einer „totalen Revolution" den „totalen Staat" hervor, der sich „von der Gesellschaft emanzipiert"; und beide zusammen – das „Volk" und sein „Staat" – integrieren auf „organische" Weise die technischen Möglichkeiten, die die industrielle Revolution hervorgebracht hat, und setzen sie zum ersten Male zum Wohle des Ganzen ein. Das Ideal der „organischen Gemeinschaft" erscheint als das notwendige und unausweichliche Resultat der objektiven geschichtlichen Bewegung, fasst Richard Herzinger Freyers „Dynamismus" kritisch zusammen (ebd.). Eine stärkere Rechtfertigung und Verherrlichung struktureller Gewalt scheint kaum denkbar.

In der zu Ende gehenden Weimarer Republik drängten jene Gedanken zur Tat. Der erbittert geführte Konkurrenzkampf diskursiver Formationen um Hegemonie und hegemonialer Formationen um die maßgebliche Gestaltung des strukturierten Ganzen, einschließlich des damit engstens verbundenen Konkurrenzkampfes zwischen den verschiedenen Universalitätsansprüchen um das herrschende Herrschafts- und Legitimationsprinzip, hatte zu dem Ergebnis geführt, dass die Praxis einer hegemonialen Formation alle anderen zu dominieren vermochte. Aus der Sicht der siegreichen Formation schienen alle im Kampf Unterlegenen unterschiedslos dem Lager der Hegemonisierten anzugehören, obgleich bei realistischer Betrachtung einige der unterlegenen hegemonialen Formationen noch für einige Zeit im mehr oder weniger großem Umfang an der Herrschaftsarbeit beteiligt werden mussten.

Auch der Staat wurde lediglich als Hilfsinstrument zur Verstärkung der eigenen hegemonialen Praxis angesehen und an seiner angestammten Aufgabe gehindert, die Flexibilitätsmöglichkeiten der um Hochrangigkeit konkurrierenden hegemonialen Praxen auszuschöpfen. Es gelang ihm immer weniger, deren äußerste Flexibilitätsgrenzen zum Zweck der optimalen Erhaltung des strukturierten Ganzen auszuloten. Mit anderen – an der Herrschaftsarbeit in zweit- und drittrangiger Position Beteiligter – gemeinsame Äquivalenzketten zur Untergrabung der mit alleinigem Führungsanspruch auftretenden hegemonialen Formation zu bilden, oder gar durch Errichtung neuer Knotenpunkte im sozialen Raum den Anspruch auf authentische Interpretation des Herrschafts- und Legitimationsprinzips zurückzugewinnen, erwies sich angesichts seiner zunehmenden Isolierung und Schwächung als ein vergebliches Bemühen.[7] In einer von ihr als total bezeichneten Revolution ergriff schließlich die hegemoniale Formation die absolute Herrschaft, errichtete unter ihrer Alleinherrschaft den totalen Staat, verlangte von allen Untergeordneten absoluten Gleichklang im

7 Staatliche Selbsterhaltungstätigkeit gegenüber dem strukturierten Ganzen ist auf die Optimierung der Wirkungs- und Entfaltungsmöglichkeiten hochrangiger hegemonialer Formation ausgerichtet, weil nur im engen Verbund mit ihnen bzw. durch sie hindurch die Existenz des strukturierten Ganzen erhalten werden kann.

Denken und Handeln und brach jeglichen Widerstand mit allen zu Gebote stehenden Mitteln.

Die National-Sozialistische Deutsche Arbeiter-Partei (NSDAP) täuschte gemäß Herbert Wehners Analyse des Nationalsozialismus aus dem Jahre 1942/43 bereits durch den Parteinamen vor, eine gelungene Synthese vorher einander in schärfster Gegnerschaft gegenüberstehenden Ideenströmungen zu sein (in: Die Zeit, 25.02.94). Als Regelmäßigkeit in der Verstreuung schloss sie ganz verschiedene Elemente ein: Unter dem Begriff „national" reihten sich jene diskursiven Formationen in die von ihr propagierte Äquivalenzenkette ein, die nach dem ersten Weltkrieg „die offene oder versteckte Feindschaft gegen die für einen friedlichen Aufbau sich einsetzenden politischen Richtungen als Kennzeichen nationalen Bewusstseins betrachteten" (ebd.). Mit dem zugkräftigen Begriff „sozialistisch", in Verbindung mit dem Begriff „national" brachte sie flottierende Elemente hinter sich, die eigentlich der Arbeiterbewegung zuneigten, und schuf mit dem Begriff „Deutscher Sozialismus" sogar für Teile des Mittelstandes und der Unternehmer Identifikationsmöglichkeiten. Das Wort „Deutsch" zielte außerdem auf die außerhalb der Reichsgrenzen lebenden Deutschen und erzeugte ein Wir-Gefühl auch unter parteiferneren Subjektpositionen. Laut Wehner lag auf dem Wort „Arbeiter" von Beginn an eine besondere Betonung. Die NSDAP sollte nicht irgendeine von vielen bürgerlichen Parteien sein, keine normale Wahlpartei, sondern eine „Arbeiter-Partei", die auch vielen Versprengten und Enttäuschten des ersten Weltkrieges Halt bot und sie zu „Deutschen Arbeitern" emporhob, die sich von den als vaterlandslos bezeichneten internationalen Arbeitern unterschieden. Mit dem Ausspruch „Sind wir nicht alle Arbeiter?" rückte die Entfaltung eines neuen Menschentyps in den Blickpunkt, der in Ernst Jüngers 1932 erschienenen Schrift „Der Arbeiter. Herrschaft und Gestalt" als Mischung von menschlichem Industrieroboter und hochtechnisiertem Krieger jenseits „bürgerlicher Freiheit" eine neue Welt schaffen sollte, eine „organische Konstruktion", in der Mensch und Technik wieder mit den ewigen Geboten des „Lebens" verschmelzen würden (Richard Herzinger, ebd.). Das Wort „Partei" im Namen der NSDAP zielte auf „Volksgemeinschaft" und verharrte nicht bei der üblichen Bedeutung des Begriffes.

In dieser Volksgemeinschaft sollte sich der einzelne nicht nur aufgehoben fühlen, sondern auch Schutz vor wieder aufflackernden Interessenkämpfen der Vergangenheit finden. Der Führer würde schon dafür sorgen, dass sich die Großen nicht über das „Volk" erheben könnten, und aus dem Volk würden auf allen Ebenen der Massenbewegung viele kleine, Hitler treu ergebene Führer an der Herrschaftsarbeit aktiv Anteil nehmen. Die Reduzierung der autonomen Elemente zu Gliedern der Volksgemeinschaft, die das Recht des einzelnen dem Machtwort des Führers unterordnete, löste die Universalität des Rechts als herrschendes Legitimationsprinzip ab und ordnete es dem blindem Vertrauen auf die Weisheit und Güte des Führers als der neuen Legitimationsgrundlage unter. Aus der anfangs viele Gesichter zeigenden, nach Hegemonie strebenden Praxis der NSDAP wurde so nach Ergreifung und Umformung der Staatsmacht die artikulatorische Praxis einer scheinbar absolut herrschenden Formation, in die sich die unterlegenen, jedoch an der Herrschaftsarbeit zu beteiligenden

Formationen immer stärker einbanden und schließlich partiell sogar zur Unterordnung gezwungen wurden:

- die deutschnationalen Kreise um Hugenberg (aus Industrie und adeligem Großagrariertum);
- Reichswehrgeneräle um General Schleicher;
- Kaisertreue und einige Mitglieder des Hauses Hohenzollern;
- Politiker und Einflusspersonen aus dem katholischen Zentrum.

Aus der antidemokratischen Tradition des preußisch-deutschen Militärs heraus wollte sich z.B. die Armeeführung „Hitler als die zuverlässigste Kraft präsentieren, als die zweite Säule seines Staates neben der Partei..." (Manfred Messerschmidt, in: Die Zeit, 29.01.93). Die Wehrmacht ging zwar nicht vollkommen im Nationalsozialismus auf, aber in ihrer Beteiligung an der Herrschaftsarbeit identifizierte sie sich mit der Höchstrangigkeit beanspruchenden Formation desto mehr, je größer sie wurde, und zugleich verlor sie in zunehmendem Maße ihre Eigenständigkeit. Nach Stalingrad ließ sie sich ohne nennenswerten Widerstand in Hitlers Krieg gegen das eigene Volk einspannen. Politiker und Einflusspersonen aus dem katholischen Zentrum hatten sich bereits kurz nach der Machtergreifung Hitlers in die Schar derer einzureihen, die von Anfang an von der NSDAP als Repräsentanten der Untergeordneten, zu Unterdrückenden, Entarteten oder gar gänzlich Auszurottenden angesehen und behandelt wurden und teilweise zunächst darauf hofften, dass die nationalsozialistische Massenbewegung nach kurzer Zeit an ihren eigenen Widersprüchen zugrunde gehen würde:

- Intellektuelle und Künstler,
- einflussreiche Sozialdemokraten um Otto Braun,
- Gewerkschaftsfunktionäre,
- „Minderheiten" (Juden, Sintis u. Romas, Zeugen Jehovas, Homosexuelle u.a.),
- KPD-Kader.

Der NSDAP gelang in relativ kurzer Zeit die Etablierung eines neuen Herrschafts- und Legitimationsprinzips. Das „reale" deutsche Volk zeigte wenig Kraft zu einem Aufstand: „Nun konnte die so systematisch aufgezogene Massenbewegung des Nationalsozialismus die auseinandergefallenen Volksteile umschmelzen und umpressen zu Gliedern des Riesenmechanismus, mit dem die Weltherrschaft erobert werden sollte" (Herbert Wehner, a.a.O.) Freiwillige Unterordnung dominierte und der Widerstand von sich unterdrückt Fühlenden wurde mit Gewalt gebrochen. Die Verschmelzung von höchstrangiger Formation und Staat hatte jedoch zur Folge, dass deren Entstehens- und Vergehenszeit – auf „tausend" Jahre angelegt und nach zwölf Jahren bereits an ihrem Endpunkt angelangt – vom strukturierten Ganzen als eigene Entstehens- und Vergehenszeit akzeptiert werden musste.

Selbst nach dem Fall der NS-Herrschaft fand der Staatstheoretiker Carl Schmitt, der mittels seiner Ideen einer der (geistigen) Führer des Führers zu sein glaubte, keine Worte des Bedauerns oder gar des politischen Irrtums. Für ihn gab es das Ich, das verantwortlich sein könnte, nicht, oder es war unterwegs gestorben. Die Fiktion des Ichs bildete für ihn immer noch das „Legitimationsmuster" für den totalen Staat, durch den „die zentrifugalen Kräfte der splitternden Ich-Atome zusammengezwungen und der Anarchismus des Individuums niedergehalten werden. Souverän war für Carl Schmitt derjenige, der über den Bürgerkrieg der Ich-Gesinnung verfügt; und ebenso für souverän hielt er denjenigen, der anzuerkennen bereit war, dass die Biographie einem anderen Ich gehört als dem, der sie ex post erinnert (zit. bei Thomas Assheuer, „Ich unterscheide, also bin ich“ – Zur Kontinuität des Antisemitischen bei Carl Schmitt/Eine Lektüre seiner Aufzeichnungen, in: Frankfurter Rundschau, 13.01.92). Statt des zersplitternden Ichs verlangte es Schmitt nach der „reinen Identität“ seines „Selbst“, aus dem das verunreinigende „Andere“ ausgeschlossen ist. Nach dem gleichen Muster hatte die „reine Macht“ alles Heterogene auszuschließen. „Jede wirkliche Demokratie beruht darauf, dass nicht nur Gleiches gleich, sondern, mit unvermeidlicher Konsequenz, das Nichtgleiche nicht gleich behandelt wird“, schrieb er in seiner Abhandlung über die „Geistesgeschichtliche Lage des heutigen Parlamentarismus“. Auf diesem Hintergrund verfasste er im „Glossarium“ folgende am 19.11.47 formulierte Selbstentlastung: „Vor Gott ist alles Künftige schon gewesen und was uns als Gegenwart trifft, ist wie der Lichtstrahl eines entfernten Sternes, der längst erloschen ist. ... So besteht die Gerechtigkeit der göttlichen Weltordnung darin, dass sie das, was wir als unsere Gegenwart empfinden, ignoriert. Als Gott zuließ, dass Hunderttausende Juden getötet wurden, sah er gleichzeitig schon die Rache, die sie an Deutschland nahmen, und was er heute mit den Rächern und Vergeltern sieht, werden die Menschen in einer unerwartet anderen Gegenwart erleben.“ (Thomas Assheuer, a.a.O.).

Als „provokativ für das Selbstverständnis des demokratischen Verfassungsstaates“ bezeichnete Jürgen Habermas in „Die Zeit“ vom 03.12.93 „jene Politische Theologie, die einen säkularisierten Begriff von Politik und damit das demokratische Verfahren als Legitimationsgrundlage des Rechts ablehnt, den Mythos der geborenen nationalen Einheit dem gesellschaftlichen Pluralismus entgegensetzt und den Universalismus der Menschenrechte und der Menschenmoral als verbrecherische Heuchelei denunziert.“

Die Analyse einer ontologisierenden „Wurzelanschauung“ (Möller van den Bruck) ist trotz des verabscheuenswürdigen Resultats jedoch nicht rundheraus falsch und in Teilen durchaus nachvollziehbar. Das Lebendige ist „von der Wurzel her“ als eine autonome Einheit zu denken, die dem alles umfassenden Lebensstrom entäußert ist. Aus der Definition der zugrunde liegenden Substanz als einer „statischen, von Menschenverstand unantastbaren, wesenhaften Ordnung der Welt“ folgt, dass die autonome Einheit ebenfalls als von „unabänderbarer Natur“ zu definieren ist. Wird der alles umfassende Lebensstrom jedoch als ein in kontinuierlicher Veränderung befindlicher, sich selbst durch permanente Entäußerung und Wiederzurücknahme von „Einheiten“ erhaltender Lebensstrom gedacht, sind die emittierten Einheiten ebenfalls als stetig veränderliche zu begreifen, deren Autonomie auf die in ihnen verselbständigte Selbsterhaltungskraft des alles umfassenden Lebensstroms zurückzuführen ist. Findet die in der „lebendigen Einheit“ aufkeimende Autonomie auf dem Felde der unendlichen Diskursivität Bedingungen vor, die ihr das Auftauchen in vielfältigen artikulatorischen Praxen ermöglichen, kann sie zwar in der Produktion, Distanzierung und Auflösung von Diskursformationen zu voller Größe heranreifen, sieht sich aber in der nur durch die Lebensdauer begrenzten Fülle von möglichen Subjektpositionen wieder zur kaum noch wahrnehmbaren, in sich zerrissenen Vielfalt aufgefächert und bis zur totalen Hilflosigkeit geschwächt. Der Einklang der autonomen Einheit mit sich selbst, den Hannah Arendt im Anschluss an den sokratischen Gedanken des „Zwei-in-Einem" als „Zwei- oder Mehrklang" bezeichnet hat, ist also bestenfalls der Einklang einer „diffusen Identität" mit sich selbst bzw. ist der versuchte Selbstbezug eines verwirrend vielfältigen Stimmenmeers (René Weiland in: Tagesspiegel, 29.08.93).

Reduziert man jedoch fälschlicherweise die darin potentiell enthaltene Fülle von artikulatorischen Praxen ausschließlich auf die Entfaltung systemischer Formationen, wie es bei Botho Strauß geschieht, scheint die Klage über die Entwicklung zu einer „computerisierten Verschaltung der Welt zu einem geschlossenen Informationssystem" berechtigt zu sein. Ebenfalls verständlich ist der Versuch, mit aller Macht dieser als weit unter den Möglichkeiten des Subjekts rangierenden „heillosen Verschaltung" zu entfliehen bzw. aus der als „Vergesellschaftung von Heilsgeschichte" denunzierten Tätigkeit des aufgeklärten Subjekts radikal auszusteigen und den als „rohen Klumpen" bezeichneten „Glaubensstoff" dem wahrnehmenden Subjekt als das „Ganz Andere" gegenüber zu stellen. Es liegt dann nahe, sich den Ideologen der konservativen Revolution anzunähern, vom „Ganz Anderen" Erlösung aus der Hoffnungslosigkeit der als „immergleich" bezeichneten Welt zu erwarten, sich wieder in das „Ganze der Weltgeschichte" unter „neognostischem Feldzeichen" einordnen zu wollen (Matthias Schmitz/Thomas Assheuer,1993: „Wir sind enttäuscht genug": Die Befreiung des Menschen vom Staatsbürger, in: Frankfurter Rundschau, 10.07.93) und geradewegs in das Reich der „Gegenaufklärung" zu stolpern.

Das „Ganz Andere" wird schließlich als „oberste Hüterin des Unbefragbaren, des Tabus und der Scheu" charakterisiert. Folgerichtig „erkennt" Botho Strauß seinen ärgsten Feind im alles hinterfragenden und entzaubernden Begriff der Emanzipation, die für ihn die ursprüngliche Quelle aller unserer fortzeugenden Irrtümer darstellt und stets nur „Freigelassene" und niemals „Freie" hinterlässt. Der Grundsatz der Emanzipation zielt für ihn darauf ab, „immer neue Quanten von Emanzipierbaren zu finden", in die Niederungen der systemischen Welt hinabzuziehen und es dadurch als Erhabenes, Unsagbares, Verehrungswürdiges, Tabuisiertes und Verzaubertes zu vernichten.

Stattdessen sollten seiner Ansicht nach die Menschen wieder der „Magie der selbstregulierten Welt" andachtsvoll Beifall spenden; deren Würde und Schönheit, die ihr vom Dichter durch die „Heiligung" naturwissenschaftlichen Wissens zurückgegeben worden sei. Strauß plädiert dafür, dass sie als Kunstwerk, Geschenk des Unwahrscheinlichen, als Metapher des „Ganz Anderen" angenommen und verehrt wird.

Rettung vor der freiheitsvernichtenden Emanzipation bzw. der „vom Schlechten gebannten Aufklärung" bringt für Botho Strauß nur ein „erachtendes" und erkennendes Bewusstsein, das in Ordnungen „jenseits des soziozentrischen Denkens" verhaftet ist. In einer solchen Ordnung – statt in demokratischen Prozeduren – müsse das „Unbedingte", das dem „subjektlos" gewordenen Subjekt, dem Staat und der Gesellschaft verlorengegangen sei, wieder begründet werden. Während die Kunst das Profane heilige, kuriere die haltende Macht des Staates das Elend der aufgeklärten Menschen, interpretieren Schmitz/Assheuer auf ironisch-distanzierte Weise Botho Strauß. Das nach Strauß „subjektlose Subjekt" ist eine in Elemente aufgesplitterte autonome Einheit, die sich selbst als „diffuse Identität" wahrnimmt und von anderen nur als solche wahrgenommen werden kann. Dieser diffusen Identität fehlt ein Zentrum, sie existiert nicht als eine isolierte Monade, ist durch die wechselseitige Bestimmung überbestimmt und bedarf der stützenden Einverleibung des therapeutisch handelnden Staates in den „Organismus der Gemeinschaft".[8] Mit dem Ausdruck „Tiefenerinnerung" wählt Strauß nur eine andere Bezeichnung für das, was Möller van den Bruck mit „Wurzelanschauung" meint. „Die zentrifugalen Kräfte der splitternden Ich-Atome" Carl Schmitts nehmen bei Strauß die Gestalt des subjektlosen Subjekts an. Zwingt bei Carl Schmitt der totale Staat die splitternden Ich-Atome zusammen und hält den Anarchismus des Individuums nieder, übernimmt bei Strauß das „Staatswesen" die Aufgabe, das substanzlos gewordene Subjekt wieder in den „Organismus der Gemeinschaft" einzuweben und es fortan von jeder Kritik fernzuhalten. Sortiert Schmitt das Ungleiche vom Gleichen, um es als Feind aus dem „Organismus der Gemeinschaft" auszustoßen, übereignet Strauß der Migrationsbewegung diese Selektionsaufgabe. Sie soll im Medienbürger einen heilsamen Kulturschock auslösen und seine Abkehr von falscher kollektiver Identität initiieren. Strauß zählt sich zu den „Durchdrungenen", zur geistigen Elite, die um das „Ganze" weiß und sich unaufhebbar von der Masse der auf der niedrigen Stufe der unpräzisen diskursiven Artikulation verharrenden Subjekte unterscheidet. Mittels struktureller Gewalt die Masse auf den Vorhof der artikulatorischen Praxis zu verweisen und dort zu fixieren, erscheint ihm gerechtfertigt. Darin ist er sich mit den Ideologen der „Konservativen Revolution" einig und rechtfertigt damit die Sorge vor einem schwachen Demokratiebewusstsein der Deutschen.

Im elitären Denken, das der Masse die Fähigkeit zur diskursiven Artikulation nicht zutraut oder ganz abspricht, stimmt fast das gesamte konservative Spektrum mit den Ideologen der „Konservativen Revolution" überein. Menschen, die ihrer Natur nach Sklaven seien (die herrschende Auffassung von Platon bis Thomas von Aquin), wenig tauglich zur Freiheit und zur Demokratie, bedürften der Autorität, der Religion, der Metaphysik, der „vertikalen Tiefe", der Transzendenz.

8 Die Selbsterhaltung kann nicht das Zentrum sein. Sie ist ausschließlich Autonomie spendende Kraft. Ohne sie könnten die im Gewande vielfältiger Elemente auftretenden Einheiten – in ihrem Verhältnis zueinander – überhaupt nicht zum Träger selbst disparater artikulatorischer Praxen werden. Neigt der Entstehens- und Vergehensprozess der autonomen Einheit seinem Ende zu, versiegt zugleich die selbsterhaltende Kraft und kehrt ebenfalls in den alles umfassenden Lebensstroms zurück. Erhalten bleiben die in der Vergangenheit zu Momenten von diskursiven Formationen fixierten Subjektpositionen. Als konstitutive Bestandteile der diskursiven Formation überdauern sie das ursprünglich mit ihnen verbundene Subjekt und sind jetzt der Entstehens- und Vergehenszeit der diskursiven Formation unterworfen.

3.2 Die „organische Gemeinschaft" als gottgewollte, naturrechtlich begründete Ordnung

3.2.1 Auflösung des Spannungsverhältnisses zwischen Volkssouveränität und Rechtsstaat zugunsten des Rechtsstaats

Der im postfeudalen/postabsolutistischen Zeitalter als allgemeingültig betrachteten Auffassung, dass alle Gewalt vom Volke ausgeht, steht ein auf das Gottesgnadentum als Grundlage der Herrschaft des Adels zurückgreifendes Bewusstsein absolut gegenüber. Übereinstimmung mit dem vergangenen Herrschaftsprinzip ergibt sich nur dann, wenn die Macht nicht jedem einzelnen Subjekt des Volkes entspringt, sondern ausschließlich der Gesamtheit aller Subjekte, dem „Volk".

Die Vorstellung, „das Volk als Ganzes" sei die Quelle der Gewalt, lässt die Ableitung zu, dass in einem – von Fall zu Fall unterschiedlich begründeten und gestalteten – Übertragungsakt die Verfügung über Gewalt auf ein Subjekt oder eine größere Gruppe von Subjekten übergegangen ist und von ihm/ihnen auch für und gegen das gemeine Volk ausgeübt werden kann (Bourdieus Urzirkel der Repräsentation). Das Legitimationsproblem reduziert sich sodann auf die Verantwortlichkeit der Gewaltausübenden gegenüber dem Volk. Ist erst einmal die Vorstellung, dass alle Gewalt vom Volke ausgeht, auf diese Weise wieder eingefangen, entschärft und mit dem Machtanspruch des elitären Denkens „versöhnt", rückt die Form der Gewaltausübung in den Vordergrund. Eine für die Bundesrepublik Deutschland sehr vertraute und recht zivil anmutende Form, die demokratische Idee der Volkssouveränität in den Hintergrund zu drängen, ist die Interpretation des Staates als „liberaler" Rechtsstaat auf naturrechtlicher Basis. D.h. das Spannungsverhältnis zwischen Volkssouveränität und Rechtsstaat wird zugunsten des Rechtsstaats aufgelöst. Dies ist beispielsweise der Fall, wenn zur Erhaltung des Rechtsfriedens die zu geltendem Recht geronnenen Interessen älterer hegemonialer Praxen absoluten Vorrang gegenüber neuen, aus jüngeren sozialen Kämpfen hervorgegangenen Interessen genießen oder wenn aus weiter zurückliegenden Geschichtsperioden stammende anerkannte Rechtsbegründungen und -interpretationen für zeitlos gültig erklärt und festgeschrieben werden. Ein solcher Rechtsstaat lässt strukturelle Gewalt zu.

Ein exemplarisches Beispiel stellte die 1993 beschlossene Zurückweisung der Kompromissentscheidung des Bundestages zum § 218 durch das Bundesverfassungsgericht dar. Nach langer und heftiger öffentlicher Kontroverse in Fernsehen, Rundfunk, der Presse und auf der Straße hatten die Abgeordneten des Bundestages schließlich zu einer hinlänglich ausdiskutierten Mehrheitsentscheidung gefunden, die jedoch vom Bundesverfassungsgericht – auf der Grundlage einer naturrechtlichen Interpretation des betroffenen Grundrechtsartikels (Art. 2) zurückgewiesen wurde. Die im Grundgesetz niedergelegten Herrschafts- und Legitimationsprinzipien nutzte das Bundesverfassungsgericht, um ausschließlich aus der Perspektive der in sich geschlossenen normativen Ordnung, bzw. im Geiste des „negativen Liberalismus bürgerlicher Freiheitsrechte" zu urteilen (Hauke Brunkhorst, Krise der Demokratie? in: Frankfurter Rundschau, 05.02.94) und seine letztinstanzliche Entscheidung der dynamischen Kraft der Volkssouveränität entgegenzusetzen. Damit negierte es den Doppelcharakter des Rechts und maßte sich selbst die Rolle des Gesetzgebers an. Überschreitet eine solche Instanz in der Selbstgewissheit der „richtigen“ Gesetzgebung die Beschränkung richterlicher Überprüfungsrolle erweckt sie den Eindruck eines „Juristitionsstaats“, „will letzte verbindliche Orientierung geben, wo die Gesellschaft gespalten ist.“ (Rainer Wahl, Quo vadis Bundesverfassungsgericht? in: Frankfurter Rundschau, 30.06.93) Mit jener Entscheidung hat das Bundesverfassungsgericht unberücksichtigt gelassen, dass es kein für immer festgefügtes Bild vom Menschen gibt, kein Wesen hinter den Dingen, dass auf keine höhere Ordnung zurückgegriffen werden kann, und dass der Mensch sich immer neu erfinden muss.

Ist zwischen einstmals gültigen Rechtsbegründungen und -interpretationen und dem aktuellen Rechtsempfinden eine unüberbrückbare Kluft entstanden, verfehlen – im Dienst der Erhaltung des strukturierten Ganzen stehende – Instanzen mit einer rückwärtsgewandten Optik die ihnen übertragene Aufgabe. Indem sie auf breite Zustimmung stoßende diskursive Formationen missachten und sich an solche anhängen, die ausschließlich der Konservierung der in Frage gestellten Unterordnungsverhältnisse dienen, unterbrechen sie nicht nur vorübergehend den demokratischen Diskurs, sondern erschüttern den Spannungsbogen zwischen Volkssouveränität und Rechtsstaat, erzwingen Unterordnung unter die Systematik des Rechts und provozieren Unterdrückung. „Es spricht vieles dafür, dass das Gericht hier Voraussetzungen des gesellschaftlichen Zusammenlebens, die die Gesellschaft aus sich selbst bilden und bewahren muss, die der Staat nicht garantieren kann, nun doch von oben, vom Staat her zu schaffen in Anspruch und Angriff genommen hat.“ (Rainer Wahl, a.a.O.).

Der vom Grundgesetz geforderten lückenlosen Legitimationskette für die Verankerung der Gesetzgebungskompetenz im Volk ist hinlänglich gedient, wenn unter der Voraussetzung einer verfahrensmäßig, durch Recht gesicherten individuellen Unabhängigkeit aller Subjekte, machtneutralisierte Publizität[9], breite und vielfältige Partizipation sowie demokratische Repräsentation in angemessener Form zusammenspielen. Statt eines Tugenddiskurses, der auf Verfügungsgewalt über die Sitten abzielt, ist Verfahrensrationalität geboten, um dem allgemeinen Willen zum Durchbruch zu verhelfen; nicht mehr und auch nicht weniger. Sich einer solchen Maxime zu beugen ist Akteuren ranghoher hegemonialer Formationen schier unerträglich. Wie schwer es selbst Mitgliedern staatlicher Instanzen fällt, die für die Selbsterhaltung des strukturierten Ganzen tätig sind, dieser Maxime gerecht zu werden, zeigt obiges Beispiel.[10]

9 Albrecht Müller (SPD-Bundestagsabgeordneter) auf einer Tagung des Sigmund-Freud-Instituts: „Das Bewusstsein um die Manipulation schwindet, und die Professionalisierung der Irreführung wächst“. Die bundesdeutsche Medienlandschaft sei gekennzeichnet von „Einfalt statt Vielfalt“, von ungeminderter Machtkonzentration weniger Konzerne und einer Verflechtung zwischen Presse und Kommerzsendern. Am hartnäckigsten würden sich die Journalisten weigern, die Instrumentalisierung der Medien durch die Politik zu erkennen (Frankfurter Rundschau, 16.05.94).

10 Die Diskussion um die Abschaffung des Paragraphen 219a ab Ende 2017 (Verbot der Werbung für Abtreibung), der insbesondere von der CDU/CSU nach wie vor befürwortet und jegliche Information über dieses Leistungsangebot seitens der Ärzte abgelehnt wird, weist sogar noch in der heutigen Zeit in die gleiche Richtung eines solchen Tugenddiskurses.

Sie perpetuieren die Angst, die bereits die Gründungs„väter“ der Verfassung vor dem eigenen Volk (Peter Glotz) geleitet hat.

3.2.2 Sicherung des Friedens im Innern

Nach Hans Maier muss sich konservatives Denken von manchem „Altkonservativen“ verabschieden. Er zählt darunter die „Neigung zur Betreuung, zum obrigkeitlichen Zentralismus ebenso wie die Fremdheit gegenüber Pluralismus und Parteienregiment“. Der „aufgeklärte Konservative“ ist seiner Ansicht nach ein Freund der Verfassung, ein Verfassungspatriot. In Bezug auf den Staat vertritt laut Maier der „aufgeklärte Konservative“ die Meinung, dass er zugleich zu stark und zu schwach ist: „Der Staat ist stark dort, wo er ruhig schwach sein könnte. Und er ist schwach dort, wo er stark sein sollte.“ Stärke zeige der Staat als „Leistungsträger“, als „Instrument der Daseinsvorsorge“, Schwäche in seinem „Kernbereich“: „Ordnung zu schaffen, das Recht durchzusetzen, Verbrechen zu bekämpfen, Frieden im Innern zu sichern“. Zusammenfassend umreißt Maier das konservative Selbstverständnis: „Eine bewahrende, erhaltende Absicht liegt allem Konservatismus zugrunde. Aber was man erhalten will, wie man es erhalten will, ob gegen die Zeit oder mit ihr, ob in starrer Verteidigung oder beweglicher Anpassung – das macht die Unterschiede der verschiedenen Strömungen und Schulen aus.“ (Hans Maier, in: Die Zeit,01.04.1994). Ganz allgemein gilt: Als erhaltenswert Angesehenes gegen die Zeit starr zu verteidigen, wirkt sich als strukturelle Gewalt aus und erzeugt Unterdrückung.

Die von Maier getroffene Unterscheidung des Staates zwischen Leistungsträger und Instrument der Daseinsvorsorge einerseits und dem Kernbereich (Frieden und Recht zu sichern) andererseits, ist nicht einfach eine wertneutrale Differenzierung des Komplexes „Staat“, sondern bereits vom Willen diktiert, das Ensemble sozialer und staatlicher Formen, das etablierten hegemonialen Formationen entstammt, im Namen von Rechtssicherheit und Rechtsfrieden zu bewahren. Denn eine „Ordnung an sich“ gibt es nicht, und welcher Bereich des Chaos geordnet ist oder scheint, ist nicht dem Zufall überlassen. Die Aufforderung, Recht durchzusetzen, bedarf der Ergänzung durch die Frage nach dem Verhältnis zwischen der „Normativität des Rechts und seiner Zielrichtung und Angewiesenheit auf tatsächliche Geltung“ (Rainer Wahl, a.a.O.).

Den individuellen und gesellschaftlichen Schaden sowie die Verfolgungsbedürftigkeit von Verbrechen wie z.B. bei Tötungsdelikten bestreitet niemand, aber es gibt auch eine Reihe von Verbrechen (u.a. Wirtschaftsdelikte), die allein deshalb weniger stark verfolgt werden können, weil gerade diese Strafverfolgungsbehörden personell und finanziell chronisch unterbesetzt sind. Eine unspezifische Aufforderung zur Verbrechensbekämpfung ist also wenig glaubwürdig.

Frieden im Innern zu sichern ist ein Appell an den Staat, dem er sich in der Tat nicht verschließen kann; dem die volle Aufmerksamkeit seiner sämtlichen zur Erhaltung des strukturierten Ganzen dienenden Institutionen zugewandt ist – und das obwohl und gerade, weil er nur unvollständig über das gegenwärtige und künftige Zusammenspiel der Elemente im strukturierten Ganzen informiert ist. Unter Friedenssicherung im Innern zählt der bereits erwähnte staatliche Widerstand gegen Bestrebungen etablierter hegemonialer Praxen, die eigene Existenz auf Kosten neu aufkommender zu verewigen. Darunter zählt ebenso, Hegemonisierte vor der Maßlosigkeit hegemonialer Praxis zu schützen und die Selbstaufopferungstendendenz der Hegemonisierten durch Stärkung ihres Widerstandswillens einzuschränken; darauf hinzuwirken, dass die Spielregeln, die das Verhältnis zwischen Hegemonisierenden und Hegemonisierten bestimmen, eingehalten oder neu definiert werden. Naheliegend ist der Versuch, mit den zweit- und drittrangig an der Herrschaftsarbeit Beteiligten Äquizivalenzketten gegen die inkriminierte hegemoniale Formation zu errichten, um entweder deren zerstörerischer Praxis Einhalt zu gebieten oder sogar die mit Führungsanspruch auftretende hegemoniale Formation durch Favorisierung anderer hegemonialer, bisher noch nicht als Ausgangspunkt von Äquivalenzketten dienender Knotenpunkte zu untergraben und sie schließlich ganz zu ersetzen.

Da der Staat nur die institutionalisierte Kraft zur Erhaltung des strukturierten Ganzen verkörpert, die in ihrer Wirksamkeit auf die Existenz des formlosen Gegenhalts angewiesen ist, den die Praxen der vielfältigen hegemonialen Formationen bereits untereinander bilden, ist ihm der Grat zwischen Einordnung und Unterordnung und Umschlagen von Unterordnung in Unterdrückung in seiner innergesellschaftlich ausgerichteten Sicherung des Friedens teilweise schon vorgegeben.

Haben z.B. autonome Subjekte in sämtlichen ihnen als möglich erscheinenden Subjektpositionen jeden Anspruch auf Teilnahme an der Herrschaftsarbeit aufgegeben, erzeugt die Einsicht, auf nicht absehbare Zeit hegemonisiert zu sein, ein unterwürfiges und/oder widerspenstiges abhängiges Bewusstsein. In der grundlegenden Bestimmung abhängigen Bewusstseins, in der Negativität und Objektivität nur durch ihre wechselseitige Subversion existieren, hat – hegelianisch ausgedrückt – das abhängige Bewusstsein sein Gegenteil (das herrschende Bewusstsein) unabänderlich als negative Beziehung an sich selbst und zugleich existiert jenes als Selbständiges außer ihm. Als selbständiges herrschendes Bewusstsein nimmt es – im Verhältnis von Artikulierendem und Artikuliertem – die Position des Artikulierenden gegenüber dem abhängigen Bewusstsein ein.[11]

In dieser umfassenden Bestimmung sind vier weitere Bestimmungen enthalten:

1. Als Artikuliertes wird das abhängige Bewusstsein vom außer ihm existierenden und für es handelnden herrschenden Bewusstsein bestimmt und beugt sich ihm in

11 Für die Bestimmung abhängigen Bewusstseins ist die von Laclau/Mouffe diskutierte Problematik zwischen artikulatorischer Praxis und Objektivität von Bedeutung. Ebenso wie sich die aus vielfältigen artikulatorischen Praxen hervorgehende Gesamtheit „strukturierter Totalitäten" in ihrem Verhältnis zum anderen Pol, (den „verstreuten Elementen") als dessen negative Kehrseite präsentiert, stellt sich auch – als ein Verhältnis totaler Äquivalenz betrachtet – das abhängige Bewusstsein als negative Kehrseite des herrschenden dar. Die differentiellen Bestimmungen des abhängigen Bewusstseins lösen sich durch ihre negativ-äquivalentielle Referenz auf das herrschende Bewusstsein auf und das abhängige Bewusstsein zeigt ausschließlich das, was es nicht ist. Das Gleiche gilt für das herrschende Bewusstsein. Auch jenes deutet in einem Verhältnis totaler Äquivalenz ausschließlich auf sein Gegenteil hin bzw. auf das, was es nicht ist.

der hegemonialen Praxis in einer Mischung von aufopferndem und widerwilligem Gehorsam.

2. Um die Praxis der hegemonialen Formation nicht nur verständnislos zu erleiden, sondern den Anspruch der hegemonialen Formation auf Überordnung auch erkennen und darauf adäquat reagieren zu können, muss das abhängige Bewusstsein hegemonisierter Subjekte dazu fähig sein, das herrschaftliche Bewusstsein an sich selbst wahrzunehmen – als Teil seiner selbst. Dies geschieht auf zweierlei Weise:

Erstens ist daran zu erinnern, dass hegemonisierte Subjekte nicht als solche geboren wurden, sondern erst im Kampf mit der sich schließlich als hegemonial erweisenden diskursiven Formation dazu geworden sind und im Verlauf eines schmerzhaften, mit Niederlagen gespickten Prozesses jeglichen Anspruch auf Teilnahme an der Herrschaftsarbeit aufgegeben haben. Diese leidvolle Erfahrung dessen, was herrschaftliches Bewusstsein beinhaltet und im Abhängigen zu bewirken vermag, hat sich in ihrem Bewusstsein als furchtbesetztes „Überich" festgesetzt und wird für sie zum Orientierungspunkt künftigen Verhaltens, zum Maßstab ihres aufopferungsvollen Dienstes. Das in sie versenkte herrschaftliche Bewusstsein verhilft ihnen, das außer ihnen und für sie handelnde herrschaftliche Bewusstsein zu identifizieren und anzuerkennen.

Zweitens zeigt im Verhältnis totaler Äquivalenz jeder Pol ausschließlich das, was er nicht ist. Da er von dieser Seite von einer Pluralität von Bedeutungen überflutet wird, ist ihm die Negation seiner selbst (das herrschaftliche Bewusstsein) bekannt, jedoch nicht als plötzliche Eingebung, sondern – wie oben dargelegt – als sukzessive Folge eines länger dauernden schmerzvollen Erkenntnisprozesses. Die Furcht stellt ein konstitutives Moment der Herausbildung von abhängigem Bewusstsein dar. Sie reicht bis zu den Wurzeln des Subjekts, beginnt mit der totalen Verunsicherung des sich unterlegen Fühlenden, dem Zerfließen seiner bis dahin als sicher geglaubten Fundamente, führt zur Einpflanzung des herrschaftlichen Bewusstseins in dasjenige des Untergeordneten in Form des „Überichs", dem es künftig in Selbstaufopferung dient, und schließt – je nach vorliegenden Bedingungen – die Erwartung von Anerkennung, Lob, Strafe und Verzeihung ein.

Hörigkeit, guter Glaube, Selbsttäuschung, freiwillige Anpassung, frühzeitige Unterordnung, Erdulden, Verschweigen, Mimikry sind unter den Positionen, die von Subjekten mit abhängigem Bewusstsein vertreten werden, weit verbreitet; normalerweise stärker als der aktive und passive Widerstand in Form von Demonstration, Rebellion, Aufruhr und totaler Verweigerung, der dem abhängigen Bewusstsein als Möglichkeit zwar ebenfalls zur Verfügung steht, aber nicht für selbstverständlich gehalten werden darf.

3. Aus der Bestimmung abhängigen Bewusstseins ergibt sich die Widerstandsmöglichkeit. Das in vielfältigen artikulatorischen Praxen Arbeitskraft verausgabende[12] Subjekt macht die Erfahrung, dass es einen Teil seiner selbst (in schöpferischer und gestaltender Weise) veräußerlicht, dabei sich selbst verändert, sich mit dem Pro-

12 Hierunter ist in der heutigen Zeit weniger die physische Arbeitskraft zu verstehen, sondern vor allem die Arbeitskraft im Bereich der Dienstleistung, der Medien, der Digitalisierung.

dukt seiner Tätigkeit identifiziert, zur Anschauung seiner selbst als eines selbständigen Gegenstandes gelangt und aus un- oder eingestandenem Stolz auf die von ihm erbrachte Arbeitsleistung seine Selbstachtung als vollwertiges Glied der Gesellschaft herleitet. Diese Selbstachtung versetzt es in die Lage, der hegemonisierenden Seite selbstbewusst entgegenzutreten und von ihr als Gegenleistung Anerkennung in materieller wie immaterieller Form zu erwarten. Bleibt sie aus oder wird sie nur in unzureichender Form gewährt, ist damit der Stachel der Distanzierung und Entfremdung gelegt, der zur Opposition, Demonstration, Anklage, Rebellion bis hin zum Aufstand führen kann (in dessen Verlauf die hegemoniale Formation abgelöst oder umgekehrt auch erneut bestätigt wird), wenn diskursive Formationen das Über- und Unterordnungsverhältnis auf neue Weise konfrontativ antagonisieren.

4. Im Falle einer Ablösung steht die vierte Bestimmung abhängigen Bewusstseins zur Disposition: die Aneignung des vom hegemonisierten Subjekt in seinen artikulatorischen Praxen erbrachten unterschiedlichen Arbeitsleistungen durch die hegemonisierende Formation zum Zweck der weiteren Ausgestaltung des Ensembles relativ stabiler sozialer Formen zugunsten der hegemonisierenden Seite.

Dominiert unter den vier Bestimmungen des abhängigen Bewusstseins die zweite (der aufopferungsvolle Dienst am „Überich" [dem im Abhängigen versenkten herrschaftlichen Bewusstsein] in ihm und am herrschaftlichen Bewusstsein außer ihm), entsteht ein tendenziell introvertiert-kontrahiertes, von Furcht beherrschtes Subjekt. Überwiegt die dritte Bestimmung des abhängigen Bewusstseins (das in seiner artikulatorischen Praxis zu sich selbst findende und auf seine Arbeitsleistung stolze Subjekt) kristallisiert sich ein Subjekt heraus, das bereit ist, der Furcht zu trotzen und zur hegemonialen Formation in innere und äußere Distanz zu gehen, Abwehrbereitschaft gegenüber den täglichen Zumutungen der hegemonialen Praxis aufzubauen, laut zu protestieren, zu boykottieren, gar zu rebellieren und zu streiken, Isolierung und Ächtung in Kauf zu nehmen.

Beide selbständige Formen des abhängigen Bewusstseins stellen ein absolutes Gegensatzpaar dar. Absolute Furcht schließt Widerstand gänzlich aus und absoluter Widerstand kennt keine Furcht. Beide Formen zusammen konstituieren dennoch qualitativ und quantitativ das abhängige Bewusstsein. Der Grad des abhängigen Bewusstseins wird bestimmt von dem Mehr oder Weniger des einen oder anderen. Überwiegt die Furcht gegenüber dem Widerstand, hat man es mit einem unterwürfigen abhängigen Bewusstsein zu tun. Verhält es sich umgekehrt, spricht man von einem widerspenstigen abhängigen Bewusstsein. Ein abhängiges Bewusstsein, in dem kein Gramm Widerstand enthalten ist, stirbt an Selbstaufopferung; umgekehrt kündigt ein nur aus Widerstand bestehendes abhängiges Bewusstsein sein Verhältnis zur hegemonialen Formation auf und riskiert im Kampf gegen die hegemoniale Praxis seinen Untergang.

In der Regel gibt es fast immer ein Mischungsverhältnis zwischen beidem sowohl im Subjekt selbst wie in der Gesamtheit der Hegemonisierten. Welche prozentuale Verteilung zwischen unterwürfigem und widerspenstigem Bewusstsein in den verschiedenen Gruppen sowie der Gesamtheit der Hegemonisierten vorliegt, ist zunächst von der historischen Besonderheit der hegemonialen Formation abhängig. Das von ihr im Widerstreit mit anderen geschaffene Ensemble relativ stabiler sozialer Formen umfasst und prägt die Gesamtheit der Hegemonisierten. Weiterhin ist sie Folge der unzulänglichen Praxis der hegemonialen Formation. Darüber hinaus ist das stets veränderliche Mischungsverhältnis ein Ergebnis des Kampfes der Hegemonisierten untereinander zwischen den Kräften, die in der Praxis der hegemonialen Formation vorrangig ein im großen und ganzen akzeptables Unterordnungsverhältnis sehen, und anderen, die es vor allem als menschenverachtendes Unterdrückungsverhältnis definieren und in der Hoffnung auf seine schnellstmögliche Abschaffung Äquivalenzketten knüpfen, mit denen sie die hegemoniale Formation zu untergraben versuchen.

Letztlich ist das Mischungsverhältnis Resultat staatlicher Tätigkeit zur Erhaltung des strukturierten Ganzen. Würde das – die Gesamtheit der Hegemonisierten erfassende – Mischungsverhältnis in extremer Weise zum Pol des unterwürfig abhängigen Bewusstseins tendieren, wäre auf der Seite der Hegemonisierenden mit wachsender Ignoranz und Arroganz gegenüber den Hegemonisierten zu rechnen. Zunehmende Selbstaufopferung der einen Seite riefe Selbstüberschätzung und Maßlosigkeit der anderen hervor, und das könnte zur Selbstzerstörung des strukturierten Ganzen führen. Verschöbe sich hingegen das Mischungsverhältnis in extremer Weise zugunsten des widerspenstig abhängigen Bewusstseins, würde die Verweigerungshaltung der Hegemonisierten kräftig zunehmen und heraus käme ebenfalls eine Schwächung des strukturierten Ganzen. Wäre die Verschiebung jedoch mit der Entfaltung neuer Gegenmacht akkumulierender hegemonialer Formationen verbunden, geriete staatliche Selbsterhaltungstätigkeit in die problematische Situation, von den alten zu neuen hegemonialen Formationen umschwenken zu müssen und während dieser Phase sowohl von den alten wie von den neuen hegemonialen Formationen untergraben zu werden. Da beide extremen Mischungsverhältnisse die Erhaltung des strukturierten Ganzen gefährden, sucht staatliche Selbsterhaltungstätigkeit nach Übereinstimmung zwischen dem realen Mischungsverhältnis und demjenigen, das der hegemonialen Formation adäquat ist bzw. sein könnte.

Unter Sicherung des Friedens nach innen lediglich Polizeigewalt (als sinnfälliger Ausdruck des staatlichen Gewaltmonopols) zu verstehen, wäre angesichts der vielfältigen Aufgaben, die aus der Erhaltung eines bestimmten Mischungsverhältnisses für die Selbsterhaltungstätigkeit des Staates entstehen, töricht. Maier ist zuzustimmen, wenn er die Sicherung des Friedens im Innern als einen unverzichtbaren Bereich des Staates bezeichnet. Aber zu diesem nicht verzichtbaren Bereich gehört auch der Staat als „Leistungsträger", als „Instrument der Daseinsvorsorge". Dies zu verneinen und willkürlich zwischen Kernbereich (Sicherung von Frieden und Recht) und Randbereich (der Staat als Leistungsträger und Daseinsvorsorger) zu unterscheiden, lässt Zweifel laut werden an der Bemühung Maiers, den Ballast des „Altkonservativen" wirklich abzuwerfen und nur noch dem Gedankengut des „aufgeklärten Konservativen" Geltung zu verschaffen.[13] Der von Maier den „Altkonservativen" zugesproche-

13 Seit der Umsetzung der Agenda 2010 wurde genau diese Aufgabe des Staates, „Leistungsträger" zu sein, tatsächlich immer stärker an den Rand gedrängt mit allen negativen Konsequenzen für den Zusammenhalt des strukturierten Ganzen.

nen „Neigung zur Betreuung, zum obrigkeitlichen Zentralismus“ liegt ein Menschenbild zugrunde, das beim „gemeinen Bürger“ Unmündigkeit unterstellt, „wankelmütig und jeder Beeinflussung ausgesetzt“ (Max Weber). Es bedürfe der Betreuung durch die „Oberen“.

Als ebenfalls „altkonservatives“ Abfallprodukt bezeichnet Maier „Fremdheit gegenüber Pluralismus und Parteienregiment“. Anfang des 20. Jahrhunderts hatte Max Weber gefordert, dass ein „charismatischer Führer“ notwendig sei, damit Demokratie gelingen könne. Politik werde nur von wenigen bestimmt, deshalb dürften Parteien nur nach der Art der Gefolgschaft organisiert werden. Adenauer, der die „Deutschen“ für demokratieunfähig hielt, glaubte, die Zeit bis zur Heranreifung eines demokratischen Bewusstseins mit der „Kanzler-Demokratie“ überbrücken zu können. Friedrich Strauch, 1993 zum Ritter im einflussreichen katholischen Ritterorden vom Heiligen Grab zu Jerusalem proklamiert und damit zu einem der „Besten der Besten“ des Katholizismus aufgestiegen (wie vor ihm unter anderen Konrad Adenauer), meinte: „Wir brauchen doch Eliten... Welche Chance haben wir denn heute überhaupt in unserem Lande, unser Volk sonst am Leben zu erhalten?“ (Die Zeit, 25.03.94) Beide paternalistische Altlasten rechnen bei der Masse der Bürger mit der freiwilligen Unterordnung unter die Führung der geistigen Elite bzw. der „Durchdrungenen“ (Botho Strauß) und beide demokratiefernen Positionen rechtfertigen strukturelle Gewalt gegenüber denen, die sich unterdrückt fühlen und nicht zur Unterordnung bereit sind. Maiers „aufgeklärter Konservatismus“ geht vor allem „pfleglich“ mit der Verfassungstradition um und betrachtet sie als das „notwendige Widerlager unserer Tageskämpfe und -aktionen. Sein Verfassungspatriotismus bezieht sich insbesondere auf die als Kernbereich bezeichneten „Freiheitstraditionen“ und deren jüngere und ältere Freiheitselemente wie beispielsweise den „gemeinen Mann und seine Geschichte, landständische und frühparlamentarische Traditionen, die Hanse, das Bürgertum der Städte“ und die „spezifisch deutsche Tradition des Naturrechts und der Freiheits- und Menschenrechte“. Das Prinzip der Volkssouveränität, das alle Macht vom Volke ausgeht, betrachtet er im Spiegel dieser Freiheitstraditionen. Indem er diese Freiheitstraditionen zum Maßstab erklärt, interpretieren sie nicht mehr nur den Grundsatz der Volkssouveränität, sondern können auch Kommandogewalt über ihn erlangen (wie im Bundesverfassungsgerichtsurteil zum § 218 geschehen). In die gleiche Richtung zielt Maiers Empfehlung, zwar „nationales Pathos“ zu vermeiden, jedoch auf die Stärkung nationalen Zugehörigkeitsgefühls im Volk nicht zu verzichten und die zwischen den hochrangigen hegemonialen Formationen umkämpfte Definitionsmacht über dieses Identifizierungsan- und -gebot im konservativen Sinne zu nutzen. Maier unterscheidet die verschiedenen konservativen Strömungen danach, ob sie etablierte Rechte und Vorrechte entweder in starrer Verteidigung oder beweglicher Anpassung – gegen die Zeit oder im Einklang mit ihr – erhalten wollen. Mit dem Zeitkriterium spricht er einen Aspekt struktureller Gewalt an, der insbesondere bei Niklas Luhmanns „Recht der Gesellschaft“ starke Beachtung findet und den unauslöschbaren Keim struktureller Gewalt freilegt:

Im Zustand grenzenloser Flexibilität im Verhältnis zwischen Hegemonisierenden und Hegemonisierten gleichen sich die Erwartungen beider Seiten stets ohne Zeitverzug aus und erzeugen friedvolle Unter- und Überordnung. Wenn z.B. bei Hegel das Maß der vom Herrn geforderten Unterordnung unter seine Anweisungen mit dem Maß an Dienst(-bereitschaft) des Knechts für alle denkbaren Zustände deckungsgleich ist und das Maß an Fürsorge des Herrn gegenüber dem Knecht mit dem Wunsch des Knechts nach Anerkennung, Schutz und Dankbarkeit durch den Herrn stets übereinstimmt, ist jegliche Unterdrückung und damit jegliche strukturelle Gewalt ausgeschlossen. Antagonistische diskursive Formationen erhalten keinerlei Realisierungschancen. Ein vollständiger Ausgleich tritt auch ein, wenn vormals Hegemonisierende und Hegemonisierte gemeinsam zunehmend Unwillen und Unfähigkeit zur Entfaltung von Macht entwickeln. Eine solche, in vielen Endzeitentwürfen und Utopien vorweggenommene herrschaftslose Zeit kennt selbstverständlich auch keine strukturelle Gewalt. Da es aber sowohl den Zustand unendlicher Flexibilität wie den des Ausschlusses jeglicher Fremdbestimmung gegenwärtig nicht gibt – und vielleicht auch nie geben wird –, und solange es feste bzw. sich verfestigende gesellschaftliche Strukturen gibt, ist mit der Ausprägung struktureller Gewalt zu rechnen.

Für Niklas Luhmann war dies nie ein Problem. In seiner Theorie der Macht aus dem Jahre 1975 stellte er weder Strukturen noch Herrschaft in Frage. Strukturelle Gewalt war für ihn kein ernst zu nehmender Begriff. Michel Foucault hingegen bot in seinem Struktur/Subjekt-Diagramm bereits Möglichkeiten an, der Macht wie der Struktur wenigstens zeitweise zu entfliehen. Mit dem Pardigmenwechsel zum Poststrukturalismus erhielt das Subjekt erneut die Chance zur Durchbrechung systemischer Zwänge zugesprochen. Strukturelle Gewalt wurde zu einem zeitlich begrenzbaren Phänomen erklärt. In der nun folgenden Auseinandersetzung mit Luhmanns Machttheorie wird der Begriff der strukturellen Gewalt weiter spezifiziert und vor allem der Keim struktureller Gewalt freigelegt. Die Vorstellung von der „organischen Gemeinschaft“ hat übrigens auch in konservativen Denkströmungen der europäischen Nachbarländer und in den USA ihren angestammten Platz.

4 Der Begriff der strukturellen Gewalt im Poststrukturalismus

4.1 Die „strukturgebende Funktion der Zeit", „zeitgemäßes Recht" und die Suche nach dem unauflösbaren Keim struktureller Gewalt am Beispiel der Machttheorie von Niklas Luhmann

Nach Luhmann ist die Funktion des Rechts auf die Bewältigung eines spezifischen Zeitproblems spezialisiert. Da Gesellschaft aus Kommunikation besteht und diese nur möglich ist, wenn sich ein kommunizierbarer Sinn über den Augenblick hinaus stabilisieren lässt, sind Regeln notwendig, von denen die von ihnen Betroffenen erwarten können, dass sie nicht im nächsten Augenblick gleich wieder durchbrochen werden. Wer die Regeln verletzt, enttäuscht diejenigen, die auf Regelsicherheit bauen bzw. in ihren Zukunftsprojektionen auf den Bestand der Regeln vertraut haben. Das Recht hat für Luhmann die Funktion, „bestimmte Zukunftsprojektionen einer Gesellschaft zu stabilisieren und die davon abweichenden als ‚Unrecht', als unberechtigte Enttäuschung zu markieren" (Klaus Günther in: Frankfurter Rundschau, 26.03.94). Um dazu in der Lage zu sein, muss das Recht seine eigene Systematik entwickeln, die eigene Kommunikation über das, was Rechtens ist, zeitlich strukturieren. Es muss sich seine eigene Vergangenheit schaffen, auf die es sich in jedem neuen Entscheidungsfall beziehen kann. Die interne Kommunikation des Rechtssystems ist jedoch nicht von der Kommunikation bzw. dem Fortgang der artikulatorischen Praxen in anderen Systemen bzw. diskursiven Formationen isoliert, sondern über das unendliche Feld der Diskursivität mit Veränderungen z.B. im Wirtschafts- oder politischen System verknüpft. Vertrag und Eigentum verkoppeln nach Luhmann das Wirtschafts- und Rechtssystem, so dass beide Systeme zugleich ein Höchstmaß an Unabhängigkeit und Eigenentwicklung und ein Höchstmaß an wechselseitiger Irritabilität aufweisen. Gleiches trifft nach Luhmann für das Verhältnis von Rechtssystem und politischem System zu, die beide durch die Verfassung miteinander verkoppelt sind. Diese „strukturelle Koppelung" zwischen dem Wirtschafts-, Rechts-, und politischen System ist es, was nach Luhmann hochgradig differenzierte Gesellschaften zusammenhält. Weder das Wirtschafts- noch das Rechts- oder politische System allein könnten diese Leistung vollbringen. Der Anspruch der juristischen Argumentation, „durch Erkenntnis der Bedingungen vernünftiger juristischer Begründungen die Vernünftigkeit rechtlicher Entscheidungen zu sichern", aus der Rechtssystematik heraus immanent Vernünftigkeit per se abzuleiten, würde bedeuten, dem Rechtssystem eine unberechtigte Dominanz über die anderen Systeme einzuräumen und seine Koppelung mit den anderen und deren spezifische Vernünfte zu negieren. Luhmann drückt dies mit dem

Wort „Irritabilität" aus und meint ganz offensichtlich damit, dass sich die verschiedenen systemimmanenten „Vernünfte" gegenseitig verunsichern können: die „Logik" der Macht gegen die „Logik" des Rechts gegen die „Logik" politischer Grundentscheidungen.

Luhmanns Emphase für die „Passgenauigkeit" der Systeme, ihr Ineinandergreifen aufgrund der strukturellen Koppelungen und ihr gleichzeitiges Nebeneinander in selbständiger Fortentwicklung ist an der Funktionsfähigkeit hochgradig differenzierter Gesellschaften orientiert, am langen mühsamen Entwicklungsweg, den die Gesellschaften zurücklegen mussten, um den heutigen Stand der Entwicklung zu erreichen.[14] Auf den Schultern seiner Vorläufer stehend (Simmel. Durkheim, Mead) knüpfte er indirekt ebenfalls am Hegelschen Bewusstsein für Anderes an, mit dem das auf sich selbst bezogene Fürsichsein untrennbar verbunden ist. Das Bewusstsein für Anderes wiederum ist untrennbar mit den einströmenden sinnlichen Wahrnehmungen verbunden, die in der Form der versprachlichten Wahrnehmungen bereits von der gesellschaftlich produzierten Sprache durchdrungen sind und als solche nicht nur Zugang zum Fürsichsein des Individuums erhalten, sondern als gesellschaftliches Medium seinen Austausch mit sich selbst in entscheidender Weise mitbestimmen. Über diese offene Pforte ist das auf sich selbst beziehende Individuum stets mit seiner Umwelt verbunden. Luhmann begriff die Selbstreflexion des Individuums als Suche nach Regelmäßigkeiten in der Verstreuung und deren konstruktiver Verarbeitung in Systemen. Da das Individuum, um sich selbst zu erhalten, mit seiner komplexen Umwelt auf selektierende Weise agieren und reagieren muss, nimmt auch seine Selbstreflexion einen vielgestaltigen, mitunter widersprüchlichen, irritierenden und sogar für es selbst verwirrenden Charakter an. Davon getrennt ist die komplexe äußere Umwelt des Individuums, die Luhmann als auf „Horizonte" ausgerichtet beschreibt. Beides zusammen ergibt das für Luhmanns Systemtheorie grundlegende bipolare Begriffspaar System-Umwelt, in dem – hegelianisch ausgedrückt – beide Pole sowohl als selbständige Pole agieren und zugleich als Momente ihrer zweigeteilten Einheit. Luhmanns vollständige Einvernahme des Individuums in die System/Umwelt-Beziehungen schien auf perfekte Weise dem Freiheitsspielraum der Individuen bzw. seinem Selbstverwirklichungsbestreben entgegen zu kommen.[15] Es könnte sich selbst und die Gesellschaft als *so* oder auch *anders* gestaltetes Konstrukt begreifen und sich selbst stets neu konstruieren. Diesem Freiheitsspielraum steht jedoch Luhmanns strikte

14 Artikulatorische Praxen setzten auf die Fähigkeit zur Kommunikation und des Verstehens aller am Diskurs beteiligten Subjektpositionen. Voraussetzung dafür ist z.B. der sozial-interaktive Kontext der Diskursgemeinschaft, der situativ-praktische Kontext, die experimentelle und technische Handlung, der semantisch-kognitive Kontext der Erklärung, Interpretation und Sinnstiftung („Vorüberlegungen zu einem kontextualistischen Modell der Wissenschaftsentwicklung" von Wolfgang Bonß, Rainer Hohlfeld und Regine Kollek, in: Deutsche Zeitschrift für Philosophie, 3/94, Berlin).

15 „Da die Gesellschaft aber nichts anderes ist als die Gesamtheit ihrer internen System/Umwelt/Verhältnisse und nicht selbst in sich selbst als Ganzes nochmals vorkommen kann, bietet sie dem Einzelnen keinen Ort mehr, wo er als ´gesellschaftliches Wesen´ existieren kann. Er kann nur außerhalb der Gesellschaft leben, nur als System eigener Art in der Umwelt der Gesellschaft sich reproduzieren, wobei für ihn die Gesellschaft eine dazu notwendige Umwelt ist. Das Individuum kann nicht mehr durch Inklusion, sondern nur noch durch Exklusion definiert werden." (Luhmann 1989: 158).

Vorgehensweise in der Entfaltung von Systemen entgegen, seine Annahme, dass sich die Gesellschaft über die Anfangsbedingung der Differenz hinaus, aufsteigend vom einfachen System zum lebenden, zum selbstreferentiellen bis hin zum bewusst handelnden System entwickelt habe und die Entfaltungsmöglichkeiten des Individuums dieser Entwicklung verhaftet blieben.

Der Zugang über die artikulatorischen Praxen hegemonialer Formationen hingegen stellt die Hegemonie in den Vordergrund, die die aufeinander folgenden hegemonialen Formationen vorübergehend zu erringen vermochten, um ein ihnen adäquates Ensemble sozialer Formen zum Zweck der Stabilisierung ihrer zeitlich befristeten Vorherrschaft zu konstruieren. Eines geht nicht ohne das andere. Hegemoniale Formationen existieren in den verschiedenen ausgefächerten Systemen; z.B. im Rechtssystem verknüpfen sich interne und externe Effekte zur „herrschenden Lehre“, wodurch gegenläufige diskursive Formationen an den Rand gedrängt, ihre zeitliche Gültigkeit untergraben oder ihre Entfaltung behindert wird. Externe Effekte können z.B. aus neuen Vertragspraktiken zwischen transnationalen Konzernen hervorgehen. Sie rufen entweder gesetzgeberischen „Handlungsbedarf“ hervor oder werden durch Neuinterpretation bestehender Paragraphen rechtskonform ausgelegt. Interne Effekte – wie beispielsweise die weitere Ausformulierung der Rechtssystematik – tangieren zahlreiche artikulatorische Praxen innerhalb des gesamten Wirtschafts- und politischen Systems. Wann und welche internen Effekte auf die Tagesordnung gesetzt werden, bleibt also nicht nur dem Zufall überlassen und steht im engen Zusammenhang zu Entwicklungen in anderen Bereichen. Die herrschenden Lehren in den verschiedenen Einzeldisziplinen des ausgefächerten Rechtssystems werden damit zum wichtigen gesellschaftlichen Gestaltungsinstrument hegemonialer Praxen.

Strukturelle Koppelung zwischen den großen Systemen ruft nicht nur die von Luhmann gepriesene „Passgenauigkeit“ zwischen ihnen hervor, sondern sie ist ebenso ein geeignetes Transportmittel hegemonialer Bestrebungen zur Entfaltung eines adäquaten Ensembles sozialer Formen. Denn so notwendig auch Regeln sind, um einen kommunizierbaren Sinn über den Augenblick hinaus zu stabilisieren, und so unstrittig die dem Recht zukommende Funktion ist, bestimmte Zukunftsprojektionen einer Gesellschaft als Recht, und die davon abweichenden als Unrecht bzw. „unberechtigte Enttäuschung“ (Luhmann, a.a.O.) zu markieren, deutet doch der erläuternde Zusatz „unberechtigte Enttäuschung“ zugleich an, dass es in dem weit in die Vergangenheit zurückreichenden Entwicklungszeitraum des Rechts stets diskursive Formationen gegeben hat, deren Kodifizierungsvorschläge nicht mehrheitsfähig waren oder die trotz ihrer potentiellen Mehrheitsfähigkeit von hegemonialen Formationen mit allen verfügbaren Mitteln frühzeitig in ihren Wirkungsmöglichkeiten beschnitten bzw. untergraben wurden, so dass ihre Rechtsvorstellungen dennoch Unrecht geworden sind. Aufgrund ohnmächtigen Verzichts auf die Revidierung jener „unrechtmäßigen Rechtsvorstellungen“ mag im Laufe der Zeit in diesem und jenem Fall sogar Gewöhnung an das einmal kodifizierte Recht entstanden sein, so dass durch allmähliche Rückverwandlung von Unterdrückung in Unterordnung daraus schließlich ein allgemein akzeptierter Bestandteil der Rechtstradition geworden ist.

Aber selbst dann, wenn hegemoniale Formationen antagonistische diskursive Formationen nicht unter Einsatz aller Verdrängungs- und Unterdrückungsmechanismen untergraben haben, trägt bereits jede in eine rechtliche Form gegossene Stabilisierung von Zukunftsprojektionen den Keim struktureller Gewalt in sich; denn sie greift in den urwüchsigen Verlauf eines komplexen gesellschaftlichen Prozesses ein und be- oder verhindert andersartige Entwicklungen. Mit dieser Feststellung wird nicht etwa dem urwüchsigen Verlauf Priorität zuerkannt, sondern lediglich festgehalten, dass ein Eingriff andere – mittel- und langfristig in ihrer Bedeutung nicht immer vorhersehbare – Entwicklung abschneidet. Jeder bevorstehende Eingriff ermuntert eine mehr oder weniger große Anzahl divergierender artikulatorischer Praxen zum Wechselspiel konträrer diskursiver Formationen, unter denen schließlich nur eine in die Form des Rechts gegossen wird. Das Ausscheiden der unberücksichtigt gebliebenen Entwicklungswege und -potentiale ist dann zweifellos als potentieller Verlust zu beklagen. Diesen „Unrecht" gewordenen andersartigen Zukunftsprojektionen, die sich aus der Retrospektive betrachtet vielleicht sogar als die besseren Alternativen erwiesen hätten, ist durch Nichtberücksichtigung ihre Umsetzung in die Praxis verweigert worden (z.B. die qualifizierte Mitbestimmung in allen deutschen Unternehmen). Da aber andererseits auch nicht ausgeschlossen werden kann, dass der Selbstlauf vielleicht sogar weit unbefriedigendere Resultate hervorgebracht und infolge dessen einen hohen Nachsteuerungsbedarf erzeugt hätte, stellt der Eingriff letztlich ein unvermeidliches Übel dar.

Niklas Luhmann verknüpft die Einsicht über die Unvermeidlichkeit des Eingriffs mit der in der Thermodynamik feststellbaren Tendenz zur Entropie[16] und entfaltet auf dieser Grundlage seine systemtheoretisch fundierte Evolutionstheorie. „Im Evolutionsprozess", postuliert er, „setzt sich normalerweise das Wahrscheinlichere durch, weil es häufiger vorkommt, weil es sich rascher produzieren lässt. Unwahrscheinliches muss dagegen gegentendenziell (oder wie Naturwissenschaftler sagen würden: gegen die Tendenz zur Entropie) eingeführt und erhalten werden. Evolution ist Erzeugung von Unwahrscheinlichem – wenn man so will: Normalisierung des Unwahrscheinlichen." (Luhmann, a.a.o. S. 82/83). Der Zeitvorteil des Wahrscheinlichen müsse wettgemacht werden („Die Zeit gewinnt, wenn relativ Wahrscheinliches mit relativ Unwahrscheinlichem um Reproduktionschancen konkurrieren muss, Struktur in dem Sinne, dass es nicht mehr gleichwahrscheinlich und nicht mehr gleichgültig ist, wann etwas geschieht, und sie gewinnt Irreversibilität in dem Sinne, dass verlorene Chancen nicht wiederkehren [sofern nicht ausnahmsweise strukturell Wiederholbarkeit gesichert ist])". (Luhmann,a.a.o. S. 83).

16 „In einem offenen System, das durch Stoffaustausch mit seiner Umgebung verbunden ist (z.B. ein lebendiger Organismus), kann die Entropie sowohl zunehmen wie gleichbleiben oder abnehmen", schreibt der Große Brockhaus. Als anschauliche Deutung der Entropie greift er auf die statistische Mechanik zurück: „Von allen Verteilungen der Moleküle auf räuml. Positionen und mögliche Geschwindigkeiten wird sich wegen der Zusammenstöße als Gleichgewicht ein Zustand mit der gleichmäßigen Verteilung einstellen. Dieser Zustand größter Unordnung besitzt die größte Wahrscheinlichkeit."

Seine Argumentation, dass Wahrscheinlicheres (= Unordnung) zeitlich schneller produzierbar sei als Unwahrscheinliches (= Ordnung), weil letzteres gegen den Widerstand des ersteren durchgesetzt werden müsse, wählt umstandslos die Bewegungen von Molekülen in einem geschlossenen System als Modell für die Entfaltung von diskursiven Formationen auf dem unendlichen Felde der Diskursivität. Aufgrund welcher Informationen jedoch Niklas Luhmann annimmt, Subjekte richteten sich vorrangig am Schema Ordnung/Unordnung aus, bleibt unerfindlich. Unordnung kann, ebenso wie Ordnung, der Selbsterhaltung der Subjekte dienen, die ja wohl unbestritten ihr vorrangiges Bestreben ist und selbstverständlich auch die Basis von Selbstverwirklichung darstellt. Würde man die Subjekte lediglich als hirnlose Moleküle betrachten oder – in Massen auftretend – in ihrem Verhalten an den Gesetzen der statistischen Wahrscheinlichkeit orientieren (d.h. den Systemen vollkommen ausgeliefert), wäre der Luhmannsche Vergleich mit der Tendenz zur Entropie in der Thermodynamik noch nachvollziehbar. Da aber die Subjekte selbst im Falle der Selbsttäuschung nicht total – allenfalls zeitlich befristet – in den von ihnen selbst geschaffenen Systemen und Strukturen untergehen, ist es naheliegender, dass sich die in vielfältige Subjektpositionen aufgesplitteten und als solche in die verschiedenen diskursiven Formationen eintretenden Subjekte in der Erhaltung ihrer selbst sowohl der Ordnung wie der Unordnung bedienen. Der aus ihrem Selbsterhaltungsstreben abzuleitenden Tendenz nach Macht über andere Subjekte – unter anderem durch Bildung von diskursiven Formationen – ist demnach Priorität gegenüber dem Schema von Ordnung und Unordnung zuzumessen.

Thema einer sich von Verstrickungen in gegebene Machtverhältnisse „freizeichnenden" (Luhmann) Machttheorie wäre also: Die Konstituierung von Ordnung wie Unordnung als Mittel zur Selbsterhaltung von Macht ausübenden und Macht akkumulierenden Subjekten. Eine Theorie der Macht verbliebe jedoch in den Fängen der Machtverhältnisse, wenn sie Akkumulation und Ausübung von Macht lediglich als Mittel gegen sich endemisch ausbreitende Unordnung verstünde. Die Probleme Luhmanns in der Zuordnung von formeller und informeller Macht sind ein beredtes Beispiel für den von ihm gewählten Ausgangspunkt. Für ihn stellt informelle Macht bestenfalls versteckte Macht dar. Aus der Sicht der formellen Macht ist sie jedoch auch Unordnung, die ebenso wie die offizielle Ordnung dem Machthaber in seiner Machtausübung dient. Ebenso ist aus dem Blickwinkel der informellen Macht die formelle Macht als Unordnung zu betrachten. Wenn im Verlauf der Evolution aus Ordnung Unordnung und umgekehrt aus Unordnung Ordnung wird, dann ist daraus weder eine Tendenz in die eine oder andere Richtung ableitbar, noch dass Ordnung gegen Unordnung oder umgekehrt Unordnung gegen Ordnung erstritten werden müsse.[17]

17 Zu den zwei Klassen von Definitionen über Komplexität (entweder nach deterministischem oder statistischem Verständnis ausgerichtet) schreibt Harald Atmanspacher: „Während die deterministische Komplexität eines Systems umso größer ist, je zufälliger sich das System verhält, ist seine statistische Komplexität dann am größten, wenn die Mischung von regulären und zufälligen Elementen, von Ordnung und Unordnung, am ‚ausgewogensten' ist. Im letzteren Falle könnte man etwa sagen: statistisch komplexe Systeme sind weder völlig durchschaubar noch ganz und gar unberechenbar." (Frankfurter Rundschau, 01.11.94).

Luhmann mag schon mit seiner Behauptung recht haben, dass bei Vorliegen „gesamtgesellschaftlich zunehmender Interdependenzen Machtpotentiale nur noch über abstraktere Ideen oder Mystifikationen politisch resonanz- und reaktionsfähig dargestellt werden können“ (ebd. S. 82). Neben anderen „Kalkulationserleichterungen“ erörtert er im Rahmen seiner Machttheorie als aufeinanderfolgende Reduktionsschritte: Symbolbildung, binärer Schematismus, Hierarchisierungsprinzip, Summenkonstanzprinzip. Eine solche Entwicklung aber hermetisch gegen kritische Einwände abzuschotten, indem er beispielsweise dem Konzept der „strukturellen Gewalt“ nur „Stimulierung von Aggressionen“ unterstellt und es disqualifizierend als „blinden Reflex der Machtverhältnisse selbst“ bezeichnet, wird der „Erschließungskraft“ dieses Begriffes nicht gerecht.

Niklas Luhmann entwickelt auf der Grundlage der „Theorie der Kommunikationsmedien“ einen Machtbegriff, der ausschließlich „die Steigerbarkeit einer Leistung unter veränderlichen gesellschaftlichen Bedingungen ins Auge fasst“ und unter Leistung „die Übertragung reduzierter Komplexität“ vom Machthaber (Machtausübenden) auf den Machtunterworfenen versteht (ebd. S. 31). Ein solcher Machtbegriff analysiert das Verhältnis zwischen Über- und Unterordnung nur unter dem Gesichtspunkt höchstmöglicher Effektivität in der Übertragung von Selektionsleistungen. Jedes Umkippen von freiwilliger in erzwungene Unterordnung der Machtunterworfenen ist unter einer solchen Prämisse zwar „schlechte bzw. ineffiziente Herrschaftsausübung“, aber noch längst nicht Ausübung struktureller Gewalt.

Unter Bedingungen gesellschaftlichen Wandels sucht Luhmann mit anderen Mitteln als Hegel nach dem idealen Pfad der Machtausübung. Formen struktureller Gewalt lassen sich in ein solches Konzept problemlos integrieren, sofern sie der Übertragung reduzierter Komplexität dienen und von den Machtunterworfenen als für sie akzeptable und am wenigsten unangenehme Alternativen geschluckt werden. Schwindet ihre Akzeptanz als Folge des Wirksamwerdens antagonistischer diskursiver Formationen, so dass Unterordnungsforderungen, die bisher von den Machtunterworfenen klaglos erfüllt wurden, im zunehmenden Maße als Unterdrückungsmaßnahmen zurückgewiesen werden, schlägt Luhmann vor, der damit steigenden Komplexität in der Ausübung von Macht mit neuen, der veränderten Situation adäquaten Reduktionsmechanismen (z.B. ein höher generalisierter Macht-Code) beizukommen, um mit ihrer Hilfe das alte Verhältnis zwischen Machthabenden und Machtunterworfenen wiederherzustellen. Gegenüber Alternativen, in deren Licht die bisherigen Machthaber (Machtausübenden) partiell oder total auf ihre Machtposition verzichten müssten, zeigt er sich skeptisch bis ablehnend und ist eher geneigt, sie als Förderung destruktiver „Verhinderungsmacht“ abzuwerten. Gegen Verhinderungsmacht würde er sogar mit Formen struktureller Gewalt einschreiten, da aus seiner Sicht deren Befürworter nicht fähig oder bereit sind, durch Übertragung von Selektionsleistungen ein höheres gesellschaftliches Entwicklungsniveau anzustreben.

Es verwundert deshalb auch nicht, dass Luhmann normative Regeln als Unterpunkt seiner Machttheorie behandelt. Sie helfen, Selektionsleistungen zu übertragen, Macht „abfließen“ zu lassen. Hingegen verwirft Luhmann die generelle Verwirklichung „normativ gemeinter Postulate wie Demokratie, Partizipation oder Mitbestimmung“ und unterstellt ihren Befürwortern „ideologisches Unterlaufen" der „Ebenendifferenzierung von Gesellschaftssystem und Einzelorganisation" sowie der „Differenzierung der gesellschaftlichen Funktionsbereiche" (ebd. S. 96). Weil derartige Postulate bereits vorhandene Verhinderungsmacht noch stärken, lehnt sie Luhmann ab. Für ihn bilden sie eine gegen die effektivste Übertragung von reduzierter Komplexität gerichtete Form von ›struktureller Gewalt‹. Sie schwächen die Fähigkeit, „die Gesellschaft durch Interaktionen unter dem Kommunikationsmedium Macht zu ändern" (ebd. S. 97) und stärken die von Luhmann unterstellte Tendenz zur Unordnung. Für ihn sind sie „dogmatische Abstraktionen", die „in der Neuzeit radikalisiert und so auf die Spitze getrieben worden sind, dass sie keine mögliche Realität mehr bezeichnen" (Luhmann, 1983: Rechtssoziologie, S. 329). Sie erklärten das „Normale" zur Ausnahme und setzten damit „alle Ordnung als Einschränkung von Freiheit und Gleichheit unter Begründungszwang". Grundrechte störten als „paradoxe Übersteigerung und Entnormalisierung" die evolutionäre Ausdifferenzierung von Subsystemen (ebd. S. 329).

Macht entsteht laut Luhmann im Gefolge von „Interaktionskonstellationen" (Luhmann, 1988: Macht, S. 14). Auf der Grundlage von lebensweltlich fundiertem Einfluss eines Subjekts auf das andere definiert er: „Je stärker Einfluss kontingent wird, indem er sich als ein Handeln zu erkennen gibt, das die eigene Selektivität darauf spezialisiert, fremdes Handeln auszulösen, desto weniger kann eine natürlich-situative Interessenkongruenz unterstellt werden, desto problematischer wird die Motivation und desto notwendiger wird ein Code, der die Bedingungen der Selektionsübertragung und die Zuschreibung der entsprechenden Motive regelt." (ebd. S. 14).

In die Theorie gesellschaftlicher Evolution übernommen, entsteht daraus die These, „dass bei zunehmender gesellschaftlicher Differenzierung Situationen häufiger werden, in denen trotz so hoher Kontingenz und Spezialisierung Selektionsübertragungen stattfinden müssen, wenn ein erreichtes Entwicklungsniveau gehalten werden soll. In wichtigen Funktionsbereichen stellt sich situative Interessenkongruenz nicht mehr häufig und nicht mehr spezialisiert genug ein, dass damit auszukommen wäre. Dann wird die Entwicklung eines problembezogenen Sonder-Codes für Macht zum Engpass weiterer Evolution." (ebd. S. 14/15). Mit anderen Worten: Luhmann setzt ebenfalls das Selbsterhaltungsstreben voraus, jedoch nicht das von Subjekten sondern das von Systemen.

Zunehmende Interesseninkongruenz gefährdet jedoch aus seiner Sicht das bereits erreichte Entwicklungsniveau und muss deshalb, um der Tendenz zur urwüchsigen Entfaltung von Unordnung zuvorzukommen, durch Selektionsübertragung vermindert werden. Überschreitet die dazu erforderliche „Selektionskapazität" die Möglichkeiten eines einzelnen Machtausübenden, kann laut Luhmann durch „Kettenbildung" das notwendige Maß an Machtzusammenballung zur Verfügung gestellt werden – „im Grenzfalle politischer Wahl: alle Macht denen verfügbar zu machen, die sie überhaupt nicht ausüben können" (ebd. S. 41). Luhmann zu unterstellen, er würde sich mit diesem Satz über das Grundprinzip parlamentarischer Demokratie, dass alle Macht vom Volke ausgeht, lustig machen, wäre zweifellos falsch. Wohin jedoch eine Machttheorie treiben könnte, die mit einem höchstmöglichen Maß an Selektionsübertragung ein Maximum an Entwicklungsniveau anstrebt, deutet diese Aussage

Luhmanns schon an. Strukturelle Gewalt ist für eine solche Theorie kein ernstzunehmendes Thema. Entzieht man der Luhmannschen Theorie die naturgesetzlich drapierte Rechtfertigungsannahme und stellt sie als Resultat des Selbsterhaltungsstrebens einer Vielzahl von aufeinander bezogenen Subjektpositionen von Subjekten dar, liefert sie eine Menge erhellender Erkenntnisse über das Verhältnis zwischen Machthabenden und Machtunterworfenen in hochkomplexen Gesellschaften. Während Luhmann mit seiner Analyse von Macht-Codes noch den Versuch unternimmt, trotz der in hochkomplexen Gesellschaften stärkeren Anonymität der Macht eine Verortung vorzunehmen („Unter Symbolisierung … ist zu verstehen, dass eine sehr komplex gebaute Interaktionslage vereinfacht ausgedrückt und dadurch als Einheit erlebbar wird“ ebd. S. 32.), analysieren poststrukturalistische Kritiker – über Luhmann hinausgehend – Macht bereits als ein in der Anonymität völlig verschwindendes Phänomen, ständig zirkulierend und daher an einem Ort nicht mehr fixierbar; und gerade wegen des hohen Maßes an Anonymität geeignet, die Besonderheit, Spontanität und Kreativität des Subjekts zu überlagern, zu beengen und unerbittlich aufzusaugen, so dass nur noch wenigen Subjekten gelingt, sich ihrem würgeartigen Zugriff wenigstens teilweise zu entziehen.

Während Luhmann noch als vielleicht wichtigste Veränderung seiner Theorie der Kommunikationsmedien gegenüber älteren Machttheorien hervorhebt, das Phänomen Macht „nicht mehr einem der Partner als Eigenschaft oder als Fähigkeit zuzuschreiben“, sondern „auf Grund einer Differenz von Code und Kommunikationsprozess“ zu begreifen („Macht ‚ist‘ eine codegesteuerte Kommunikation“, ebd. S. 15), bezeichnen poststrukturalistische Kritiker jedes „soziozentrische Denken“ als „freiheitsvernichtende Emanzipation“, wodurch die „computerisierte Verschaltung der Welt zu einem Informationssystem“ befördert und das Subjekt unter seinem eigentlichen Wert gehandelt werde (Botho Strauß). Dem Phänomen der Macht begegnen solche Kritiker ganz ungeschützt in „Ordnungen“, die jenseits des von ihnen gescholtenen „soziozentrischen Denkens“ angesiedelt sind, in denen das subjektlos gewordene Subjekt sein verlorengegangenes Unbedingtes wiederfinden könne in der haltenden Macht des – das Elend der aufgeklärten Subjekte kurierenden – Staates. Wo Luhmann den Staat (als einziges System mit politisch legitimierten Entscheidungsinstanzen) in seiner Machtausübung durch gesellschaftliche sowie andere politische Mächte begrenzt, bekämpft und teilweise untergraben sieht, und als „politisches Dauerproblem“ sowohl die Selbstbehauptung des politischen Systems gegenüber anderen Machtquellen wie die „Erhaltung der funktionalen Spezifikation anderer Systeme als andere“ (ebd. S. 93) ins Blickfeld rückt, stehen in der poststrukturalistischen Verortung des Staates, ob diesseits oder jenseits soziozentrierten Denkens angesiedelt, Fragen der Ethik erneut im Vordergrund.

Für Luhmann war die Lebenswelt, definiert als „faktisches Zusammenleben der Menschen in täglichen Interaktionen auf dem Boden unbefragter Weltgewissheit“, solange „in Ordnung“, wie „die Grundlagen des Zusammenlebens und die Bedingungen seiner Fortsetzung“ noch nicht „bedacht“, „Handlungen nicht gerechtfertigt, Motive nicht eigens beschafft und vorgezeigt werden“ mussten (ebd. S. 70). Zu „Steigerungen von Ordnungsleistungen“ war und ist diese urwüchsige lebensweltliche Ordnung nach Meinung Luhmanns nicht fähig. Sie „bleibt vorbewusst im Status eines Horizonts inaktualisierter Möglichkeiten" (ebd. S. 71). Die Aktualisierung dieser Möglichkeiten als „Steigerung von formulierten und nichtformulierten, problematisierten und nichtproblematisierten Sinnprämissen des sozialen Verkehrs" (ebd. S. 71) wird durch die Übertragung von Selektionsleistungen der Machthabenden auf die Machtunterworfenen ins Werk gesetzt. Solange das System trotz zunehmender Komplexität in all seinen Facetten erschließbar bleibt und seine Kontaktstellen zur „vorbewussten" Lebenswelt verdeutlicht werden können, müsste für Luhmann das gegenwärtige und künftig erreichbare Entwicklungsniveau bestimm-, mess- und überprüfbar sein. Jede von den Machthabenden erbrachte und auf die Machtunterworfenen übertragene Selektionsleistung ließe sich unter einer solchen Voraussetzung an der erzielten Steigerungsrate des Entwicklungsniveaus ablesen und einer erneuten normativen Überprüfung unterziehen.

Nach heutigem Forschungsstand ist eine solche Behauptung jedoch unhaltbar. Weder ist ein hochkomplexes System in all seinen Facetten erschließbar noch sind seine Kontaktstellen zur „vorbewussten" Lebenswelt vollständig aufzufinden. Deshalb ist auch das gegenwärtige und künftige Entwicklunsniveau der von der Systemtheorie als hochkomplexes System vorgestellten „Gesellschaft" nicht exakt zu bestimmen; was exakte Ergebnisse in isolierbaren Teilbereichen nicht ausschließt.

Wenn das Innere des gesellschaftlichen Systems, sein faktisch exakter Zustand, direkter Beobachtung nicht zugänglich ist, dann kann man zwar „die statistische Komplexität eines Systems (‚hardware') durch die deterministische Komplexität einer Beschreibung (‚software') angeben, die dieses System zu reproduzieren in der Lage ist, aber zugleich beinhaltet diese Vorgehensweise eine Verschränkung von Fakten und Modellen und relativiert damit eine strikte Trennung von materieller und nichtmaterieller Realität". (Harald Atmanspacher, Frankfurter Rundschau, 01.11.94) Das Schicksal, das vor ihr schon das Konzept des Verhältnisses von Wesen und Erscheinung ereilt hat, erfasst auch die Systemtheorie. Wahrnehmbare Fakten auf ein ihnen zugrunde liegendes komplexes System zu beziehen scheitert an der fehlenden Möglichkeit, eine exakte Ortsbestimmung dieses realen Systems vorzunehmen. Der übliche Weg, Fakten und Modelle miteinander zu verknüpfen, sagt weder etwas über reale Systeme aus, noch lassen sich die Unschärfen der Verknüpfung aufheben. Die Hoffnung auf eine immer größere Annäherung an die „Realität" ist und bleibt trügerisch.

Ausreichend zu berücksichtigen ist auch die abnehmende Aufmerksamkeit der Empfänger für Symbolisierungen (eine vereinfachte Ausdrucksweise einer sehr komplex gebauten Interaktionslage, so dass sie als Einheit erlebbar wird). Die Bedeutung eines Symbols erreicht dann ihr Maximum, „wenn die Mischung zwischen den Elementen von Erstmaligkeit (‚Zufall') und Bestätigung (‚Regularität') einer Nachricht einigermaßen ausgewogen ist." (Atmanspacher,a.a.O.) Mit anderen Worten: Das erstmalige visuelle bzw. akkustische Vorzeigen eines Symbols bewirkt beim Empfänger bestenfalls Irritation. Er kann es überhaupt noch nicht als Symbol wahrnehmen, da sich der Zusammenhang zwischen Symbol und Symbolisierten für ihn nicht unmittelbar erschließt. Er muss erst in die Lage versetzt werden, sein vorhandenes Vorwissen auf das Symbol beziehen zu können. Auch eine zufällige Folge von individuellen Symbolen bleibt inhaltsleer. Je öfter andererseits der Empfänger in eine Bestätigungssituation versetzt wird, desto automatischer, distanzierter, gleichgültiger, abweisender reagiert er. Seine Bestätigung kann schließlich sogar eine negative Komponente erhalten. Die – symbolvermittelt – als Einheit zu erlebende, sehr komplex gebaute Interaktionslage wird nur noch schwach erahnt, schließlich inhaltsleer und zerfällt damit erneut in unverstandene Bestandteile. Trotz steigender Präsentation des Symbols handelt der Empfänger so, als ob das Symbol nichts symbolisierte. Das zwischen Zufall und Regularität durchaus erreichbare Maximum an Bedeutung ist bei fortschreitender Zeit der zersetzenden Wiederholung ausgeliefert und Bedeutungsschwankungen treten somit neben die bekannten Phänomene der Mehrdeutigkeit und des Bedeutungsüberschusses. Eine auf Übertragung von Selektionsleistungen basierende Machttheorie muss sich den darin aufscheinenden Abnutzungserscheinungen des Macht-Codes stellen. Verkennt sie z.B. den Unterschied zur bewussten Verweigerungshaltung und interpretiert solche alltäglichen Verhaltensweisen, die eine Folge des unvermeidlichen Bedeutungsschwundes darstellen, bereits als bewusste Verweigerung, muss sie dem Rückgriff auf unterdrückende Machterhaltungstechniken zum regulären Unterfall kontrollierter und manipulierter Übertragung von Selektionsleistungen erklären. Die Gesamtheit der obigen Erläuterungen legt letztlich folgende These nahe: In hochkomplexen Gesellschaften ist strukturelle Gewalt ein Konstitutionsmerkmal.

Luhmann diskutiert diesen Sachverhalt jedoch nicht und streift ihn entfernt mit dem Begriff „Kontingenzkontrolle“[18]. Wenn höchste Macht-Codes thematisiert werden können, sei zugleich die Möglichkeit ihrer Negation eröffnet. Vertrete man z.B. die These, dass Kommunikation über den Code eines Mediums immer durch ein anderes Medium gesteuert sein müsse, würde das systemtheoretisch bedeuten, „daß Mediensysteme in ihren höchsten Symbolen ihre Autonomie verlieren und am umweltempfindlichsten sind“. (ebd. S. 55) Das „Prinzip der Fremdsteuerung der höchsten Medien-Symbole“ müsse deshalb aufgegeben werden. Luhmann schlägt stattdessen vor, das Problem der Code-Thematisierung über die Analyse von „medien- und systemspezifischen Opportunismen“ zu lösen. Sobald der Macht-Code durch Recht zweitcodiert sei und damit selbst höchste Machthabende Unrecht tun und selbst die Schwächsten der Machtunterworfenen im Streitfalle Recht erhalten könnten, müsse die Frage nach dem Vorrang von Macht bzw. Recht im System „reflektiert werden und trotzdem strukturell unentschieden bleiben“ (ebd. S. 56). Die Präferenzen Macht und Recht bzw. Ohnmacht und Unrecht müssten ja nicht zur Deckung gebracht, sondern nur aufeinander bezogen werden. „Für die Erfordernisse sehr komplexer Macht- und Gesellschaftsordnungen ist symptomatisch“, schreibt Luhmann, „dass die voll entwickelte bürgerliche Gesellschaft keine Medienhierarchie zur Steuerung von Politik benutzt (also Politik nicht durch Wahrheit legitimiert), sondern dafür einen neuartigen politischen Code mit hoher Affinität für Opportunismus ausgebildet hat, und

18 „In den Mittelpunkt rückt die Frage, wie es möglich ist, bei hoher Code-Kontingenz Differenzierungen zu erhalten; nämlich einerseits zu verhindern, dass alle Kommunikationsprobleme zugleich immer auch Code-Probleme werden, also Struktur und Prozess verschmelzen, und andererseits zu verhindern, dass die Differenzierung verschiedenartiger Medien-Codes zusammenbricht und Macht sich auf Wahrheit oder auf Liebe oder auf Geld gründen muss.“ (Luhmann,a.a.o. S. 59)

zwar in Form der Dichotomie von progressiv und konservativ. Dieses Zweierparadigma erfüllt die strengen Voraussetzungen eines Codes im oben skizzierten Sinne: es eignet sich dazu, jedem beliebigen politischen Thema ein Gegenstück zuzuordnen. Alles Vorhandene kann, sofern seine Politisierung gelingt, unter progressiven Reformgesichtspunkten thematisiert werden, und umgekehrt kann jedem Änderungsvorschlag mit Begründungsfragen und Argumenten für das Vorhandene entgegengetreten werden … Der Code bewirkt eine geradezu zwanghafte Verdoppelung der politischen Wirklichkeit, er gehört zur Struktur politischer Themen, ist Bedingung der Politisierbarkeit von Themen geworden. Entsteht ein Thema, entstehen dann auch progressive und konservative Kräfte, wie immer sie sich aus dem Schlagwortkatalog der Geschichte ideologisch bewaffnen." (ebd. S. 57). Die Verdoppelung der politischen Wirklichkeit wird aber auch zum Spiel in der Erhaltung der Macht, denn „Diskurse ebenso wenig wie das Schweigen sind ein für allemal der Macht unterworfen oder gegen sie gerichtet. Es handelt sich um ein komplexes und wechselhaftes Spiel, in dem der Diskurs gleichzeitig Machtinstrument und -effekt sein kann, aber auch Hindernis, Gegenlager, Widerstandspunkt und Ausgangspunkt für eine entgegengesetzte Strategie. Der Diskurs befördert und produziert Macht; er verstärkt sie, aber er unterminiert sie auch, er setzt sie aufs Spiel, macht sie zerbrechlich und aufhaltsam." (Foucault, Der Wille zum Wissen, Frankfurt am Main 1991, S. 122). Als reines Spiel mit verteilten und vom Auftraggeber finanzierten Rollen dient die Verdoppelung ausschließlich dem Machterhalt. Die Zeit „fungiert" erst dann „strukturgebend", wenn sich progressive und konservative Kräfte periodisch ablösen können (in einer parlamentarischen Demokratie u.a. durch Wahlen oder durch Richtungskämpfe innerhalb der regierenden Partei[en]).

Luhmanns Ausführungen zur strukturgebenden Funktion der Zeit gelten unmittelbar für das Bemühen hochrangiger hegemonialer Formationen um die Schaffung eines ihnen adäquaten Ensembles sozialer und staatlicher Formen, in dem ihre „Zukunftsprojektionen" rechtsverbindlich geworden sind und die der anderen Unrecht. Der Keim zu struktureller Gewalt ist damit gelegt. Er nimmt aber erst konkrete Formen an, wenn etablierte Rechte und Vorrechte in starrer Verteidigung gegen die Zeit bzw. gegen das Aufbegehren der sich unterdrückt fühlenden Hegemonisierten erhalten werden.

Je mehr die strukturgebende Funktion der Zeit unter den verschiedenen gesellschaftlichen Kräften akzeptiert wird, desto weniger neigt man dazu, auf den prinzipiell „zeitneutralen Rechtsschematismus" zurückzugreifen und vermeidet – wie es an der Kontroverse über die strittige Urteilsbegründung des Bundesverfassungsgerichts zum Paragraphen 218 deutlich geworden ist – diese Form struktureller Gewalt. Bemerkenswert ist in diesem Zusammenhang, dass es 43 Jahre nach Gründung der Bundesrepublik bedurfte, um erstmals in Bundestagswahlen einen Kanzler (Helmut Schmidt) abzuwählen und dass eine solche Abwahl als ein normaler Vorgang in einer

Demokratie empfunden wurde. Darin zeichnete sich eine Gewichtsverschiebung zu Gunsten der Volkssouveränität ab.[19]

4.2 Machttheorie auf der Grundlage der dialektischen Vereinigung von strukturellen Elementen und subjektivistischer Perspektive im Struktur/Subjekt-Diagramm Foucaults

Ausgehend vom Subjekt, dessen Zeit und Leben durch körperliche und seelische Disziplinierung zu Arbeitskraft transformiert worden ist und sich der Disziplin der „official scientific discourses" unterwirft, entwickelt Foucault das „Macht/Wissen"-Dispositiv als „Referential" seiner diskurstheoretischen Machtanalyse. Er bezeichnet Macht als eine ständig ausgeübte und von niemandem besessene Strategie von Regeln, Funktionen und Techniken. Keine Machtbeziehung könne ohne die gleichzeitige Existenz eines Wissensfeldes bestehen. Nicht Subjekte produzierten das Wissen, sondern die prozessuale Entfaltung des Beziehungsverhältnisses von Macht und Wissen.

Auf diesem Stand in der Entfaltung seiner politischen Philosophie vertritt Foucault die Ansicht, dass die dominierenden Kräfte des Lebensstroms selbst die Wissensproduktion der Subjekte lenken. Zwar lehnt er die Auffindbarkeit des „Dings an sich" ab bzw. die Ableitung der Oberflächenerscheinungen aus einem zugrunde liegenden Wesen, aber das Macht/Wissen-Diagramm tritt doch, ohne Zentrum zu sein (es ist ein „Ort", aber auch „kein Ort", es ist instabil, unruhig, ein Ort der Transformationen und der Veränderungen), an die Stelle des Wesens. „Das Prinzip der Macht", schreibt er, „liegt weniger in einer Person, als vielmehr in einer konzentrierten Anordnung von Körpern, Oberflächen, Lichtern und Blicken; in einer Apparatur, deren innere Mechanismen das Verhältnis herstellen, in welchem die Individuen gefangen sind." (Foucault, Überwachen und Strafen, 1991, S. 259).[20] In Foucaults Bemühen, auf diese Weise das „Werden der Kräfte" in die Machtanalyse einzubeziehen, kann ihm ohne Vorbehalte gefolgt werden. Darin jedoch die subjektivistische Perspektive völlig verschwinden zu lassen, unterbelichtet nicht nur die Tätigkeit der Subjekte als eine der Formen, in der sich der alles umfassende Lebensstrom selbst erhält, sondern entspricht auch nicht dem Reflexionsgrad des zuletzt von ihm untersuchten und nicht zu Ende geführten „Struktur/Subjekt"-Diagramms. In diesem Diagramm verbindet sich das Wissen nicht mehr nur mit der Macht, sondern auch mit dem Subjekt, und

---

19 Inwieweit diese Verschiebung in Richtung auf Volkssouveränität in den Jahren 2017/18 noch wirksam ist, müsste einer genauen Analyse unterzogen werden. Zumindest war die Angst – nach dem Ausgang der Bundestagswahl 2017 – vor einer vermeintlich nicht steuerbaren Minderheitsregierung so groß, dass sich die SPD – trotz anderslautender Ankündigung – doch wieder zur Beteiligung an der Koalition gezwungen sah.

20 „Der Foucaultsche Machtbegriff vermeidet jegliche handlungstheoretische oder personalistische Reduktion, ohne einem verkürzten Funktionalismus zu verfallen. Er verweist auf die Funktionen der Macht, auf ihren objektiven Charakter, ihre Unabhängigkeit von konkreten Personen und Rollen ohne, wie die soziologische Systemtheorie, ihre Asymmetrie, ihre sozial ungleiche Verteilung zu leugnen." (Joachim Frisch, Machtmissbrauch im politischen Diskurs – Konstruktion und Reproduktion von Machtverhältnissen durch die bürgerliche Herrschaftskritik, Opladen 1997, S. 50).

zwar als Widerstand des Subjekts gegen den „automatisch gegebenen Machtnominalismus des ‚Macht Wissens'" (Nikolaos Tsiros, Die politische Theorie der Postmoderne, Frankfurt/Main 1993, S. 49). Foucaults Antwort auf die Frage, woher der Widerstand gegen die Macht der Disziplinen, des Sexualitätsdispositiven und der Bio-Macht kommen solle, lautet: „... durch die Körper und die Lüste" (Hinrich Fink-Eitel, Foucault zur Einführung, S. 93-94).

Foucault verortet also das Subjekt in doppelter Weise:

- zum einen ausschließlich auf dem Felde der unendlichen Diskursivität (in seiner artikulatorischen Praxis in zahlreiche Subjektpositionen zersplittert und vom Machtnominalismus des Macht-Wissens umfangen, diszipliniert und beherrscht), und
- zum anderen als Widerstandswissen, das vom Körper und den von ihm ausgehenden Lüsten genährt wird und in seinen Wurzeln bis auf die unterhalb der Ebene der artikulatorischen Praxis angesiedelten noch unpräzisen Artikulation hinab reicht. Das Subjekt befindet sich zwischen dem Pol der strukturellen Elemente und dem der lustbetonten Subjektivität; je nach Situation mal vom einen und mal vom anderen Pol überwiegend bestimmt oder sogar vollkommen absorbiert (Nikolaos Tsiros, S. 72). Seine subjektivistische Perspektive entfaltet es im Widerstand gegen seine als beklemmend empfundene Einengung durch das „Macht/Wissen"-Dispositiv; was auf eine distanzierte, jederzeit rücknehmbare Teilhabe bis hin zur totalen Verweigerung hinauslaufen kann. Jede Öffnung zum Pol der strukturellen Elemente im Struktur/ Subjekt-Diagramm hingegen beeinträchtigt wiederum – aufgrund des zwar vorübergehenden, aber nicht unbefristet möglichen Rückzugs – die subjektivistische Perspektive. Foucault berücksichtigt mit der Einführung des Widerstands, dass Macht und Widerstand als Gegensatzpaar untrennbar miteinander verbunden sind, dass Ausübung von Macht Widerstand gegen sie voraussetzen muss, weil sie sonst keine Bande findet, ins Leere läuft und auf sich selbst zurückfällt. Hätte er sein Struktur/ Subjekt-Diagramm zu Ende gedacht, wäre ihm bewusst geworden, dass Macht auch die Distanzierung von der Macht umfasst. Es gibt kein Entrinnen. Dies gilt auch für jede noch so radikal vorgetragene Kritik, wenn sie sich ausschließlich in der Kritik erschöpft, z.B. die von marxistischer Seite vehement vorgetragene Kritik am Neoliberalismus. Die Subjekte, die in den artikulatorischen Praxen ihrer vielfältigen Subjektpositionen ständig engagiert sind und sich zugleich der vom Macht/Wissen-Dispositiv hervorgerufenen Zumutung durch Rückzug zu verweigern suchen, produzieren ein strukturiertes Ganzes, das teils durch ein hohes Maß an Flexibilität gekennzeichnet ist und teils durch Bereiche, in denen die Struktur für lange Zeit völlig festgezurrt erscheint. Die subjektivistische Perspektive kann in letzteren nur als latent vorhanden bezeichnet werden. Lange unterschwellig verlaufende Veränderungen in der quantitativen Verteilung der Pole Struktur/Subjekt können schließlich abrupt umschlagen und was vorher inflexibel erschien, zeichnet sich nun durch größte Flexibilität aus.

Die Projektion des Foucaultschen Struktur/Subjekt-Diagramms auf die Entfaltung des alles umfassenden Lebensstroms lässt erkennen, dass die Suche nach Regelmäßigkeiten in der Verstreuung nicht auf einem völlig unbeackerten Felde stattfindet und nicht frei ist vom „Werden der Kräfte" im Strom des Lebens sowie den Möglichkeiten und Bedingungen, die sich aus ihrer gegenwärtigen Intensität und Verteilung für seine weitere Entfaltung ergeben. Für die Analyse struktureller Gewalt ergibt sich aus dem Foucaultschen Struktur/Subjekt-Diagramm[21], dass auf einem vom strukturellen Element beherrschten Terrain der Sachzwang keinen Raum für die Entfaltung der subjektivistischen Perspektive bietet. Auf einem solchen Terrain ist Platz für strukturelle Gewalt. Und ebenso wird strukturelle Gewalt provoziert, wenn Subjekte in Bereichen mit hoher Dichte struktureller Elemente von diskursiven Formationen aufgefordert werden, unmittelbar ihre subjektivistische Perspektive wahrzumehmen, obwohl den Akteuren des Aufrufs klar ist, dass ihr Aufruf seiner Zeit weit vorauseilt und deshalb noch nicht vermittelbar ist. Dieser Gefahr sind gesellschaftliche Kräfte stärker ausgesetzt, die sich den Mantel der Progressivität umhängen und den Staat als Motor der gesellschaftlichen Entwicklung benutzen wollen. In den nun folgenden Kapiteln werden sowohl die hegemonialen Praxen auf ihr Verhältnis zur strukturellen Gewalt kritisch analysiert, die – wie auch immer begründet – mit dem Mantel der Progressivität ihre Forderung nach mehr struktureller Gewalt verdecken wollen, als auch die anderen gewürdigt, die sich um einen weiteren Abbau struktureller Gewalt bemühen und darin ein Mehr an demokratischem Bewusstsein aufscheinen lassen. Die Positionierung des Staates in Bezug auf die Gesellschaft ist hierbei von ausschlaggebender Bedeutung. Ebenso wird weiterhin untersucht, wie in Ländern, aus denen der Maßstab für demokratisches Bewusstsein stammt, der Staat als Motor gesellschaftlicher Entwicklung eingeschätzt wird und welche Folgen daraus für die Gültigkeit des Maßstabs zu ziehen sind.

---

21 Ebenso wie die neoliberale Interpretation ihr Gegenteil als Bedeutungsüberschuss an sich hat, kann auch radikale Kritik am Neoliberalismus nicht von ihrem Bedeutungsüberschuss absehen. Die Entlarvungsstrategie bleibt in ihrer Negativität auf der gleichen Ebene wie ihr Gegenteil. Sie stellt noch keine qualitativ höhere Stufe dar.

5 Entwicklung struktureller Gewalt und „progressive" Rechtfertigungsvarianten

5.1 Der Staat als Entwicklungsmotor in Rechtfertigungsversuchen „progressiver" Provenienz

Im Mit-, Neben-, Gegen- und Durcheinander von Staat und hegemonialen Formationen haben nicht nur die jeweiligen Formationen ihre spezifischen Entstehungs- und Vergehensprozesse durchlaufen, sondern ebenso hat die langfristig angelegte Aktivität des Staates um Selbsterhaltung des Ganzen ihre je besondere Ausprägung erhalten. Sie wurde ge- und verformt sowie fort- und rückentwickelt. Aus dem Schatz der reichhaltigen Erfahrung des Staates – in seinem Verhältnis zu vergangenen und gegenwärtigen hegemonialen Formationen – haben artikulatorische Praxen eine Fülle von Staatsmodellen entwickelt, in denen sehr verschiedene Aspekte als Ausgangspunkt oder zentrales Moment für sein Handeln gewählt wurden. Wenn staatliche Tätigkeit in der Selbsterhaltung des strukturierten Ganzen eine Rolle spielt, folgt daraus auch eine bestimmte Form des Staates einschließlich einer dieser Form immanenten Handlungsweise. Zur Präzisierung dieser spezifischen Form des Staates ist erforderlich, nochmals auf den in vielfältigen Formen sich selbst erhaltenden Lebensstrom zurückzugreifen und darin das Lebendige als autonomiefähige Einheit zu verorten.

Verausgabung von körperlicher wie geistiger Arbeitskraft zur Bearbeitung von Gegenständen und die damit einhergehende Artikulation der Idee, der Ausführung und abschließenden Aneignung des Arbeitsproduktes als vergegenständlichtes Selbst ermöglichen die zwar unmittelbar zu erkennende, jedoch erst auf höherer Stufenleiter wirksam werdende Distanzierung von der Eigendynamik der sich selbst entfaltenden Natur. Diese Distanzierungsmöglichkeit lässt ein Verhältnis zu sich selbst entstehen, welches für die zur Autonomie fähigen Einheiten zugleich der Ausgangspunkt für immer komplexer werdende Artikulationsformen wird: der Differenz von Bewusstsein und Sein, Bewusstsein und Selbstbewusstsein, Selbstbewusstsein und Selbstbehauptung, Selbsterhaltung und Selbstverwirklichung.

Da das Erkennen und Anerkennen des eigenen Selbst die Er- und Anerkennung des anderen Selbst bereits voraussetzt, ist damit zugleich die Basis gelegt für die Entfaltung von einfachsten Überlebens- und fortpflanzungsbedingten Formen des Zusammenlebens bis hin zu komplexen Gesellschaften, in denen artikulations- und autonomiefähige Einheiten, aufgesplittet in eine Vielzahl von Elementen, an den verschiedensten diskursiven bzw. hegemonialen Formationen beteiligt sein können.

Auf der gleichen Basis entfaltet sich die Entwicklung von Regeln des Zusammenlebens bis hin zu kodifizierten Grundrechten und Rechtssystemen, die wiederum in die artikulatorischen Praxen der einzelnen Einheiten steuernd eingreifen und zur Etablierung, Stabilisierung und auch Nivellierung von Hierarchien eingesetzt werden. Mit der Herausbildung des selbstverantwortlich handelnden vereinzelten Einzelnen im Gleichklang mit der Entwicklung von Gemeinschaften zur Gesellschaft wird auch der Staat auf das nunmehr entstandene komplexe strukturierte Ganze ausgerichtet.

Die Einheit von Ethik und Politik (bei Aristoteles noch gegeben und bei Macchiavelli erstmals aufgelöst) weicht bei Hobbes dem Prinzip der erklärten Differenz beider Momente. Staatsbildung wird jetzt „aus dem Instinkt der Selbsterhaltung eines jeden Individuums im Naturzustand" (Miroslav Milovic) erklärt und nicht mehr auf „übersinnliche Wesenheiten oder die Erhabenheit eines Herrschers" (Armin Pahl-Traughber) zurückgeführt. Vertragstheorien mit ihrer normativ-individualistischen Grundlage brechen mit der nunmehr veralteten Vorstellung überindividueller Ordnungsgefüge der Natur und setzen an ihre Stelle die Idee der Autoritäts- und Herrschaftslegitimation durch wechselseitige freiwillige Selbstbeschränkung der sich selbst erhaltenden autonomen Einheiten. Dem „kontraktualistischen Liberalismus" (Wolfgang Kersting) von John Locke folgt der „demokratische Kontraktualismus" von Jean-Jacques Rousseau. Für Rousseau muss der Staat nicht nur Leben und Eigentum, sondern auch die Freiheit eines jeden garantieren.

Im nachfolgenden „vernunftrechtlichen Kontraktualismus" Immanuel Kants ist die Vernunft nicht nur die Vertragsgrundlage, sondern auch in Gestalt des Philosophen sein ständiges Korrektiv: „Dass aber Könige oder königliche (sich selbst nach Gleichheitsgesetzen beherrschende) Völker die Klasse der Philosophen nicht schwinden oder verstummen, sondern öffentlich sprechen lassen, ist beiden zur Beleuchtung ihres Geschäfts unentbehrlich..." (I. Kant „Zum ewigen Frieden" 2. Zusatz). Für Kant soll die Verfassung eines Staates republikanisch sein.[22]

Während der „Weltgeist" mit dem Werden des von Hegel in idealen Formen gezeichneten Staates ein weiteres Stück seiner Entäußerung zurücknimmt, charakterisiert Karl Marx den Staat über weite Strecken seiner Analyse als Klassenkampfinstrument des herrschenden Kapitals gegen die ausgebeutete Arbeiterklasse, obgleich er auch andeutet, dass damit seine Bestimmung nicht erschöpft ist. Nietzsche hingegen verschließt sich nicht mehr der Einsicht, dass die schillernde Positionierung des Staates in und gegenüber der Gesellschaft geradezu danach ruft, für Ideen aller Art eingespannt zu werden. Eine im Reich der Sprache zum Dogma erhobene Fiktion werde in der Sphäre der Politik zur unumstößlichen „Wahrheit", zum Gesetz erklärt und dann als Daseinszweck des Staates ausgegeben. Diese Erkenntnis hat jedoch spätere Generationen nicht daran gehindert, den Staat für ihre jeweiligen Fiktionen vollständig einzuspannen und ihn als Vehikel zur Realisierung ihrer Ideen zu benutzen. Den Staat als Motor gesellschaftlicher Umgestaltung zu begreifen und seine Tätigkeit nicht im Einklang mit dem formlosen Gegenhalt (den die hegemonialen Formationen zur Selbsterhaltung des strukturierten Ganzen untereinander erzeugen) zu verstehen, be-

22 „Der Republikanismus ist das Staatsprinzip der Absonderung der ausführenden Gewalt (der Regierung) von der gesetzgebenden; der Despotismus ist das der eigenmächtigen Vollziehung des Staates von Gesetzen, die er selbst gegeben hat, mithin der öffentliche Wille, sofern er von dem Regenten als sein Privatwille gehandhabt wird." (aus 1.Definitivartikel zum ewigen Frieden).

deutet, ihn bewusst als institutionelle Kraft einzusetzen, um den formlosen Gegenhalt auszuhebeln bzw. die durch den Gegenhalt vorgegebene Entwicklungsrichtung des strukturierten Ganzen in mehr oder weniger drastischer Form zu korrigieren. Das bedeutet, dass durchaus auf bestimmte Aspekte staatlicher Tätigkeit zur Erhaltung des strukturierten Ganzen zurückgegriffen wird; aber indem diese Aspekte von anderen isoliert, als alleinige Daseinszwecke des Staates ausgegeben und damit überdimensioniert werden, gerät eine solche Umgestaltung leicht in die Fangarme struktureller Gewalt. Diese Gefahr wird umso größer, je stärker zielorientiert das strukturierte Ganze vom Staat her umgestaltet werden soll und je weiter dieses Ziel von der vorgegebenen Entwicklungsrichtung abzuweichen scheint.

Nun unterliegt jedoch auch die Selbtthematisierung des strukturierten Ganzen und die Bestimmung seiner Entwicklungsrichtung, die in den hierfür spezialisierten artikulatorischen Praxen vorgenommen wird, einem hohen Maß an Ungewissheit. Dazu Stefan Müller-Doohm: „Das Bemühen der Soziologie, unsere Zeit in gesellschaftstheoretisch gehaltvollen Gedanken zu fassen, manifestiert sich neben der Reflexion über die Abstraktionspflichten und Freiheitszumutungen der Moderne auf der anderen Seite in den Versuchen, die aktuelle Entwicklungsrichtung des gesellschaftlichen Ganzen konkreter zu bestimmen." (in: Frankfurter Rundschau, 27.12.94). Während die einen dem „Postindustrialismus" das Wort reden, versammeln sich die anderen unter dem Erkenntnisziel „Risikogesellschaft", und wieder andere fassen ihre Interpretationen unter dem Blickpunkt der „Kommunikationsgesellschaft" zusammen. Hinter der Fassade einer „neuen Unübersichtlichkeit" deutet die partielle Stichhaltigkeit der verschiedenen Interpretationsversuche auf ein „Nebeneinander divergenter sozialer Grundstrukturen und Entwicklungstendenzen" hin, ein „Strukturkonglomerat" (Müller-Doohm,a.a.O.), das unterschiedliche, nebeneinander existierende Entwicklungstendenzen hervortreibt.

Wer gerade wegen oder trotz der Unübersichtlichkeit und Ungewissheit den Staat als Motor gesellschaftlicher Umgestaltung benutzen möchte, unterliegt leicht der Versuchung, durch entschlossenes Handeln den gordischen Knoten des unzulänglichen Wissens zu durchschlagen und die beabsichtigte Entwicklungsrichtung dekretieren zu wollen. Später nötig werdende Korrekturen werden dann üblicherweise mit der gleichen Entschlossenheit eingeleitet. Wer den Staat zum Motor gesellschaftlicher Umgestaltung macht, sieht sich nicht nur dem unauslöschbaren Keim struktureller Gewalt gegenüber, sondern er kalkuliert strukturelle Gewalt von vornherein ein und dürfte in ihrer Rechtfertigung wenig Skrupel zeigen. Dieses Verdikt erübrigt jedoch keineswegs die Frage, ob nicht vielleicht schon die bloße Tätigkeit des Staates zur Erhaltung des strukturierten Ganzen bereits zum Motor gesellschaftlicher Umgestaltung wird, wenn z.B. nach Zeiten nachlassender Aufmerksamkeit auf einem bestimmten Gebiet kurzfristig einschneidende Korrekturen vorgenommen werden müssen.[23]

Das Spannungsverhältnis zwischen bewusster staatlicher Tätigkeit und dem formlosen Gegenhalt, den die Vielfalt der hegemonialen Formationen untereinander entfalten, ist angesichts der für beide Formen gültigen Unübersichtlichkeit nie exakt

23 Aktuelles Beispiel ist die notwendige Reparatur und der Ausbau der Infrastruktur.

zu bestimmen. Da der Staat immer schon involviert ist, existiert weder eine „reine" Entwicklungstendenz, die sich allein aus dem unbeeinflussten formlosen Gegenhalt der hegemonialen Formationen ergibt, noch lassen sich erkennbare Entwicklungstendenzen allein auf den staatlichen Eingriff zurückführen; denn auch Entwicklungstendenzen, die sich allein aus dem formlosen Gegenhalt ergeben, können niemals völlig aus dem Gesamtzusammenhang herausgefiltert und isoliert dargestellt werden.

So wenig wie das dennoch existierende Spannungsverhältnis geleugnet werden kann, so wenig weitsichtig wäre es, staatliche Tätigkeit zur Erhaltung des strukturierten Ganzen allein auf ein passiv eingreifendes Handeln beschränken zu wollen und das Moment des aktiven Eingreifens wegen der Gefahr, dass sich daraus struktureller Gewalt ergeben könnte, von vornherein auszuschließen. Abgesehen davon, dass sich passives Verhalten unter veränderten Bedingungen zu einem aktiven Eingreifen verkehren kann, steht im Zentrum immer die Frage, wie kann das Ausmaß struktureller Gewalt möglichst gering gehalten werden.

Dieses Ausmaß ist zu erreichen, wenn im Vordergrund staatlicher Tätigkeit zur Erhaltung des strukturierten Ganzen stets dessen Ausgangspunkt im Blickfeld steht, nämlich die sich in vielfältige Elemente aufsplitternde autonome Einheit, aufgrund deren artikulatorischer Praxen sich erst das gewaltige Gebäude der Vielfalt diskursiver und hegemonialer Formationen bildet. Jeder Staat, der die Erhaltung des strukturierten Ganzen gegen die einzelne autonome Einheit ausspielt, beseitigt nicht nur langfristig die Existenzgrundlagen beider (und damit auch die eigene), sondern kalkuliert auch ein unbegrenztes Ausmaß an struktureller Gewalt ein. Sofern der Staat als Motor gesellschaftlicher Umgestaltung dienen soll, ist die Beeinträchtigung der Entfaltungsmöglichkeit der einzelnen autonomen Einheit der Maßstab für das Ausmaß struktureller Gewalt. Welches Ausmaß noch als zulässig und welches nicht mehr als akzeptabel erscheint, muss auf dem Felde der unendlichen Diskursivität im Konflikt der widerstreitenden diskursiven Formationen immer wieder erneut ausgefochten werden. Dabei ist es unerheblich, ob die Beeinträchtigung sich nur auf die nichtautonomen, artikulationsunfähigen Einheiten, oder auch auf die sich artikulierenden und in ihrer Elementform an den verschiedensten diskursiven und hegemonialen Formationen beteiligten autonomen Einheiten bezieht, oder darüber hinaus auch auf die in den Produktionsverhältnissen Unterdrückten oder sogar auf die sich immer gleichbleibende Substanz und den allgemeinen Lebensstrom.

Das Individuum ist die sich selbst entwerfende extreme Differenz, einzigartig, frei in der Entfaltung seiner Elemente, darin angewiesen auf die volle Teilhabe an der Sphäre der Kommunikation und der politischen Entscheidung (Paolo Flores d'Arcais, Philosophie und Engagement, in: Frankfurter Rundschau, 16.05.95). Seine unaufgebbare Verschiedenheit wäre zweifellos am besten in der symmetrischen Teilhabe an der Macht aufgehoben, oder wenigstens in der Perspektive auf eine solche. Aber das Individuum ist eine an einen Körper gebundene artikulationsfähige autonome Einheit und zugleich eine Einheit, die in vielfältige Elemente aufgesplittet ist, von denen die einen zu Momenten diskursiver Formationen geworden sind und die anderen weiterhin flottieren. Als Teil diskursiver und hegemonialer Formationen trägt es zur Festigung des Ensembles relativ stabiler sozialer Formen bei. Als sich selbst immer wieder neu entdeckendes, neu erfindendes, „enorm wandlungsfähiges“, „selbstformendes“ Tier (Rorty) durchbricht es diese Formen immer wieder. Seine Einzigartikeit erklärt sich durch das von Individuum zu Individuum spezifische Mischungsverhältnis beider Komponenten. In staatlichen Umgestaltungsmaßnahmen dieses Mischungsverhältnis prinzipiell für „alle“ zu erhalten, so dass den vereinzelten Einzelnen eine faire Chance zur Entfaltung ihrer selbst geboten wird, kennzeichnet die Grenze, die der strukturellen Gewalt gezogen ist. Anders ausgedrückt: Je größer die Anzahl derjenigen wird, die sich in ihrem Selbstentfaltungsstreben untergraben sehen, desto maßloser können andere ihre Bedürfnisse und Wünsche entfalten; wobei sich aber auch hier weder die Bedürfnisse und Interessen noch die Wünsche und Selbstentwürfe einer Wesenshierarchie fügen und ebenfalls die Verfahren zu ihrer Verwirklichung im Lichte der Erfahrung stets erneut auf ihre Eignung getestet und ausprobiert werden müssen (Hauke Brunkhorst, Das Recht des Idioten, in: Frankfurter Rundschau, 1[illegible].06.95). Selbstentfaltung, begriffen als Macht der privaten Autonomie, die den Vorrang des Politischen abgelöst hat, geht in ihrem Verständnis über die „Einseitigkeit des possessiven Individualismus“ hinaus. Das Mit-, Gegen- und Durcheinander in sich selbst vernünftiger Weltbilder, die als vielgestaltiges Ensemble nicht der Vernunft eines allen übergeordneten Weltbildes gehorchen, stellt eine weitere Ausdifferenzierung der Kategorie der sich selbst erhaltenden autonomen Einheiten dar. Sie übersteigt als solche den Pluralismus des Marktes und des Selbstinteresses (des besitzindividualistischen Atomismus). Die ursprünglich „romantisch inspirierte Erschließung einer weiteren, privaten Freiheitsdimension des Verlangens nach Differenz, der Rehabilitierung des unpolitischen und unvernünftigen Idioten, des eigensinnigen Kindes, der Poesie, der privaten Ironie“ ist zur „eigentlichen Quelle des Neuen“ geworden (ebd.). Dieses vielfältig motivierte Verlangen nach Differenz darf von staatlicher Umgestaltungspolitik im Namen eines angeblich höheren Wissens nicht zugeschüttet werden. Im Streit um den Grenzverlauf zwischen den Rechtssphären des öffentlichen und des privaten Lebens ist es umgekehrt der Treibstoff der Entwicklung, und zugleich geben die erkennbaren Differenzierungen an, in welche Richtung Umgestaltung mit einem Mindestmaß an struktureller Gewalt möglich ist.

Wenn schon in diesem soeben dargestellten Prozess der Ausdifferenzierung der Staat als Motor der gesellschaftlichen Umgestaltung und Entwicklung betrachtet wird, dann bestenfalls in dem von Hauke Brunkhorst beschriebenen Sinne: „Es ist an der Zeit, mit der – heute im Namen des Politischen betriebenen – Denunziation der Utopie, des Fortschritts und der Evolution aufzuhören. Es ist Zeit für eine Utopie ohne Utopismus, eine Evolution ohne Ziel, mit einem Wort: für einen neuen demokratischen Experimentalismus.“ (ebd.). In scharfer Ablehnung jeglicher Anmaßung, einen privilegierten Zugang zur Wahrheit zu haben, muss sich der „demokratische Experimentalismus“ in höchstmöglicher Flexibilität und im engen Verbund mit den jeweils erkennbaren Differenzierungstendenzen seinen Weg suchen (ebd.). Flexibilität ist beispielsweise vonnöten, wenn die umgestaltende Kraft des Staates es mit Individuen zu tun hat, die auf zunehmende Differenzierungen mit Bedrohungsgefühlen reagieren, eigene Ansichten nicht als standortgebunden erkennen, die Einzelmeinung gegenüber dem Wechselspiel der Meinungen als klüger einschätzen, nicht den Widerspruch aushalten, mit ihrer Meinung individuell richtig, aber kollektiv falsch zu liegen, im Kompromiss bestenfalls die Mitte zwischen zwei Möglichkeiten betrachten und unwillig sind, Alternativen herauszubilden, sie auszuprobieren, später zu verwerfen und wieder neu anzusetzen[24]. Flexibles Verhalten ist gefordert, wenn in der Mehrheit der Bevölkerung Toleranz gegenüber ungewohnten und nicht genehmen Abweichungen wenig verbreitet und aufgrund dessen die Belastbarkeit als sehr gering einzuschätzen ist. Beides, völlige Missachtung der Mehrheitsmeinung oder zu starke Rücksichtnahme auf sie, können staatliche Umstrukturierungsmaßnahmen so sehr verformen, dass aus ihnen wieder Formen struktureller Gewalt entwachsen. Im Sinne des demokratischen Experimentalismus den Staat als Motor der gesellschaftlichen Entwicklung zu benutzen, lässt sich mit einem Gang durch ein Minenfeld vergleichen. Trotz engster Anlehnung an erkennbare Differenzierungstendenzen bedarf die experimentelle Praxis des Staates – bzw. die von ihm lediglich initiierten Prozesse – der Geduld und der Einsichtsfähigkeit der Betroffenen. Geld, das für fehlgeschlagene Experimente verschlungen wurde und für andere Projekte nicht zur Verfügung stand, erhöht die Frustration der leer Ausgegangenen und vermehrt den Korrekturbedarf.

5.2 Der Staat als Motor weltweit tätiger hegemonialer Formationen

5.2.1 Streben nach Ab- und Umbau sozialstaatlicher Einrichtungen

Hans-Olaf Henkel, ehemaliger Präsident des Bundesverbands der Deutschen Industrie, warnte im Tagesspiegel vom 12.02.95: „Die sozialpolitische Diskussion gerät zunehmend in eine Schieflage." Es werde zu viel darüber nachgedacht, wie das Sozialprodukt gerecht verteilt werden könne, und zu wenig, wie das Sozialprodukt zu vermehren sei. Er forderte: „Zukünftig darf nicht das Aufteilen, sondern muss das Backen eines größeren Kuchens das erste Ziel verantwortlicher Politik sein". Für ihn wie für seine Mitstreiter wie z.B. Hilmar Kopper (damaliger Chef der Deutschen Bank) oder Klaus Murmann (damaliger Präsident des Bundesverbandes der Arbeitgeber) war die Staatsquote sowie die Abgabenquote zu hoch, die Sozialausgaben überstiegen die Investitionen und insgesamt waren die Ausgaben für soziale Zwecke auf unverantwortliche drei Prozent des Bruttosozialprodukts angestiegen.

Alle Forderungen wurden in folgende Formulierungen verpackt: Das soziale Netz müsse an die enger gewordenen Finanzspielräume angepasst und grundsätzlich umorientiert werden. Leitgedanke müsse die Stärkung der Eigenverantwortung und Eigenvorsorge der Bürger sein, was in der Konsequenz hieße, soziale Leistungen abzubauen. Man brauche wieder mehr Markt und mehr Wettbewerb. Hinter diesen Forderungen stand das Verlangen, die im strukturierten Ganzen als hochrangig geltenden hegemonialen Formationen gegenüber den niederrangigen zu stärken. Andernfalls

24 Dem aktuell zu beobachtenden populistischen Bewegungen liegen diese Ängste vor zunehmender Differenzierung zugrunde. Weder ein oberflächliches Beruhigen noch ein Entgegenkommen gegenüber diesen Bewegungen kann die grundlegende Problematik auflösen.

drohe der Zerfall der gesellschaftlichen Fundamente. André Leysen (früheres Verwaltungsratsmitglied der Treuhandanstalt) wandelte auf einer Tagung im März 1995 die seit der Französischen Revolution gültige Resolution von „Freiheit, Gleichheit, Brüderlichkeit" in „Freiheit, Gleichheit, Bezahlbarkeit" um. Ungesagt, aber dennoch unüberhörbar klang dabei die Aufforderung zu mehr privater statt sozialstaatlicher Hilfeleistung mit (nach dem Muster des in der Zeit der Adelsherrschaft üblichen Almosens): Mildtätige Gaben statt einklagbarem Recht auf Unterstützung, wenn Chancenungleichheit zu Armut und Verelendung führt. Alle hochindustrialisierten Länder der Ersten Welt befänden sich in einer Zwickmühle, schrieb Ralph Dahrendorf zum gleichen Thema: „Um wettbewerbsfähig zu bleiben, müssen sie Maßnahmen ergreifen, die den Zusammenhalt der Zivilgesellschaften gefährden. Unterlassen sie diese Maßnahmen jedoch, könnten sie gezwungen sein, Bürgerfreiheit und politische Partizipation einzuschränken, was in einem neuen Autoritarismus münden könnte." (Die Zeit, 08.09.95). Nikolaus Piper, der Dahrendorf zitierte, sah im Verhältnis zwischen den sehr beweglichen, international nach profitablen Anlagemöglichkeiten ausschauhaltenden Kapitalströmen und den einzelnen Nationalstaaten einen schrumpfenden Handlungsspielraum für die letzteren: „Verantwortungsvolle Regierungen", schrieb er, „können gar nicht anders, als in einen internationalen Wettlauf um Steuersenkungen und andere Wohltaten für Anleger zu treten. Nur wer international wettbewerbsfähig ist, kann Arbeitsplätze und Wohlstand sichern." (ebd.). Beschwörungsformeln wie z.B. „Globalisierung der Märkte", „internationaler Kostenwettbewerb", „internationaler Anpassungsdruck", u.a.m. lösten Furcht aus und waren dazu geeignet, eine Atmosphäre zu produzieren, in der – aus Angst vor drohenden Wettbewerbsnachteilen – die seit der Auflösung der Leibeigenschaft entstandenen und vom Staat ins Leben gerufenen Formen zur Erhaltung des sozialen Friedens auf den Prüfstand zu stellen und nunmehr bereit zu sein, auf einige von ihnen künftig ganz zu verzichten.

Alle Aussagen zusammen liefen darauf hinaus, dass Unternehmensvertreter vom Staat die Zulassung eines höheren Maßes an struktureller Gewalt in der Erhaltung des sozialen Friedens erwarteten und staatliche Tätigkeit zur Erhaltung des strukturierten Ganzen vor allem dazu dienen sollte, die Entwicklung hochrangiger hegemonialer Formationen zu fördern. Der Staat befand sich an der Wegscheidung,

- *entweder die Erhaltung des strukturierten Ganzen mit dem Wohlergehen der weltweit tätigen hegemonialen Formationen gleichzusetzen und die Lebensdauer des strukturierten Ganzen deren Lebenserwartung unterzuordnen,*
- *oder die Grenzen des strukturierten Ganzen weiter als die der Nationalstaaten zu ziehen.*

Im ersten Fall würde der Staat seine Autonomie gegenüber den hegemonialen Formationen verlieren: d.h. der von jenen ausgehenden strukturellen Gewalt hilflos zu folgen (statt sie auf ein Minimum zu begrenzen) und alle Formen struktureller Gewalt zu legitimieren, den Wechsel von Unterordnung zu Unterdrückung zu leugnen, selbst anzuordnen, welche Formen der physischen und psychischen Gewalt angewendet werden sollen, um Hegemonisierte unter Druck zu halten. In beiden Versionen hätte er den hegemonialen Formationen nichts mehr entgegenzusetzen und das strukturierte Ganze würde mit ihnen, z.B. in einer umfassenden Finanzkrise, untergehen.

Im zweiten Fall müssten hegemoniale Formationen auf dem Felde der Diskursivität Formationen entfalten, die einen Staat propagieren und institutionalisieren, der die Grenzen des neuen strukturierten Ganzen auszufüllen vermag. Die Autonomie dieses Staates wäre dann von ihnen als unantastbar zu betrachten, und wie alle übrigen vereinzelten oder assoziierten autonomen Einheiten müssten sie sich in ihrer Tätigkeit zur Erhaltung des strukturierten Ganzen diesem Staat beugen, was im Falle der Europäischen Union zwar zunächst geschah, aber in jüngster Zeit zunehmend in Frage gestellt wird, wie z.B. in der Entscheidung Großbritanniens, aus der EU auszutreten sowie dem Verlangen einzelner osteuropäischer Mitgliedsstaaten, die bisherige für alle EU-Staaten in gleicher Weise geltende balancierte Gewaltenteilung in Legislative, Exekutive und Judikative zugunsten der Legislative neu zu justieren.

In den 2000er Jahren standen beide Optionen auf der Tagesordnung. Auf dem EU-Gipfel von Lissabon wurde eine Strategie entworfen, die EU zum wettbewerbsfähigsten und dynamischsten wissensbasierten Wirtschaftsraum der Welt zu machen. Innovation und soziale Kohäsion sollten zu Motoren dieser Strategie werden. Zur wirksamen Umsetzung hätte es weiterer suprastaatlicher Institutionen bedurft. Genau dies geschah aber nicht. Jeder Versuch, die Einrichtung solcher Institutionen voranzutreiben, scheiterte.[25] Dem Interesse, vorrangig das Wohlergehen der weltweit tätigen hegemonialen Formationen in den Blick zu nehmen, diente die Realisierung neoliberaler Wirtschaftsmodelle. So propagierte 1997 der britische Premierminister Tony Blair als erster das Konzept „New Labour". Die deutsche Bundesregierung unter der Kanzlerschaft von Gerhard Schröder (SPD) orientierte sich mit der Agenda 2010 an diesem Konzept und leitete ab 2003 einen grundlegenden Umbau des deutschen Sozialsystems und Arbeitsmarktes ein. In der Folgezeit entwickelte sich die Bundesrepublik Deutschland zwar zum Exportweltmeister und konnte mit immer niedrigeren Arbeitslosenzahlen aufwarten, aber bestieg im Bereich des Billiglohnsektors sowie bei prekär Beschäftigten einen der vorderen Plätze in der EU.

Viele osteuropäische Staaten, die sich nach dem Ende des Ost-West-Konflikts der EU angeschlossen hatten, gerieten mit – geringer Aussicht auf die Entwicklung einer eigenständigen Industriestruktur – als verlängerte Werkbänke völlig ungeschützt in den Sog der neoliberalen Welle. Auch südeuropäische Staaten, allen voran Griechenland, unterlagen dem Zugzwang „reformwilliger" EU-Länder, die ihnen harsche Konditionen zum Abbau ihrer Staatsschulden (vor allem die Rückzahlung bei privaten Banken aufgenommener Kredite) diktierten. Harte Einschnitte in die Sozialgesetzgebung führten zu stark steigender Arbeitslosigkeit und hohen Abwanderungsquoten. Den europa- und weltweit operierenden Unternehmen gelang es im zunehmenden Maße, die Staaten untereinander auszuspielen. Sie selbst traten und treten gegenüber den einzelnen Staaten in finanziell gut ausgestatteten und breit gefächerten diskursiven Formationen als Sachwalter national agierender Unternehmen auf, die dem inter-

25 Der französische Präsident Macron schlug 2016 eine effizientere europäische Finanzpolitik vor, in der auch ein europäisches Budget vorgesehen ist. Die deutsche Regierung zeigte sich bisher ablehnend.

nationalen Konkurrenzdruck nur durch eine großzügigere staatliche Subventionspolitik und den Rückbau kostentreibender sozialstaatlicher Leistungen standhalten könnten. Gelingt die Aufweichungstaktik in einem Staat, wird sie vom gleichen Unternehmen in einem anderen Staat als erschwerter internationaler Kostendruck beklagt.

Gegenüber dem durch Gegenhalt der hegemonialen Formationen erzeugten und bereits partiell weltweit strukturiertem Ganzen verliert die auf kleinere strukturierte Ganze begrenzte selbsterhaltende Tätigkeit der Staaten unabwendbar an Bedeutung. Ihre auf kleinere, im nationalen Rahmen strukturierte Ganze bezogenen Entwicklungsvorhaben geraten zur Entwicklungstendenz, die dem partiell weltweit strukturierten Ganzen immanent ist, in den Gegensatz. Letztere präsentiert sich ihnen nicht als solche, sondern stets durchsetzt mit den von anderen Staaten unkoordiniert ins Spiel gebrachten. In dieser – die diversen nationalen Entwicklungsvorhaben vollständig vereinnahmenden – Form tritt sie als übermächtige Kraft auf und erzwingt in jeder ihr unterworfenen Gesellschaft ein höheres Maß an struktureller Gewalt, das sich für die Menschen ganz konkret durch den Verlust des Arbeitsplatzes, durch zunehmende Altersarmut, durch unbezahlbare Mieten etc. auswirkt.[26]

Der bisher von der alles vereinnahmenden Entwicklungstendenz ausgehende Anpassungsdruck auf die einzelnen strukturierten Ganzen könnte tatsächlich, sofern er nicht bald auf nachhaltigen Widerstand der sich auf ihre gebündelten Kräfte stützenden Staaten stößt, in einer spiralförmigen Bewegung nach unten zugunsten einer stärkeren Betonung der rein polizeistaatlichen Garantie des sozialen Friedens führen, d.h. zu einer immer weiterreichenden Hinnahme struktureller Gewalt. Im Denken der weltweit agierenden hegemonialen Formationen erscheint die internationale Staatenwelt lediglich als verlängerter Arm ihrer hegemonialen Praxen, als Motor für eine von ihnen bestimmte und für sie positiv verlaufende gesellschaftliche Entwicklung. Gesellschaft und Staat wären aber schlecht beraten, wenn sie sich auf eine solche vereinfachende Betrachtungsweise einlassen würden. Es gilt verstärkt ins Bewusstsein zu heben, dass sich die verschiedenen hegemonialen Formationen – über-, neben-, unter- und durcheinander existierend sowie unterschiedlichen Entstehens- und Vergehenszeiten unterliegend – nicht nur ständig gegenseitig untergraben, sondern dass sie mit der damit einhergehenden unterschwelligen Bildung und Erhaltung des sie selbst überdauernden strukturierten Ganzen jenes zugleich voran- und tendenziell über sich selbst hinaustreiben. Zwar steht niemals die Erhaltung des strukturierten Ganzen im Vordergrund ihres Tuns, sondern der Ausbau und die Erhaltung des Terrains, das ihnen die Möglichkeit zur Entfaltung geboten hat. Aber ihre künftige Entwicklung antizipierend und darauf hinarbeitend, bauen sie selbst auch bewusstlos am strukturierten Ganzen mit. Konsequenterweise unterliegen sie danach auch jederzeit seinen

26 Sie wäre jedoch ganz anders gestaltet, wenn in sie Entwicklungstendenzen einflössen, die von transnationalen, unterhalb der Ebene eines Weltstaats angesiedelten Staaten, ins Leben gerufen würden. Ob und wann einmal ein Weltstaat existieren wird und ob eine solche Entwicklung überhaupt wünschbar wäre, bleibt zu klären. Auf unabsehbare Zeit wird ein Weltstaat nur virtuell existieren, und zwar weitgehend in Form von UN und anderen Kommissionen, die sich um die Verwirklichung einer „Welt-Ordnungspolitik" bemühen. In der aktuellen weltpolitischen Situation muss man jedoch eher entgegengesetzte Tendenzen befürchten.

beiden Formen der Selbsterhaltung, die immer auch gegen sie (als einzelne oder mehrere) gerichtet sein können:

- dem Gegenhalt, der stets dem Stand der Entwicklung entspricht und
- dem Staat als institutionalisierter Kraft, der zwar erst des Diskurses bedarf, um auf die aktuellen Erfordernisse ausgerichtet zu werden, aber mit seinem konkreten Handeln nichtsdestoweniger immer schon auf adäquate wie u.U. auch auf unzulängliche Weise in das aktuelle Geschehen eingreift.

Das neue Formen ausbildende strukturierte Ganze ist also selbst dann schon in seinen beiden Formen aktiv, wenn es noch nicht als neu strukturiertes zu seinem Begriff gefunden hat.

Für die Diskussion um Nationalstaaten ist daraus der Schluss zu ziehen, dass nicht einseitig nur auf die Wirkungsmacht des Weltmarkts abgehoben werden darf, der den Nationalstaaten ihr Handeln vorschreibt und sie in ihren traditionellen Handlungsmöglichkeiten bis zur Wirkungslosigkeit schwächt, sondern dass nationalstaatliche Aktionen in ihrer faktischen Wirkung auch daraufhin analysiert werden müssen, wie weit sie über die nationalstaatlichen Grenzen hinausgreifen und in welcher Weise das interaktive Handeln der Nationalstaaten bereits in seiner faktischen Wirkungskraft den augenblicklichen Stand des sich verändernden strukturierten Ganzen zum Ausdruck bringt. Gegenwärtig kann konstatiert werden, dass weder der Weltmarkt als Gegenhalt der hegemonialen Formationen bereits voll ausgebildet ist, noch dass sich nationalstaatliches Handeln in seiner faktischen Wirkung ausschließlich immer auf eine einzige Zirkulationssphäre beschränkt. Neben den bereits erwähnten Aktionen und Interaktionen ist folgendes zu analysieren: das Wechselspiel zwischen den weiterhin national operierenden und den global handlungsfähigen hegemonialen Formationen, die Beziehungen der bereits etablierten internationalen Organisationen mit den weltweit ausgelegten Institutionen, die verschiedenen Formen des Widerstands im Wechselspiel zwischen den Hegemonisierenden und Hegemonisierten und das Bindungs- und Ablösepotential flottierender Elemente.

5.3 Die Rolle des Staates im Ansatz von Narr/Schubert

Äußerlich in kritischer Distanz zu Marx' Arbeitswertlehre und in scheinbar kritischer Distanz zu seiner Definition des Staates, stellen Narr/Schubert die Misere der Politik in der Weltökonomie dar. Sie postulieren: „Eine zentrale normative und praktische Orientierung durchpulst als das ‚Herz' kapitalistischer und staatlicher Institutionen und Funktionen diese expansiven Vergesellschaftungsformen: Mit Marx gesprochen, ohne seine Arbeitswertlehre zu übernehmen, ‚der Hunger nach Mehrwert'; konventionell formuliert: das Streben nach Profit in der Konkurrenz mit anderen, die ihrerseits nach Profit streben. Es geht allemal um Macht und Herrschaft, um Überordnung und Unterordnung, um Reichtum und Armut" (Weltökonomie: die Misere der Politik, S. 130).

Indem die Autoren den „Hunger nach Mehrwert“ zum „Herz“ kapitalistischer und staatlicher Institutionen und Funktionen erklären, wird für sie die kapitalistische Warenproduktion zum zentralen Moment der Vergesellschaftung und damit zum Zentrum der Gesellschaft. Aus der Sicht der Weltökonomie betrachten sie sogar Marx' Positionierung des Staats als „neben und außer“ dem Kapital als überholt und definieren: „Er steckt als notwendig raumgebundene, Raum unterschiedlich besetzende, also Ungleichheit erfordernde und erzeugende herrschaftliche Größe im Kapital“ (a.a.O., S. 150). Der Staat ist für sie der Vollstrecker des weltweit agierenden Kapitals. Eine Existenz „außerhalb“ des Kapitals verneinen sie, weil mit dem Antritt der Herrschaft der Weltökonomie, hervorgerufen durch die globale Konkurrenz der transnationalen Konzerne, auf nationalstaatlicher Ebene nichts mehr außerhalb der Verwertungsbedingungen des Kapitals verbleiben kann.

Aus der Perspektive der übergeordneten, weltweit agierenden hegemonialen Formationen betrachten und implizieren Narr/Schubert, dass der Untergeordnete (der jeweilige Nationalstaat) seine Unterordnung akzeptiert, sogar aus freiem Willen annimmt. Das zweiseitig bestimmte Herrschafts-Abhängigkeits-Verhältnis umfasst jedoch über seine eindimensionale Form von Über- und Unterordnung hinaus noch das Verhältnis zwischen Herrschaft und Unterdrückung, worin der Abhängige seine Unterordnung nicht freiwillig oder schicksalhaft annimmt, sondern gegen die ihm abverlangte untergeordnete Position Widerstand entfaltet und nach Wegen sucht, die Unterdrückung abzuschütteln. Narr/Schubert billigen dem Nationalstaat diese zweite Form nicht zu. Sie sehen ihn nur noch als willfähriges Werkzeug des global agierenden Kapitals. Narr/Schubert verwenden für die Herrschaft der Weltökonomie auch den Begriff „Hegemonie“, nehmen aber seinen Inhalt nicht ganz ernst. Für sie ist die von der Weltökonomie ausgeübte „Hegemonie“ kein sich in einem ständigen Prozess befindlicher Zustand, sondern bis kurz vor Ende ihrer Abhandlung setzen sie den Begriff mit absoluter Herrschaft gleich. Erst dann plädieren sie für den Aufbau außerstaatlicher Gegenkräfte, von denen sie Veränderung erhoffen. Die Institution „Staat“ schließen sie damit auch dann noch weiterhin aus. D.h. aus ihrer Verortung des Staates als Überbaugeburt kapitalistischer Produktionsverhältnisse bzw. als raum-zeitlich gebundener kapitalistischer Nationalstaat, der an seinen „Standort im und für den Weltmarkt“ (a.a.O., S. 31) unverrückbar auf immer fixiert ist, folgt, dass er – der Herrschaft des weltweit agierenden Kapitals untergeordnet – unfähig ist, als autonome Einheit zu handeln. Ein in dieser Weise definierter Staat kann sich gegenüber der als total vorgestellten Herrschaft des Weltmarkts seiner Widerstandskraft bzw. ihrer Wirksamkeit nicht bewusst werden und kann stattdessen weltmarktfixiert nur noch als Agent des globalen „Weltmarktsystems“ die Produktion von Ungleichheit innerhalb der Zirkulationssphäre absichern. „Politik, die in der Moderne scheinbar autonom geworden war, weil sie die Ökonomie im Bereich der Privatheit beließ“, fassen Narr/Schubert ihr Verständnis von Herrschaft und Abhängigkeit zwischen Kapital und Staat zusammen, „wird von der räumlich überlegenen Ökonomie von oben ‚fremd‘ gesteuert; …“ (a.a.o., S. 32).

Wenn Politik aber bereits in der Moderne nur scheinbar autonom gewesen sein soll, kann ihr von der räumlich überlegenen Ökonomie doch bestenfalls nur noch die

Scheinheiligkeit genommen werden. Oder anders ausgedrückt: wenn laut Narr/Schubert das Kapital bereits in noch weitgehend auf sich bezogenen Volkswirtschaften den Staat bzw. die Politik beherrscht hat und Demokratisierungstendenzen nur insoweit gefördert und geduldet wurden, wie sie der Kapitalverwertung dienten, können doch vom Weltkapital jene Tendenzen nur nach den gleichen Handlungsmaximen behandelt werden. Warum sprechen die Autoren nur in diesem letzten Fall von Fremdsteuerung? Unter ihrer Prämisse genereller Fremdsteuerung ist es tatsächlich „irreführend", vom Wettbewerb der „Nationen" zu reden. Wenn früher laut Narr/Schubert national gebundenes Kapital im Wettbewerb mit anderem national begrenztem Kapital die Politik zu ihrem Sprachrohr erkor, benutzt global agierendes Kapital jetzt ebenso die nationalen Politiken als vielstimmigen Umwandler seiner Verwertungsinteressen. Hat erst einmal das Kapital die nationalen Begrenzungen gesprengt und in der transnationalen Weltökonomie „die ‚strategischen' Wirtschaftszweige nationenübergreifend organisiert" (a.a.O., S. 44), werden dann auch „Basistechnologien" im globalen Maßstab entwickelt, zur Produktionsreife gebracht und deren Endprodukte weltweit vertrieben, bestimmen transnationale „Systemführer" die quer zu nationalen Zirkulationssphären liegende internationale Arbeitsteilung ausschließlich nach ihren Interessen. National gebundene Politik kann dann in der Tat bestenfalls um den Standort der Hauptaktivitäten transnationaler Systemführer bzw. deren „Hochwertproduktion" rivalisieren. Unter der obigen Prämisse ist Narr/Schubert zuzustimmen, wenn sie feststellen: „Je mehr ein bestimmtes Land die Voraussetzungen aufweist und schafft, eine führende Rolle im Transnationalisierungsprozess zu spielen, desto größer die Chancen, dass die produktivsten Tätigkeiten innerhalb seines Territoriums stattfinden." Es wird dann auch die „innergesellschaftliche Heterogenisierung" umso größer sein (a.a.O., S. 68). „Ungleichheitsproduktion", fassen sie zusammen, ist „der soziale Kern des Transnationalisierungsprozesses" geworden, die durch keine wie auch immer geartete „richtige Wirtschaftspolitik" zu überwinden ist.

Vor allem im monetären Bereich zeige sich, führen sie weiter aus, „dass die globale Mobilität des Geldkapitals die einzelnen Nationalstaaten vor Anpassungszwänge stellt, die sowohl die gesellschaftlichen Ungleichheiten als auch die globalen Instabilitäten noch vertiefen können." (a.a.o., S. 45) „Der transnationalen Einheit globaler Produktions-, Dienstleistungs-, Handels- und Finanzierungsprozesse stehen" laut Narr/Schubert „millionenfach aufgesplitterte Schicksale der davon ausgegrenzten gegenüber. Es gehört zum Wesen der Weltökonomie, dass in ihr Menschen, Unternehmen und Staat unter qualitativ unterschiedlichen Ausgangsbedingungen miteinander konkurrieren. (…) Jenseits von Profit- und Machtkriterien werden keine anderen gesellschaftlichen Werte als Bestandteil der Effizienzprüfung zugelassen." (a.a.o., S. 43). All dem und auch dem Folgenden wäre zuzustimmen, wenn Narr/Schuberts Prämisse zuträfe. Auf dem Hintergrund ihrer „Wesensbestimmung der Weltökonomie" geben Narr/Schubert „hochgestochenen Projekten wie der westeuropäischen Währungsunion" keine Chance. Speziell auf die Währungsunion gemünzt, gelangen sie fünf Jahre vor ihrer Verwirklichung zu folgender Einschätzung: „Jedoch: Nicht nur ihre Konzeption macht sie zu einer Farce; die globalen Bestimmungsmächte des transnationalen Geldmarkts werden innerhalb der ‚tripolaren' Währungsordnung von

Dollar-DM-Yen auch zukünftig für Währungsinstabilität und -krisen sorgen." (a.a.O., S. 46). Dem Vorhaben einer gemeinsamen Währung prophezeien sie, dass es bereits vor seiner Verwirklichung scheitern werde und fügen hinzu: „Ein konfuses Bild von Handelskonflikten zwischen handlungsunfähigen Staaten ist zu erwarten, die supranational nur ihre Ungleichheit koordinieren können." (a.a.O., S. 46, 116f). Dem Anschein nach erschrocken über ihre kühne Prophezeiung, lassen sie sich zu folgendem Eingeständnis herbei: „Mit dem heutigen Wissen können wir die Veränderungen der ‚Machtstrukturen' der Weltwirtschaft nicht voraussagen." Aber unmittelbar danach treiben sie ihr Krisenszenario gleich wieder zielstrebig als die aus ihrer Sicht allein weltbewegende und alle Lebensbereiche durchdringende Dynamik voran: Der Entfaltung der Weltökonomie über drei Stufen der kapitalistischen Vergesellschaftung (a.a.O., S. 129/130) folgt der schrittweise Zerfall nationalstaatlicher Handlungsautonomie bis hin zur Funktionalisierung nationalstaatlicher Politik zum untergeordneten Verweser von Ungleichheitsproduktion. Dabei schleichen sie keinesfalls wie „die Katze um den Brei" nationalstaatlicher Autonomie, wie sie zu Ende ihres Buches behaupten. Sie verneinen sie schlichtweg und über weite Strecken ihrer Studie vertreten sie die Ansicht, dass die von ihnen für „handlungsunfähig" erklärten Staaten auch auf „supranationaler" Ebene nur in der Lage seien, ihre Ungleichheit zu koordinieren. Die Entwicklung einer in Europa produzierenden Flugzeugindustrie wäre unter einer solchen Vorgabe z.B. nicht möglich gewesen.

Narr/Schubert weisen selbst darauf hin, dass auf diesem Gebiet die angeblich durchfunktionalisierte Weltökonomie wohl noch aus reinen Nationalökonomien bestand und zwischen ihnen deshalb Herrschafts- und Abhängigkeitsverhältnisse von ausschlaggebender Bedeutung waren, denen dann auch konsequenterweise die Nationalstaaten unterlagen. Solche Verhältnisse können jedoch nur funktionieren, wenn die Abhängigen (hier die Nationalstaaten) mindestens autonom sind. Dementsprechend sind sie auch prinzipiell umkehrbar. Narr/Schubert dagegen halten – angesichts der Herrschaft der Weltökonomie – die Verhältnisse für unumkehrbar und erwecken den Eindruck, dass das „weltökonomische System" nicht mit einem weltweit agierenden Hegemon zu vergleichen sei, sondern mit absoluter Herrschaftsausübung, in der eine eigenständige Entwicklerfunktion des Staates neben der ausschlaggebenden der transnationalen Unternehmen nicht mehr gegeben sei (a.a.O., S. 118). Der institutionalisierten Kraft des Staates zur Erhaltung des strukturierten Ganzen haftet für sie nichts über die Grenzen des Nationalstaates Hinausweisendes an. Damit haben sie ein einfaches, alle Unterschiede negierendes Ableitungskonzept entwickelt: Der Staat war und ist für sie nur als kapitalistischer und Nationalstaat vorstellbar. Selbst wenn es erfolgreiche Versuche gäbe, ihn zum transnationalen Staat weiter zu entwickeln, könnte er gegen die Übermacht der Weltökonomie nicht bestehen und müsste wie sein Vorgänger vor allem Absicherung von Ungleichheitsproduktion unter Abbau von demokratischen Strukturen betreiben. Mit ihren eigenen Worten: „Stand es schon in Zeiten eines noch nationalstaatlich ‚gefesselten' Kapitalismus nicht gut um die Verfassung liberaler Demokratie, so ist es um sie in den Zeiten vollends geschehen, da ‚der' Liberalismus im Sinne der Etablierung globaler Ökonomie weltweit zu siegen scheint." (a.a.O., S. 188).

Vorstellungen, dass die von der Weltökonomie ausgehenden „Erfordernisse der Massenproduktion und entsprechender Innovationen im Sinne einer Art ‚Verwaltung der Sachen' ‚systemrational' stillgestellt werden, während ansonsten der Bereich menschlicher Freiheit nicht zuletzt infolge gewachsener Freiheit zunimmt", erteilen die Autoren mit Hinweis auf Max Weber folgende Absage: „Für alle Bürokratie gilt wie für alle praktisch wirksame Technologie, dass sie nicht uninteressiert funktioniert. Ihr ‚Herz' schlägt herrschaftlich. Mit anderen Worten: Die weltökonomische Entwicklung gehorcht keinen überhistorischen Sachgesetzen." (a.a.O., S. 193). Hatte nicht schon Max Weber postuliert, dass das politisch administrative System den gleichen Effektivitätskriterien und dem gleichen Rationalkalkül wie ökonomische Akteure unterliegt? Wenn für Weber die Staatsagenten der ökonomischen Logik folgen, können sie nicht über den Tellerrand der Kapitalverwertungsinteressen hinausblicken und staatliche Bürokratie kann dementsprechend auch keinen „überhistorischen Sachgesetzen" gehorchen. Der Verweis auf Max Weber lässt nur die bei Narr/ Schubert am Horizont aufflammende „Abendröte von Demokratie und Individualismus" stärker strahlen (a.a.O. S. 195). Selbst wenn das Herz staatlicher Bürokratie nur herrschaftlich schlagen sollte, muss diese Herrschaft, strenggenommen, nicht identisch sein mit derjenigen weltökonomischer Entwicklung.

Obwohl Narr/Schubert die vom transnationalen Kapital initiierte weltökonomische Dynamik für unaufhaltsam und unumkehrbar halten („Die Zunahme der globalen Fragmentierung ist vorprogrammiert" [a.a.O., S. 143]), lehnen sie dennoch die Vorstellung vom „gesetzesförmig notwendigen, aus den Widersprüchen des Kapitalismus ableitbaren Zusammenbruch" ab (a.a.O., S. 132). Diese auf den ersten Blick irritierende Aussage lässt sich jedoch nicht auf dem Hintergrund des Narr/Schubertschen Verständnisses von Herrschern und Beherrschten klären. Im Gleichklang mit ihrer Charakterisierung der Beziehung von Weltökonomie zu Nationalstaaten definieren sie auch das Verhältnis zwischen denjenigen, „die haben und herrschen" und denjenigen die „drunten wohnen" als ein Über- und Unterordnungsverhältnis. Erstere werden laut Narr/Schubert „ihre erworbenen Besitz- und Herrschaftstümer" verteidigen und letztere „in einer informationell, ökologisch und ökonomisch zusammenhängenden Welt teils massenhaft vereinzelt fliehen. Oder die Verlierer werden, je nach regionalen Herrschaftsumständen, versuchen, die Ungleichheit aggressiv zu überwinden" (a.a.O., S. 196). Die Fluchtmöglichkeitstendenzen in die Zentren der „Hochwertproduktion" sehen Narr/Schubert in den Hungergebieten der Erde um sich greifen, wohingegen sie bei der Bevölkerungsmehrheit in den „wohlfahrtsorientierten Nationalstaaten" wenig Bereitschaft erkennen, Ungleichheit im Innern durch Aggressivität gegen deren Verursacher und Nutznießer zu bekämpfen. Sie unterstellen ihr eher ein Lechzen nach leichter verdaulicher Kost in Form von wohlfeilen Hoffnungen auf Verbesserung der eigenen Lebenssituation zu Lasten konkurrierender Bevölkerungen anderer Länder. Da im heutigen „wohlfahrtsorientierten Nationalstaat" die alte sozialdemokratische Hoffnung auf sozialpolitische Wattierung nicht mehr erfüllbar sei, werde von der nationalen Politik als neue Hoffnung geweckt, dass der Staat durch angemessene Förderung der weltweiten Konkurrenzdynamik und deren geeignete innenpolitische Vermittlung – bei gleichzeitiger Abschottung der Nation nach außen –

„die weltökonomisch gerupfte und umfunktionierte Wohlfahrt der eigenen Bevölkerung eher gewährleisten könne als alle anderen Institutionen".

Da nach Narr/Schubert die Erfüllung der neuen Hoffnung verlange, „die eigene Bevölkerung im Rahmen der weltweiten Konkurrenz mehr als zuvor zusammenzurotten und entsprechend zu mobilisieren" (a.a.O., S. 157/158), werde die vorhandene Unzufriedenheit in Aggressivität gegen andere Bevölkerungen umgelenkt und damit für die Erhaltung der Herrschaft nutzbar gemacht (a.a.O. S. 199). Staatliche Politik sei „primär territoriale Schutzpolitik" geworden, aus der zuerst Kriege gegen die schwachen Staaten und später Kriege der starken untereinander entstünden (a.a.O., S. 199/200).

Narr/Schubert feilen am Bild vom unendlich manipulierbaren Menschen, dem „subjektlos gewordenen Subjekt" von Botho Strauß, dessen Unzufriedenheit in willfährige Unterordnung verkehrt werden könne. In der „Beweisführung" von Narr/Schubert soll die totale Herrschaft der Weltökonomie durch Flucht aus den peripheren Gebieten und durch die totale Manipulation der Beherrschten in den führenden Industrieländern abgesichert werden, obgleich die dazu erforderliche territoriale Schutzpolitik der dem Weltkapital dienenden Nationalstaaten das Netzwerk der Weltökonomie doch wohl empfindlich stören und in den unvermeidbaren Kriegen total zerreißen würde. Diese als schizophren zu bezeichnende Selbsterhaltungsstrategie des Weltkapitals soll nach der Meinung von Narr/Schubert von den nationalen Regierungen nicht nur befördert, sondern willfährig vorangetrieben werden, obwohl für letztere absehbar sein dürfte, dass die meisten von ihnen in der Verfolgung dieser Katastrophenstrategie unvermeidbar ihr eigenes Ende herbeiführen. Für Narr/Schubert ist offensichtlich nicht nur die Bevölkerungsmehrheit in den Ländern mit „Hochwertprodukton" total manipulierbar, sondern die gleiche Anfälligkeit unterstellen sie auch den nationalen Regierungen; und dem Weltkapital schreiben sie Selbstmanipulation bis hin zur Schizophrenie zu.

Narr/Schubert fällt in all ihrer „Beweisführung" nicht auf, dass ihr Ergebnis der Theorie vom „gesetzesförmig notwendigen, aus den Widersprüchen des Kapitalismus ableitbaren Zusammenbruch" durchaus nahekommt (a.a.O., S. 132). Jene Vorstellung lehnen sie jedoch aus gutem Grunde ab, was es noch zu erläutern gilt.

In der im letzten Teil ihres Buches vorgestellten eigenen Perspektive schreiben sie: „Denn so sehr wir darauf bestehen", „dass unsere Analyse der politökonomischen Situation der Zeit triftig ist (und als solche kumulativ aus der Erfahrung der Gegenwart belegt werden kann, die ihrerseits nicht anders begriffen zu werden vermag)", so sehr gilt: „Die von uns diagnostizierte ‚Objektivität' trifft nur dann zu, wenn man unsere Perspektive teilt, die sich an den Menschenrechten als gesamtgesellschaftlicher Größe inmitten radikaler Demokratie ausrichtet." (a.a.O.248) Diese Behauptung ist aus mehreren Gründen problematisch.

„Triftige" Analysen auf der Grundlage von Deduktionsschlüssen gibt es unendlich viele: Es kommt immer darauf an, welche Beziehungen das vorher für die Deduktion abgegrenzte Untersuchungsfeld zwischen Allgemeinem und Besonderem zulässt. Mit empirischem Material belegbar ist nahezu jede. Über die Objektivität des Ganzen ist damit noch nichts ausgesagt. Die gesamte Weltökonomie zum Allgemeinen zu erklären, überschreitet allerdings die Grenzen des Deduktionsschlusses. Außerdem sind aufgrund der Mehrdeutigkeit der Sprache weder Oberflächenphänomene identisch mit der Erscheinungsweise eines zugrunde liegenden Wesens, noch gibt Selbstreferenz über das zugrunde liegende reale System umfassend Auskunft.

Mit dem Maßstab der Menschenrechte als gesamtgesellschaftlicher Größe (inmitten radikaler Demokratie) errichten Narr/Schubert ein Idealbild vom menschlichen Zusammenleben, dem so leicht keine reale Gesellschaft genügen wird. Im Lichte eines solchen hehren Maßstabs wird wohl jede existierende Gesellschaft schlecht abschneiden. Als gewogene und für schlecht befundene Gesellschaft hat sie aber weder an „Objektivität" gewonnen noch verloren.

Narr/Schubert müssten im Prinzip wissen, dass Herrschaft ohne den praktizierten Widerstand der Beherrschten nicht lebensfähig ist und sich bestenfalls selbst beherrscht. Besteht doch ihre Analyse der heutigen Zeit aus dem herrschenden Weltkapital auf der einen Seite, dem – auf der anderen Seite – die willfährigen abhängigen Nationalstaaten samt der von ihnen praktizierten Politik sowie die sich unterordnende manipulierte Bevölkerung in den wohlfahrtsorientierten Nationalstaaten und die sich durch Flucht aus den Hungergebieten entziehenden vielen Einzelnen als Untergeordnete zur Seite stehen. Das von Narr/Schubert gezeichnete Weltszenario sieht Widerstand bestenfalls als vorübergehendes Störmanöver der Nationalstaaten vor.

Da die vom Widerstand gesetzte Bande für Herrschaftsausübung fehlt, verlieren Herrschende angesichts des bis zur Selbstvernichtung reichenden Unterordnungsverhaltens der Beherrschten jeglichen Maßstab. Mit jeder neuen Duldsamkeitsprobe werden die Lebensbedingungen der Beherrschten stärker eingeengt. Schließlich brechen sie als notwendiger Stützpfeiler der Herrschaft weg und die Herrschenden können sich nur noch selbst beherrschen. Ein solches „Herrschafts-Beherrschungsverhältnis" leidet, weil sein notwendiger Widerpart in Form der Widerstand ausübenden Beherrschten fehlt, auf Dauer an schwindsüchtiger Herrschaft.

Narr/Schubert stellen sich, ohne ihre brüchige Konstruktion weiter zu prüfen, als nächstes die Aufgabe, dem von ihnen konstruierten funktionsuntüchtigen Herrschafts-Beherrschungsverhältnis Funktionsfähigkeit einzuhauchen, indem sie allen bisher orientierungslos unzufriedenen Untergeordneten der Welt die von ihnen propagierte diskursive Formation zur Entfaltung von wirksamem Widerstand anbieten. Mit der Hilfe der neuen diskursiven Formation sollen sie ihr bisheriges Bewusstsein der Unterordnung erkennen und abschütteln, in ein neues zur Befreiung strebendes Bewusstsein der Unterdrückung transformieren und eine „nicht aggressive humane Entwicklung aktiv und lernoffen" vorantreiben (a.a.O., S. 149). Mit den Autoren sollen sie „kontrafaktisch" am Begriff der Menschenrechte und substantieller Demokratie, den „einzigen konkret aus den geschichtlichen Möglichkeiten der Menschen herleitbaren Normen, die einen historisch flexiblen und verlässlichen Wertmaßstab bilden", festhalten. Im gemeinsamen Kampf sollen „angemessene Institutionen und Prozeduren" eingerichtet werden, „die die weltökonomische Dynamik und deren Raubbau an den sozialen und den natürlichen Lebensbedingungen der Menschen einschließlich der horrenden Ungleichheit und des verstärkten Aggressionsstaus" aufhalten und „human verantwortlich gestalten" lassen (a.a.O., S. 250/251). „In diesem Sinne", bekennen Narr/ Schubert, „fungieren Menschenrechte und Demokratie für uns als Urteilsmaßstab, Diagnoseinstrument und als phantasieanregende Orientierung" (a.a.O., S. 252). Sie schlagen die Errichtung eines „weltweiten Föderalismus" vor: „das bedeutete, lokale und regionale Einheiten in ihrer Vielzahl zu erhalten, ja zu stärken. Weltweiter Föderalismus hieße, die nationalstaatlichen Grenzen zu relativieren, ohne sie ersatzlos beseitigen zu wollen" (a.a.O., S. 252). Nongovernmental Organizations (NGO) sollten gestärkt werden. In diesem Zusammenhang kommen Narr/Schubert auf den letzten Seiten ihrer Analyse auf den Nationalstaat zurück und verkünden: „Überregional koordinierende und kontrollierende Instanzen wie die Nationalstaaten wird es auch in Zukunft geben. Koordination allein auf globaler Ebene könne nicht funktionieren. Es bedarf neuer Zwischenmächte. Allerdings gilt es, solche Instanzen einem demokratischen Weltföderalismus gemäß einzurichten. Das aber bedeutet: die Nationalstaaten verlören ihren im Verlauf des 19. Jahrhunderts angenommenen Charakter." (a.a.O., S. 257). Für „begründbar" halten sie einen „beträchtlichen Grad an Autonomie"; dementsprechend müsste das Gewaltmonopol des Staates „erheblich eingeschränkt und demokratisiert, das heißt zugleich dezentralisiert und lokalisiert werden". Schließlich sei „das Mittel nationaler Identifikation mit einem besonderen Staat, seinem Souveränitätsanspruch und seinem Gewaltmonopol ... demokratisch-menschenrechtlich zu relativieren und entsprechend in seiner ausgrenzenden Funktion zu überwinden"; die Spannung zwischen „Bürgerrechten hier und Menschenrechten dort" müsste aufgehoben werden (a.a.o., S. 257/258).

Nachdem Narr/Schubert den Staat zunächst als ausschließlich kapitalistischen Zielen dienenden definiert haben und das ihm geschichtlich zugewachsene Gewaltmonopol als seinen ausschließlichen Daseinszweck überbetonten, kämpfen sie jetzt am Schluss ihres Buches für die Erhaltung nationalstaatlicher Autonomie, um den gewandelten Staat für die weitere Stärkung der Demokratie einzuspannen. Sie erwecken dabei den Eindruck, dass der Nationalstaat nur unter dem Druck einer radikalen Demokratiebewegung von außen her veränderbar sei und lehnen deshalb die Zusammenarbeit mit dem von ihnen als Agenten der Weltökonomie verachteten Nationalstaat ab. Die von ihnen propagierte radikaldemokratische Bewegung stilisieren sie zum einzig potenten Widerpart weltökonomischer Machtausübung und verhalten sich dabei wie der Sozialistische Deutsche Studentenbund (SDS) zu Ende der sechziger Jahre, der sich stellvertretend für die als manipuliert und korrumpiert bezeichneten Arbeiter – samt ihrer vom SDS misstrauten und verachteten gewerkschaftlichen Vertreter – zur revolutionären Arbeiterklasse erhob. Geht mangels Masse – wie damals – das Vorhaben schief, lehnt man sich voller Weltekel im Sessel zurück, träumt einen neuen Traum und beschwört das Menetekel des drohenden Untergangs der Menschheit. Wenn jedoch „die pseudoprivate ökonomische Definitionsmacht aller öffentlichen Belange bestehen bleibt", fassen Narr/Schubert ihre Botschaft bereits Unheil verkündend zusammen: „... und wenn es nicht gelingt, demokratisch zusätzlich zum mächtigen Profit- und Machtmotiv anderen, menschenrechtlich orientierten Motiven eine Chance zu verschaffen, dann ist die Lebensfalle ‚Weltökonomie' nur katastrophisch zu öffnen" (a.a.o., S. 254).

Bei aller Narr/Schubertschen Zuneigung zu den von ihnen beschworenen radikaldemokratischen Kräften, denen auch unabhängig von der hier kritisierten Analyse Unterstützung zu teil werden sollte, verhält sich ihre Analyse zu derjenigen der Agenten des Weltkapitals wie die Matrize zur Patrize und als solche stellt sie nichts anderes dar als die negative Version der Globalisierungsapologie; nicht besser, nur negativ! Ein tieferes Eindringen in den von Narr/Schubert beiläufig erwähnten Begriff der strukturellen Gewalt wäre von Vorteil gewesen und hätte ihre eklektizistische Vorgehensweise (Marx/Weber/Kropotkin) vermieden.

Narr/Schuberts Orientierung an der Gesellschaftsanalyse von Karl Marx hat mit folgenden Problemen zu kämpfen:

1. Aufgrund der Mehrdeutigkeit der Sprache (linguistic turn) kann der Weg von den Oberflächenphänomenen zum Wesen und zurück zur Erscheinungsweise des Wesens nicht eindeutig vollzogen werden: Derrida äußerte sich in einem Interview zu seinem Verständnis von Dekonstruktion: „Was ich Dekonstruktion nenne, kann natürlich Regeln, Verfahren oder Techniken eröffnen, aber im Grunde genommen ist sie keine Methode und keine wissenschaftliche Kritik, weil eine Methode eine Technik des Befragens oder der Lektüre ist, die ohne Rücksicht auf die idiomatischen Züge des Gegenstandes in anderen Zusammenhängen wiederholbar sein soll. Die Dekonstruktion hingegen befasst sich mit Texten, mit besonderen Situationen, mit der Gesamtheit der Philosophiegeschichte, innerhalb derer sich der Begriff der Methode konstituiert hat. Wenn die Dekonstruktion also die Geschichte der Metaphysik oder die des Methodenbegriffs befragt, dann kann sie nicht einfach selbst eine Methode darstellen. Die Dekonstruktion setzt die Umwandlung selbst des Begriffes des Textes und der Schrift voraus.[...]" (Falter-Interview 1987)[27].

---

27 Bezogen auf die Erstellung eines Textes ist festzustellen, dass bereits im Konstruieren des Textes bewusst wie unbewusst vielfältige Varianten zugunsten einer oder weniger außer Acht gelassen wurden. Die bei der Erstellung des Textes verfolgte Spur ist im vollendeten Text zwar unterschwellig enthalten, aber das bedeutet nicht, sie entdecken zu können, indem versucht wird, im Nachhinein diese oder jene möglicherweise verworfene Variante aufzuspüren und eventuelle Auswahlbegründungen zu erforschen; ganz abgesehen von der zusätzlichen Forderung, den eingetretenen Bedeutungswandel der sprachlichen Zeichen in die Dekonstruktionsarbeit einzubeziehen, nach Widersprüchen zwischen inhaltlicher Aussage und sprachlicher Form zu suchen und sich Rechenschaft darüber abzulegen, welche zwischenzeitlich eingetretenen Lebensumstände und Erfahrungen bei einem selbst Unterschiede in der Zumessung von Bedeutungen hervorrufen. Den fertigen Text dekonstruieren zu wollen, läuft darauf hinaus, einen neuen Text zu konstruieren, in dem wieder die benutzten Zeichen, der beabsichtigte Sinn und der Bedeutungswandel zu befragen sind und die vom Textinterpreten gelegte Spur im Nachhinein nicht mehr auffindbar ist.
Zur „Geste der Dekonstruktion" äußerte sich Jean-Luc Nancy: Die Lockerung der „Zusammenfügung", die das Christentum darstellt, kann vielleicht Spuren der Elemente zutage treten lassen, die es konstituiert haben; indem man aber versucht, diese Spuren zu benennen, begibt man sich unweigerlich wieder auf den Weg einer neuen Konstruktion. Insofern birgt die Dekonstruktion eine Neu-Konstruktion in sich. Dieses Dilemma lässt sich nicht beseitigen (Nancy, Jean-Luc, Die Anbetung – Dekonstruktion des Christentums 2, Zürich 2012). z.T. aus blog: rghildebrandt-analyse-forum.com (3/6/2016): Reinhard Hildebrandt, Gesellschaftliche Tauschverhältnisse als Basis ökonomischer Theorien.

2. Die wertbildenden „Gaben der Natur" werden der Verausgabung von Arbeitskraft zugeschlagen: Wenn nicht nur die Verausgabung von lebendiger Arbeitskraft wertbildend ist, sondern im Verhältnis von Wert (Wesen) und Preis der Ware (Erscheinungsweise des Werts an der Oberfläche) die „Gaben der Natur" einfließen, konkurrieren im Preis der Ware zwei nicht mehr voneinander zu trennende Wertformen miteinander.
3. Die Verortung der Produktion als zentrales Element in der Konstituierung von Gesellschaft vernachlässigt die Offenheit aller Elemente, die in ihren wechselseitigen Verhältnissen am gesellschaftlichen Prozess beteiligt sind. Für die Übereinstimmung zwischen Wesensanalyse und Geschichtsverlauf entfällt damit jegliche Grundlage. Dies trifft ebenso auf Narr/Schuberts Analyse des Staats zu. Als „kapitalistischer Staat" sind für sie seine Eingriffsmöglichkeiten zur Erhaltung der Gesellschaft vornehmlich auf den Bestand der kapitalistischen Produktionsweise begrenzt. Gehen jedoch – unter Verkennung des besonderen Verhältnisses des Staats zum formlosen Gegenhalt – hochrangige hegemoniale Formationen und Staat eine enge Bindung miteinander ein, wird entweder der Staat zu deren Anhängsel und treibt an vorderster Stelle deren Praxen voran oder ein starker Staat bedient sich der Vor- und Mitarbeit der hegemonialen Formationen, um seine eigenen Ziele und Aktivitäten voran zu bringen. Im ersten Fall verliert der Staat seine Fähigkeit, zum Zweck der Erhaltung des formlosen Gegenhalts einzugreifen und im zweiten maßt er sich eine umfassende Steuerungskapazität an, die er nicht hat. In beiden Fällen droht der Zusammenbruch des strukturierten Ganzen. Die jüngere deutsche Geschichte ist voller Beispiele für beide extremen Verhaltensweisen, so z.B. die gesellschaftliche Konstellation vor dem Ersten Weltkrieg, das Ende der Weimarer Republik, der Nationalsozialismus, der Untergang der DDR.
4. Der Akkumulationsprozess des Kapitals
   Der von Marx analysierte Akkumulationsprozess des Kapitals zu mehr Konzentration und Zentralisierung ist nachweisbar und trägt gegenwärtig zur Schwächung des Nationalstaats bei. Hinzuweisen ist jedoch darauf, dass der Begriff „disembedding" (Polanyi) zwar den Einbezug von immer mehr Bereichen der Lebenswelt in den Verwertungsprozess des Kapitals beschreibt, aber es schon ein entscheidender Unterschied ist, ob man diesen Einbezug „gesetzmäßig" aus der als zentral verorteten Warenproduktion ableitet oder ihn als prinzipiell ungeregelt verlaufende und deshalb in Verlauf und Ergebnissen im Voraus nicht zu bestimmende Folgeerscheinung von breit gestreuten Hegemoniebestrebungen hegemonialer Formationen definiert. Die hier angesprochene Problematik einer an Marx orientierten Darstellung hat insbesondere die marxistisch-leninistische „Theorie des staatsmonopolistischen Kapitalismus" beeinträchtigt, trifft aber auch auf die von Wolf-Dieter Narr/Alexander Schubert verfasste Abhandlung über „Weltökonomie – Die Misere der Politik", Frankfurt am Main, 1994, zu.

Erneut aufgearbeitet wird das Problem von Nancy Fraser (Professorin für Politische und Soziale Wissenschaften an der New School for Social Research) und Rahel Jaeggi, (Professorin für praktische Philosophie an der Humboldt-Universität Berlin). Sie beschreiben in ihrem neuesten Buch – „Capitalism – A Conversation in Critical Theory" (2018) – das Resultat von öffentlichen Vorträgen und privaten Diskussionen in Berlin, Frankfurt, Paris, Cambridge und New York – ihr Forschungsfeld: "I agree … that the turn away from political economy was not a simple mistake – for two different reasons. The first is that there have been real gains in addressing questions of misrecognition, status hierarchy, ecology, and sexuality. These were all matters that an orthodox, sclerotic, and reductively economistic paradigm pushed off the table. Recovering them and giving them a central place in critical theory represents an important achievement. This is why I've always insisted on a "both/and" approach – both class and status, redistribution and recognition. It is also why I've insisted that we cannot simply return to an older received critique of political economy, but must rather complicate, deepen, an enrich that critique by incorporating the insights of feminist thought, cultural theory and poststructuralism, postcolonial thought, and ecology.

But there's also a second reason … This is linked, of course, to the decentering of manufacturing in the Global North, the rise of the "knowledge economy" or "cognitive capitalism", the centrality of finance, IT, and symbolic labor more generally. It may sound ironic, but there's a political-economic story that helps to explain why people abandoned political economy and began to focus one-sidedly on issues of culture, identity, and discourse. Although those issues appear to be something other than political economy, they cannot actually be understood in abstraction from it. So this is not just a mistake; it's also a clue about something going on in society." (a.a.O. S. 7/8)
"Jaeggi: … In other words, we shouldn't turn away from the economy, but rather we need to try to rethink economy and its role in society in a "wider" sense. … This drives much of my interest in social ontology, forms of life, and trying to understand the economy as a "social practice". In a practice-oriented approach, the economy and its institutions comprise a subset of socal practices that are interrelated with other practices in a variety of ways, which, taken together, form part of the socio-cultural fabric of society." (a.a.O. S. 8)

Entsprechend dieser Ausführungen machen sich Fraser und Jaeggi auf den Weg, eine „large-scale social theory of capitalism" zu entwerfen, in der die marxistischen Einsichten mit denen neuerer Paradigmen wie Feminismus, Ökologie, Postkolonialismus etc. verbunden werden. Es bleibt abzuwarten, inwieweit der von uns dargelegte Ansatz der strukturellen Gewalt darin Niederschlag finden wird.

6 Der Staat als Motor der gesellschaftlichen Entwicklung im Namen einer optimalen Selbstentfaltung der Subjekte – Flexibilitätsspielräume und -grenzen in der Aktivierung flottierender Elemente

Der Spielraum für hegemoniale Formationen, sich durch Attraktion flottierender Elemente zu stabilisieren und die eigenen äußeren Grenzen weiter zu stecken, ist fast unbegrenzt. Andererseits stößt die Flexibilität der hegemonialen Formation dort auf eine absolute Grenze, wo der Zuwachs an flottierenden Elementen – zu Momenten diskursiver Formationen umgewandelt und in die Reihe der Äquivalenzketten eingegliedert – die inneren Parameter der Formation sprengt.

Eine unkontrollierte Ausweitung hegemonialer Formation impliziert mehrere Gefahren: Entweder können diskursive Formationen aus der Kette von Äquivalenzen verschwinden, weil einzelne Subjektpositionen sich aus ihnen zurückziehen und der Rest als Einzelteile in das Feld der noch unpräzisen diskursiven Artikulation zurückfällt, oder andere diskursive Formationen wechseln aufgrund der notwendig werdenden Neudefinition ihr Zuordnungsverhältnis bzw. die Fronten. Es kann dann sogar das der Formation immanente Verhältnis zwischen Hegemonisierenden und Hegemonisierten unreparierbar zerrütten. Aus Furcht vor diesen beiden Gefahren werden entweder in unflexibler Beschränkung auf das Bewährte keine Versuche mehr unternommen, das unendliche Feld der Diskursivität auf noch weitgehend isolierte flottierende Elemente zu sondieren, die zu einem späteren Zeitpunkt zerstörend auf das strukturierte Ganze wirken können, oder aus furchtbesetzter Beharrung auf das Bestehende wird das Feld der Diskursivität nicht mehr auf neue Formationen abgesucht, die längerfristig die hegemoniale Formation stabilisieren würden.

Um den Flexibilitätsspielraum einer hegemonialen Formation auszuloten, sucht staatliche Tätigkeit zur Erhaltung des strukturierten Ganzen also stets die Offenheit des Feldes der Diskursivität zu gewährleisten, damit neu entstandene Differenzen günstige diskursive Bedingungen für ihr Auftauchen aus der noch unpräzisen diskursiven Artikulation vorfinden und zusammen mit anderen zur Bildung neuer Diskursformationen angeregt werden. Für das Maß erreich- und verteidigbarer Autonomie gilt es deshalb für den Staat, rechtzeitig zu analysieren, wie stark gesellschaftliche Kräfte sind, die den Versuch unternehmen, die Autonomie neu auf dem Felde der Diskursivität auftauchender Einheiten erst gar nicht zur Entfaltung kommen zu lassen bzw. deren Autonomie unmittelbar nach ihrem Auftauchen gleich wieder zu untergraben. Das vielfältig motivierte Verlangen nach Differenz jedoch staatlicherseits durch eine anmaßende staatliche Umgestaltungspolitik einzuengen, vernichtet den Treibstoff gesellschaftlicher Entwicklung und produziert strukturelle Gewalt.

6.1 Arbeit als der entscheidende Gradmesser für die Offenhaltung des unendlichen Feldes der Diskursivität

Arbeitslosigkeit behindert das Individuum, einzigartig und frei in der Entfaltung seiner Elemente,

- sich selbst als extreme Differenz zu entwerfen,
- sich selbst immer wieder neu zu entdecken und neu zu erfinden,

um an der Sphäre der Kommunikation und der politischen Entscheidung vollgültig teilzunehmen. „Für die Betroffenen bedeutet Arbeitslosigkeit unmittelbar einen drastischen Verlust an Einkommen und Lebensstandard. Bei längerer Dauer – fast ein Drittel aller Arbeitslosen sind dies mindestens über ein Jahr lang – kommen zur fortschreitenden Verarmung berufliche Abkoppelung und Dequalifizierung, sozialer Abstieg und seelische Isolierung hinzu." (Jörg Huffschmid: Ist Vollbeschäftigung noch möglich? in: Horst Schmitthenner (Hrsg.), Der ‚schlanke' Staat, Hamburg 1995, S. 72). „Sie haben auch nicht mehr teil an der Verhandlungsmacht, die den arbeitenden Klassen aufgrund ihrer ökonomischen Position innerhalb des Beschäftigungssystems zumindest potentiell zur Verfügung steht. Ihnen bleibt nur die Möglichkeit, Überlebensstrategien unter Nutzung des Sozialstaats und der informellen Ökonomie zu entwickeln, oder aber zu sporadischen Revolten Zuflucht zu nehmen." (Martin Kronauer, in: Frankfurter Rundschau, 28.11. 1995).

Gesellschaften, die Massenarbeitslosigkeit als unvermeidliches Übel zulassen, nehmen hin, dass aus einer zunächst nur potentiellen strukturellen Gewalt eine reale wird:

- Wenn Arbeitslose sich nicht mehr freiwillig unterordnen, Arbeitslosigkeit nicht mehr als individuell zu ertragendes „Schicksal" begreifen und sich in ihrer Selbstverwirklichung unterdrückt fühlen;
- wenn den Aufbegehrenden ausschließlich mit vertröstenden Argumenten begegnet wird, die lediglich ihre Unterordnung und Duldsamkeit konservieren sollen, aber ihre Situation nicht wirklich ändern können (z.B. wenn wider besseren Wissens der Eindruck erzeugt wird, dass durch wirtschaftliches Wachstum auf der Grundlage von Rationalisierungsinvestitionen mehr Arbeitsplätze geschaffen als vernichtet werden.);
- wenn eine Auseinandersetzung mit antagonistischen diskursiven Formationen, in denen die Ursachen der Arbeitslosigkeit aufgedeckt werden, vermieden und stattdessen unterstellt wird, dass für Arbeitslose eine Arbeitsaufnahme nicht lohne, solange der Abstand zwischen dem Sozialhilfe-Bedarfsniveau und unteren Lohn- und Gehaltsgruppen nicht gewahrt sei (Faulheitsargument auf der Basis des von der Nutzentheorie unterstellten Arbeitsleid-Grenznutzens)

- wenn Arbeitslosen eine Fehlqualifikation unterstellt wird, ihnen also keine Beschäftigung angeboten werden könne;
- wenn der demokratische Diskurs vorübergehend oder ganz unterbrochen wird, indem man Vertretern opponierender diskursiver Formationen beispielsweise die wissenschaftliche Entfaltungsmöglichkeit unter dem Vorwand finanzieller Einsparungszwänge beschneidet oder eine Atmosphäre des Verdachts verfassungsfeindlichen Handelns erzeugt, (z.B. der Extremistenerlass aus den siebziger Jahren, der noch bis in die neunziger Jahre von einigen Bundesländern angewandt und 1995 vom Europäischen Gerichtshof verworfen wurde.),

sind eine ganze Reihe von Anlässen für strukturelle Gewalt erfüllt.

Massenarbeitslosigkeit kann jedoch auch von Protagonisten antagonistischer diskursiver Formationen als Mittel benutzt werden, strukturelle Gewalt zu provozieren. Ein prägnantes Beispiel hierfür lieferten Joachim Bischoff und Jörg Huffschmid mit ihren Artikeln „Überforderung der Wirtschaft?“ (Bischoff) und „Ist Vollbeschäftigung noch möglich?“ (Huffschmid) im von Schmitthenner herausgegebenen und bereits zitierten Sammelband. Ausgehend von der durchschnittlichen Zahl der 1994 in Deutschland registrierten Arbeitslosen von 3,7 Millionen (Arbeitslosenquote 9,2% (West)/16% (Ost)) und einem geschätzten realen Arbeitsplatzdefizit von ca. 7,6 Millionen fehlenden Arbeitsplätzen (Hans-Jürgen Urban, Deregulierter Standort-Kapitalismus? in: Schmitthenner, S. 18) schlug Bischoff zur Beseitigung der „strukturellen Massenarbeitslosigkeit“ ein „alternatives Konzept“ vor, das eine „Veränderung der Verteilungsrelationen zugunsten der Lohnabhängigen und Besitzlosen mit dem Ziel der Herausbildung einer zivilgesellschaftlichen Dienstleistungsgesellschaft“ bewirken sollte. Huffschmid forderte die Beibehaltung der staatlichen Instrumente einer aktiven Arbeitsmarktpolitik, eine wirksamere Bekämpfung von Wirtschaftskriminalität, die Zwangsabgabe auf Geldvermögen in einer bestimmten Größenordnung und eine Investitionsabgabe der Unternehmen zur Schaffung von Arbeitsplätzen.

Ein regionaler Wirtschaftsblock wie die EU, aber auch notfalls die USA, Japan oder Deutschland, meinten Bischoff/Huffschmid, seien in der Lage, im Alleingang eine wirksame Beschäftigungspolitik zu betreiben, wenn sie bereit seien, „politisch gegen die Fluchtbewegungen und Destabilisierungsstrategien vorzugehen, die Unternehmen als Reaktion hierauf einschlagen“ (a.a.O. S. 80). „Allerdings sollte es keine Illusion darüber geben“, betonte Huffschmid, „dass eine autonome Beschäftigungspolitik mit der Aufrechterhaltung unbeschränkter internationaler Bewegungs- und Verlagerungsfreiheit von Geld und Kapital vereinbar ist, die in den letzten 10 Jahren in der marktliberalen Politik quasi den Charakter eines obersten Menschenrechts erhalten hat.“ (ebd. S. 80). Drastische Beschränkung kurzfristiger Devisenspekulationen, Kontrolle und administrative Lenkung des internationalen Kapitalverkehrs sowie die spürbare Verteuerung des Kapitalexports seien dringend geboten. Je mehr Wirkung die nationale und regionale Strategie zeige, desto weniger attraktiv seien internationale Störmanöver und desto solider werde die materielle Grundlage für eine echte internationale Koordination.

Huffschmid leugnete nicht, dass sein alternativer Entwicklungstyp eine sehr viel größere Einflussnahme demokratischer Politik bei der Bestimmung über Art und Umfang der Produktion und der Eckpunkte der gesellschaftlichen Reproduktion beansprucht. Die drei Funktionselemente der Wirtschaft – Effizienz und Dynamik von Märkten, die Funktion eigenverantwortlich und schöpferisch handelnder Unternehmen und die begrenzt ökonomisch nützliche Funktion von Privateigentum an Produktionsmitteln – anerkannte er, aber das bedeute nicht, ihnen unbeschränkte Herrschaft über Produktion und Reproduktion einer Gesellschaft einzuräumen. Das darin zum Ausdruck kommende Produktionsverhältnis müsse hingegen vom Kopf auf die Füße gestellt werden: „Nicht Unternehmensfreiheit, Weltmarktüberlegenheit und maximaler Profit sind die wirtschaftlichen Ziele, denen sich Beschäftigung, soziale Sicherheit und ökologische Verträglichkeit unterzuordnen haben, sondern Vollbeschäftigung, soziale Sicherheit und saubere Umwelt sind die Zielpunkte, auf die sich Unternehmen einzustellen haben und von deren Realisierung ihr Gewinn abhängig gemacht wird." (ebd. S. 83). Der Staat, der bisher dem Dreigestirn von Privateigentum an Produktionsmitteln, profitorientierten Unternehmen und Weltmarkt auf verschiedene Weise zu- und untergeordnet sei, müsse an die Spitze einer durchdemokratisierten Gesellschaft treten und die Unternehmen in die Pflicht nehmen. Huffschmid meinte, der notwendige Transformationsprozess würde nach geduldiger Überzeugungsarbeit von der Mehrheit der Wähler getragen und von Reformparteien auf den Weg gebracht werden können. Obwohl sich Huffschmid aller Wahrscheinlichkeit nach der Härte des Konflikts und der Schärfe der zu erwartenden Reaktionen bewusst war – forderte er doch nichts weniger als eine revolutionäre Umgestaltung der Gesellschaft –, suggerierte er, der Widerstand machtvoller Gegner könne mit friedlichen Mitteln beigelegt werden. Denn den Staat an die Spitze einer durchdemokratisierten Gesellschaft zu stellen, bedeutet, den Gegenhalt, der durch die Vielzahl unkoordinierter hegemonialer, diskursiver, disparater artikulatorischer Praxen und unpräziser Artikulation entsteht, zugunsten eines Gesellschaftsmodells auszuhebeln, das staatliche Aktivität zur Erhaltung des strukturierten Ganzen zur alles umfassenden, mit letztinstanzlicher Entscheidungsbefugnis ausgestatteten gesamtgesellschaftlichen Tätigkeit ausweitet. Der Staat wird damit zu einer alle gesellschaftlichen Bereiche und Lebenswelten durchdringenden und kaum noch zu kontrollierenden Institution emporgehoben. Der bedrohlichen Machtkonzentration kann dann nur noch durch eine weitgehende Dezentralisierung sowie durch Gewaltenteilung wirksam begegnet werden.

Welcher Weg auch immer von Bischoff/Huffschmid angestrebt wurde: es war ein revolutionärer Vorschlag, propagiert auf dem Hintergrund der Zurückdrängung bzw. Einhegung des Nationalstaats durch weltweit agierende Unternehmen. Beiden Autoren kann unterstellt werden, dass sie sich der zu erwartenden tiefgreifenden gesellschaftlichen Konflikte für den Fall einer Umsetzung bewusst waren und ein hohes Ausmaß struktureller Gewalt einkalkulierten. Wer auf revolutionäre Weise gesellschaftliche Verhältnisse vom Kopf auf die Füße stellen will, sollte angesichts der Verletzungen, die im Verlauf der intendierten Umwandlung auf die einzelnen Individuen unweigerlich zukommen, zuvor prüfen, ob die im Kapitel über Foucault erwähnten unterschwelligen Veränderungen bereits einen qualitativen Sprung anzeigen und ob dessen Propagierung vor seiner Zeit verantwortbar ist. Handeln vor der Zeit provoziert ebenso strukturelle Gewalt wie starre Verteidigung gegen die Zeit. Jede totale Umkehr der gesellschaftlichen Verhältnisse rechtfertigt sich nur dann aus sich selbst heraus, wenn dadurch im alten Zustand zwar bereits angelegte, aber in ihrer Entfaltung entscheidend behinderte Entwicklungspotentiale dauerhaft freigesetzt werden. Um Revolutionsromantik zu vermeiden, wäre also vor dem radikalen Schritt zu untersuchen, ob jene Entwicklungspotentiale auch ohne die mit einer totalen Umkehr verbundenen gesellschaftlichen Kosten freigesetzt werden können.

Mit Blick auf das Vollbeschäftigungsziel hatte sich beispielsweise Jürgen Kühl im bereits zitierten Sammelband von Schmitthenner der Mühe unterzogen, einen solchen („durchgerechneten") Weg in vier Strategien vorzuschlagen:

- Die erste Strategie schaffe – laut Kühl – durch ein ökologisches Modernisierungsprogramm eine halbe Million neuer Arbeitsplätze und ziele auf eine Stimulierung der privaten Umweltvorsorge durch industrie- und energiepolitische Weichenstellungen. D.h. der Strukturwandel soll unternehmensbezogene, öffentliche und private Dienstleistungen in den zentralen Beschäftigungsfeldern fördern und beschleunigen, wie z.B. den Ausbau transeuropäischer Netze in den Bereichen Verkehr, Telekommunikation und Energie, die Reduktion des CO_2-Ausstoßes um 33% bei gleichzeitiger Energieeinsparung von 14%, die öffentliche Förderung des Wohnungsbaus von zwei bis drei Millionen Wohnungseinheiten, Abwassersanierung, Maßnahmen zur Abfallbeseitigung, Luftreinhaltung und Umweltsanierung, Forcierung der zukunftsträchtigen Umwelttechnologien, Modernisierung kommunaler Nahverkehrssysteme, Ausbau von Verkehrssteuerungstechniken und Hochgeschwindigkeitsstrecken.
- Kühls zweite Strategie zielte auf die Entwicklung innovativer Kreativität und sozialer Beschäftigungsverantwortung der privaten Unternehmen, der öffentlichen Arbeitgeber und der Tarifparteien. So wäre z.B. im Falle von Personalabbau das Bewusstsein dafür zu schärfen, dass durch rigorose Entlassungen auch Erfahrungspotential zerstört wird, auf das man dann für die Anpassung an veränderte Wettbewerbsbedingungen nicht mehr zurückgreifen kann. Stattdessen könnten durch die Erhaltung von „Belegschaftspuffern" die in den Mitarbeitern repräsentierten Leistungspotentiale mit Blick auf neue Marktchancen vorausschauend entfaltet werden (Einführung einer neuen Unternehmenskultur).
- Seine dritte Strategie zielte auf die Politik forcierter Reduzierung der wöchentlichen und jährlichen Arbeitszeit (und der Lebensarbeitszeit), um bei verlängerten Maschinenlaufzeiten und flexibleren Arbeitsformen im Dienstleistungsbereich weitgehend kostenneutral zusätzlich zwei bis drei Millionen Menschen zu beschäftigen; durch eine allgemeine Arbeitszeitverkürzung (3 Stunden pro Woche), Reduzierung der Arbeitszeit Ost auf das Niveau West, vermehrte Teilzeitarbeit im Osten, Umwandlung von Nachtarbeits-, Samstags- und Sonntagsarbeitszuschlägen sowie der Überstundenvergütung in Freizeitausgleich, Realisierung von Teil-

zeitwünschen, Weiterbildungs-Sabbaticals, Elternurlaub, Teilrente bei gleichzeitiger voller Rentenversicherung.

– Mit der vierten Strategie forderte Kühl die Beibehaltung der öffentlichen Förderung von Beschäftigung und Qualifizierung als Entlastung des Arbeitsmarktes in einer Größenordnung von bis zu 2 Millionen Personen im Jahr. Arbeitsmarktpolitik müsse innovativ und wirtschaftsnah gestaltet werden, damit sich die individuellen Chancen auf dem Arbeitsmarkt erhöhten und Langzeitarbeitslosigkeit vermieden sowie nachhaltig abgebaut werde.

Die von Kühl vorgeschlagenen Strategien fußten größtenteils auf bereits erkennbaren Differenzierungen in der Arbeitsgesellschaft und wurden in der Zwischenzeit teilweise in die Praxis umgesetzt. Sie kommen dem Wunsch der Subjekte nach Selbstverwirklichung entgegen. Potentielle strukturelle Gewalt, entstanden durch lang andauernde Massenarbeitslosigkeit, kann, bevor sie sich als reale entlädt, also bereits eliminiert werden. In den meisten westeuropäischen Ländern hat sich die Situation fast in der gleichen Weise wie in Deutschland dargestellt. Abgesehen von den Niederlanden und Dänemark wurde Massenarbeitslosigkeit für lange Zeit ebenso einfallslos wie in Deutschland bekämpft.

6.2 Eine „offensive Strategie zur Rückeroberung des Staates" – Strategien für eine stärkere Autonomie des Staates

Im Gegensatz zu Narr/Schubert suchte Ralf Krämer in seinem Aufsatz in der Zeitschrift für Sozialistische Politik und Wirtschaft nach einer „offensiven Strategie zur Rückeroberung des Staates für fortschrittliche Politik, die sich natürlich auf gesellschaftliche Mobilisierung stützen muss" (Ralf Krämer, in: Zeitschrift für Sozialistische Politik und Wirtschaft [SPW], Heft 86, Nov./Dez. 1995, S. 22). Die „Bedeutung von Staatlichkeit auf den verschiedenen Ebenen von der kommunalen bis zur globalen" dürfe keinesfalls unterschätzt werden. „Die Möglichkeiten der Umsetzung" gesellschaftlicher Mobilisierung „auf die politische Ebene hingen" für Krämer „im hohen Maße von den unterschiedlichen Zugängen und Verbindungen zu den auf diesem Terrain agierenden Kräften in Parteien und Staatsapparat ab, deren Handeln wiederum wesentlich von Eigenlogiken des politischen Systems geprägt wird." (ebd. S. 22). „Nur durch ihre Umsetzung in allgemeine Gesetze und staatliches Handeln, deren Autorität – die sich in letzter Instanz auf das staatliche Gewaltmonopol stützt – sich alle gesellschaftlichen Subjekte von den Individuen bis zu den kapitalistischen Unternehmen zu unterwerfen haben, können politische Gestaltungsziele und Projekte gesellschaftlich verallgemeinert und durchgesetzt werden", betonte Krämer gegenüber Joachim Hirsch, der „demokratische Veränderungen von Produktions- und Herrschaftsstrukturen wie Narr/ Schubert nicht mit Hilfe des staatlichen Institutionensystems, sondern nur gegen dessen Mechanismen und Zwänge durchsetzen" wollte (SPW,Heft 85,Sept./Okt. 95, S. 37).

Krämer meinte, dass es „ein großer Fehler“ wäre, „bei aller Abhängigkeit und Bezogenheit des kapitalistischen Staates auf die Gewährleistung der Herrschaft und Förderung der Akkumulation des Kapitals das politische Eigengewicht und die überragende Bedeutung demokratisch rechtsstaatlicher Verfasstheit für die Linke zu unterschätzen“ (ebd. S. 22). Er propagierte nicht weniger, sondern mehr gesellschaftlich bewusste Regulierung und glaubte, „dass jede Strategie, die Interessen der Beherrschten und die Erhaltung der natürlichen Lebensgrundlagen gegen die Akkumulationslogik des national wie global unangefochtener denn je dominierenden Kapitals durchsetzen will, ohne die Möglichkeit, die Mittel der Staatlichkeit auf den verschiedenen Ebenen dafür einzusetzen, von vornherein zum Scheitern verurteilt ist.“ (ebd. S. 23). Krämers Vorschlag, die Mittel der Staatlichkeit auf den verschiedenen Ebenen für die Interessen der Beherrschten und die Erhaltung der natürlichen Lebensgrundlagen gegen die Akkumulationslogik des Kapitals zu nutzen, propagierte den Einsatz von so wenig struktureller Gewalt wie möglich. Er vertrat damit einen demokratisch gewendeten Marxismus, der die Gründe des Scheiterns des Marxismus-Leninismus reflektiert und sich unwiderruflich von der Marxschen Formationslehre verabschiedet hat.

6.2.1 Globalisierung als Stärkung oder als Gefahr für die Demokratie?

Die „Kehrseite“ der Analyse der strukturellen Gewalt stellt immer auch die Frage nach der Funktionsfähigkeit von demokratischen Strukturen, nach der Stärke von demokratischem Bewusstsein. Da der Maßstab für demokratisches Bewusstsein den Gesellschaften entnommen wurde, denen auf diesem Gebiet „Leitfunktion“ zugemessen wurde und wird, muss auch die politische Praxis jener Länder in der Bewältigung von Globalisierungsphänomenen in die Diskussion einbezogen werden. Wie sich jene Länder mit der strukturellen Gewalt auseinandergesetzt haben, die als Folge der Globalisierung unvermeidbar schien, wird im Folgenden in zwei Fällen dargestellt.

Beispielsweise wurde in den USA die „Wellfare Bill“ zur Reduzierung staatlicher Sozialleistungen dem Repräsentantenhaus in einer Zeit zur Verabschiedung vorgelegt, als das „Job-Wunder“, entstanden durch niedrig bezahlte Beschäftigungsverhältnisse vorwiegend im Dienstleistungsbereich, die Einkommensunterschiede bereits schon verschärft hatte. Nach einer Untersuchung von Richard Freeman, Wirtschaftsprofessor an der Harvard-Universität, waren die Einkommensunterschiede in den USA seit vierzig Jahren nicht mehr so groß wie heute. „Die Einkommensunterschiede in Amerika sind“, laut Robert Reich (ehemaliger Arbeitsminister in der Clinton-Regierung), „größer als irgendwo sonst in der industrialisierten Welt ... Wir können keine prosperierende und stabile Gesellschaft haben, wenn sich dieser Trend fortsetzt“, meinte Reich (Die Zeit, 09.12.1994).

Zur gleichen Zeit forderten amerikanische Wissenschaftler die Bevölkerung zur klaglosen Hinnahme der immer größer werdenden Einkommensunterschiede auf. Sie postulierten, wie beispielsweise der Soziologe Charles Murray und der Psychologe Richard Herrnstein, dass Ungleichheit wesentlich genetisch bedingt sei, und suggerierten, dass die unteren Plätze auf der Einkommensskala zu Recht für die weniger Intelligenten reserviert wären.

Anhänger jener Theorien schreckten zwar noch vor der Schlussfolgerung zurück, dass größer werdende Einkommensunterschiede die unmittelbare Folge eines verschlechterten „genetischen Pools" der USA seien, aber dankbar für die genetische Erklärung von Ungleichheit waren sie dennoch. Half sie ihnen doch z.B. scheinbar plausibel zu erklären, warum der Anteil der Nichtweißen im unteren Teil der Einkommensskala höher ist als ihr prozentualer Anteil an der Gesamtbevölkerung. Derartige diskursive Formationen vermeiden die direkte Auseinandersetzung mit den auf der Hand liegenden Ursachen der gestiegenen Einkommensunterschiede. Angestrebt wird offensichtlich

– bei den direkt Betroffenen (hauptsächlich US-Amerikaner afrikanischer Herkunft) ihre schon vorhandene Unterordnungsbereitschaft noch zu erhöhen;
– die Mehrheit der weißen Bevölkerung gegenüber Forderungen auf geringere Einkommensunterschiede zu immunisieren (z.B. die Schuld für ihre zu geringe Entlohnung bei sich selbst zu suchen bzw. bei der eigenen genetischen Anlage).

Durch beides lässt sich zwar der demokratische Diskurs nicht stoppen, aber die Umsetzung der Ergebnisse verlangsamen. Als Resultat ist eine vorübergehende Hinnahme von mehr struktureller Gewalt zu verzeichnen.

Am Beispiel Schwedens erläuterten Mitarbeiter des Forschungsschwerpunktes „Arbeitsmarkt und Beschäftigung" des Wissenschaftszentrums Berlin (Heft 69/9,1995) die Implikationen der sozialdemokratischen Vollbeschäftigungspolitik für die betroffene hegemoniale Formation. Sie stellten fest: „Im Laufe der beispiellosen Vollbeschäftigungs-Ära entwickelte die Arbeiterbewegung eine Reihe von Forderungen, die eine direkte Bedrohung der kapitalistischen Eigentümer- und Managementvorrechte darstellten: Forderungen nach industrieller Demokratie und interventionistischer Industriepolitik, in erster Linie aber die äußerst polarisierend wirkende Thematik der Arbeitnehmerfonds."

Die gleichen Autoren zitierten den schwedischen Wirtschaftswissenschaftler Erik Lundberg, dessen Kernvorwurf an die schwedische Sozialdemokratie in seinem 1985 veröffentlichten Essay „The Rise and Fall of the Swedish Model" darauf hinauslief, „dass die von den Sozialdemokraten vorgeschlagenen wirtschaftspolitischen Maßnahmen die Autorität und Handlungsfreiheit der Unternehmer verletzen, die von der Arbeiterbewegung als Gegenleistung für Vollbeschäftigung und Wohlfahrtsstaat gewährleistet werden müssten."[28]

---

28 Bereits 1943 hatte der polnische Wirtschaftswissenschaftler Michael Kalecki in einem Beitrag über die politischen Aspekte der Vollbeschäftigung das in der Umsetzung der Keynesschen Theorien enthaltene Problem der Machtverschiebung zwischen Käufern und Verkäufern von Arbeitskraft beschrieben. Als Folge der Vollbeschäftigungspolitik würde die Hegemonie der Arbeitskraftkäufer über die von ihnen hegemonisierten Verkäufer von Arbeitskraft zunehmend in Frage gestellt. „Vollbeschäftigungs-Kapitalismus", meinte Kalecki, „wird natürlich neue gesellschaftliche und politische Institutionen entwickeln müssen, die die gewachsene Macht der Arbeiterschaft widerspiegeln. Wenn sich der Kapitalismus auf Vollbeschäftigung umstellen kann, wird er eine grundlegende Reform durchgemacht haben."

Die sozialdemokratische Regierung hatte die staatliche Tätigkeit zur Erhaltung des strukturierten Ganzen nicht nur auf die veränderte Gewichtsverteilung zwischen Käufern und Verkäufern von Arbeitskraft eingestellt, sondern unternahm darüber hinaus den Versuch, die teilweise obsolet gewordene Autorität und Handlungsfreiheit der Unternehmer, die in der ehemaligen Gewichtung der hegemonialen Formation von überragender Bedeutung waren, unter voller Aufrechterhaltung der Dynamik des Privatsektors in das Ensemble relativ stabiler sozialer und staatlicher Formen eines reformierten Kapitalismus einzupassen. Verteilungskämpfe, antizipierte Inflation, Gewinneinbußen, geringere Investitionstätigkeit und zunehmende Kapitalexporte bremsten aber die Dynamik des Privatsektors so sehr, dass Lohn- und Konsumeinbußen zur Erhaltung von Vollbeschäftigung, profitablen Investitionen, einer wettbewerbsfähigen Exportwirtschaft und einer Reduzierung des Staatsdefizits unabwendbar wurden. Die Sozialdemokraten Schwedens verloren das Vertrauen der Wähler und mussten Abschied vom Vollbeschäftigungsziel und systemverändernden Maßnahmen nehmen.

Die beiden Beispiele demonstrieren, dass beide Länder auf die Herausforderungen der Globalisierung auf unterschiedliche Weise reagierten. Während sich das kleine Schweden der Entwicklung schließlich beugen musste, passten sich die USA mit der Zulassung eines höheren Maßes an struktureller Gewalt nicht nur ohne Zögern der weltweit zu konstatierenden Entwicklung an, sondern setzten sich sogar an ihre Spitze. Die Rückschau in die siebziger Jahre, in denen Schritt für Schritt im Namen der neoklassischen Theorie der keynesianische in den Ablauf des volkswirtschaftlichen Prozesses eingreifende Staat zurückgenommen wurde, und der Rückblick auf die Zurücknahme des Sozialstaats seit dem letzten Drittel der achtziger Jahre (beschleunigt nach dem Zerfall des sogenannten realen Sozialismus) weckte Befürchtungen einer unaufhaltsamen Rückwärtsbewegung. Die neoklassische, monetär ausgerichtete Wirtschaftspolitik stabilisierte zwar den Geldwert, aber es folgten Massenarbeitslosigkeit und die abnehmende Nachfrage nach Konsum- und Investitionsgütern. Auf der unablässigen Suche nach Zinsdifferenzen und sonstigen profitablen Anlagemöglichkeiten zirkulierten stattdessen von Jahr zu Jahr immer größere Geldströme zwischen den Börsen, verursachten als spekulativ eingesetztes liquides Kapital zahlreiche Währungsturbulenzen und zwangen die Notenbanken zu verlustreichen Stützungsmaßnahmen. Der Weg in die Deflation im Falle Japans und einiger anderer südostasiatischer Länder demonstrierte die negativen Folgen einer solchen Politik.

Jene verschuldeten Staaten, zusätzlich belastet mit rapide steigenden Sozialausgaben für Sozialhilfeempfänger, vermehrten Zuschüssen zur Arbeitslosenversicherung und sozialpolitischen Auffangmaßnahmen, wurden zusätzlich von weltweit tätigen hegemonialen Formationen aufgefordert, weitere, den sozialen Frieden gefährdende Einsparungen bei den Sozialleistungen vorzunehmen und die freigewordenen Finanzmassen für den Unternehmenssektor bereit zu stellen.

Nachdem jedoch der Zustrom spekulativen Finanzkapitals plötzlich versiegte, Unternehmenszusammenbrüche die Arbeitslosigkeit hoch trieben, Unruhen unter der verarmenden Bevölkerung und deren militärische Niederschlagung für das Ausbleiben von Touristen sorgten und die einkehrende Friedhofsstille für die Herrschenden nicht automatisch zu einer neuen Phase ökonomischer Prosperität zu führen schien, setzte eine Gegenbewegung ein, die das unbegrenzte Reich des Neoliberalismus und den Staat als Hilfskraft hegemonialer Formationen zunehmend in Frage stellte. Selbst in den ost- und südostasiatischen sogenannten „Tigerstaaten" lernte man sozialstaatliche Einrichtungen zunehmend schätzen.

6.3 Die Modernisierung des öffentlichen Sektors als Garant für weniger strukturelle Gewalt

Die wirklich „neuen Herausforderungen", vor denen der Staat stehe, wurden bereits von Frieder Naschold in den Mitteilungen des Wissenschaftszentrums Berlin (Heft 69, Sept.1995, S. 8) komprimiert vorgestellt. In der auf einer Studie über die Modernisierung des öffentlichen Sektors basierenden Zusammenfassung forderte er die „Neukombination der grundlegenden Regulationsprinzipien öffentlicher Dienstleistungsproduktion".

Auf der „politischen Tagesordnung" stand nach Naschold „eine innovative Regulierung von politischer Verantwortung, administrativer Binnenmodernisierung, Marktorientierung und Besinnung auf staatliche Kernbereiche (gesellschaftliche Devolution)". Als Kern aller Programmatiken zur Modernisierung des öffentlichen Sektors in der OEDC bezeichnete Naschold „die Funktionsverschiebungen in der strategischen Rolle des Staates von der Produzentenrolle zur Gewährleistungsrolle einerseits, die systematische Entkoppelung und Neuzusammensetzung von Programmierung, Realisierung und Finanzierung der Dienstleistungsproduktion andererseits." Über die traditionelle bürokratische Aufgabenerledigung hinaus öffneten sich mit diesen beiden „neuen Konstitutionsprinzipien" weitere Gestaltungsmöglichkeiten: „Ausdifferenzierung von Politik, Management und operativer Tätigkeit; Verschlankung und radikale Dezentralisierung der Organisationsstrukturen, Bildung von vielfältigen ergebnis-orientierten Einheiten mit operativer Verselbständigung, Betonung des internen und externen Wettbewerbsumfelds bei der Aufgabenbestellung und insbesondere auch systematische Kunden/Bürger-Qualitätsfeedback-Systeme" (ebd.).

Frieder Naschold sah durchaus die Ambivalenz der Modernisierung des öffentlichen Sektors: „Die Abkehr von der administrativen Regelsteuerung", notierte er, „flexibilisiert und labilisiert das staatliche Regulierungssystem und lässt demgemäß degressive Entwicklungsvarianten im Sinne eines Abbaus von Wohlfahrtsstaat und Demokratie, von ´ideologischer Privatisierung` und neotayloristischer Arbeitsintensivierung ebenso zu wie progressive Modernisierungspfade einer erhöhten produktiven und distributiven Effizienz von erweiterten Dezentralisierungs- und Beteiligungschancen." Er fuhr fort: „Das Schicksal der Modernisierung hängt somit von der je spezifischen, im wesentlichen politischen Entwicklungsdynamik des Reformprozesses ab." (ebd. S. 9). Gestalten politisch-administrative Eliten den öffentlichen Sektor in der Weise, dass er den Erfordernissen der als vorherrschend betrachteten Globalisierung entgegenkommen soll, erhalten degressive Entwicklungsvarianten die Oberhand. D.h. der Abbau von Wohlfahrtsstaat und Demokratie schreitet voran, die Privatisierung von Teilbereichen des öffentlichen Sektors wird überall dort vorangetrieben, wo für private Betreiber sichere Gewinne locken, und neotayloristische Arbeitsintensivierung kehrt in den verbliebenen Einrichtungen des Staates ein.[29]

Setzten sich jedoch im Parteienwettbewerb politische Eliten durch, die sich von „erweiterten Dezentralisierungs- und Beteiligungschancen eine erhöhte produktive und distributive Effizienz" versprechen, werden sie in einer Entwicklungskoalition mit administrativen Eliten versuchen, progressive Modernisierungspfade einzuschlagen und dafür Sorge zu tragen, dass mit Hilfe einer „differenzierten und konsequenten Prozesssteuerung" der Erfolg gesichert wird.[30]

In dem Wissen, dass politische Mobilisierung nur dann erfolgreich in konkrete Modernisierungsmaßnahmen umgesetzt werden kann, wenn durch eine „robuste und konsequente Verankerung im Institutionengefüge der Regierung" retardierende Kräfte an der Vereitelung der Reformen gehindert werden, verzichten sie bei der Einführung neuer Steuerungssysteme und der Reorganisation operativer Verwaltungseinheiten weder auf eine Prozesssteuerung, die unterschiedliche Zeitrhythmen, Zielsetzungen und Komplexitätsgrade berücksichtigt, noch auf eine „breite Absicherung über ‚Meta-Organisationen' außerhalb des Regierungsapparats (politische und Fachverbände, Institutionen des internationalen Erfahrungsaustausches)"[31] (ebd. S. 10).

Mit der Feststellung, dass der öffentliche Sektor von der administrativen Regelsteuerung Abschied nehmen muss[32], und der Aufzählung „geglückter Reformbestrebungen" stieg Naschold etwas tiefer in die Besonderheit der autonomen Einheit Staat

29 Genau dies hat sich in den letzten 25 Jahren in allen europäischen Staaten vollzogen mit der Folge der Präkarisierung von Teilen der Bevölkerung.

30 Weitreichende Überlegungen in Nordrhein-Westfalen zur besseren „Kundenorientierung" im öffentlichen Dienst kritisierte der Wirtschaftsberater Prof. Eberhard Laux. Es müsse vorab geklärt werden, ob die Verwaltung „ein Beinah-Unternehmen, ein Quasi-Unternehmen, ein uneigentliches Unternehmen oder was sonst" sein solle (Frankfurter Rundschau, 01.03.95). Udo Knapp befand: „Dienstleistungen bedienen private Interessen, Verwaltungsakte garantieren allen Bürgern gesetzestreue Gleichbehandlung und sind zudem dem Gemeinwohl verpflichtet." (Die Zeit, 26.05.95). Wolfgang Hoffmann schrieb: „Wer die Privatisierung fast aller staatlichen Dienstleistungen fordert, übersieht in der Konsequenz nicht nur zentrale Gebote des Grundgesetzes, sondern auch die Prinzipien sparsamer Haushaltsführung und einer funktionierenden Wettbewerbsordnung." (Die Zeit, 05.05.95).

31 „Meist ist die Zentrale ein wichtiger, ja unerlässlicher Antriebsmotor der Reform, zugleich bilden die Headquarters jedoch von einem bestimmten Entwicklungsstadium an eine gewaltige Barriere im Modernisierungsprozess." (Frieder Naschold,a.a.O. S. 10). Angesichts segmentierter Funktionen, hochspezialisierter Arbeitsaufgaben und abgehackter Prozessketten im öffentlichen Sektor ist laut Naschold eine Prozesssteuerung für den Erfolg unumgänglich (ebd. S. 10).

32 „Produktive Leistungssteigerung durch Ausgliederung von Agenturen aus der Zentralverwaltung; Nutzung des ‚Management by Results' (MbR; ergebnisorientierte Führung) – eines Verhandlungsprozesses als Ansatz eines ‚TotalQuality'-Management (umfassendes Qualitätsmanagement); Einsatz von MbR-Systemen als interaktive Planungen mit den Bürgern in den technischen und sozialen Bereichen; Verknüpfung von MbR-Systemen und systematischen Kunden/Bürger-Qualitätsfeedback-Systemen; Entkoppelung von Programmierung, Finanzierung und Implementierung im Sinne der öffentlichen Gewährleistung des Staates bei Variation seiner Leistungstiefe; Zusammenwirken von Ergebnisorientierung, Regulation und Wettbewerb in der kommunalen Ent- und Versorgung; Verknüpfung von MbRSystemen und organisatorischen Auslagerungen im Sinne der Stimulierung eines institutionellen Wettbewerbs; Ausweitung der Partizipationschancen der Beschäftigten und Weiterentwicklung der industriellen Arbeitsbeziehungen." (ebd. S. 9).

ein, die sich eben nicht nur wie alle übrigen autonomen Einheiten in eine Vielfalt von artikulierenden Elementen auffächert, sondern der außer ihrer eigenen Selbsterhaltung auch noch diejenige des strukturierten Ganzen zufällt. Der von Naschold gewählte Begriff „öffentliche Dienstleistungsproduktion“ trifft scheinbar keine Unterscheidung zwischen den beiden sehr unterschiedlichen Bereichen, aber bezieht sich offenbar stärker auf den zweiten Bereich, denn Naschold würde sicherlich im staatlichen Besitz befindliche, aber wie ein privates Geschäft geführte Unternehmen nicht als „öffentliche Dienstleistungsproduktion“ bezeichnen. Selbst wenn solche Unternehmen ursprünglich der Komplettierung des industriellen Angebots gedient haben, das sich ohne staatliche Hilfestellung auf rein privater Basis nicht herzustellen vermochte, – und insofern der Selbsterhaltung des strukturierten Ganzen von Nutzen war –, verstärken solche Unternehmen später die Seite des Staates, die sich als ganz normale autonome Einheit von den anderen Einheiten nicht unterscheidet (z.B. die Beteiligung des Landes Niedersachsen an VW).

Für solche staatlichen Unternehmen trifft zweifellos zu, dass sie marktorientiert sein sollen und gegebenenfalls auch in der Besinnung auf Kernbereiche privatisiert werden können. Diese Bereiche über die Anfangsgründe hinaus in öffentlicher Hand zu belassen, kann sogar den besonderen Charakter der öffentlichen Dienstleistungsproduktion unterminieren, wenn die für jenen Bereich gültige profit- und wettbewerbsorientierte Messlatte den Maßstab bildet, den der Staat seiner Tätigkeit zur Erhaltung des strukturierten Ganzen anlegen muss. Starres Beharren auf solche Bereiche verstärkt den Konflikt, um der Selbsterhaltung des strukturierten Ganzen willen stets gegen das andere seiner selbst prozessieren zu müssen. Schlägt dieser Konflikt eindeutig zugunsten des profit- und wettbewerbsorientierten unternehmerischen Verhaltens aus, verliert der Staat seine Besonderheit und konkurriert mit anderen diskursiven Formationen um die Erringung der Hegemonie. Die verbliebene öffentliche Dienstleistungsproduktion verkommt zum Anhängsel der hegemonialen Praxis des Staates.

Wenn in der Abkehr von administrativer Regelsteuerung das staatliche Regulierungssystem flexibler und labiler wird, folgt daraus eine sensiblere Handhabung der Aufgabenbestellung. Bei der stärkeren Berücksichtigung des internen und externen Wettbewerbsumfeldes kann es nicht gleichgültig sein, wie weit das vom Staat beauftragte Unternehmen Beeinträchtigungen der Bürger hinsichtlich ihrer Selbstverwirklichung zulässt, um seine Kosten wettbewerbsgerecht so niedrig wie möglich zu halten. Würde beim Übergang von der Selbstproduktion des Staates zu nicht-staatlichen Einrichtungen das ergebnisorientierte Management lediglich kosten- und nicht zugleich qualitätsorientiert (im Sinne der optimalen Selbstverwirklichung der Bürger) handeln, hätte die politische Verantwortung in der administrativen Binnenmodernisierung versagt und die Verschlankung sowie radikale Dezentralisierung der Organisationsstrukturen, verbunden mit der Bildung und Vervielfältigung operativ verselbständigter und ergebnisorientierter Einheiten, wäre in die falsche Richtung gelaufen. Eine Verminderung der Partizipationschancen und zugleich eine Verschlechterung der Arbeitsbeziehungen wären die Folgen.

Die von Naschold geforderte Entkoppelung und Neuzusammensetzung von Programmierung, Realisierung und Finanzierung erlaubt eine kritische Überprüfung der bisherigen Verknüpfung zwischen den drei Aufgabenfeldern und zugleich eine stärkere Ausdifferenzierung von Politik, Management und operativer Tätigkeit. Die Erarbeitung von Strategien und daraus abzuleitender Orientierungsrichtlinien durch die Politik sollte in der Tat nicht durch Managementaufgaben erdrückt werden und das für die Gesamtrealisierung verantwortliche Management nicht durch die Übernahme verschiedener operativer Tätigkeiten zu zermürbender Detailarbeit verkommen. Wenn jedoch in kurzer Zeit politische Eliten vollkommen gegensätzliche Strategien durchzusetzen versuchen oder im Parteienwettstreit Politiker in höchste Ämter aufsteigen, die dem Management intellektuell und an Erfahrung weit unterlegen sind, droht nicht nur die Verselbständigung des Managements und/oder die Lahmlegung der operativen Tätigkeiten, sondern aus der hoffnungsvoll begonnenen Ausdifferenzierung entstehen voneinander abgeschottete Bereiche, die ausschließlich mit ihrem reichhaltigen Innenleben beschäftigt sind. Andererseits führt auch eine nicht an Komplexität und Gegenwartserfordernisse eng angepasste öffentliche Dienstleistungsproduktion zur Entfaltung von struktureller Gewalt. Dies gilt auch für die Protagonisten einer vorgreifenden Modernisierung, die sich von erweiterten Dezentralisierungs- und Beteiligungschancen „eine erhöhte produktive und distributive Effizienz" erhoffen. Den Staat bzw. die öffentliche Dienstleistungsproduktion in diesem Sinne als Motor der gesellschaftlichen Entwicklung benutzen zu wollen, erfordert eben auch, rechtzeitig auf die erweiterten Chancen vorzubereiten, so dass aus der stärkeren Dezentralisierung und Beteiligung sich ergebende Möglichkeiten ausgeschöpft werden können. Unterlassene Vorbereitung vergibt die Chance, die Selbstverwirklichungsvorstellungen der Beteiligten rechtzeitig aufzunehmen und zum Inhalt der vielgestaltigen Modernisierung zu machen. Stattdessen dominiert dann das Denken und Handeln für andere, die Oktroyierung von Zielen, die Selbstdarstellung als Avantgarde der breiten Masse der Bevölkerung.

Die von Naschold 1995 geforderte „Neukombination der grundlegenden Regulationsprinzipien öffentlicher Dienstleistungsproduktion" hat zwar inzwischen stattgefunden, jedoch in der negativen Variante: die breite Beteiligung an der Dezentralisierung öffentlicher Dienstleistungsproduktion ist weitgehend ausgeblieben. Stattdessen dominieren nicht vernetzte und teilweise gegeneinander agierende Dienstleistungsbereiche, die den Bürger gerade in seinen Selbstverwirklichungsmöglichkeiten begrenzen, die Entwicklung des demokratischen Bewusstseins lähmen und allgemein eine „organisierte Verantwortungslosigkeit" produzieren.

6.4 Die Medien – das genuine Feld der widerstreitenden diskursiven Formationen und die Rolle des Staates

Hanno Hardt, Professor an der School of Journalism und am Communications Center an der University of Iowa, USA, schrieb 1995 in einem Artikel des Tagesspiegel, dass die Deregulierung sowie die technische und wirtschaftliche Entwicklung nicht nur die Medienstruktur in den USA verfestigt, sondern auch „neue Bedingungen für die Entfaltung der Presse- und Meinungsfreiheit geschaffen" hat. Die „Ideologie des Privateigentums" werde dann zum Problem, meint Hardt, wenn die Beteiligung an der Presse- und Meinungsfreiheit (durch einen gesteuerten Zugang zur Kommunikation) in den Entscheidungsbereich privater Medien falle und Medienverhalten zur logischen Folge unternehmerischer Planung werde (Tagesspiegel, 26.09.95). In der täglichen Realität der Medienproduktion rangiere der Bürger in seiner Eigenschaft als zu beeinflussender Konsument weitaus höher als der mündige Bürger, mit dem man die Zusammenarbeit „zum Wohle der Gesellschaft und des demokratischen Systems" suchen sollte. „Es gibt keinen wirtschaftlichen Anlass", schrieb Hanno Hardt, „durch vertiefende Information, differenzierte Meinung und intelligente Diskussion, intellektuelle Erwartungen an Leser oder Zuschauer zu erhöhen und somit die gesellschaftliche Kommunikation durch einen gezielten Prozess der Fortbildung zu fördern. Im Gegenteil, Sprache und Bild vereinfachen die Ereignisberichterstattung und verkürzen die Problemberichterstattung. (...) Das ungehütete Geheimnis dieser Wende zur Unterhaltung als Urkonzept der Medienmacher heißt Infotainment, das sich stets weiter von der ursprünglichen Informations- und Erziehungsfunktion der Medien entfernt hat." (ebd.) Aber nichtsdestoweniger leite es seine rechtliche Begründung immer noch vom Anspruch auf öffentliches Interesse ab. Presseprodukte, die eine differenzierte Information anbieten, bezögen sich auf einen immer kleineren Kreis von Lesern, die diese „Zuarbeitung von Informationen und Meinungen" nicht nur bezahlen, sondern auch nutzen könnten. Mediennutzung werde zum „Privileg einer spezifischen, wirtschaftlichen und politischen Klasse mit Zugang zu Kommunikation und Medieninhalten". Mit Bezug auf die übergroße Mehrheit der Bürger gelte: „... die Frage der Mitwirkung wird durch einen wachsenden Mangel an politischem Interesse oder kommunikativer Kompetenzen der Bürger irrelevant, wenn nämlich Mitsprache und Mitentscheidung bei der Lösung komplexer, sozialer und politischer Probleme nicht nur an allgemeiner Unlust, sondern auch am fehlenden Wissen scheitern" (ebd.). Diese vor über zwanzig Jahren geäußerte Feststellung hat nicht an Relevanz verloren. So sind nicht nur in den Medien der USA, sondern auch anderswo auf der Welt die Vertreter des „possessiven Individualismus" nach wie vor stark vertreten.

Wenn die von den Medien konzipierte und organisierte Realität zwar in immer raffinierteren Bildern und Bildfolgen, aber unter immer stärkerer Vereinfachung und Verkürzung der Inhalte sowie Problemdarstellungen dargeboten wird, verschwindet das „öffentliche Interesse" an Informationsvermittlung – zur Heranbildung und Entfaltung von kommunikativer Kompetenz der Bürger – hinter dem reinen Unterhaltungswert. Wenn gleichzeitig eine durch alle neuen Technologien konzipierte und aufbereitete „Realität" bzw. gar eine Scheinrealität (vgl. der Anstieg der gefälschten Informationen) der Bevölkerungsmehrheit als Hauptquelle ihrer „Informationen" dient, hat man es mit einer Gesellschaft zu tun, in der das Volk nur noch im entferntesten die Quelle der Macht darstellt bzw. die hochrangigen hegemonialen Formationen die Autonomie der von ihnen hegemonisierten Einheiten auf umfassende Weise untergraben haben.[33]

Eine derart strukturierte Gesellschaft ist gekennzeichnet durch

- erhebliche Einkommensunterschiede,
- eine ausgeprägte Elitenbildung,
- eine fürsorgliche, paternalistische Zuwendung zu den hegemonisierten Teilen der Bevölkerung,
- die Zurückdrängung staatlicher Tätigkeit zur Erhaltung des strukturierten Ganzen zugunsten des formlosen Gegenhalts, der von der als prägend betrachteten Kraft etablierter hegemonialer Formationen erzeugt wird,
- die Zulassung struktureller Gewalt, die keineswegs zur Erhaltung der Macht verschmäht wird.

Staatlicher Tätigkeit zur Erhaltung des strukturierten Ganzen obliegt es, einerseits durch Einsatz seiner Regelungsbefugnis die umfassende Informationspflicht der Medien zu fördern – sowie ihre Vielfalt zu garantieren – und andererseits die Medienbenutzer zur Entfaltung von Medienkompetenz zu erziehen, so dass sie souverän und kritisch über die Auswahl und Verwertung der Medienangebote verfügen können. Engagiert sich der Staat nicht in der beschriebenen Weise, dann lässt er zu, dass für eine steigende Zahl autonomer Einheiten die Möglichkeit des Auftauchens auf dem Felde der Diskursivität versperrt wird und die existierenden hegemonialen Formationen zunehmend der Versuchung unterliegen, stellvertretend für die an der eigenen artikulatorischen Praxis gehinderten autonomen Einheiten zu sprechen und zu handeln, ohne den Anspruch erheben zu können, über das bloße „Für sie sprechen" hinaus zu einer wirklichen Repräsentanz fähig zu sein. Zu struktureller Gewalt degeneriert diese, demokratischer Partizipation abträgliche negative Entwicklung jedoch erst dann, wenn die an ihrer Entfaltung gehinderten autonomen Einheiten sich nicht mehr „wortlos" in ihr Schicksal ergeben, stattdessen – angestoßen durch diskursive Formationen – ihre Unterordnung zunehmend als Unterdrückung empfinden, ihr Schweigen zu überwinden lernen und hierbei auf den massiven, staatlich sanktionierten Widerstand etablierter hegemonialer Formationen stoßen. Dies kann an vielen Beispielen – angefangen von den Demonstrationen gegen die Atomkraft, über die Demonstrationen anlässlich der G-20 Gipfel, die Demonstrationen gegen das Bahnprojekt Stuttgart 21 und den erbitterten Widerstand gegen die Rodung des Hambacher Forstes zwecks Ausweitung der ohnehin abzuschaffenden Kohleförderung – nachgewiesen werden. Was sich im Vergleich zu den neunziger Jahren des letzten Jahrhunderts verändert hat, ist die regionale und zeitliche Begrenztheit dieses Widerstandes. Sei es, dass sich neue hegemoniale Formationen aufgrund dieses Widerstandes bilden konnten oder die bisherigen Formationen diese autonomen Einheiten in sich aufgenommen haben – wie im Falle der Antiatomkraftbewegung –, sei es, dass

33 „Zu jeder Nachrichtensendung gehört am Ende eigentlich eine Abteilung ‚Nachgekartet', in der die Fehlinformationen oder Halbwahrheiten der Vortage aufgearbeitet werden sollten." (Fritz Pleitgen, in: Wilhelm von Sternburg (Hrsg.), Tagesthema ARD – Der Streit um das Erste Programm, Frankfurt am Main, 1995).

der Widerstand gebrochen oder sogar von den existierenden hegemonialen Formationen auf geschickte Weise untergraben wurde.

Das Medienverhalten der hegemonisierten Teile der Bevölkerung wird in der heutigen Zeit durch eine Vielzahl an Angeboten überschwemmt:

- durch die permanente Benutzung der Mobilgeräte, die Information, Unterhaltung, Werbung in ständig wechselnder Reihenfolge möglich machen;
- durch eine ganze Reihe von privaten und zu bezahlenden Fernsehsendern;
- durch „Streaming-Dienste", die über das Internet Fernseh- und Rundfunksender aus aller Welt bereitstellen;
- und schließlich durch die Printmedien, die – um ihren angestammten Platz in der Medienlandschaft nicht zu verlieren – ebenfalls Online-Dienste anbieten.

Diese unübersehbare Menge an Medienangeboten führt dazu, dass weite Bevölkerungsteile sich nicht mehr – z.T. auch aus Zeitgründen – in dieser Vielfalt orientieren können und dann möglicherweise sich in sozialen Mediengruppen zusammenschließen, um in einer Art „Blase" nur noch ganz bestimmte (Fehl-)Informationen aufzunehmen.

Engagiert sich der Staat in der umgekehrten Richtung, indem er den autonomen Einheiten den Zugang zur eigenen artikulatorischen Praxis ermöglicht, muss er „gestaltend" in die Medienlandschaft eingreifen, indem er die Informationspflicht der Medien gesetzlich regelt und beispielsweise durch Unterstützung kleinerer privater wie öffentlicher Printmedien sowie Rundfunk- und Fernsehanstalten die Vielfalt bewahrt.

Während man jedoch unter dem Diktat zurückgehender Werbeeinnahmen die kleineren öffentlichen Anstalten opferte bzw. Spartensender einrichtete, erhoffte man sich bei den öffentlichen wie privaten Fernsehproduzenten, dass sie zur Entfaltung von Selbstheilungskräften fähig sind. Wenn dieser Wunsch jedoch nicht in Erfüllung geht, ist zu einem späteren Zeitpunkt der massive Eingriff in die Programmgestaltung der privaten Sender möglicherweise unumgänglich. Ob dann „zensursüchtige Medienmoralisten" (Glotz) den Geruch der Herrschaft der Intellektuellen verbreiten können, indem sie neben der notwendigen Korrektur zugleich auch die bei den Privaten oftmals anzutreffende Innovationskraft abwürgen, darüber entscheidet der Kampf der diskursiven Formationen untereinander über das für die optimale Selbstentfaltung der Subjekte noch als erträglich erachtete Maß struktureller Gewalt. Die Eigentümer finanzstarker privater Rundfunk- und Fernsehsender sowie sonstiger Medienanbieter werden nicht zögern, Beschränkungen ihrer Handlungsfreiheit als unzulässig zu brandmarken, als Eingriff in ihre individuelle Entfaltungsmöglichkeit zu verurteilen, und sie werden in Expertisen eindringlich darlegen, dass solche Beschränkungen ein unzumutbares und für die Gesamtgesellschaft schädliches Ausmaß an struktureller Gewalt darstellen. Sie werden sich unterdrückt fühlen und gegen ihre staatlich sanktionierte Unterdrückung kämpfen.

Unterbleibt der Eingriff des Staates jedoch gänzlich, ist dies ein Zeichen dafür, dass er inzwischen seine Regelungsbefugnis mangels Autonomie gegenüber hochrangigen hegemonialen Formationen verloren hat. Er läuft dann selber Gefahr, zu einem integralen Bestandteil ihrer nationalen wie weltweiten Aktivitäten zu werden. Angesichts der weltumspannenden Internetgiganten und Medienanbieter scheint diese Gefahr in der heutigen Zeit gegeben zu sein.

6.4.1 Zur Lage der autonomen Öffentlichkeit

Zwar verschränken sich innerhalb einer machtdurchsetzten Öffentlichkeit informelle Meinungsbildung und zivilgesellschaftliche Organisationen mit den etablierten Strukturen der parlamentarischen Demokratie und, wie im Habermasschen Modell „sozial-integrative Gewalt der Solidarität" (in: Strukturwandel der Öffentlichkeit, Frankfurt am Main 1990, S. 47). vorgezeichnet, transformiert gleichfalls kommunikative Macht in administrative, aber jede Annahme, zivilgesellschaftliche Organisationen und parlamentarische Institutionen könnten die in der vermachteten Öffentlichkeit vorherrschenden Mechanismen ignorieren und Unversehrtheit und Unabhängigkeit bewahren, erweist sich angesichts der Wirkungsmacht dieser Mechanismen als Illusion. Die folgenden Beispiele demonstrieren die negative Auswirkung von Geld und die weit verbreitete Angst unter Journalisten, ihren privilegierten Zugang zu Herrschaftswissen zu verlieren. Sie zeigen sehr anschaulich, auf welche Weise der Staat in seiner Ausprägung als administrative Macht in einer machtdurchsetzten Öffentlichkeit agiert, um die Meinungsbildung in seinem Sinne zu beeinflussen. Zivilgesellschaftliche Aktivitäten müssen in einer derart staatlich gefütterten Verlautbarungsöffentlichkeit mit einer Vielzahl desinformierender Nachrichten konkurrieren, dringen entweder nur noch unter erschwerten Bedingungen zu den etablierten Strukturen der parlamentarischen Demokratie durch oder drohen ganz im Wust von Nonsens-Informationen unterzugehen. Zivilgesellschaftliche Organisationen und Parlamente sehen sich gezwungen, der Desinformationsmöglichkeit der administrativen Macht entweder mit den gleichen Mitteln entgegen zu treten oder immer häufiger als machtdurchsetzte Gegenmächte aufzutreten, um zu gewährleisten, dass sich die „sozialintegrative Gewalt der Solidarität" gegenüber der desinformierenden administrativen Macht überhaupt noch behaupten kann, und um wenigstens sicher zu stellen, dass kommunikative Macht auf unverfälschte Weise in administrative transformiert wird. Habermas räumte ihr bereits selbst geringere Aussichten ein.

Das erste Beispiel (aus: Washington Post vom 11.05.05, gefunden als „Spin of the Day" auf der Internetseite des Center for Media and Democracy, am 11.05.2005, permanent Link: http://www.prwatch.org/node/3662:) demonstriert, wie politische Propaganda zur seriösen Nachricht wird und die politische Öffentlichkeit zur staatlichen „Verlautbarungs-Öffentlichkeit" degradiert: Mindestens zwanzig Bundesbehörden der USA gaben Hunderte von TV-, Radio- und Printnachrichten bei Journalisten und PR-Firmen in Auftrag, um sie als reguläre Berichterstattung in den Medien platzieren zu lassen. Allein der konservative Journalist Armstrong Williams erhielt 240.000 US-$ für seine positive Berichterstattung über die „No-Child-Left-Behind" Kampagne des amerikanischen Präsidenten Bush Junior. Nach Auskünften von involvierten PR-Unternehmen ist dies schon seit der ersten Clinton-Regierung gängige Praxis. Aus Mangel an eigenen Ressourcen verließen sich mittlerweile 90% der TV-Newsrooms auf vorgefertigte Medienprodukte. Selbst auf der Ebene der Bundesstaaten greifen die Regierungen zu diesem Mittel der Beeinflussung der öffentlichen Meinung. Die Zeitschrift „The Nation" kommentierte die Regierungspraxis unter Bush Jr. in den folgenden drastischen Sätzen: „Das Argument derjenigen, die Regierungsquellen Anonymität zusichern, besteht auch darin, dass sie ansonsten überhaupt keinen Zugang zu geheimen Informationsquellen erhalten würden (...) Aber wofür? Für Geschichten über Massenvernichtungswaffen, die nicht einmal existieren? (...) Es verwundert nicht, dass Präsident Bush die Medien so verachtet. Seine alten Kumpel und Zuträger lachen sich doch schon darüber kaputt, wie einfach sie die Reporter manipulieren können." (zitiert von Andreas Elter, „Die lachen sich kaputt", in: Frankfurter Rundschau, 22. 10. 2005).

Im zweiten Beispiel geht es um die erfolgreiche Kampagne der Initiative Neue Soziale Marktwirtschaft, in der vermachteten Öffentlichkeit ein Maximum an Einfluss zu gewinnen: Die finanziell mit rund 10 Millionen Euro großzügig ausgestattete und vom ehemaligen Bundesbankpräsidenten Hans Tietmeyer geleitete diskursive Formation hatte sich als ein Ziel unter mehreren gesetzt, für die begrenzte Zeit der Absicherung und Erschließung neuer Märkte in Osteuropa, China und Indien, akkumulierte Gewinne nicht vorwiegend zur Modernisierung und Expansion der heimischen Produktion zu verwenden, sondern zum Aufkauf von Unternehmen sowie zur Neugründung von Produktionsstätten oder zur Verlagerung von Produktionsbereichen in jene Märkte. Dazu galt es, ein geistiges Klima zu schaffen, in dem eine solche Unternehmenspolitik von der betroffenen Gesellschaft hingenommen wird, obwohl sich die Gesamtgesellschaft in Teilbereichen um ihre potentiell mögliche Fortentwicklung betrogen fühlen musste und eine nicht unbedeutende Anzahl von Mitgliedern der Gesellschaft den von der Unternehmensseite angeführten Argumenten mit großer Skepsis begegnete.

In der vom PR-Unternehmen „Scholz & Friends" (im Besitz von British Equity Fund Electra Partners) medienwirksam vorgetragenen Forderung nach weitreichender Deregulierung staatlicher Eingriffspolitik in die Wirtschaft (Slogan: „Der Markt ist besser als der Staat"), dem Ab- und Umbau des Sozialstaats („Es gibt keine Alternative zu Sparen und privater Renten- und Krankenversicherung") und einem Appell für die Übernahme von mehr Eigenverantwortung durch jeden Einzelnen („Sozial ist, was Arbeit schafft") erreichte sie in der politischen Öffentlichkeit der Bundesrepublik Deutschland eine überwältigende hegemoniale Position, der trotz vorhandener Gegenargumente die große Mehrheit des Parlaments, die gesamte Regierung und die überwiegende Anzahl von Journalisten keinen wirksamen Gegenpol entgegenzusetzen vermochte. Sympathisanten der Initiative saßen direkt in der Regierung oder in einflussreichen Positionen der Regierungsfraktionen und der Oppositionsparteien.

Zahlreiche wohl informierte und in der Öffentlichkeit geschätzte Befürworter aus der neoliberal ausgerichteten Zunft der Nationalökonomen, der Wirtschaftsinstitute, der Unternehmensverbände, der Journalisten von überregionalen Zeitungen, der privaten Rundfunk- und Fernsehanstalten sowie des öffentlichen Rundfunks und Fernsehens flankierten den Aufstieg der „Neuen Sozialen Marktwirtschaft" zur hegemonialen Formation mit unterstützenden und/oder beschwichtigenden Informationen über die negativen Auswirkungen der Produktionsverlagerungen. Den Staat degradierten jene Experten durchweg zur Magd des Marktes, mit anderen Worten zum Erfüllungsgehilfen der global ausgerichteten Strategien transnationaler Unternehmen sowie des weltweit agierenden Finanzkapitals. Der gesamtgesellschaftliche Nutzen eines austarierten Verhältnisses zwischen der Autonomie des Staates und der des Marktes war ihnen keine weitere Überlegung wert und den demokratischen Anspruch zivilgesellschaftlichen Engagements nach mehr Teilhabe und Teilnahme missverstanden sie als Aufforderung an die Individuen, mehr Eigenverantwortung zu übernehmen.

Das der politischen Öffentlichkeit von der Initiative „Neue Soziale Marktwirtschaft" implantierte „Gedanken-Gefängnis" (Wolfgang Storz, FR 25.10.05) erfasste zwar auch die Sphäre zivilgesellschaftlicher Aktivitäten, aber verlor in der Reibung mit ihr einen Teil seiner bewusstseinsverengenden Wirkung. Vielen zivilgesellschaftlichen Organisationen und zivilgesellschaftlich engagierten Individuen war der Widerspruch zwischen der glänzenden Exportbilanz der bundesdeutschen Industrie und den angeblich zu hohen Produktionskosten im Inland nicht zu vermitteln. Die selbstverschuldete öffentliche Armut auf der einen Seite, hervorgerufen durch massive Steuergeschenke (z.B. hohe Abschreibungsraten bzw. Verlustvorträge), hohe Subventionen (Mitfinanzierung von neuen technologischen Entwicklungen) und die immer stärkere finanzielle Belastung sozialversicherungspflichtiger Arbeitnehmer auf der anderen Seite ließ sich nicht mehr durch Ablenkungsdiskurse über die Gefahren und unabwendbaren Folgen einer negativen demographischen Bevölkerungsentwicklung kaschieren. Seit dieser Zeit war bei einem Teil der betroffenen Bevölkerung ein zunehmend passives Verhalten und bei einem anderen Teil verstärkter Widerstand zu verzeichnen. Den Parteien wurde und wird kaum noch Vertrauen bei der Bewältigung der verschiedenen Problemlagen – sich verschärfende soziale Ungleichheit, das Gefühl des „Abgehängtseins", die Migrationsproblematik, „Kontrollverlust des Staates" etc. – entgegengebracht. Während die einen ihr zivilgesellschaftliches Engagement zurücknehmen, was für die Realisierung von Habermas´ Demokratiemodell keine gute Entwicklung darstellt, demonstrieren die anderen bei Bundestags- und Landtagswahlen ihre Unzufriedenheit durch Wahlabstinenz oder durch die Wahl von rechtsextremen bzw. populistisch ausgerichteten Parteien. Deutlich wird dabei, dass die Mechanismen einer machtdurchsetzten Öffentlichkeit auch die etablierten Strukturen der parlamentarischen Demokratie verändern, sie nach ihren Bedürfnissen formen, aber auch gefährden können. Die Erkenntnis, dass man sich in einer solchen Gefährdungslage befindet, hat sich inzwischen in der Öffentlichkeit zwar durchgesetzt, aber „wie der Geist wieder in die Flasche zu stopfen ist", dazu gibt es bislang noch kein Patentrezept.

Das dritte Beispiel bezieht sich auf die Berichterstattung gegenüber Russland – vor allem nach Beginn des Ukraine-Konflikts. Auf dem Höhepunkt dieser Krise schrieb Claudia von Salzen im Berliner Tagesspiegel: „Deutschland steht vor den Trümmern seiner Ostpolitik. Viel zu lange hat die Bundesregierung das Machtstreben und die Entschlossenheit Putins fahrlässig unterschätzt, selbst als viele Anzeichen dafür sprachen, dass dieser die Eskalation nicht stoppen würde. Die Annexion der Krim blieb für die russische Führungselite folgenlos. Die EU sanktionierte zu dem Zeitpunkt nur Personen, die ohnehin keine Auslandskonten besitzen. Diese Politik des Appeasements machte den Krieg um die Ostukraine erst möglich." (Tagesspiegel 06.09.2014). Damit wischte sie sämtliche mühevollen Versuche der deutschen Regierung vom Tisch, zu einem für beide Seiten akzeptablen Verhandlungsergebnis zu gelangen. Dies war nur ein Beispiel für eine Berichterstattung, in deren Folge in der öffentlichen Diskussion alle diejenigen, die versuchten von einer analysierenden Perspektive aus die europäisch-russischen Beziehungen seit dem Eintritt osteuropäischer Staaten in die NATO zu betrachten, als „Putinversteher" verunglimpft wurden. D.h. die hegemoniale Formation, die in der Vergangenheit den öffentlichen Diskurs und damit das Verhältnis zu Russland beherrschte, musste ihre Niederlage akzeptieren. Sie musste z.B. hinnehmen, dass wertvolle und wichtige Handelsbeziehungen zwischen Deutschland und Russland aufgrund der Sanktionsschraube, die insbesondere die USA – häufig ohne Abstimmung mit den europäischen Staaten – immer weiter aufdrehten, zusammenbrachen. Bis in die heutige Zeit beteiligen sich Journalisten, Osteuropaexperten aus dem wissenschaftlichen Bereich sowie aus den sog. „thinktanks" (z.B. die Deutsche Gesellschaft für Auswärtige Politik) an der Argumentation, dass Russland unter Putin wesentlich unberechenbarer und gefährlicher geworden sei als die Sowjetunion zu Zeiten des Kalten Krieges. Als wirksame „Argumentationswaffe" wurde immer wieder das Gegensatzpaar „zeitgemäße westliche Wertegemeinschaft" gegen „veraltete Einflusssphärenpolitik" benutzt, um „Abtrünnige", die die Beziehungen zu Russland aus realpolitischen Gründen nicht aufgeben wollten, in das Anti-Russland-Lager zurückzuholen. Erst seitdem der amerikanische Präsident Donald Trump mit seiner Politik des „America first" die Weltpolitik in ein ganz anderes Fahrwasser bringt, ändern sich ganz langsam die öffentlichen Verlautbarungen und hegemoniale Formationen, die für eine Wiederbelebung der europäisch-russischen Beziehungen sind, bekommen Auftrieb.

In der Diskussion um die Rolle der öffentlichen Medien ist in den letzten Jahren immer wieder beklagt worden, dass der Journalismus seiner Aufgabe, die Rolle der Vierten Gewalt zu spielen, nicht mehr gerecht wird. Das Bundesverfassungsgericht bestätigte diese Rolle in einem Urteil vom April 1972 indem es bekräftigte, dass „die freie geistige Auseinandersetzung ein Lebenselement der freiheitlich demokratischen Ordnung in der Bundesrepublik und für diese Ordnung schlechthin konstituierend [ist]. Sie beruht entscheidend auf der Meinungs-, Presse- und Informationsfreiheit, die als gleichwertige Garanten selbständig und neben einander stehen". (Wikipedia, 28.09.2018) Die Tatsache, dass es einen erheblichen Konzentrationsprozess bei den Verlagshäusern der Tageszeitungen gegeben hat, dass eine begrenzte Anzahl von Journalisten von den Politikern zu Hintergrundgesprächen eingeladen werden, über die sie jedoch nicht ganz frei berichten können, begrenzt genau die vom Bundesverfassungsgericht geforderte Presse- und Informationsfreiheit. Man muss die Aufgabe der Medien darin bestärken, dass sie nicht Erziehungs- sondern Informationsarbeit zu leisten haben, wie es Christoph von Marschall in der Überschrift seines Kommentars des Tagesspiegels vom 21.09.2018 nahelegt. Legt man jedoch genau diesen Maßstab an seine Artikel wie auch die anderer Leitartikler an, muss man leider oftmals feststellen, dass sie sich nicht um die Offenlegung der gesamten Faktenlage bemühen, sondern wesentliche Aspekte einer Konflikt- oder Krisensituation bei Seite lassen. Auf diese Weise wird es dem Publikum überhaupt nicht leicht gemacht, sich ein umfassenderes Bild zu erschließen und zu einer differenzierteren Meinung zu gelangen. Das bedeutet letztlich, um das Feld der Diskursivität im Medienbereich wirklich offenzuhalten, muss gekämpft werden.

6.5 Martin Nonhoff: Demokratische Krise und radikaldemokratische Reaktion

Das Offenhalten des Feldes der Diskursivität formuliert Martin Nonhoff in seinen vielfältigen Beiträgen zur Hegemonie von einer anderen, eher abstrakteren Warte aus. Er bezieht sich auf Erneste Laclau und andere Diskurstheoretiker und unterscheidet zwischen dem „demokratischen Versprechen" einerseits, dass „es möglich ist, eine gegebene Ordnung mit einer gegebenen Aufteilung gesellschaftlicher Werte immer aufs Neue in Frage zu stellen … und bei der Neukonstituierung als freier Gleicher mitzuwirken" und andererseits der Infragestellung nicht nur „einer bestimmten Ordnung, sondern jede(r) Ordnung, insofern sie Herrschaft impliziert" (S. 14). Denn „jede spezifische Herrschaftsordnung (sei) kritikwürdig, auch jene, die aus einem vermeintlich einheitlichen, plebiszitär bestimmten Volkswillen herrührt." (S. 14) In seinem 2017 in Erfurt gehaltenen Vortrag „Viel hilft Viel – Demokratische Krise und radikaldemokratische Reaktion" nimmt die Kategorie des „Versprechens der Demokratie" eine zentrale Rolle ein, gehe es doch ständig um das Ringen als freier Gleicher an der Konstituierung bzw. Neukonstituierung von jeglicher Ordnung teilzuhaben. Jede Demokratie berge eine Spannung in sich „zwischen einer immer schon konstitutiven Verfassungs- und Herrschaftsordnung und der konstituierenden Kraft derjenigen, die beabsichtigen, sich selbst als Freie und Gleiche zu regieren (vgl. Celicates 2010, Loughin und Walker 2007)" (S. 5) – sowie damit eine neue Ordnung ins Leben zu rufen, die ihrerseits wieder in Frage zu stellen ist. „Die Missachtung als Gleicher und der Mangel an Mitspracherecht, oder genauer: der Mangel an gleichem Mitspracherecht, sind demnach das treibende Element demokratischer Bewegungen." (S. 5).

In diesem ständigen Prozess der „Neukonstituierung" von Ordnungen verortet Nonhoff mit Rückgriff auf Jacques Rancière[34] das Wesen von Politik. „Denn Politik beginnt dort, wo es keine gesicherten Herrschaftsansprüche gibt, aber das kollektive Dasein doch auf die eine oder andere Weise geordnet werden muss." (S. 5) Das Paradox, das sich für Nonhoff an diesem Punkt auftut, ist, „dass alle Betroffenen sich einerseits darin als Gleiche gegenüber treten, dass sie keinen Anspruch darauf haben, über andere zu herrschen, aber andererseits … die Gleichheit, die sich in der allgemeinen Abwesenheit des Herrschaftstitels zeigt, im selben Moment dadurch konterkariert (wird), dass sie in den realen Polizeiordnungen selbst abwesend ist". (S. 6) D.h. die – zumindest für einen

34 Jacques Rancière, 2002. Das Unvernehmen. Politik und Philosophie. Frankfurt/Main: Suhrkamp; 2011. Der Hass der Demokratie. Berlin: August Verlag.

gewissen Zeitraum – ordnungsstiftende Macht ist die reale Polizeiordnung. Nonhoff führt den Begriff „reale Polizeiordnung" jedoch nicht weiter aus. Verbirgt sich dahinter der Staat? Hält er die Existenz einer Polizeiordnung für notwendig, weil die real existierenden Individuen aus egoistischen Gründen gegen gesellschaftliche Ordnungen verstoßen? Oder ist es lediglich eine „leere" Gegenposition zu der generellen „Abwesenheit von Herrschaftsansprüchen", um das Paradoxon logisch zu komplettieren. Die Anlehnung an Lefort legt dies nahe: „Nach Lefort besteht die große demokratische Erfindung darin anzuerkennen, dass es keinen natürlicherweise zu rechtfertigenden Inhaber der Position der Macht gibt, sondern dass letztere in der Demokratie konstitutiv leer ist und nur im beständigen Ringen verschiedener Kräfte im Wechsel gefüllt werden kann". (S. 4) Denkt man diesen Ansatz zu Ende, dann ist radikale Demokratie eine Art „Gestaltungstechnik", die darin besteht, in der radikalen Auseinandersetzung ständig neue Ordnungsstrukturen zu gebären und gleichzeitig anzuerkennen, dass keine dieser Ordnungen Bestand haben kann. Damit ist jedoch die Frage der Macht, die Frage nach konkreter Herrschaft und Beherrschung in einer bestimmten historischen Situation aus diesem Gedankengebäude eliminiert.

D.h. nicht, dass die grundsätzliche „Unaufhebbarkeit der Ungleichheit und des Ausschlusses" und das „Bewusstsein, dass das demokratische Versprechen letztlich uneinlösbar ist" (S. 7), in Frage gestellt wird. Aus einer solchen Perspektive wird jedoch die in der vorangegangenen Darstellung aufgezeigte mögliche Rolle des Staates beseitigt, werden die konkreten Machtverhältnisse in den realen Gesellschaften höchstens als beispielhafte „Aufhänger" für ein ausdifferenziertes Theoriegebäude entwickelt. Die konkreten Erschütterungen, denen sich die liberale Demokratie westlicher Prägung ausgesetzt sieht (vgl. die Wahl von Trump, das Modell der illiberalen Demokratien, der Brexit usw.) steht dementsprechend auch am Anfang des Aufsatzes von Martin Nonhoff. Am Ende werden diese Ausgangspunkte jedoch nicht aufgegriffen, sondern sie werden wiederum versteckt in dem Gegensatzpaar „demokratisches Versprechen" versus „populistisches Versprechen" lediglich indirekt dargestellt. (S. 14/15)

Auch in dem von Nonhoff 2007 herausgegebenen Buch „Diskurs – radikale Demokratie – Hegemonie" finden sich in seinem Beitrag „Politische Diskursanalyse als Hegemonieanalyse" wenig Hinweise darüber, wie sich konkrete Machtauseinandersetzungen mit einem solchen Analyseansatz darstellen lassen, obwohl er sich dies zur Aufgabe macht: „Über die Disziplinen hinweg eint dabei einen Großteil der Forschungen das Ziel, die Konjunkturen der politisch wirksamen Sinnformationen zu ergründen: Wie entstehen politisches Wissen und politische Überzeugungen, wie verbreiten sie sich, wie werden sie dominant und wie verschwinden sie wieder?" (S. 174). Nach einer sehr differenzierten Auseinandersetzung und Vervollständigung des diskurstheoretischen Ansatzes von Laclau/Mouffe, in den er noch weitere Zwischenschritte und Bedingungen bezüglich der Bildung von hegemonialen Formationen einbaut, konzentriert er sich auf folgende Konfliktlage: Ein Diskurs lässt sich dann als politischer Diskurs begreifen, „wenn in ihm das Allgemeine konflikthaft verhandelt wird. Betrachtet man etwa – wie ich das unten noch ausführlicher tue – den deutschen sozial- und wirtschaftspolitischen Diskurs, in dem die „Soziale Marktwirtschaft" zu solcher Prominenz aufstieg, so lässt sich dieser deshalb als politischer Diskurs bezeichnen, weil in ihm ein spezifisches imaginäres Allgemeines – das ökonomische Wohlergehen der Deutschen – in einer Weise verhandelt wird, die die Konfrontation unterschiedlicher, z.T. entgegengesetzter Vorschläge zur „Erreichung" oder „Verwirklichung" dieses Allgemeinen bedingt (neben der „Sozialen Marktwirtschaft" v.a. der „demokratische Sozialismus") und damit die spezifische Symbolisierung des Allgemeinen zum Konfliktgegenstand werden lässt". (S. 181) Die Erwartung des Lesers, dass nun beispielhaft anhand der Epoche von 1945 bis 1955 mit Hilfe dieses ausgefeilten Analyseansatzes die wirtschaftspolitischen sowie -theoretischen Konflikte bis zur endgültigen Durchsetzung der „Sozialen Marktwirtschaft" als hegemoniale Formation dargestellt werden, wird enttäuscht. Nonhoffs Analysegegenstand sind keineswegs die konkreten politischen und gesellschaftlichen Auseinandersetzungen dieser Zeit, sondern ein wirtschaftstheoretisches Werk jener Zeit: „Alfred Müller-Armacks Buch *Wirtschaftslenkung und Marktwirtschaft* (Müller-Armack 1966[1946])". Anhand der Gegenüberstellung zwischen den aus dem Werk „herausdestillierten" theoretischen Grundpositionen und denjenigen des „demokratischen Sozialismus" exemplifiziert Nonhoff sein aus der Diskurstheorie gewonnenes Instrumentarium. Welche diskursiven Formationen mit wie viel Macht, mit welcher Unterstützung seitens der wirtschaftlichen wie politischen Kräfte in Deutschland sowie seitens der Besatzungsmächte in jenem Zeitabschnitt in der Bundesrepublik Deutschland in die Auseinandersetzung getreten sind und warum sich ausgerechnet die „Soziale Marktwirtschaft" als hegemoniale Formation letztlich durchsetzen konnte, wird mit einer solchen verengten Perspektive nicht erfasst.

Wenn Nonhoff dann in der abschließenden Interpretation seiner schematischen Darstellung des Ansatzes von Müller-Armack feststellt, „dass nur die „Soziale Marktwirtschaft" das Versprechen in sich trägt, den Mangel in seiner Gänze zu überwinden. Und deshalb ... „Soziale Marktwirtschaft" in der Lage [ist], ... selbst zur hegemonialen Forderung zu werden" (S. 190), argumentiert er rückwirkend vom Ergebnis und lässt den innen- wie außenpolitischen Machtansprüchen ausgesetzten Entfaltungsprozess (dem sog. Input) außen vor.

7 Der Zusammenhang zwischen mathematisch exakten Wirtschaftstheorien und struktureller Gewalt am Beispiel der Grenzproduktivitätstheorie[35]

Dass mathematisch exakt formulierte volkswirtschaftliche Theorien den Machtkonflikt überdecken, der hegemonialer Praxis zugrunde liegt, lässt sich am Beispiel der Grenzproduktivitätstheorie veranschaulichen. Entgegen wohlklingender Theoreme besteht kein Ausgleichsautomatismus zwischen Angebot und Nachfrage. So können Rationalisierungsgewinne z.B. bei freiem Kapitalverkehr auch in anderen Volkswirtschaften oder zinstragend angelegt werden, wohingegen sich Arbeitslosigkeit nur für begrenzte Zeit in andere Zirkulationssphären „exportieren" lässt. Auf welche Weise gesellschaftliche Tauschverhältnisse in Theorien gegossen werden, entscheidet darüber, ob z.B. „Geld" als zentrales Interaktionsmedium der Tauschpartner angesehen wird. „Geld" ist nur dann das zentrale Interaktionsmedium, wenn unterschiedliche Machtpotentiale der beteiligten Tauschpartner in der Theoriebildung unberücksichtigt bleiben. Wenn Ware gegen Ware, Ware gegen Geld, Gebrauchswert gegen Gebrauchswert, Arbeitskraftangebot gegen Arbeitslohn, zahlungsfähige Nachfrage gegen quantitatives und qualitatives Warenangebot, Geld gegen (mehr) Geld getauscht werden, sind Machtdifferenzen der Teilnehmer von Beginn an enthalten und in der Theoriebildung als strukturelle Gewalt zu kennzeichnen.

Die Handlungslogik der am Tauschprozess beteiligten Menschen enthält sowohl selbstgesetzliche wie eigennützige Anteile. Während Bernard de Mandeville (1670-1733) in seiner Bienenfabel mit der Lehre, „Wenn jeder an sich denkt, ist an alle gedacht", ausschließlich den Eigennutz der am Tausch Beteiligten als ausschlaggebend im Tauschverhalten bezeichnet, geht Adam Smith (1723-1790) in seinem Werk „Theorie der ethischen Gefühle" davon aus, dass beide Komponenten im „aufgeklärten Eigeninteresse" der Tauschenden enthalten sind. Laut Christopher Berry ist für Adam Smith das „aufgeklärte Eigeninteresse" der entscheidende Maßstab ihres Handelns. In seinem 1097 Seiten umfassenden Werk *Wohlstand der Nationen* erwähnt Smith nur ein einziges Mal die „unsichtbare Hand", mit der Prediger der damaligen Zeit das Wirken Gottes in der Welt beschrieben.[36] Als ausgesprochener Kirchenkritiker glaubt er nicht an ein göttliches Eingreifen, sondern an das den Tauschprozess wie eine unsichtbare Hand dirigierende „aufgeklärte Eigeninteresse" der selbstbestimmt handelnden Menschen.

---

35 Dieses Kapitel enthält Ausführungen, die auch in Reinhard Hildebrandt, Zivilgesellschaft im Widerstreit (2015) zu finden sind.

36 Emma Rothschild, zit. bei Pierre-Christian Fink, Historiker zeigen: Der Vater der Ökonomie war kein Prediger des freien Marktes. Er suchte nach Werten. in: Die Zeit 14.08.13.

Im „aufgeklärten Eigeninteresse" wird laut McCloskey[37] der Eigennutz durch die Tugend der Mäßigung im Handeln, der Liebe, des Sinns für Gerechtigkeit, des Muts, der Hoffnung und des Glaubens ausbalanciert (dazu auch Stiglitz, J. E., S. 460/461). Die von McCloskey behauptete Ausbalancierung des Eigennutzes durch Tugenden unterstellt, dass im gesamten Tauschprozess jedes aktivierte Quantum Eigennutz durch eine wirksame Tugendmixtur in Schranken gehalten wird. Pierre Christan Fink kommentiert McCloskey mit den folgenden skeptischen Satz: „Klingt ein bisschen wie in der Bibel. Aber wann kommen diese sieben Tugenden schon einmal zusammen?"

Eine Gesellschaft ganz ohne skrupellose Geschäftemacher, korrupte Steuerbeamte und gierige Manager wird es wohl niemals geben. Deshalb lässt sich von der unsichtbaren Hand immer nur ironisch sprechen: Den gesellschaftlichen Idealzustand kann der Markt wohl nie erzeugen." (ebd.). Ein Blick in die Empirie gibt ihm recht. Adam Smiths Deutung des „aufgeklärten Eigeninteresses" als „invisible hand" widerspricht der realen Verhaltensweise der am Tausch Beteiligten. Im Tauschverhältnis müsste den an selbstgesetzliches wie eigennütziges Handeln gleichermaßen gebundenen Tauschpartnern die unmögliche Aufgabe gelingen, in ihrem eigenen „Für-sich-sein" die gleichwichtige Aufteilung zwischen dem „Für-sich" (ihrer selbst) und dem Sein „Für-den-Anderen" zu erreichen und im gesamten Tauschvorgang durchzuhalten (Reinhard Hildebrandt, Staat, Markt, Individuum – Zivilgesellschaftliches Engagement und seine Begrenzungen, Perspektiven DS, 30. Jg. 2013/Heft 1, S. 88).

7.1 Die ungleichwichtige Aufteilung zwischen „Für-sich" und „Für-den-Anderen"

Eine vollkommene Ausbalancierung würde verlangen, dass Tauschpartner im Austauschprozess nicht mehr nur „Für-sich-selbst" existieren, dem der jeweils andere als separates „Für-sich-selbst" gegenübersteht. Erforderlich wäre außerdem für beide, dass sie in ihrem „Für-sich-sein" das „Für-sich" durch das „Für-den-Anderen" ersetzen, so dass sie in der Kombination „Für-den-Anderen-bei-sich-selbst" fortan beide „bei-sich-selbst" wären und zugleich „für-den-Anderen". Die Verantwortung für den Anderen hätten sie damit in die eigene Identität aufgenommen. In einem derart austarierten Beziehungsverhältnis würde die Grenzlinie zwischen „Für-sich" und „Für-den-Anderen" die Identität beider Tauschpartner in vollkommen gleiche Teile zerlegen.

Empirische Untersuchungen zeigen an unzähligen Beispielen auf, dass Menschen in ihrem Tauschverhalten jedoch ständig zwischen mehr eigennützigem oder mehr tugendhaftem Handeln schwanken bzw. das „aufgeklärte Eigeninteresse" keine stabile innere Struktur hat. Hält einer der beiden Tauschpartner im konkreten Tauschgeschehen vor der für ihn nicht exakt bestimmbaren Grenzlinie an, ist er nicht fähig, sein „Für-sich-sein" gleichgewichtig mit dem „Für-den-Anderen-sein" zu teilen. Sein Eigennutz richtet sich gegen den Anderen und droht ihn zu übervorteilen, sofern der

37 McCloskey, zit. bei Pierre-Christian Fink.

Andere dies zulässt. Überschreitet er die Grenzlinie, gerät er selbst in die Position des potentiell Benachteiligten.

Machtauseinandersetzungen halten auf diese Weise bereits Einzug ins Tauschgeschehen, bevor der reale Tausch überhaupt begonnen hat, und jede am Produkt selbst anknüpfende Definition der Gleichheit zweier Güter wird von dieser vorgängigen Machtauseinandersetzung infiziert. (hierzu auch Stiglitz, J.E., S. 412/413) Weil unterschiedliche Arbeitsintensitäten und die Verwendung unterschiedlicher Technologie Ungleichheit hervorbringen, vermag weder die in den Produkten verkörperte gleiche Anzahl an Arbeitsstunden Gleichheit zwischen ihnen herzustellen, noch kann von einer durchschnittlichen Gewinnrate auf die Gleichheit der getauschten Produkte geschlossen werden. Jede Seite des Tauschprozesses verbindet mit den Produkten einen anderen Gebrauchswert, so dass getauschte Produkte unabänderlich mit den unterschiedlichen Bedürfnissen verbunden sind und nicht ihre Gleichheit, sondern umgekehrt ihre Ungleichheit den Tausch erst arrangiert. Der unklare und vieldeutige Begriff Nutzen verdeckt die Ungleichheit der Gebrauchswerte als notwendige Bedingung des Tausches. Welche Folgen die Infizierung des Tausches mit der Kategorie der Macht für die Geltung der auf der mathematischen Differentiallehre beruhenden Grenzproduktivitätstheorie hat, gilt es also als nächstes zu erläutern.

7.2 Unhinterfragte Annahmen der makroökonomischen Grenzproduktivitätstheorie

Die gesamtwirtschaftlich orientierte Grenzproduktivitätstheorie postuliert, dass sich der Marktpreis eines Produktionsmittels auf einer solchen Höhe einspielt, dass er gleich dem in Geld bemessenen Grenzertrag des betreffenden Produktionsmittels wird. Für den Unternehmensgewinn gelten darüber hinaus Kriterien, die z.B. aus Pionierleistungen (Verwirklichung „neuer Kombinationen" im Produktionsprozess), dynamischen Gewinnen (Differenz zwischen Nettoinvestition und Nettosparen), Marktlagengewinnen (unelastisches Angebot) resultieren (Gablers Wirtschaftslexikon 7. Auflage, 1967, Bd. 1, S. 1614/1615, Bd. 2, S. 1587). Als Produktionseinheiten bzw. Produktionsfaktoren werden Arbeit, Boden und Kapital bzw. Arbeitslohn, Bodenrente und Profit bezeichnet, die als grundsätzlich unbegrenzt verfügbar behandelt werden. Mathematisch abstrakt betrachtet wird so die Gesamtzahl der Beschäftigten – hoch bis niedrig qualifizierten Arbeitskräfte – nach dem Grenzertrag der letzten im gesamten Produktionsprozess eingesetzten Arbeitskrafteinheit entlohnt. Beispiel hierfür bietet die landwirtschaftliche Produktion. Je mehr Arbeitskräfte zur Bearbeitung eines Feldes eingesetzt werden, desto geringer wird der Grenzertrag. Für Bodenrente und Produktivkapital gelten die gleichen Bemessungskriterien. Je mehr Boden für die Produktion eines Agrarguts benötigt wird, desto niedriger ist der Grenzertrag des letzten eingesetzten Quadratmeters. Das zuletzt beanspruchte Quantum an Produktivkapital bestimmt den Grenzertrag. Vereinfacht ausgedrückt: im Prinzip bekommt jeder Produktionsfaktor den ihm am gesamtwirtschaftlichen Ertrag zustehenden Anteil.

Auch der Unternehmensgewinn pendelt sich längerfristig auf den Grenzertrag ein. Dafür sorgt laut Theorie der als uneingeschränkt definierte Wettbewerb. Er egalisiert neue Kombinationen im Produktionsprozess, nivelliert Differenzen zwischen Nettoinvestition und Nettosparen im Konjunkturverlauf und baut ein zunächst unelastisches Angebot allmählich ab. So erscheint auf der Grundlage der Grenzproduktivitätstheorie z.B. die neoliberale Argumentation einleuchtend, dass im Niedriglohnsektor unter dem Existenzminimum liegende Arbeitslöhne den geringen Grenzerträgen der dort Beschäftigten entsprechen. Niedriglöhner müsste eben bereit sein, durch die Aufnahme eines zweiten oder dritten Arbeitsverhältnisses den zum Lebensunterhalt notwendigen Betrag zu erarbeiten. Dem Steuerzahler wird von neoliberaler Seite empfohlen, abzuwägen, wofür er mehr an Steuern aufzuwenden hat: für den Aufstockungsbetrag der Niedriglöhner oder den Mehrbetrag an Arbeitslosengeld, wenn Niedriglöhner entlassen werden, weil nach Einführung eines Mindestlohns die Produktion von Gütern nicht mehr lohnt.

Der in bevölkerungsreichen industrialisierten europäischen Ländern begrenzt verfügbare Grund und Boden, auf den im Absolutismus vor allem der Adel und die Kirche zugreifen konnten und die bis in die heutige Zeit sehr ungleiche Verteilung des Grundbesitzes bleiben in der Grenzproduktivitätstheorie unberücksichtigt. (ebd. S. 411). Das Produktionskapital unterliegt der gleichen undifferenzierten Betrachtungsweise, obgleich heutzutage flottierendes Kapital sehr schnell in Zirkulationssphären mit höchsten Gewinnerwartungen abwandern kann und in dieser Zeit in anderen Zirkulationssphären nicht verfügbar ist. Im Vergleich zum Kapital ist die Mobilität von Arbeitskräften sehr viel beschränkter. Daraus ergibt sich: Die makroökonomische Grenzproduktivitätstheorie behandelt ungleiche Produktionsfaktoren mathematisch gleich, kennt keine Grenzertragsunterschiede innerhalb der Produktionsfaktoren und ignoriert die aus beiden Versäumnissen resultierenden Ursachen gesellschaftlicher Ungleichheit. Insbesondere Joseph E. Stiglitz verweist in seinem Buch „The Price Of Inequality – How Today's Divided Society Endangers Our Future", auf diese Unterlassungen.

Partiell auf der Grundlage der makroökonomischen Grenzproduktivitätstheorie verbleibend, stellt Joseph Stiglitz in „Price of Inquality" zunächst fest: „The theory that came to dominate, beginning in the second half of nineteenth century – and still does – was called ‚marginal productivity theory'; those with higher productivities earned higher incomes that reflected their greater contribution to society. Competitive markets, working through the laws of supply and demand, determine the value of each individual's contributions." (ebd. S. 37). Den Produktionsfaktor Arbeitskraft differenziert er weiter: „If someone has a scarce and valuable skill, the market will reward him amply, because of his greater contribution to output. If he has no skills, his income will be low. Technology, of course, determines the productivity of different skills: in a primitive agriculture economy, physical strength and endurance is what mattered; in a modern hi-tech economy, brainpower is more relevant." (ebd.).

Joseph E. Stiglitz hinterfragt nicht grundsätzlich die Berechtigung der makroökonomischen Grenzproduktivitätstheorie, obgleich er der Idee des homo oeconomicus kritisch gegenübersteht. Er schreibt: „The prevailing approach to behavior in standard economic theory focuses on rational *individualism*. Each individual assesses everything from a perspective that pays no attention to what others do, how much they get paid, or how they are treated. Human emotions such as envy, jealousy, or a sense of fair play do not exist or if they do, have no role in *economic* behavior; and if they do appear, they shouldn't. Economic analysis should proceed as if they did not exist. To noneconomists, this approach seems nonsensial – and to me, it does too." (ebd. S. 141/142).

Obwohl Stiglitz also die Geltung der Grenzproduktivitätstheorie teilweise infrage stellt, hält er, um Phänomene der Ungleichheit anzuzeigen, als Bezugsmöglichkeit an ihr fest. Er unterscheidet nicht zwischen den „economic forces", die den fairen Wettbewerb in der Verfolgung eigennütziger Zwecke untergraben, und der Problematik, die bereits das Smithsche „aufgeklärte Eigeninteresse" enthält. Wenn von den Tauschenden, wie bereits schon weiter oben ausgeführt, die Grenzlinie zwischen „Für-sich-sein" und dem „Für-den-Anderen-sein" im konkreten Tauschprozess bestenfalls zufällig getroffen wird und der Eigennutz des einen oder anderen das selbstgesetzliche Handeln dominiert, vereiteln tauschimmanente Machtkämpfe die Erzeugung vollkommener Konkurrenz und den daraus abgeleiteten Gleichgewichtspreis. Diese Erkenntnis gilt erst recht für de Mandevilles Behauptung über den Eigennutz als ausschließliche Ursache des Wirkens der unsichtbaren Hand. Handeln Tauschende nur eigennützig, ohne die Beimischung und den Einfluss selbstgesetzlichen Handelns, verhindern Machtkämpfe jeglichen Tausch. Stattdessen eignet sich der Überlegene das zum Tausch angebotene Produkt des Gegners nach dessen Niederlage ohne Gegenleistung an. Die Bedeutung der Grenzproduktivität von Produktionsfaktoren existiert fern von der Realität nur in der mathematischen Gleichung und ist außerdem logisch unhaltbar.[38]

38 Prof. Dr. Hagen Krämer: „3. Makroökonomische Version: Wird die mikroökonomische Analyse auf die makroökonomische Ebene übertragen, spricht man von der aggregierten Grenzproduktivitätstheorie der Verteilung. Dazu nimmt man eine gesamtwirtschaftliche Produktionsfunktion an, die stetig differenzierbar ist: Yr = Yr (L, K), wobei: Yr = reales Volkseinkommen, L = Arbeitsmenge, K = Realkapitalmenge, und maximiert analog zur mikorökonomischen Version für gegebene Faktor- und Güterpreise (P = Preisniveau, w = Lohnsatz und i = Kapitalzins) den volkswirtschaftlichen Gewinn. Für die Lohnquote () folgt:

$$\alpha = \frac{w}{P}\frac{L}{Y_r} = \frac{\partial Y_r}{\partial L}(L,K) * \frac{L}{Y_r(L,K)}$$

Nimmt man außerhalb des üblichen neoklassischen Rahmens an, dass der Kapitalstock in der kurzen Frist konstant ist und Arbeitslosigkeit herrscht, wird die Höhe der Lohnquote auch von der Höhe der Beschäftigung beeinflusst. Die Höhe der Lohnquote hängt in diesem Fall nicht nur von der Produktionstechnik ab, sondern von allen die Beschäftigung bestimmenden Faktoren. In der neo-klassichen Theorie wird die gleichgewichtige Beschäftigung im Wesentlichen auf dem Arbeitsmarkt bestimmt. Insofern spielen die Arbeitsmarktverhältnisse auch bei der Festlegung der Verteilung eine entscheidende Rolle. Nach Keynesscher Lehre wird die Beschäftigung dagegen letztlich auf dem Gütermarkt bestimmt. Insofern sind die Gütermarktverhältnisse auch für die Höhe der Verteilung entscheidend.

Für das reale Handeln der Menschen ist sie ohne Belang. An die Stelle der unsichtbaren Hand tritt das Fallbeil des Siegers. Die Hypothese, bei vollkommener Konkurrenz bestimme der Grenzertrag den Marktpreis der Produktionsfaktoren, fällt in sich zusammen. Der Grenzproduktivitätstheorie wird damit die Existenzgrundlage entzogen. Als Maßstab zur Begründung von „Marktversagen" und als ideologische Rechtfertigung ist ihre Fortexistenz jedoch garantiert.

7.3 „Marktversagen" und ökonomische Macht in der Sichtweise E. Stiglitzs

„Inequality is the result of political forces as much as of economic ones. In a modern economy government sets and enforces the rules of the game – what is fair competition, and what actions are deemed anticompetitive and illegal, who gets what in the event of bankruptcy, when a deptor can't pay all that he owes, what are fraudulant practices and forbidden." (ebs. S. 38). Ergänzend fügt er hinzu: „Government also gives away resources (both openly and less transparently) and, through taxes and social expenditures, modifies the distribution of income that emerges from the market, shaped as it is by technology and polititics." (ebd.). Über diese staatlichen Eingriffe hinaus, die weitgehend der Erhaltung des „formlosen Gegenhalts" (Reinhard Hildebrandt) der Gesellschaft dienen, erwähnt Stiglitz außerdem Maßnahmen des Staates zur Erhaltung und Steigerung des gesamtgesellschaftlichen Gemeinwohls", wie z.B. „providing free public education" (ebd.).

Kritisch beschäftigt er sich mit den unterschiedlichen Formen des „Marktversagens" als Ursache für Ungleichheit. Er bemerkt: „To put it baldly, there are two ways to become wealthy: to create wealth or to take wealth away from others. The former adds to society. The latter typically substracts from it, for in the process of taking it away, wealth gets destroyed. A monopolist who overcharges for its product takes money from those whom he is overcharging and at the same time destroys value. To get his monopoly price, he has to restrict production." (ebd. S. 40). Am Beispiel der Finanzkrise erläutert er das Verhältnis von „private returns" und „social benefits". „There is a simple reason for why financiers' pursuit of *their* interests turned out to be disastrous for the rest of society: the bankers' incentives were not well aligned with social returns." (ebd. S. 41).

Wie die sog. Kapitaltheoretische Kontroverse über die logische Konsistenz zentraler Bausteine der neoklassischen Kapital-, Produktions- und Verteilungstheorie gezeigt hat, kann die makroökonomische Version der Grenzproduktivitätstheorie der Verteilung nur unter sehr speziellen Voraussetzungen Gültigkeit beanspruchen (Ein-Gut-Ökonomie). Kritisiert wurde, dass aus partialanalytischen (mikroökonomischen) Überlegungen abgeleitete Beziehungen auf aggregierte Größen der Makroökonomie übertragen werden. Die Annahme der Existenz einer gesamtwirtschaftlichen Produktionsfunktion und die Vorgabe einer definierten ‚Menge an Kapital', die unabhängig von den Preisen der verschiedenen Kapitalgüter und damit der Profitrate bestimmt werden könnte, ist aus logischen Gründen unhaltbar. Obwohl sich gezeigt hat, dass das theoretische Fundament der makroökonomischen Version der Grenzproduktivitätstheorie auf einem Zirkelschluss basiert, wird diese nach wie vor auch für verteilungs- und beschäftigungspolitische Empfehlungen verwendet." (http://wirtschaftslexikon.gabl).

Als eine weitere Ursache für Ungleichheit bezeichnet er die unzulängliche Bekämpfung des „Marktversagens“ durch die Regierung. „Markets by themselves often fail to produce efficient and desirable outcomes, and there is a role for government in correcting these market failures, that is, designing policies (tax and regulations) that bring private incentives and social returns into alignment.“ (ebd. S. 42). Er bezieht sich hier auf die bereits in der Analyse der erwähnten „externalities“ (Verwirklichung „neuer Kombinationen“ im Produktionsprozess, Differenz zwischen Nettoinvestition und Nettosparen, unelastisches Angebot). Zwar werde es einer Regierung niemals gelingen, „Marktversagen“ perfekt zu korrigieren, aber nur dann, wenn die Regierung ihre Arbeit gut mache, werde die Wirtschaft prosperieren (ebd. S. 42/43).

Unter „shaping markets“ versteht Stiglitz z.B. das Ergreifen von Maßnahmen zur Verhinderung vollkommener Konkurrenz. In Management Schulen werde bereits Studenten gelehrt, “how to recognize, and create, barriers to competition – including barriers to entry – that help ensure that profits won't be eroded”. (ebd. S. 44). Märkte weniger transparent zu gestalten sei ein weiteres bevorzugtes Instrument. (ebd. S. 44). Unter „rent seeking“ versteht Stiglitz: “hidden and open transfers and subsidies from the government, laws that make the marketplace less competitive, lax enforcement of existing competition laws, and statutes that allow corporations to take advantage of others or to pass costs on to the rest of society.” (ebd. S. 48). „Rent seeking“ sei nicht nur ein Übel in rohstoffreichen Ländern, sondern auch in den hochindustrialisierten Staaten.

Eine andere Form von „rent seeking“ bestehe darin, „selling to government products at *above* market prices (noncompetitive procurement). The drug companies and military contractors excel in this form of rent seeking.“ (ebd. S. 50). Stiglitz verweist auch auf die zunehmende Handlungsweise des Managements privater Unternehmen, ihre Machtposition auszunutzen, um für sich einen größeren Teil des Gewinns abzuzweigen. Im zunehmenden Maße würden auch große Rechtsanwaltspraxen „rent seeking“ betreiben, indem sie den Reichen dabei helfen, Gesetze legal zu umgehen, für den Gesetzgeber Gesetze schreiben, in denen Schlupflöcher für die Reichen in der Begleichung der Steuern eingebaut sind. (ebd. S. 53). Speziell in den USA sei das Patentrecht so gestaltet, dass die zeitliche Dauer gewährter Patente immer mehr ausgedehnt werde und durch den Ausschluss potentieller Wettbewerber der Monopolgewinn gesichert sei. (ebd. S. 54). Ein Trugschluss der amerikanischen Bevölkerung sei auch, dass Subventionen für die Landwirtschaft den kleinen notleidenden Bauern zu teil würden. Daran verdienten insbesondere Agrarfabriken. (ebd. S. 64).

In einem besonderen Kapitel beschäftigt sich Stiglitz mit den Auswüchsen der Globalisierung. „Nowhere do politics shape market forces more than in the globalization arena.“ (ebd. S. 73). In den vergangenen drei Jahrzehnten hätten US-amerikanische Finanzinstitute die größtmögliche Mobilität in der weltweiten Anlage von Finanzkapital durchgesetzt. Die ihnen von der Politik zugestandene Freizügigkeit sei sehr viel umfangreicher als diejenige der Arbeiter oder sogar der Politik selbst ausgefallen. (ebd. S. 74) Finanzinstitute drohten mit der Verlagerung von Kapital, wenn ihnen die Politik und die Lohnforderungen der Gewerkschaften nicht gefalle. Weltweit sei so eine nach unten weisende Lohnspirale in Gang gesetzt worden, die in den USA zwar mehr Arbeitsplätze in der Finanzindustrie erbracht habe, aber dafür eine hohe Zahl von Arbeitslosen in der traditionellen Industrie. (ebd. S. 75) „The way globalization has been managed, however, has itself led to still lower wages because workers' bargaining power has been eviscerated." (ebd. S. 77). Die prophezeiten „trickle-down" Effekte, d.h. Wachstumsprozesse in Industriebereichen als Folge der niedrigeren Löhne und der höheren Wettbewerbsfähigkeit, traten nicht ein, statt dessen konkurrierten jetzt zunehmend US-amerikanische Arbeiter mit chinesischen auf der Basis weltweit niedriger Löhne. (ebd. S. 79) In vielen hochindustrialisierten Ländern habe der Abbau von Arbeitsplätzen den Zugewinn an neuen übertroffen. (ebd. S. 80) Hinzu gekommen seien Diskriminierungen von Migranten, denen noch geringere Arbeitslöhne als den Ungelernten zugestanden worden seien.

Mit der Begründung, reduzierte Steuern würden die Investitionstätigkeit der Unternehmen steigern, habe man außerdem die Spitzensteuersätze von 70 Prozent unter dem Präsidenten Carter auf 28 Prozent unter Präsident Reagan drastisch vermindert. Präsident Clinton hob sie erneut auf 39,6 Prozent an und George W. Bush senkte sie wieder auf 35 Prozent (ebd. S. 89). Stiglitz kommentiert die „double role" US-amerikanischer Regierungen in der folgenden Bemerkung: „it is partly responsible for the inequality in *before-tax distribution of income*, and it has taken a diminished role in ‚correcting' this inequality through progressive tax and expenditure policies." (ebd. S. 96). Er plädiert für die Regulierung von Banken, ein Verbot räuberischer Kreditbedingungen, die Haftung der Banken für betrügerische Praktiken („toxic mortgages") und die Bestrafung für den Missbrauch ihrer Monopolstellung (ebd. S. 100).

In diesem Kontext verweist Stiglitz auf die einseitige Inanspruchnahme der US-amerikanischen und europäischen Zentralbank durch das Finanzkapital. Für ihn wurden die beiden Institute sogar „captured by the financial sector. They might not have been democratically accountable, but they did respond to the interests and perspectives of the bankers." (ebd. S. 311). Außerdem stimmt er Jamie Galbraith zu, die einen Zusammenhang hergestellt hat zwischen einem großen Finanzsektor und hoher Ungleichheit. Je weniger Steuereinnahmen der Staat habe, desto weniger könne er für die Ausbildung der nachwachsenden Generation ausgeben („Our underinvestment in the common good, including public education, has contributed to the decline in economic mobility ...") (ebd. S. 117).

Als zentrales Argument seines Buches bezeichnet Stiglitz die ungerechtfertigte Bereicherung der reichsten ein Prozent der US-Amerikaner auf Kosten der übrigen neunundneunzig Prozent der Bevölkerung (ebd. S. 334). Unter den unerträglichsten Kosten, die von den ein Prozent sehr Reichen in den USA der Gesamtbevölkerung aufgebürdet werden, zählt Stiglitz: „the erosion of our sense of identity in which fair play, equality of opportunity, and a sense of community are so important. America has long prided itself on being a fair society, where everyone has an equal chance of getting ahead, but the statistics today, as we've seen, suggest otherwise: the chances that a poor or even a middle-class American will make it to the top in America are smaller than in any countries of Europe." (ebd. S. 146/147).

7.4 Stiglitzs Anspruch an staatliches Handeln

Stiglitz propagiert eine umfangreiche „Economic Reform Agenda", ohne bereits ein ausgefeiltes Programm anzubieten. Im Einzelnen zählt er folgende Punkte auf:

- "curbing the excesses at the top,
- stronger and more effectively enforced competition laws,
- improving corporate governance – especially to limit the power of the CEO's to divert so much of corporate resources for their own benefit,
- comprehensive reform of bankruptcy laws – from the treatment of derivatives to underwater homes and to student loans,
- end government giveaways – whether in the disposition of public assets or in procurement,
- end corporate wellfare – including hidden subsidies,
- legal reform – democratizing access to justice, and diminishing the arms race,
- Tax reform, create a more progressive income and corporate tax system – with fewer loopholes, create a more effective and effectively enforced estate tax system, to prevent the creation of a new oligarchy,
- improving access to education,
- helping ordinary Americans save,
- health care for all,
- strengthening other social protection programs,
- tampering globalization: creating a more level playing field and ending the race to the bottom, restoring and maintaining full employment,
- a monetary policy – and monetary institutions – to maintain full employment,
- correcting trade imbalances,
- active labor market policies and improved social protection,
- a new social compact,
- restoring sustainable and equitable growth,
- redirecting investment and innovation
- to preserve jobs and the environment." (ebd. S. 336-363).

Keynesianisch geprägt sind seine letzten sieben Forderungen. Keynes hatte die Lehrmeinung der klassischen Ökonomie zurückgewiesen, dass das Angebot die Nachfrage bestimmt (Saysches Gesetz). Er argumentierte umgekehrt. Bei zu geringer Nachfrage schrumpft die Wirtschaft und der Staat muss eingreifen. „Seine Politikempfehlung lautete: Der Staat solle in die Bresche springen und die Gesamtnachfrage stärken – durch schuldenfinanzierte Staatsausgaben. Dieser Gedanke revolutionierte die Politik. Es führte nach dem Zweiten Weltkrieg zum Konzept der staatlichen Globalsteuerung, das sich auf der ganzen Welt verbreitete." (Carl Christian von Weizsäcker, John Maynhard Keynes, Der Bezwinger der Weltwirtschaftkrisen, www.faz.net, › Wirtschaft › Wirtschaftswissen › Die Weltverbesserer, 20.07.2013). In der klassischen Theorie brachte der Zins Gesamtangebot und Gesamtnachfrage nach Gütern zu jedem Zeitpunkt zur Deckung. Dass dies nicht der Fall ist, bewies die Politik der US-amerikanischen Zentralbank, die für lange Zeit mit einem Zinssatz von null bzw. nahe null den vergeblichen Versuch unternahm, die US-amerikanische Gesamtnachfrage kräftig anzukurbeln, aber mit dieser Maßnahme lediglich erreichte, dass sich die Banken sanierten.

7.5 Staatliches Handeln zwischen Markt und Macht

Weder gleicht der reale Mensch dem Kunstprodukt „homo oeconomicus" noch entspricht die reale Marktsituation dem mathematischen Modell des Marktes. Der ideale Markt des Modells existiert nicht in der Realität. Die Mathematik ist nicht in der Lage, die Realität angemessen darzustellen. Damit entfällt jegliche Rücksicht der Politik, auf die Selbstregulierung der Marktkräfte zu setzen. Je angebots- und nachfragemächtiger Marktteilnehmer werden, desto mehr muss auch der Staat mit Regeln in das Marktgeschehen eingreifen. Sein Maßstab kann nicht die Aktivierung der Selbstheilungskräfte des Marktes sein, sondern die Erhaltung des formlosen Gegenhalts mit den Mitteln der Demokratie. Der Staat folgt vornehmlich der Exekution von Macht als der ihm zugeschriebenen Handlungslogik. Dieser Handlungslogik bedienen sich auch die Vertreter der Unternehmen und der Banken. Konsequent fordert deshalb Stiglitz[39] auch den Staat in seinen ersten zwölf Forderungen auf, im Sinne der Erhaltung demokratischer Strukturen und der Förderung des gesamtgesellschaftlichen Gemeinwohls zu handeln. Ordnet sich der Staat hingegen den Interessen der Unternehmen und des Finanzkapitals unter, lässt er zu, dass Parlament und Ministerialverwaltung zunehmend von deren Vertretern durchsetzt und schließlich unterminiert werden, die Demokratie Gefahr läuft, gänzlich abgeschafft zu werden und strukturelle Gewalt zunimmt. Kritisch zu Stiglitz bleibt anzumerken, dass nur aus der Sicht der „reinen Lehre" das Phänomen des „Marktversagens" existiert. Stärker noch als schon von ihm erwähnt, muss das Versagen des Staates hervorgehoben werden. Sein Handeln darf sich nicht an den viel beschworenen „Selbstheilungskräften der Wirtschaft" orientieren, sondern einzig und allein am Maßstab der Erhaltung der Demokratie. Der „marktkonforme Staat" ist der Totengräber der Demokratie.

39 Aus blog: rghildebrandt-analyse-forum.com (3/6/2016) unter Reinhard Hildebrandt, Gesellschaftliche Tauschverhältnisse als Basis ökonomischer Theorien, siehe dazu auch Thomas Piketty, Das Kapital im 21. Jahrhundert, München 2014

8 Die Finanzkrise 2008 – die von den USA ausgehende strukturelle Gewalt gegenüber der übrigen Welt

Vorbemerkung:
Die bisherigen Kapitel behandelten das Thema strukturelle Gewalt vorrangig als theoretische Auseinandersetzung mit anderen Ansätzen. Im Folgenden wird es darum gehen, die konkreten Auswirkungen der strukturellen Gewalt präzise aufzuzeigen.

8.1 Ursachen und Neuordnung der globalen Wechselbeziehungen

Die in den USA 2008 beginnende Finanzkrise, angeheizt durch eine massive, bereits seit längerem zu beklagende wachsende Haushaltsverschuldung und ein weiterhin hohes Handelsbilanzdefizit, versetzte dem amerikanischen Selbstbild einen empfindlichen Schlag. Sie untergrub die Position des US-amerikanischen Dollars als führende Weltreservewährung. Eine erste Infragestellung dieser Leitwährung hatte die Europäische Union bereits mit der Schaffung des Euro erzielen wollen, wodurch sie sich langfristig vom US-Dollar abzukoppeln und den Euro als neue Reservewährung neben dem Dollar zu platzieren versuchte.

Die Finanzkrise begann, als Hypothekenvermittler Kredite an Geringverdiener aushändigten – wie z.B. im Falle von Lakeisha Williams geschehen. Sie wurde überredet, acht Häuser auf Kredit zu erwerben, obwohl bekannt war, dass sie als Pflegehilfe in einem öffentlichen Pflegeheim nur über ein geringes Einkommen verfügte. Der skrupellose Hypothekenvermittler stiftete sie darüber hinaus zur Erhöhung der Hypothekensumme an, so dass sie schließlich Schulden von fast 1 Mio. Dollar aufhäufte. Zu ihren Gläubigern gehörten drei der neun größten Kreditbanken, die sich auf Kredite für Kreditnehmer zweifelhafter Bonität („subprime borrowers") spezialisiert hatten (Kohlenberg, Kerstin, Acht Häuser für Lakeisha, Die Zeit, 14.02.08). In ihren Bemühungen, dem Ertragsstreben ihrer Klienten entgegen zu kommen, waren Investmentbanker zunehmend bereit, die Chancenvielfalt der Wertpapieranlage ständig auszuweiten und z.B. völlig neue, komplexe Derivat-Finanzinstrumente zu kreieren, bis hin zu dubiosen „collateralised debt obligations (CDO)"[40] oder „credit default swaps (CDS)". Ein Vertreter des Finanzhauses Goldman erklärte: „Im Zentrum des

40 Zu den einfachsten Finanzinstrumenten gehören die CDOs. Verschiedene CDOs werden gebündelt und dann als Super-CDOs oder CDO bezeichnet. Nimmt man sie aus den Banken heraus und verlagert sie in spezielle Unternehmen, wechseln sie ihren Namen und heißen nun „special investment vehicle" (SIV). (Buchter, Heike, Kippen jetzt die Kreditversicherer?, Die Zeit, 7. Februar 2008). Dank der in Bretton Woods getroffenen Vereinbarungen haben die USA das Recht, unbegrenzt Schulden in ihrer eigenen Währung aufzunehmen. Kein anderes Bretton-Woods-Mitgliedsland erfreut sich der

Booms bei Hypotheken für Kreditnehmer zweifelhafter Bonität stand die früher gewinnträchtige Partnerschaft der Wall Street mit den ‚subprime'-Kreditgebern. Diese Beziehung bildete die treibende Kraft hinter den schnell steigenden Hauspreisen und der Verbreitung exotischer Kredite, die jetzt in immer größere Zahl nicht bedient werden." (Jeny Anderson/Vikas Bajaj, Subprime Scrunity focuses on Wall Street, in International Herald Tribune, 07.12.07). Alan Binder, der frühere stellvertretende Vorstandschef der amerikanischen Notenbank Federal Reserve und Professor für Wirtschaftswissenschaften an der Universität Princeton, sagte: „Es gab ein Versagen auf vielen Ebenen. Es ist schwierig, einen Teil des Systems zu finden, der tatsächlich im Vorfeld der Pleite funktionierte." (Nelson D.Schwart/Julie Creswell, Desperate for solution, but who understands the problem? International Herald Tribune, 25.03.08) Die Deregulierungspolitik des amerikanischen Repräsentantenhauses und der demokratischen wie republikanischen Präsidenten in den vergangenen Jahrzehnten, die unter der Bezeichnung „Neoliberalismus" bekannt wurde und als eines der wichtigsten Instrumente für den Aufbau einer weltweiten amerikanischen Vorherrschaft galt, hatte maßgeblich zu diesem Versagen beigetragen. Jeder Versuch, diesen Markt zu regulieren, wurde von den Politikern mit dem Argument bekämpft, „dies würde diese lukrativen Märkte zur Abwanderung nach Übersee zwingen". (ibid.) Mit anderen Worten, man betrachtete die unregulierten amerikanischen Märkte offensichtlich als ein wesentliches Werkzeug, um die Globalisierung der amerikanischen Hegemonie auf folgende Weise zu verwirklichen:

- Geschäftsbanken mit Sitz in Volkswirtschaften mit eher geringerer Finanzkraft, zunächst umgarnt mit lukrativ erscheinenden Finanzanlagen und später vollgepumpt mit „collateralised debt obligations", würden es früher oder später mit Insolvenzproblemen zu tun bekommen.
- Mit erheblichen Finanzpolstern ausgestattete amerikanische Banken könnten den finanziell angeschlagenen Banken „freundlicherweise" ihre bewährten Methoden des Krisenmanagements anbieten.
- Im Gegenzug würden die „geretteten" Banken aufgefordert, die für sie geltenden Regeln zur Aufnahme von Geschäftsbeziehungen den Regeln ihrer „Retter" anzugleichen und schließlich sogar deren Vorherrschaft zu akzeptieren. Wall Street würde auf diese indirekte Weise schrittweise immer größere Kontrolle über den weltweiten Finanzmarkt gewinnen.

---

gleichen Möglichkeit. Nachdem einige Länder aus dem „Hotel Capital Mobility" ausgetreten sind, das von der weltweiten Finanzarchitektur zur Verfügung gestellt wird, verringert sich zwar der Einfluss des IWF, schmälert aber keineswegs den privilegierten Status der USA. Zu den größten in Staatsbesitz befindlichen Fonds (Anlagekapital in Mrd. US-Dollar) gehörten 2008: Abu Dhabi Investment Authority, United Arab Emirates, 875; Rentenfonds der Regierung, Norwegen, 380; Government Investment Corp., Singapore, 330; Zentralbank Saudi-Arabiens, 289; Fonds für zukünftige Generationen, Kuwait, 213; China Investment Corporation, 200; Temasek, Singapore, 108 (Tagesspiegel, 13. April 2008). – Zu den größten Investoren zählten: Rentenfonds, 21,6; Anlagefonds, 19,3; Versicherungen, 18,5; Investoren von Erdöl-Dollar, 3,8; Asiatische Zentralbanken, 3,1; Hedgefonds, 1,5; Beteiligungsgesellschaften, 0,7 (Frankfurter Allgemeine Zeitung, 11. Oktober 2007)

So bat in der Frühphase der Finanzkrise die deutsche Industrie-Kreditbank AG um Finanzhilfe, um ihre Schuldenlast, entstanden aus amerikanischen „faulen Krediten", abtragen zu können. Amerikanische Banken taten die Notlage der Bank achselzuckend als ein ausschließlich deutsches Problem ab und weigerten sich einzuräumen, dass die Probleme ihren Ursprung im deregulierten amerikanischen Finanzmarkt hatten. Ein weiteres Beispiel aus der Zeit der fortgeschrittenen Finanzkrise bildet die Notlage von Bradford&Bingle (B&B). Der Tagesspiegel vom 3. Juni 2008 berichtete: „Die weltweite Finanzkrise hat den britischen Hypothekenfinanzierer Bradford& Bingle ins Schlingern gebracht. Das Institut rutschte angesichts der Marktturbulenzen in den ersten vier Monaten in die roten Zahlen und musste sich von der US-Beteiligungsgesellschaft TPG rund 230 Millionen Euro frisches Kapital besorgen. Dafür erhält TPG einen Anteil von 23 Prozent an der Immobilienbank. Zudem holte sich B&B von den Anteilseignern über eine Kapitalerhöhung weitere 330 Millionen Euro." Diese Entwicklung führte schließlich dazu, dass auch in den USA reale Produktion und Finanzwirtschaft weit auseinanderdrifteten und der Kreislauf des Finanzkapitals seinen unabdingbaren Rückhalt in der Güterproduktion verlor. In Finanzanlagen investiertes Kapital erzielte jetzt höhere Profite als in der Produktion von Waren, was dazu führte, dass sich die Modernisierung der Fabriken verlangsamte und den USA die Gefahr drohte, den Anschluss an die Entwicklung ihrer Konkurrenten in der Weltwirtschaft zu verlieren.

Hypotheken an Kreditnehmer zweifelhafter Bonität brachten zwar als erstes die amerikanische Wirtschaft ins Schlingern, aber die Krise hatte auch andere Ursachen. Am 17. März 2008 Jahres räumte der Vorstandschef von JP Morgan Chase, James Dimon, ein: „Wir haben es mit einer schrecklichen globalen Welt zu tun, und die Finanzregulierung hat damit nicht Schritt gehalten." (ibid.) Aber die Formulierung „Schritt gehalten" stellte schon eine Untertreibung dar. Die Finanzregulierung schloss die Wall Street überhaupt nicht ein. Barney Frank, Vorsitzender des Ausschusses für Finanzdienstleistungen im US-Repräsentantenhaus, beklagte, „die Wall Street genoss nicht nur enorme Freiheiten, sondern schuf für die Handelsbanken den Anreiz, sich ebenfalls ihren Bestimmungen zu entziehen." (ibid.) Es habe sich ein „verdeckter Handelsmarkt" herausgebildet, „der über die Telefone der Wall-Street-Händler abgewickelt wurde und so außerhalb der Wertpapierbörse ablief". (ibid.)

8.2 Die fragile Struktur der „globalen Finanzarchitektur" (Underhill)

Einige Monate vor den ersten Anzeichen einer Kreditverknappung zeigten sich Geoffrey Underhill und andere Fachleute bereits über die wenig belastbare Struktur der „globalen Finanzarchitektur" (GFA), ihre fehlende Leistungsfähigkeit und mangelnde politische Legitimität in zahlreichen Ländern" besorgt. (Underhill, Geoffrey R.D., Policy Recommendations, Section 1: Concerning the shareholder principle specifically, in: Global Financial Architecture, Legitimacy, and Representation: Voice for Emerging Markets, Garnet Policy Brief No.3, January 2007). Nach Underhill wurden herkömmlich finanzpolitische Entscheidungen in einem relativ engen Personenkreis getroffen, in dem sich Zentralbanken, Finanzministerien, Regulierungsbehörden und deren privatwirtschaftliche Gesprächspartner gegenseitig beeinflussten. Nach Underhills Auffassung brachte die grenzüberscheitende Integration der Märkte zusätzliche einflussreiche private Akteure – „besonders große international agierende Finanzinstitutionen" – auf den Plan, die dazu neigten, die demokratisch getroffenen Entscheidungen staatlicher Institutionen zu unterlaufen. (ibid.) Als Folge davon gründe sich die Politik heutzutage „mehr auf wirtschaftliche Theorien als auf Tatsachen. Die Politik sollte sich besser auf die reale Welt gründen" (ibid.) Die Politiker sollten sich verstärkt um Reformen bemühen, die „sich der politischen Grundlage und den Verteilungswirkungen auf die Finanzarchitektur vor allem hinsichtlich der Fragen a) wer entscheidet in wessen Interesse und b) der Legitimität beider Entscheidungsprozesse und der daraus folgenden Politik und c) der Verbindungen zwischen den Entscheidungsprozessen und dem Ergebnis" stellen müssen (ibid.). Als die Finanzkrise immer offensichtlicher wurde, brach das wechselseitige Vertrauen der Banken untereinander, das Vertrauen der Politik gegenüber den Banken und der Öffentlichkeit gegenüber dem Finanzsystem drastisch ein. Beklagt wurden in der öffentlichen Meinung vor allem die zunehmend illegitimen und undemokratischen Methoden, die in der Vergangenheit immer mehr zum Einsatz gelangt waren.

Lange Zeit akzeptierten amerikanische Regierungen keinerlei Gründe, die sie gedrängt hätten, Underhills Vorschlägen zu folgen. So reagierten die USA mit Unverständnis, als die Europäer eine Reform des Internationalen Währungsfonds (IWF) vorschlugen. Hier hatte Geoffrey Underhill gefordert, „die USA sollten ernsthaft darüber nachdenken, ihre faktische Vetoposition hinsichtlich von Zusätzen zu den **Artikeln** aufzugeben; dies sollte gegen eine zusammengefasste, wenn auch ausreichend reduzierte EU-Stimme getauscht werden, wobei niemand ein Veto beanspruchen könnte" (ibid.). Selbst als die Krise eine dramatische Wendung nahm und tatsächlich einige Länder erfolgreich versuchten, das „Hotel Capital Mobility" des IWF zu verlassen, hielten die USA an ihrem Vetorecht fest. Jedoch blieb der privilegierte Status der USA (16,77 Prozent der Stimmrechte im IWF), der es ihnen erlaubte, unbegrenzt Schulden in ihrer eigenen Währung anzuhäufen, unangetastet. Kein anderes Mitgliedsland der Bretton-Woods-Institutionen genoss und genießt den gleichen Vorteil.

Selbst China als der größte Kreditgeber und die Europäische Union als der wichtigste Wettbewerber der USA auf den Weltmärkten unternahmen keine entscheidenden Schritte. China versuchte sogar, die negativen Auswirkungen der Dollarschwäche zu umgehen, indem chinesische Währungsreserven von US-Dollar auf Euro umgeschichtet und chinesische Zinskonten durch Investitionen bei US-Banken und Investmenthäuser – wie Blackstone – ersetzt wurden. Blackstone ist einer der wichtigsten amerikanischen Investoren und bezeichnet sich selbst als „weltweit führender alternativer Vermögens- und Anlagenverwalter sowie Anlage- und Finanzberater" (Internetseite der Blackstone-Gruppe). Die Europäische Union hatte zwar den Euro als ernsthafte Herausforderung gegenüber dem US-Dollar geschaffen, aber keinen dauerhaften Erfolg erzielt, den US-Dollar als Abrechnungswährung für Rohstoffe wie Erdöl und Erdgas sowie hochwertige Güter wie Flugzeuge abzulösen.

Erst als amerikanische Investment- und Handelsbanken gezwungen waren, immense Verluste anzukündigen und erst nachdem Bürgermeister mehrerer amerikanischer Städte einem drastischen Einbruch ihres Vermögenssteueraufkommens ins Auge blicken mussten, wodurch sie zu Ausgabenkürzungen gezwungen wurden, sah sich die amerikanische Regierung genötigt, der wachsenden Finanzkrise mehr Aufmerksamkeit zu schenken. Als eine der wichtigsten Investmentbanken – Bear Stearns – zahlungsunfähig wurde, kurz vor dem Bankrott stand und nur durch eine von der Regierung vermittelte Aktion durch JP Morgan gerettet werden konnte, setzte das amerikanische Finanzministerium durch, dass sich die Wall Street einem neuen Regulationsmechanismus des amerikanischen Finanzsystems zu unterwerfen habe. Unterdessen gerieten vor allem Wall-Street-Manager aufgrund ihrer rasch ansteigenden Verluste im Zusammenhang mit den *subprime*-Krediten unter starken Druck der Anteilseigner. Der Unterstaatssekretär im Finanzminister Robert Steel, ein früheres Vorstandsmitglied von Goldman Sachs, setzte sich im April 2008 für einen weitreichenden Plan des Finanzministeriums zur Regulierung der Wall-Street-Geschäfte ein (Landon, Th., Learning to embrace regulation, International Herald Tribune,16. 04.08).

Obwohl verschiedene in Staatsbesitz befindliche Fonds aus China, den Arabischen Emiraten und Singapur bereits auf den amerikanischen Finanzmarkt eingriffen und in einige amerikanische Banken, die in Schwierigkeiten geraten waren, investierten (Citigroup, Merill Lynch, Morgan Stanley), kündigten jene Banken massive Abschreibungen und Verluste in Milliardenhöhe im Zusammenhang mit Krediten an, die sich aufgrund des nicht bezifferbaren Wertes der „strukturierten Produkte" in ihrem Portfolio seit April 2008 nur noch schwierig oder gar nicht mehr verkaufen ließen (Frankfurter Rundschau, 15. Januar 2008). Eine Hiobsbotschaft nach der anderen zwang die Staaten zum Eingreifen. So stellte sich die Übernahme von Merrill-Lynch durch die Bank of America als Schuldenfass ohne Boden heraus. Britische Banken gingen in staatliche Hände über. Sämtliche isländischen Banken wurden verstaatlicht. Kunden der schweizerischen UBS-Bank entzogen der Bank Einlagen in Milliardenhöhe, und nach ihrem Milliardenverlust kündigte die Bank einen Stellenabbau in Höhe von 8700 Stellen an (Frankfurter Rundschau, 16.04.09). Die belgische Fortis-Bank hatte im Jahre 2008 einen Verlust von 20,6 Milliarden Euro hinzunehmen (Tagesspiegel, 15.04.09). Amerikanische Lebensversicherer hatten nicht nur einschneidende Wertverluste der in ihrem Besitz befindlichen Hypothekenpapiere zu verkraften, sondern mussten außerdem mit zunehmenden Zahlungsausfällen vom Konkurs bedrohter Unternehmen rechnen. Am Horizont tauchte im April 2009 als nächstes Debakel der drohende Zusammenbruch der wichtigsten amerikanischen Kreditkartenfirmen – Mastercard, Visa, American Express, Capital One, HSBC, Citigroup, Wells Fargo und Bank of America – auf. Laut Internationalem Währungsfonds (IWF) addierten sich die Verluste der weltweiten Finanzwirtschaft im April 2009 auf vier Billionen US-Dollar und in den Bankbilanzen lagerten massenhaft – übrigens auch heutzutage noch – weitere faule Papiere, über deren Entsorgung gestritten wurde (Tagesspiegel,20./22.04.09).

Bei aller verständlichen Abneigung vieler Bankmanager gegen die Entmachtung durch den Staat war es notwendig geworden, das bisherige System der Bankenregulierung langfristig „völlig neu“ zu konzipieren (Robert Heusinger „Dieses System ist katastrophal“, Frankfurter Rundschau, 07.04.09), was jedoch bis heute nur in sehr in geringem Maße geschehen ist.

8.3 Langfristige Reform des Finanz- und Wirtschaftssystems

Die Befürchtung der Kontinentaleuropäer, dass die USA und Großbritannien ausschließlich für massive Konjunkturbeihilfen plädieren und die anstehende Regulierung der Finanzmärkte vernachlässigen würden, erwies sich als unbegründet. Insbesondere die USA mussten eingestehen, dass das enorme Ungleichgewicht zwischen dem einem Fünftel des US-amerikanischen am Weltbruttosozialprodukt und dem Anteil des US-Dollars an den von allen Zentralbanken gehaltenen Währungsreserven von ungefähr 75 Prozent dringend einer Korrektur bedurfte. Unüberhörbar war der Ruf chinesischer Repräsentanten geworden, den US-Dollar als vom Internationalen Währungsfonds allein anerkannte Weltreservewährung durch ein Bündel von Währungen oder eine gemeinschaftlich getragene und verantwortete Weltreservewährung abzulösen. Schon bevor in den darauf folgenden Monaten entsprechende Beschlüsse des IWF gefasst werden konnten, entkleideten die in London versammelten Repräsentanten der G-20-Staaten den IWF seiner bisherigen Funktion, lediglich – wie bisher – als verlängerter Arm globaler Politikstrategie der USA zu dienen. Stattdessen sollte er wieder vor allem zur Risikotragfähigkeit des gesamten globalen Finanzsystems auf entscheidende Weise beitragen. Am 23. April 2009 sprach sich erstmals sogar der IWF-Chef Dominique Strauss-Kahn für eine Aufhebung des Vetorechts der USA aus (Focus Magazin Finanzen, 24.04.09). Der Druck auf Steueroasen wurde ebenfalls verstärkt. Kooperationswillige Steueroasen sahen sich in einer grauen Liste aufgereiht (Caymaninseln, Liechtenstein, Österreich, Belgien, Chile, Monaco, Niederlande, Luxemburg, Singapur, Schweiz) und vorrübergehend unwillige in einer schwarzen (Costa Rica, Malaysia, Philippinen, Uruguay). Obwohl die USA auf der weißen Liste der „Gutwilligen“ standen, blieb die künftige steuerverschleiernde Funktion einzelner Unionsstaaten der USA (z.B. Delaware) unerwähnt. Die Weltbank schnürte nach der G-20-Konferenz für noch wenig industrialisierte Länder, die selbst noch nicht in der Lage waren, eigene Hilfsprogramme zu finanzieren, ein milliardenschweres Investitionspaket.

In den führenden Industrienationen war das Bruttoinlandsprodukt im letzten Quartal 2008 und im ersten Quartal 2009 um sechs Prozent zurückgegangen. In der gegenwärtigen Weltwirtschaftskrise gehe es mit der Entwicklung rasanter bergab als in der Weltwirtschaftskrise 1929 (Thomas Fischermann, „Schneller – aber auch tiefer?“, Die Zeit, 16.04.09). Unternehmensanleihen waren an den Börsen immer günstiger zu haben. Insolvenzverwalter bei Unternehmen und Staaten hatten Hochkonjunktur. Die BRIC-Staaten Brasilien, Russland, Indien und China versagten zunehmend als Puffer für die alten Industrieländer. Zurückbeorderte Kredite, die an wenger entwickelte Drittweltländer und osteuropäische Länder in der Vergangenheit ausgegeben wurden, ließen deren Volkswirtschaften ins Bodenlose sinken und zugleich legten Überschussländer bei Landkäufen ihre Devisen zunehmend in einigen Drittweltländern inflationssicher an (Marie-Béatrice Baudet et Laetitia Clavreul, „Les terres agricoles, de plus en plus convoitées", Le Monde, 15 April 2009).

***Massenarbeitslosigkeit** als verschärfte Form struktureller Gewalt breitete sich aus.* Die Kosten für die Rettung des Bankensektors in den USA und andernorts und für die Ankurbelung der Wirtschaft (z.B. die Autoindustrie) stiegen in astronomische Höhen und gingen grundsätzlich zu Lasten der Steuerzahler, obgleich nicht sicher war, ob die angestrebten Ziele wirklich erreicht würden. Das Zurückschrauben der öffentlichen Daseinsfürsorge auf ein Minimum hat in den verschiedenen gesellschaftlichen Bereichen zu einer Unterversorgung und zu Mangelerscheinungen geführt, die zehn Jahre nach dem vermeintlichen Ende der Krise zu ernsthaften Problemen geführt haben: funktionsuntüchtige Verwaltungen, schlechte Bildung und Ausbildung, Einschränkung der Personaldecke bei Polizei und Justiz, technische Mängel, die zu gravierenden Unfällen führen, drückende Wohnungsnot – die Liste kann beliebig verlängert werden.

8.4 Ein historischer Rückblick – Alternativstrategien zur Überwindung von Weltwirtschaftskrisen

Erfolgreiche und misslungene Beispiele aus der Geschichte des 20. Jahrhunderts zeigen auf, zu welchen alternativen Maßnahmen Staaten gegriffen haben, um die schädlichen Wirkungen von Finanzkrisen, die durch das Platzen von Kreditblasen hervorgerufen wurden, einzudämmen. Zu solchen Krisenbewältigungslösungen zählen unter anderem die Ankurbelung der Rüstungsindustrie in Kriegsvorbereitungsstrategien, ebenso die kreditfinanzierte Erneuerung der Infrastruktur und/oder die staatlich geförderte Entwicklung neuer Technologien, aber auch die umfassende Restrukturierung des Verhältnisses von Staat und Gesellschaft. Auf die 1929 ausgebrochene Weltwirtschafskrise antworteten die USA und Deutschland z.B. auf sehr unterschiedliche Weise.

8.4.1 New Deal in den USA

Der Boom der US-Wirtschaft zwischen 1925 und 1929, angetrieben von der beginnenden Innovationswelle um das Auto sowie elektrische Haushaltsgeräte herum (Autoindustrie plus Straßenbau, Tankstellen, Kfz-Werkstätten, Teilzahlungskredite, Versicherungen, LKW-Logistik usw.), wurde ab 1927 von einer Politik des „billigen Geldes" der Federal Reserve begleitet. Diese expansive Geldpolitik war ein wichtiger Faktor für die Zunahme der Börsenspekulation, insbesondere des kreditfinanzierten Kaufs von Wertpapieren. Als die Federal Reserve Ende 1928 gegenzusteuern begann, hatte die Börsenspekulation bereits eine solche Eigendynamik entwickelt, dass die Kreditverknappung an der Börse keine Wirkung mehr zeigte.

Ab dem 14. Oktober 1929 war die Stimmung an der New Yorker Börse gekippt. Die Verkäufe von Wertpapieren schnellten in die Höhe. Der Ausverkauf erreichte bis zum 29. Oktober 1929 Panikdimensionen. Dem von Roosevelt propagierten New Deal lag kein inhaltlich ausgefeiltes Programm zugrunde. Unter dem Zwang, kurzfristig Ergebnisse zu erzielen, verabschiedete der dann demokratisch zusammengesetzte Kongress kurz nach dem Amtsantritt Roosevelts am 4. März 1933 in einer „100-Tage"-Notsitzungsperiode eine Serie von Gesetzen über Staatseingriffe in Finanzsektor und Wirtschaft, wie beispielsweise die Regulierung des Finanzwesens, Arbeitsbeschaffungsprogramme, Sozialhilfemaßnahmen, Wirtschaftsförderung, Marktregulierung der Landwirtschaft, Regionalentwicklung, staatliche Unterstützung für Wohneigentümer bei drohender Zwangsversteigerung und die Aufhebung des Goldstandards. Zu den Erfolgen des New Deal zählten erstens die Verhinderung einer Bankenpanik und des darauf drohenden Zusammenbruchs des gesamten Finanzsystems. Die Zunahme der noch bis zum Winter 1933-34 massiv ansteigenden Massenarbeitslosigkeit verringerte sich merklich. 1934 lag das amerikanische Bruttoinlandsprodukt zwar 15 Prozent über dem von 1933, aber noch 15 Prozent unter dem von 1932 (Michael Liebig, „War on the Depression" – Der Erste New Deal (1933-34). Da die Maßnahmen zur Kriegsmobilisierung 1917-18 als Vorbild für den ersten New Deal gedient hatten, konnte in seiner Neuauflage auch umgekehrt wieder auf diese Ursprünge zurückgegriffen werden. Der zweite New Deal diente der Vorbereitung des Kriegseintritts der USA in den Zweiten Weltkrieg. Damit rückten US-amerikanische Maßnahmen in die Nähe von Krisenbewältigungsstrategien, die andernorts sehr viel früher mit Priorität verfolgt wurden.

8.4.2 Krisenbewältigung durch Aufrüstung in Deutschland

Die amerikanische Börsenkrise zog unmittelbar die prekäre wirtschaftliche Situation Deutschlands in Mitleidenschaft: Die Industrieproduktion sank in Deutschland um 50 Prozent. Um das Handelsbilanzdefizit auszugleichen und die Exportwirtschaft zu stärken, reagierte die Regierung unter Reichskanzler Heinrich Brüning mit Notverordnungen zur Reduzierung der Staatsausgaben, der Kürzung der Beamtengehälter, der Erhöhung der Steuern, Sozialausgaben und Zölle, der Senkung der Löhne der Beschäftigten um bis zu 50 Prozent. Jeder dritte verlor seinen Arbeitsplatz. 1933 waren sechs Millionen arbeitslos und 23,3 Millionen Deutsche lebten von Arbeitslosengeld und Sozialhilfe. Angesichts der mit diesen Maßnahmen verknüpften drastischen Umverteilung von Einkommen aus Lohn auf Einkünfte aus Unternehmertätigkeit nahm die Demokratieverdrossenheit in der Bevölkerung kräftig zu, radikale Parteien fanden lebhaften Zuspruch und soziale Unruhen breiteten sich aus. Die nach den Reichstagswahlen erstarkte Nationalsozialistische Partei Deutschlands (NSDAP) unter Adolf Hitler profitierte nicht nur von den harten Maßnahmen der Regierung Brüning, sondern setzte gleich nach ihrer Machtergreifung ein beschäftigungswirksames Aufrüstungsprogramm in Gang, das zwar die Massenarbeitslosigkeit reduzierte, aber zugleich der Vorbereitung des Zweiten Weltkriegs diente. Der „New Deal" der Nationalsozialisten zur Überwindung der Weltwirtschaftskrise war von Anfang an rüstungsorientiert, wurde von der deutschen Schwerindustrie mit Beifall quittiert und fand auch den Zuspruch der führenden Banken.

8.5 Schlussfolgerungen

Protektionismus, eine prozyklische Finanz- und Haushaltspolitik, engstirniger Nationalismus, nicht aufgegebene Hegemonieansprüche, Revanchismus und Angst vor sozialen Unruhen bestimmten die vorherrschenden Handlungsweisen vor und nach der Weltwirtschaftskrise 1929. Geschichte wiederholt sich zwar nicht, aber gleiche Konstellationen können durchaus gleiche Antworten herbeiführen.

Völlig entgegen dem Anschein – insbesondere in der Bundesrepublik Deutschland – ist die 2008 ausgebrochene Finanzkrise keineswegs bewältigt. Sie ist lediglich *verdeckt* und in den noch immer vorhandenen toxischen Wertpapieren *versteckt*. In Ländern wie Italien und Griechenland sind die Probleme schon auf viel gefährlichere Weise spürbar. Die bisherigen Bewältigungsstrategien der Finanz- und Wirtschaftskrise weisen noch nicht in Richtung Aufrüstung. Sobald jedoch zwischen den USA und Europa die Frage zur Beantwortung anstehen wird, ob der angloamerikanischen oder der kontinentaleuropäischen Form von Kapitalismus oder – global betrachtet – der chinesischen mehr Bewältigungskraft zuzutrauen ist, taucht die Gefahr auf, dass Frontlinien gezogen werden und militärischen Aspekten wieder mehr Bedeutung zugemessen wird. Die weltweite Aufrüstung würde dann die gestiegenen Ängste auf bequeme Weise bedienen und – zugleich als noch verbliebenes und bisher nicht ausreichend genutztes Mittel – zur Überwindung der Krise angepriesen werden.[41]

41 Genau diese Situation scheint sich gegenwärtig einzustellen, betrachtet man das von den USA ausgehende Schüren von Krisen durch die einseitige Aufkündigung wesentlicher internationaler Verträge wie z.B. das Atomabkommen mit dem Iran im Mai 2018 und der INF-Vertrag im Februar 2019. Ausführlichere Beschäftigung mit dieser Thematik in blog, Solonline: Reinhard Hildebrandt: Die amerikanische Finanzkrise und die massive Verschuldung der USA, 03.06.08

9 Die „neoliberale Wende" in der Bundesrepublik Deutschland – Ein exemplarisches Beispiel für die Verschärfung struktureller Gewalt in der Gesellschaft

Vorbemerkung: Die im folgenden Kapitel dargestellte „neoliberale Wende" in der Bundesrepublik Deutschland begann bereits im Jahr 1990, also lange vor dem Ausbruch der Finanzkrise 2008. Dies geschah auf dem Hintergrund des Zusammenbruchs der realsozialistischen Gesellschaften. Im Ost-West-Konflikt hatte sich die Sowjetunion auf einen Rüstungswettlauf eingelassen, der ihre begrenzten finanziellen Ressourcen überstieg und ihren Fortschritt in der zivilen Technologie drastisch verlangsamte. Am Ende des für sie kräftezehrenden „Systemwettbewerbs" stand sie vor dem ziviltechnologischen, wirtschaftlichen und finanziellen Bankrott. Für die USA war dies die Einladung, die Globalisierungsstrategie mit dem Ziel voranzutreiben, sozial-staatliche Elemente des Kapitalismus zugunsten höherer Profitraten der Unternehmen abzubauen (Neoliberalismus) und das bis dahin begrenzte Einflussgebiet der USA weltweit auszudehnen.

9.1 Die SPD und die „Initiative Neue Soziale Marktwirtschaft" – Der Weg von der absoluten Gegnerschaft über den hinhaltenden Widerstand bis zum teilweisen Einverständnis mit der INSM

Kapitalkräftigen westdeutschen Unternehmen, Kapitaleigentümern, Bankern und Großgrundbesitzern waren nach der Wiedervereinigung im Jahre 1990 die geldwerten Zuwendungen vorbehaltlos willkommen, die ihnen von den Regierungsparteien CDU/CDU und FDP angeboten wurden. Nach der Privatisierung der DDR-Staatsbetriebe durch die „Treuhand" opponierte die liberal-konservative Regierung auch nicht,

- als viele der neuen Eigentümer die Nachfrage der Verbraucher in den östlichen Bundesländern vorrangig durch Anhebung ihrer Produktionskapazitäten in den westdeutschen Stammbetrieben befriedigten,
- unter Einhaltung einer kurzen Schamfrist die Produktion in den neu erworbenen Betrieben drastisch zurückfuhren,
- wertbeständige Betriebsteile behielten und
- die entlassenen Arbeitskräfte den westdeutschen Steuerzahlern und Sozialversicherungspflichtigen aufbürdeten.

Viele Unternehmen nahmen später auch dankbar den von der seit 1998 amtierenden rot-grünen Regierung eingeführten großzügigen Verlustvortrag in Anspruch, durch den sie in die Lage versetzt wurden, ihre an den Fiskus abzuführenden Steuern für mehrere Jahre drastisch zu reduzieren und sogar mit erheblichen Steuerrückzahlungen rechnen konnten. Die als Folge der großzügigen Steuergeschenke entstandenen Gewinn- und Vermögenszuwächse gingen zwar teilweise wieder in verlustreichen Finanzspekulationen der „new economy" verloren, aber sie wurden auch in mittelosteuropäischen Anwärterländern der EU investiert. So sicherte man sich dort frühzeitig neue Absatzmärkte und legte mit Kapitalbeteiligungen oder Übernahmen von Unternehmen die Grundlage für spätere Produktionsverlagerungen. Hatte die Zerschlagung der Staatsunternehmen der DDR bereits zu einer höheren Kapazitätsauslastung der westdeutschen Stammbetriebe und damit zur Stückkostenreduktion geführt, sorgte jetzt die angestrebte Produktionsverlagerung in jene Länder dank der dort niedrigeren Kosten für weiter steigende Gewinne.

Mit dem Ersatz der DM durch den Euro (vor allem von Frankreich als Gegenleistung für die Vereinigung Deutschlands gefordert) verlor die deutsche Bundesbank ihr eigenes geldpolitisches Instrumentarium und die DM ihre Leitfunktion für alle europäischen Währungen. Nach dem Wegfall der Geldpolitik als Instrument nationaler Konjunkturpolitik avancierten die Produktionskosten zum vorrangigen Wettbewerbskriterium unter den EU-Mitgliedsländern, so dass absehbar war, dass in den nächsten Jahren die Randstaaten Portugal, Spanien und Irland mit ihren bisherigen Niedriglöhnen zum Investitionsmekka der europäischen Industrie emporsteigen und die dort zu befürchtenden hohen Inflationsraten zur entscheidenden Messlatte für die Antiinflationspolitik der Europäischen Zentralbank würden.

Einen weiteren nicht unerheblichen Entscheidungshintergrund bildete die nach dem Zerfall der Sowjetunion (1993) forcierte Globalisierungsstrategie der USA. Im Einklang mit dem Wall Street Journal erklärten amerikanische und britische Fondsmanager, dass der rheinische Kapitalismus abgedankt habe und die Übernahme des amerikanischen Wirtschafts- und Gesellschaftsmodells eine für Europa zwingende Notwendigkeit geworden sei. Die „stakeholderorientierte" soziale Marktwirtschaft deutscher Prägung müsse dem angloamerikanischen Gläubigerkapitalismus des Shareholder Value weichen, was eine drastische Steigerung der Profitraten und eine kräftige Anhebung der Managervergütungen zu Lasten der Lohn- und Gehaltsempfänger sowie der Steuereinnahmen des Staates zur Folge haben würde.

Sozialdemokratische europäische Regierungen und Oppositionsparteien hoben zwar die Unvergleichbarkeit europäischer Verhältnisse mit denen der Vereinigten Staaten hervor und bezweifelten den angeblich wohlfahrtssteigernden Effekt unbegrenzter ökonomischer Dynamik und freier Kapitalmobilität, aber ohne bereits zu ahnen, dass eines Tages die Blütenträume der mit hoch riskantem Risikokapital vorangetriebenen „new economy" platzen würden, machte sich der europäische sozialdemokratische Diskurs auf die Suche nach einem „dritten Weg" zwischen Kapitalismus und Sozialismus, um den Sozialstaatskompromiss gegen die vom Neoliberalismus geforderte Rückführung des Staates auf seine angeblichen Kernfunktionen zu verteidigen. Begleitet wurde dieses erste Rückzugsgefecht von der auf breite Zustimmung unter der Bevölkerung stoßenden Rückbesinnung auf für unverzichtbar gehaltene europäische Grundwerte. Nahezu 42 Prozent der Bevölkerung befürworteten einen Weg zwischen Kapitalismus und Sozialismus. Nur 34 Prozent verhielten sich indifferent.

Im höchsten Maße schockiert über diese in der deutschen Bevölkerung weit verbreitete und von der ab 1998 regierenden neuen sozialdemokratisch-grünen Regierung bekundeten Ablehnung gegenüber der „new economy“ gründete im Oktober 2000 der Arbeitgeberverband Gesamtmetall die „Initiative Neue Soziale Marktwirtschaft“ (INSM). Bereits 1998 hatten der Chef der Deutschen Bank, Breuer, und der ehemalige Bundesbankdirektor Tietmeyer der neuen Regierung verdeutlicht, dass sie in Zukunft die Herrschaft des Finanzkapitals zu akzeptieren hätten.

Bald nach der Regierungsübernahme zeichnete sich unter Bundeskanzler Gerhard Schröder die Abkehr von der zunächst zivilgesellschaftlich orientierten Politik ab. Die Strategie gegen den Neoliberalismus wandelte sich zum hinhaltenden Widerstand gegenüber der von der INSM nachdrücklich geforderten Anpassung an die Vorgaben aus den USA. Nach dem Rezept, „Schlimmeres verhüten zu wollen“, reduzierte man den zivilgesellschaftlichen Diskurs auf die Forderung nach „mehr Eigenverantwortung für das Individuum“ und kam damit bereits dem Forderungskatalog der INSM entgegen. Der einflussreiche und sehr bekannte deutsche Unternehmensberater Roland Berger und der Vorsitzende der Altana AG, Dr. Nikolaus Schweikart, beide „Botschafter“ der INSM, berieten Bundeskanzler Schröder in Wirtschaftsfragen. Sie handelten nach der Devise von Hans Werner Busch: „Die Notwendigkeit von Reformen in die Köpfe der Bürger … bringen, sie darüber … informieren, was aus unserer Sicht notwendig ist.“ (Dr. Hans Werner Busch, Hauptgeschäftsführer von Gesamtmetall, in einem Interview vom 24.05.04).[42] Hielt sich die Initiative noch strikt an das Ziel, den Hauptvertreter der antagonistischen diskursiven Formation, die Gewerkschaften, nicht direkt anzugreifen und statt dessen auf den Feldern des Arbeitsmarktes und des Sozialstaats mit dem Slogan „Sozial ist, was Arbeitsplätze schafft“ neue Zeichen zu setzen, gerieten die Gewerkschaften mit der rot-grünen Regierung in eine kaum noch zu überbrückende Konfrontation.

Der Forderungskatalog der INSM umfasste folgende Maßnahmen:

- Abschaffung der angeblichen Rundumversorgung und Beschränkung auf Absicherung wirklicher Notlagen,
- Einführung der Kopfpauschale im Gesundheitsbereich und Ablehnung der Bürgerversicherung,
- Betonung der Chancengerechtigkeit statt Umverteilung zugunsten der weniger Privilegierten,
- Zulassung von mehr Ungleichheit,

42 „In der gewerblichen Wirtschaft, berichtete die DGB-Frau Zimmermann, seien längst Absetzbewegungen der Betriebe in Niedriglohnländer wie Tschechien und Polen im Gange, wo Bandarbeiter weniger als zwei Euro die Stunde verdienen. Und bei den Dienstleistungen fehle schlicht die Nachfrage derer, die sie bezahlen müssten – der privaten Haushalte also.“ (Christian Tenbrock, Arbeit für 4,90 Euro, in: Die Zeit, 22.05.03). Den niedrigen Stundenlöhnen in den Produktionsverlagerungsländern entsprach auch ein niedrigeres Preisniveau bei Lebensmitteln und anderen für den täglichen Bedarf nötigen Gütern, während in den von der Produktionsverlagerung betroffenen Gebieten konkurrenzfähige Niedriglöhne auf ein hohes Preisniveau trafen. Außerdem scheiterte die Schaffung weiterer Billigarbeitsplätze – wie beispielsweise Einpackhelfer oder Tütenschlepper – bereits an der Unwilligkeit der Kundschaft, diesen Service mit einem kleinen Aufschlag auf die Warenpreise zu bezahlen.

- Einbau von Markt- und Wettbewerbselementen in die Altersvorsorge,
- Abbau des Kündigungsschutzes und Verlängerung der Arbeitszeit ohne Lohnausgleich,
- Reduzierung der Mehrarbeitszuschläge und Einführung der Samstag- und Sonntagsarbeit,
- Abschaffung des Flächentarifvertrags und Ersetzung durch betriebliche Vereinbarungen,
- Einschränkung der Mitbestimmung,
- Anhebung des Rentenalters.

9.2 Die Hartz-Gesetze und ihre Konsequenzen

Mit **Hartz I** wurden die Personal-Service-Agenturen (PSA) eingerichtet, die Zumutbarkeitsregelungen verschärft und die Verpflichtung, sich bei Erhalt der Kündigung unverzüglich arbeitslos zu melden. **Hartz II** führte die Ich-AG ein und brachte die Neuregelung der geringfügigen Beschäftigung (Mini-Jobs). **Hartz III** regelte die Neuorganisation der Bundesanstalt für Arbeit und mit **Hartz IV** wurden Arbeitslosen- und Sozialhilfe zum neuen Arbeitslosengeld II zusammengelegt.

Im Herbst 2002 lag die Arbeitslosenzahl noch unter 4 Millionen. Nach der Einführung von Hartz IV stieg sie auf über 5 Millionen an. Obgleich jetzt aufgrund von Hartz IV als arbeitsfähig eingestufte vorherige Sozialhilfeempfänger die Zahl der Arbeitslosen erhöhte, indizierte die insgesamt auf hohem Niveau verharrende Arbeitslosigkeit eine geringe Wirksamkeit der gesamten Arbeitsmarktpolitik. Laut Presseberichten konnten die Personal-Service-Agenturen lediglich 33 000 Arbeitslosen in neue Stellen vermitteln. Ich-AGs beflügelten zwar Arbeitslose zur Selbständigkeit, aber leider blieb ein dauerhafter Geschäftserfolg oftmals ganz aus, oder das Experiment endete in Selbstausbeutung und der Hinnahme geringer Einkommen. Mini-Jobs verdrängten nicht selten eine reguläre Beschäftigung und beide Einrichtungen standen unter Verdacht, zum Leistungsmissbrauch einzuladen. Denn rund eine Million mehr als geplant bezogen das neue Arbeitslosengeld II, worunter sich nicht nur bisher von der Familie unterhaltene Arbeitslose befanden, sondern auch gering verdienende Selbständige oder ausgesonderte vormals abhängig Beschäftigte, die jetzt als Scheinselbständige kein ausreichendes Einkommen mehr erzielen konnten. („Wir werden alle **Berater** sein", meint der promovierte Ingenieur, „das ist ein besseres Wort für **Tagelöhner**" [Mario Müller, Phoenix will fliegen, in: Frankfurter Rundschau, 22.10.04])

Neben der fortdauernden Verlagerung von Arbeitsplätzen und Kapitalinvestitionen in „Zukunftsmärkte" wie China, Indien, Vietnam und in die direkt vor der Haustür liegenden ostmitteleuropäischen Niedriglohnstaaten sorgten auch sozial und kulturell tief in Deutschland verankerte Ordnungsideen dafür, dass die Hartz-Maßnahmen nur sehr unzulänglich griffen. Die traditionell für Deutschland typische Arbeitsteilung zwischen Staat, Markt und privaten Haushalten legt fest, welche Tätigkeiten in

Form von Erwerbsarbeit, unbezahlter Haus- und Eigenarbeit, Schwarzarbeit und Ehrenarbeit geleistet werden, und dabei dominiert weiterhin das individuelle Verhalten der Bürger. Z.B. erledigen laut C.Bender und H. Grassel Frauen die Kindererziehung und Altenbetreuung in privaten Haushalten als informelle, staatlich unterstützte Arbeit. Diese meist ideologisch bedingte Arbeitsteilung zwischen Mann und Frau, die über Jahrzehnte hinweg durch eine christlich-konservativ geprägte Familienpolitik in die Köpfe der Bürger eingepflanzt wurde und nach der Vereinigung auch Einfluss in Bevölkerungssegmenten der östlichen Bundesländer gewann, trug entscheidend dazu bei, dass Transferzahlungen keine neuen bezahlten Arbeitsplätze schafften. „Kinder- und Elterngeld sowie Freibeträge mögen zwar kurzfristig einen positiven Einfluss auf die monetäre Situation von Familien nehmen, sie führen jedoch nicht zu der dringend benötigten Verbesserung der Pflege-, Erziehungs- und Bildungsinfrastruktur und nicht zu einem Durchbruch auf dem Arbeitsmarkt", stellten C. Bender und H. Grassel fest. Eine allgemeine gesellschaftliche Stagnation sei die Folge und selbst die niedrige Geburtenrate sei ein Symptom dieser Krise. (C. Bender und H. Grassel, Woher kommen die Jobs? Frankfurter Rundschau, 31.01.06).

In zweistelligen Prozentsätzen steigende Vorstandsbezüge von Großunternehmen und steil ansteigende Gewinnraten vieler international tätiger Unternehmen, kontrastiert durch fortgesetzte Entlassungsaktionen bei Arbeitskräften sowie stagnierenden oder gar zurückgehenden Einkommen bei den abhängig Beschäftigten und drastischen Kürzungen bei Hartz-IV-Empfängern, vermittelten den Wählern den enttäuschenden Eindruck, dass die rot-grüne Regierung der Umverteilung von unten nach oben den Vorzug vor einer gerechten Lastenverteilung gab.[43] Viele von ihnen trieb die Angst, künftig bei noch weiter abgesenkten Förderungsleistungen und erhöhten Sanktionsandrohungen ganz leer auszugehen. So wurden ab Februar 2006 die Anspruchsvoraussetzungen für Arbeitslosengeld-I verschärft. Bis zu jenem Zeitpunkt bekam Arbeitslosengeld-I, wer mindestens ein Jahr sozialversichert beschäftigt war. Künftig musste er schon wenigstens zwei Jahre vorweisen können. Die Kürzung der Bezugsdauer von Arbeitslosengeld-I, die zum gleichen Zeitpunkt eingeführt wurde, traf alle unter 55-Jährigen. Diese Leistung konnte fortan nur noch ein Jahr lang bezogen werden, während vor diesem Datum für 45-Jährige die Bezugsdauer von Arbeitslosengeld-I länger als ein Jahr betrug und für über 57-Jährige sogar 32 Monate. Die erlaubte Nebenbeschäftigung für Bezieher von Arbeitslosengeld-I reduzierte sich auf auf unter 15 Stunden. Als künftige Bezieher von Arbeitslosengeld-II würden sie zwar mehr Geld erhalten als frühere Sozialhilfeempfänger, aber sie müssen mit dem pauschalierten Regelsatz zurechtkommen, der auf besondere Lebenslagen keine Rücksicht mehr nimmt. Sie wären finanziell an ihren noch nicht arbeitslosen Lebenspartner gekettet, ihr Erspartes, das bestimmte Freibeträge übersteigt, müssten sie angreifen und wären gezwungen, sich eine günstigere Mietwohnung zu suchen, wenn die alte als unangemessen eingestuft wurde. Am härtesten würde es diejenigen treffen,

43 Daran änderte auch nichts die Klage des damaligen Bundeswirtschaftsministers Wolfgang Clement, der die Unternehmensleitungen an ihre Verantwortung für den Standort Deutschland erinnerte, an dem sie groß und stark geworden seien (Interview im Tagesspiegel, 07.02.05).

die beispielsweise als ältere Arbeitskräfte über dreißig Jahre gearbeitet und gut verdient hatten und nach einjähriger Arbeitslosigkeit und nun nicht mehr vermittelbare ältere Arbeitslosengeld-II-Bezieher das für den Lebensabend zurück gelegte vorzeitig aufzubrauchen hatten. Die Angst der noch Beschäftigten vor dem Abstieg in die Armut war also zu verstehen.

Entgegen der vorherrschenden Sichtweise über ein negatives Verhältnis der Deutschen zur Arbeit, die von interessierter Seite immer wieder gestreut wurde, zeigte eine für das Arbeitsministerium angefertigte Studie, dass die Deutschen gern arbeiten, dass sie bereit sind, ihre Fähigkeiten einzubringen, ihre Arbeit nicht lediglich als „Job" ansehen, wie es der Wirtschafts- und Arbeitsminister im zweiten Schröder-Kabinett, Wolfgang Clement, auf herabwürdigende Weise immer wieder betonte, sondern als einen unverzichtbaren Teil ihrer Selbstverwirklichung betrachten. Die Studie zeigte jedoch auch, dass 48 Prozent der Befragten die mangelhafte soziale und fachliche Unterstützung durch ihre Chefs beklagten, denen es „anscheinend nicht gelingt, ausreichend Anerkennung zu vermitteln" (Tatjana Fuchs vom Internationalen Institut für Sozialökonomie in ihrer Studie „Was ist gute Arbeit?", in: Tagesspiegel, 29.04.06).

Nicht der schnell austauschbare „Job", sondern ein sicherer Arbeitsplatz, ein unbefristetes Arbeitsverhältnis und regelmäßige Einkommenssteigerungen besäßen einen hohen Stellenwert, was jedoch der vorherrschenden volkswirtschaftlichen Sichtweise, die Arbeitskraft als Ware wie jede andere anzusehen, nicht entspreche und in den Managementschulen offensichtlich auch nicht gelehrt werde. Vorherrschend sei eine ganz andere Sichtweise, wie von Friedhelm Hengsbach in den folgenden bitteren Worten beschrieben: „Konzernchefs eignen sich die Dynamik eines entfesselten Finanzkapitalismus an und schieben den Kapitaleignern einen Riesenanteil unternehmerischer Wertschöpfung zu. Sie erpressen die Belegschaften, dass sie länger arbeiten und weniger verdienen. Unter den Beschäftigten verbreiten sich Zeitnot und Zukunftsängste." (Hengsbach, Friedhelm, Fragwürdige Wertedebatte, Frankfurter Rundschau, 29.04.06). Hengsbach hätte außerdem noch Fonds erwähnen können, deren Manager die Finanznot des Staates ausnutzen und sich in bisher gemeinnützige Wohnungsbaugesellschaften einkaufen, um am Wohnungsmarkt Mietsteigerungen für bisher preisgebundene Wohnungen durchzusetzen und in Mietpreisspiegeln über den Mechanismus der Vergleichsmieten das gesamte Mietpreisniveau nach oben zu treiben.

Die arbeitslos gewordene Bevölkerung erlebte verschärfte Kontrollen beim Bezug von Arbeitslosengeld-II (Thomas Maron, Verschärfte Kontrollen – Hartz-IV-Empfänger müssen nach dem Willen der großen Koalition schon bald mit weiteren Sanktionen rechnen, in: Frankfurter Rundschau, 03.05.06). Ihnen wurde jetzt per Gesetz diktiert, dass – im Gegensatz zur früheren Regelung – sie selbst und nicht das Amt zu beweisen hätten, nicht in einer eheähnlichen Gemeinschaft zu leben. Zur Überprüfung ihrer Arbeitswilligkeit sahen sie sich mit „Sofortangeboten" konfrontiert und im Falle der Ablehnung wurden sie Sanktionen unterworfen; wobei es weitgehend dem Ermessensspielraum des Anbieters oblag, zu entscheiden, ob der angebotene Arbeitsplatz menschenwürdig war und/oder vom Arbeitssuchenden überhaupt ausgefüllt werden konnte. Mietschulden mussten ab sofort aus dem Arbeitslosengeld-II-Regelsatz bezahlt werden.

Als nach dem Wirksamwerden der Hartz-Gesetze im Jahre 2005 die Montagsdemonstrationen aus der Wendezeit 1989/90 wieder auflebten und neue diskursive Formationen der unzufriedenen Bevölkerung eine adäquate Sprache verliehen, sah sich die rot-grüne Regierung einer schwierigen Situation ausgesetzt, vergleichbar mit derjenigen der konservativen französischen Regierung nach der vollständigen Aufhebung der Kündigungsfristen für Berufsanfänger im Jahre 2006. Während jedoch der Sozialabbau in Frankreich auf massive Proteste der Studenten, arbeitslosen Jugendlichen, Gewerkschaften und linken Politiker stieß, denen sich die Regierung beugen und das Gesetz zum völligen Abbau des Kündigungsschutzes für Berufsanfänger zurückziehen musste, gelang es der rot-grünen Regierung unter starkem Medieneinsatz, die Montagsdemonstranten zu isolieren und den Protestaktionen die Stoßkraft zu nehmen. Statt verschärfter Straßenproteste mit angezündeten Autos und Barrikadenkämpfen wie in Frankreich verbreitete sich in der deutschen Bevölkerung eine Stimmung, in der die sozialstaatsfeindlichen Maßnahmen hingenommen wurden und in der zunehmende Motivationsverlust bei Langzeitarbeitslosen und Lernverweigerung bei chancenlos gewordenen Hauptschülern zu beklagen war. In beiden Gesellschaften hatten staatliche Administrationen versucht, der Gefährdung des formlosen Gegenhalts bzw. des gesellschaftlichen Zusammenhalts Einhalt zu gebieten. In Frankreich führten die lautstarken und gewalttätigen Proteste zum Rückzug der Regierung, während in Deutschland sowohl die von den Maßnahmen unmittelbar betroffene Bevölkerung wie die zunächst noch verschonte Mittelschicht der inneren Immigration verfielen. „Millionen Bürger verlieren das Vertrauen in die Demokratie", urteilte Harald Schumann bereits vor den Bundestagswahlen im Februar 2005, „weil sie sehen, dass gewählte Politiker die Gewinne der ‚Reformen' nur den Privilegierten zuschanzen, während alle anderen draufzahlen. Die wachsende Wahlverweigerung und der Mitgliederverlust sind ein untrügliches Zeichen." (Tagesspiegel, 03.02.05).

In den Wahlen avancierte die Partei der Nichtwähler zur „mitgliederstärksten Partei", hinter der sich die beiden „Volksparteien" und die kleineren Parteien einzureihen hatten. In der Wahlenthaltung zeigte sich, dass, anders als im Nachbarland Frankreich, zwar nicht sofort mit Unruhen gerechnet werden musste, wenn die Regierung zur Erhaltung des formlosen Gegenhalts den Forderungen einer hegemonialen Formation sehr weit entgegenkam. Aber mit der zunehmenden gesellschaftlichen Passivität und politischen Abstinenz großer Bevölkerungsteile wurde eine für die Erhaltung der Demokratie negative Entwicklung in Gang gesetzt, die in der Gegenwart die Wähler zur mehr als zehnprozentigen Unterstützung der rechtspopulistischen Partei „Alternative für Deutschland" (AFD) in mehreren Landtagswahlen und in der letzten Bundestagswahl geführt hat.

Wie weitgehend die rot-grüne Bundesregierung Bereitschaft zeigte, den hinter der INSM versammelten heterogenen gesellschaftlichen Kräften entgegen zu kommen, um im Gegenzug das von der INSM geschaffene Negativbild einzugrenzen, ließ sich an der vollen steuerlichen Geltendmachung von Kosten für Auslandsinvestitionen und der sehr niedrigen Versteuerung von Auslandserträgen mit 2 Prozent ablesen. Dieses dauerhafte Steuersparmodell, das dem Fiskus jedes Jahr Milliarden kostete, sollte ganz offensichtlich der Stärkung der Wettbewerbsposition deutscher Unternehmen in den mittelosteuropäischen und asiatischen Ländern dienen und war letztlich nur zu rechtfertigen, wenn dem Verlust an Arbeitsplätzen durch die staatlich subventionierte Produktionsverlagerung in der erstarkenden deutschen Exportindustrie mittelfristig ein höheres inländisches Arbeitsplatzangebot auf der Basis der im Ausland kostengünstig produzierten Vorprodukte quasi automatisch folgte (Müller, Mario: „Im Steuerdschungel", Frankfurter Rundschau, 22.01.05).

Die in diesem Zusammenhang von Lorenz Jarras dem damaligen SPD-Finanzminister Hans Eichel unterstellte Fehleinschätzung in der Rechnungslegung des Welteinkommens deutscher Unternehmen ging daher am Kern der Eichelschen Politik vorbei. Wie aus Äußerungen Eichels an anderer Stelle entnommen werden konnte, waren ihm die Praxis kreativer Buchführung sowie das Jonglieren mit konzerninternen Verrechnungspreisen zwecks Gewinnverschiebung in Steueroasen durchaus bekannt. An das Märchen von der Arbeitsplätze schaffenden Wiederanlage von Gewinnen, die aus der Senkung von Steuern für Reiche, Mächtige und Konzerne resultieren, glaubte auch er nicht, wohl aber an den inneren Zusammenhang von vermehrter Auslandsproduktion und der arbeitsplatzfördernden Steigerung des Exportvolumens. Letzteres trat auch ein, obgleich nicht in dem erhofften Umfang. Was ihm und der rotgrünen Regierung jedoch nicht gelang, war das Aufbrechen der engen Interessenübereinstimmung von Opposition und INSM. Angesichts der verlockenden Angebote von CDU und FDP an die Unternehmen, abzuwarten bis mittels der fortdauernden Bundesratsblockade die rot-grüne Regierung zur Selbstaufgabe getrieben worden sei um nach der Bundestagswahl mit ihnen als neuer Regierungsfraktion noch weiter gesteckte Ziele verwirklichen zu können, verblieben die Unternehmensvertreter im Schlepptau der INSM. In einer Sonderumfrage unter 1100 Unternehmen zeigte sich dass sich 58 Prozent von einer neuen Regierung bessere Geschäftsperspektiven versprachen. Der Hauptgeschäftsführer der Deutschen Industrie- und Handelskammer Martin Wansleben, kommentierte dieses Ergebnis: „Entscheidend ist, dass die Bundesregierung unmittelbar nach der Wahl die neu gewonnene Handlungsfähigkeit für konsequente Reformen nutzt." (Tagesspiegel, 15.06.05).[44]

Ihre Kalkulation ging jedoch nicht auf. Sie scheiterte am Wählerwillen. Der folgenden großen Koalition von CDU und SPD stellte das Wahlergebnis die Aufgabe, zwischen der INSM als weiterhin dominierender hegemonialer Formation und der nicht mehr ganz so geschwächten kaufkraftorientierten hegemonialen Formation eine

44 Speth, Rudolf, Die politischen Strategien der „Initiative" Neue Soziale Marktwirtschaft, August 2004, in: Hans-Böckler-Stiftung, Fakten für eine faire Arbeitswelt, S. 18. Schumann, Harald, Die Apo des Kapitals – Als überparteiliche Reformbewegung definiert sich die „Initiative Neue Soziale Marktwirtschaft". Tatsächlich handelt es sich um eine PR-Maschine zur Bekehrung der deutschen Wähler, Tagesspiegel, 30.10.04. Hamann, Götz, Lautsprecher des Kapitals – Die Initiative Neue Soziale Marktwirtschaft streitet für die Freiheit der Unternehmen. Sie ist so erfolgreich, dass selbst ihre Gegner sie schon nachahmen, Die Zeit, 04.05.05. Kutz, Magnus-Sebastian/Nehls, Sabine, Angriff der Schleichwerber – Die „Initiative Neue Soziale Marktwirtschaft" beweist immer wieder ihre perfide Kampagnenfähigkeit, Frankfurter Rundschau, 09.01.07.

neue vermittelnde Position mit dem Ziel zu suchen, den formlosen Gegenhalt zu erhalten und zugleich die Zuwendung der Wähler zu radikaleren diskursiven Formationen am rechten und linken Rand abzuwehren. Damit zeichnete sich erst nach der für die rot-grüne Mehrheit verlorenen Bundestagswahl 2005 und der vom Ergebnis der Wahlen vom Wähler verhinderten konservativ-liberalen Nachfolgeregierung eine Entwicklung ab, in der die bisher hegemonial auftretende INSM erstmals scharfen Gegenwind verspürte. Sie musste eigene Optionen opfern und bisher missbilligte Forderungen der bislang hegemonisierten Formation – darunter vor allem die der Kaufkrafttheorie zuneigenden Gewerkschaften und zivilgesellschaftliche Vereinigungen – vorrübergehend akzeptieren.

9.3 Die INSM jenseits ihres Zenits

Zum Netzwerk der INSM gehörte ab Juni 2005 ein gemeinnütziger Förderverein mit dem von den Arbeitgeberverbänden finanzierten „Institut der deutschen Wirtschaft" in Köln als wichtigstem Partner. Weitere Partner waren wissenschaftliche Institute und spezialisierte Agenturen für Internetauftritte und TV-Produktionen (Kutz, Magnus-Sebastian / Nehls, Sabine, a.a.O.). Finanziell und personell war damit die INSM für eine lange Lebensfähigkeit gut ausgestattet. Sie konnte sich mit voller Kraft der Umsetzung ihrer Ziele widmen. Das INSM-Arbeitskonzept beschrieben Kutz/Nehls mit den folgenden Worten: „Die Ziele einer Kampagne werden durch die Initiative definiert, durch externe Experten scheinbar wissenschaftlich abgesichert und anschließend für die Medien aufbereitet." (a.a.O.) Nicht Parlamentarier sondern Meinungsführer in der Gesellschaft seien die Adressaten. Die INSM platziere Themen und Botschaften in den Medien, gehe Medienpartnerschaften mit Zeitungen, Zeitschriften, Rundfunk- und Fernsehanstalten ein, veranstalte mit ihnen Diskussionen zu von ihr ausgewählten Themen, erstelle Rankings und gebe Studien in Auftrag.

Das Konzept, über Meinungsführer auf die Wähler einzuwirken, rechne mit der Tatsache zunehmender Unübersichtlichkeit in komplexen Gesellschaften. Meinungsführern wachse in solchen Gesellschaften ein hohes Maß an Autorität zu, sehr kompetent über Dinge zu reden, über die sie nicht viel mehr als die übrigen Mitglieder der Gesellschaft wüssten und in die sie kaum mehr Einblick hätten als alle anderen. Aber im Unterschied zu den anderen traue man ihnen einen gewissen Durchblick zu und vertraue blindlings ihrem Urteil. Insbesondere Journalisten fehle oftmals das notwendige Hintergrundwissen und die Kritikfähigkeit, Aussagen jener selbsternannten oder „beglaubigten" Peers zu überprüfen. So hängten sie sich in ihren Artikeln an die Feststellungen der Meinungsführer an und sorgten so für eine massenhafte Verbreitung.

Journalisten sind jedoch nicht grundsätzlich dumm. Haben sie erst einmal erkannt, aus welcher Ecke bestimmte Informationen kommen, neigen sie dazu, wenn sie nicht von ihren Redaktionen daran gehindert werden, Ross und Reiter zu nennen. So ist es zwar der INSM für längere Zeit gelungen, unerkannt aus dem Hintergrund zu agieren. Die Intervention der INSM gegen die Eckpunkte der „Gesundheitsreform" flog aber sofort auf. Hinter dem unscheinbaren Kieler Institut hatte sich die INSM versteckt. Das verdeckte Agieren aus dem Hintergrund zur Verstärkung ihrer Durchschlagskraft war in der Tat ein von den Akteuren der INSM genutztes Mittel.

In der Zeit dieses verdeckten Handelns konnte die INSM einen hohen Anteil ihrer Forderungen in die Praxis umsetzen. Aber die in ihrem Sinne alles entscheidende Wende von der rot-grünen zur schwarz-gelben Koalition in der von Bundeskanzler Schröder vorgezogenen Bundestagswahl 2005 hatte sie nicht erreichen können. In der folgenden großen Koalition aus Christ- und ernüchterten Sozialdemokraten strebten die letzteren danach, leichtfertig von Schröder und Clement verlorenes Terrain in der Wählerlandschaft zurückzugewinnen. Die von der INSM geforderten „Maximalreformen" ließen sich in einer solchen Koalition nicht verwirklichen. Die Drucksituation, die gegen die rot-grüne Regierung über den Bundesrat und die Unternehmerverbände aufgebaut werden konnte, war gegenüber der großen Koalition nicht mehr im gleichen Umfang herstellbar. Infolgedessen verabschiedeten sich manche in der Vergangenheit mit der INSM sympathisierende diskursive Formationen bereits von ihr und schmälerten damit die von der INSM aufgebaute Äquivalenzkette des hegemonisierenden Lagers. Unübersehbar hatte sich auch die ökonomische Situation zum Nachteil der INSM verändert.

Früher als von der INSM angenommen, verkehrten sich die Investitionsströme Wenn Unternehmen Produktionsverlagerungen in kostengünstige Produktionsorte vornahmen, kam nach einiger Zeit die Frage auf sie zu, ob sie aus dem bisherigen Markt völlig verschwinden und die gesamte Produktion ins kostengünstigere Ausland verlegen oder ob sie nach einer Phase zurückgefahrener Investitionen erneut in ihren angestammten Produktionsstätten investieren sollten, um z.B. das technische Niveau zwischen ausgelagerten und angestammten Produktionsbetrieben nicht zu weit auseinander klaffen zu lassen. Sofern bestimmte Produktionsprozesse nicht ausgelagert werden konnten und in den Stammbetrieben verblieben, waren solche Angleichungsprozesse unausweichlich. Tatsächlich wurden in vielen bundesdeutschen Produktionsstätten wieder Investitionen vorgenommen und die Beschaffungsaufträge bei den traditionellen Lieferanten der Stammbetriebe verursachten dort eine steigende Nachfrage.

Der Lebenszyklus hegemonialer Formationen unterliegt dem ihnen ureigenen Entstehens- und Vergehensprozessen. Ihnen ist als endliche Struktur die Spur der Vergänglichkeit eingezeichnet. Aus der Sicht der Initiatoren hat die hegemoniale Formation dann ihre Aufgabe erfüllt, wenn es ihrer hegemonialen Praxis gelungen ist die auf dem Felde der Diskursivität formulierten Ziele, Strategien und Taktiken optimal umzusetzen. Aber für die Akteure ist weder die Diskrepanz zwischen der Fülle der möglichen Alternativen und der begrenzten Anzahl der von ihnen erkannten noch die mögliche Vielzahl von Arrangements, die das strukturierte Ganze anbietet ersichtlich, noch die Nähe zur nicht entdeckbaren Spur der Vergänglichkeit. Selbst die fürstlichste finanzielle und intellektuelle Ausstattung vermag diesen Mangel nicht auszuschalten, der sich außerdem in der Entscheidungsfindung erschwerend als Mangel an verfügbarer Zeit zeigt.

Die Vehemenz, mit der Befürworter der INSM auf der einen Seite und Anhänger der Kaufkrafttheorie auf der anderen Seite immer wieder aufeinandergeprallten zeugte von einer tiefgreifenden Differenz in der Ausgestaltung der Gesellschaftsstruktur, der Positionierung des Individuums in ihr und der Hinnahme von struktureller Gewalt. Oberflächlich betrachtet stritten die Vertreter der Freiheit des Marktes gegen die Befürworter von staatlichem Dirigismus, Neoklassiker gegen Keynesianer, Verteidiger der Freiheit des Individuums gegen Behüter des Individuums, Propagandisten der Wahrnehmung von mehr Eigenverantwortung durch das Individuum gegen die Beschützer der Nichtprivilegierten, Leistungsträger gegen Leistungsempfänger, Globalisierungsbefürworter gegen Globalisierungsgegner. Im Kern stritt man sich jedoch um die folgenden zwei Fragen:

1. Wieviel strukturelle Gewalt kann im Namen der Machterhaltung und -ausdehnung von den Privilegierten gegen die Nichtprivilegierten der Gesellschaft in Stellung gebracht werden, ohne dass von letzteren bereits der soziale Frieden und damit die demokratische Struktur in Frage gestellt wird?
2. Welche Aufgabe übernimmt der Staat in dieser Auseinandersetzung? Welcher der beiden Seiten dient er mehr? Kann er sich in der Erhaltung des formlosen Gegenhalts gegenüber beiden Seiten neutral verhalten?

Mit seiner „Basta"-Politik, seiner Annäherung an die Machtträger in der Wirtschaft, der Unterstützung des Wirtschafts- und Arbeitsministers Clement (dessen Nähe zur INSM bekannt war), seiner konfrontativen Politik gegenüber den Gewerkschaften lenkte Gerhard Schröder die rot-grüne Koalition in ein Fahrwasser, das der INSM immer mehr entgegenkam, ihren Aufstieg zur hegemonialen Formation auf der Ebene der Diskursivität förderte und ihr auf entscheidende Weise dabei half, eine hegemoniale Position zu erlangen. Lange Zeit schien die rot-grüne Regierung der Hoffnung aufgesessen zu sein, bis zum nächsten zu erwartenden und unabänderlichen Investitionsschub der Unternehmen in der Bundesrepublik Deutschland im Amt bleiben zu können. Das Zusammenspiel von CDU/CSU/FDP-Mehrheit im Bundesrat mit den Unternehmerverbänden sowie den wirtschaftsnahen Wirtschafts- und Konjunkturforschungsinstituten hat jedoch eine zeitliche Verschiebung dieses Aufschwungs bewirkt und den Glauben der rot-grünen Koalition an feststehende zeitliche Abfolgen von konjunkturellen Bewegungen zerstört. Endlichen Strukturen ist eben auch ein gewisses Maß an Variabilität eigen.

Erst nach der für das gesamte Unternehmerlager verlorenen Bundestagswahl musste auch das hegemoniale Lager zähneknirschend die Kompromisse der konservativ-sozialdemokratischen Koalition akzeptieren. Der Staat gewann damit einen kleinen Teil seiner ihm zustehenden und zu verantwortenden Autonomie in der Erhaltung des formlosen Gegenhalts zurück. Die Wissenschaft zeigte sich in der gesamten Auseinandersetzung lediglich in ihrer dienenden und weniger in ihrer aufklärenden Funktion.

9.4 Langfristige Folgen des rot-grünen „Einverständnisses" mit den Zielen der INSM

Obwohl die INSM ihre weitgesteckten Ziele nach 2005 zurücknehmen musste, sind gut fünfzehn Jahre später die Folgen der rot-grünen „Zustimmungspolitik" nicht nur spürbar, sondern so nachhaltig, dass eine breite Öffentlichkeit die Errungenschaften der Demokratie in Deutschland bedroht sieht. Was heißt das im Einzelnen:

- Die Globalisierung und mit ihr im Verbund die Digitalisierung[45] haben ein Ausmaß erreicht, durch die die Autonomie des Staates zur Erhaltung des formlosen Gegenhalts großen Einschränkungen unterworfen wird. Die weltweit agierenden Technologiekonzerne, die wegen des Niveaus der Digitalisierung gar nicht umgangen werden können, sind in der Lage, die Einzelstaaten nicht nur hinsichtlich der Versteuerung ihrer Gewinne gegeneinander auszuspielen, sondern auch ökonomischen sowie politischen Druck auszuüben, mit dem sie ihre Gewinnmargen entsprechend hoch halten. Der Lebensstil, der mit und durch diese Technologiekonzerne geprägt wird, passt perfekt zu den Vorstellungen der INSM über das größere Maß an Eigenverantwortung, das das Individuum in Zukunft zu übernehmen hat. Führt man sich vor Augen, unter welchen Bedingungen die Beteiligten eines Start-Up arbeiten (lockere Arbeitsatmosphäre, vermeintlich flache Hierarchien, keine festen Arbeitszeiten, ständige Erreichbarkeit, relativ niedrige Löhne, wenig Absicherung für das Alter) und mit welchen Gefahren sie konfrontiert sind – nämlich von den großen Konzernen aufgekauft zu werden – wird deutlich, welches Maß an struktureller Gewalt dem Einzelnen auferlegt wird.
- Die sich bereits 2005 abzeichnende Entwicklung, dass Unternehmen ihre in das kostengünstigere Ausland ausgelagerten Bereiche wieder nach Deutschland zurückholen und in die heimischen Lieferketten investieren, hat derartig an Dynamik gewonnen, dass Deutschland zum beneideten und inzwischen sogar geächteten Exportweltmeister aufgestiegen ist. Dementsprechend hat sich zwar auch die Beschäftigungsrate positiv entwickelt, allerdings bei gleichzeitig hohem Stand an prekären Beschäftigungsverhältnissen verbunden mit allen Folgeproblemen (hohe Anforderungen an Mobilität und Flexibilität, Verdoppelung der Teilzeitbeschäftigungen in den letzten zwanzig Jahren, hohe Anzahl an befristeten Arbeitsverhältnissen mit allen negativen Folgen für die Alterssicherung).
- Die 2001 eingeführte kapitalgedeckte private Altersvorsorge hat sich besonders für geringe und mittlere Einkommen als negativ herausgestellt. Der ehemalige Bundestagsabgeordnete, Albrecht Müller, Publizist und Diplomvolkswirt, hat die sog. „Riester-Rente" als „einen typischen Fall von politischer Korruption" (NachDenkSeiten – Riester-Rürup-Täuschung – prüfen Sie selbst nach – 25. April 2008) bezeichnet.
- Als Begleiterscheinungen des neoliberalen Wirtschaftskurses sind alle Bereiche der öffentlichen Daseinsfürsorge einer drastischen finanziellen „Schlankheitskur"

45 Einerseits beschleunigt und verschärft die Digitalisierung die Gefahren für das demokratische Gemeinwesen, andererseits könnte sie auch Vorteile bieten. Eine ausführliche Betrachtung dieser Thematik würde jedoch den Rahmen dieser Arbeit sprengen.

unterzogen worden, deren negative Konsequenzen sich besonders deutlich an der teilweise maroden Infrastruktur, den breit gefächerten Problemen im Bereich der Bildung und des Gesundheitswesens und dem eklatanten Mangel an bezahlbarem Wohnraum zeigen.

– Die noch nicht abgearbeiteten Folgen der Bankenkrise von 2008 und die Gefahren einer erneuten noch gravierenderen Bankenkrise gingen und gehen zu Lasten der Steuerzahler und beeinträchtigen in erster Linie Menschen mit geringem oder mittlerem Einkommen.

Insgesamt haben diese einzelnen Prozesse zu einem steigenden Ungleichgewicht bei der Einkommensverteilung in der Bundesrepublik Deutschland geführt; so ist z.B. die Armutsrisikoquote von rund elf Prozent Mitte der neunziger Jahre auf 15,8% im Jahre 2017 gestiegen. Gesteigert durch die komplexe Problematik der Flüchtlingskrise spricht man aktuell von einer zunehmenden Spaltung der Gesellschaft zwischen Gewinnern und Verlierern. Diese Spaltung erreicht auch in zunehmendem Maße die Mitte der Gesellschaft. Sie wird verschärft durch regionale Besonderheiten: bestimmte Gebiete in der ehemaligen Bundesrepublik (z.B. das Ruhrgebiet) und weite Teile der östlichen Bundesländer, die unter einer massiven Deindustrialisierung zu leiden hatten, befinden sich aufgrund fehlender Perspektive auf der Verliererseite. D.h. das Maß an struktureller Gewalt gegenüber diesen Bevölkerungsteilen hat in einer Weise zugenommen, in der die Demokratie in ihrer Funktionsweise bedroht wird. Wandten sich die Bundesbürger vor 2010 enttäuscht von der Politik ab (Politikverdrossenheit), wenden sie sich heutzutage rechts- bis rechtsextremen politischen Strömungen bzw. Parteien zu, die ihnen weiszumachen versuchen, ihre Probleme zu lösen, tatsächlich jedoch eine – geschickt kaschierte – rein marktorientierte Wirtschaftspolitik verfolgen. Diese diskursiven Formationen arbeiten mit der Angst vor weiterer Aufnahme von Migranten bzw. von Geflüchteten, die sie medial aufgeladen als „gezielte Unterwanderung des deutschen Volkes" darstellen, und mit dem Versprechen, dass bei einer Politik des Abschottens die ökonomischen Probleme der Benachteiligten gelöst würden. Ein ähnlicher Mechanismus funktioniert auch in den anderen europäischen Ländern, wie man angesichts des bevorstehenden Brexits im Vereinigten Königreich oder des Wahlerfolgs der Rechtspopulisten in Italien beobachten kann.

10 Strukturelle Gewalt im System des Sozialismus – am Beispiel der DDR

10.1 Historische Ausgangsbedingungen

Stalins Versuch, am Ende des Kampfes zwischen den faschistischen Achsenmächten und ihren von ihm als imperialistisch bezeichneten Gegnern als „lachender Dritter" Leichenfledderei zu betreiben, war misslungen. Stattdessen hatte die Sowjetunion einen verlustreichen Krieg gegen Hitlerdeutschland führen müssen und ihn mit westlicher Hilfe gewonnen. Die Rote Armee stand jetzt im Herzen Europas und erstmals bot sich die Chance, den Marxismus-Leninismus von der Peripherie in die industriellen Kerngebiete Europas zu tragen. Sowjetisches Dominanzstreben, aufbauend auf der Gewissheit, vorerst militärisch nicht erpressbar zu sein, begnügte sich für den Zeitraum, in dem die sowjetische Wirtschaft noch unter Kriegszerstörungen und Kapazitätsengpässen sowie niedrigem technologischem Niveau litt, mit einem Einflusssphärenkonzept. Ein unter sowjetischem Einfluss stehendes Osteuropa erschien zur Erreichung des langfristigen Ziels, der Entfaltung eines „sozialistischen" Weltmarkts, eine erste wichtige Etappe zu bilden. Vorrang hatte als erstes der schnellstmögliche Wiederaufbau der von deutschen Truppen vor und während ihres Rückzugs zerstörten sowjetischen Gebiete. Ob künftig das ganze Deutschland – oder nur ein Teil davon – innerhalb der sowjetischen Einflusssphäre liegen würde oder in einem neutralen Gürtel davor, welche Gesellschaftsverfassung schließlich etabliert würde, darüber entschied der sowjetisch-amerikanische Kampf um das Ausmaß ihres europäischen Einflusses. Deutsche Kriegsreparationen sollten der Sowjetunion helfen, diesen Kampf erfolgreich zu bestehen. Die sowjetische Forderung nach mindestens 20 Mrd. US-Dollar Reparationsleistung, in Jalta vorgetragen und in Potsdam – gekürzt um die Hälfte – eingeklagt, schonte den von sowjetischen Truppen besetzten Teil Deutschlands nicht. Das Geschäft auf Gegenseitigkeit, die amerikanische Anerkennung der Unterordnung deutscher Gebiete hinter Oder und Neiße unter polnische bzw. sowjetische Verwaltung einerseits und die sowjetische Hinnahme der amerikanischen Reparationsformel, wonach sich jede Besatzungsmacht vorwiegend aus der eigenen Zone bedienen muss, andererseits, hatte der Sowjetzonenbevölkerung sogar die Hauptlast für den verlorenen II. Weltkrieg aufgeladen. Eine vom anderen Teil isolierte Deutsche Demokratische Republik stellte eine von mehreren, jeweils zeit- und strategieabhängigen sowjetischen Optionen für die Nachkriegsentwicklung Deutschlands dar, vielleicht noch nicht einmal bevorzugt, sondern eher als „ungeliebtes Kind" (Wilfried Loth). Sie war zugleich das sowjetische Gegenstück[46] zur Zusammenlegung der drei westlichen Besatzungszonen zur Bundesrepublik Deutschland.

Die Sowjetunion hatte sich dem Marshall-Plan 1947 verweigert, weil sie darin ein amerikanisches Instrument zur Stärkung des europäischen Pfeilers erblickte, der später zusammen mit dem chinesisch/japanischen ein von den USA dominiertes Dreieck bilden und den atomar bewaffneten Vereinigten Staaten die zentrale Position in der Weltwirtschaft übertragen sollte. Trotz der sowjetischen Niederlage im Kampf um die politische und wirtschaftliche Orientierung der Westsektoren Berlins im Jahre 1949, jedoch auf dem Hintergrund der kommunistischen Machtübernahme in China, steuerte Stalin weiterhin die für bestimmte weltpolitische Konstellationen vorgesehene und schon seit längerem vorbereitete Errichtung eines zweiten deutschen Staates als eine unter mehreren Möglichkeiten sowjetischer Machtentfaltung und zugleich als eine für Ost- und Westeuropäer durchaus akzeptable Lösung der deutschen Frage an.[47]

10.2 Ideologische Ausgangsbedingungen

Bereits in der Aufbauphase der SBZ/DDR waren die Chancen, eine Gesellschaft mit wenig struktureller Gewalt zu schaffen, nicht vorhanden. Dazu war die Bilanz der sowjetischen Entwicklung von 1917 bis 1945 zu negativ. Die in der Marxschen Analyse bereits latent angelegte strukturelle Gewalt schlug in eine manifeste um, sobald der Versuch unternommen wurde, auf deren Grundlage eine neue, realsozialistische Gesellschaft zu verwirklichen. Während Karl Marx die Überwindung der bürgerlichen Gesellschaft als einen Prozess ansah, in dem die Selbstaufhebungstendenz der kapitalistischen Produktionsweise von der kämpferischen Aktion der zunehmend verelendenden Arbeiterklasse vorangetrieben wird und der Prozess in den am weitesten industrialisierten Gesellschaften am schnellsten voranschreitet, zweifelte Lenin ganz allgemein am revolutionären Elan der Arbeiter und besonders am Revolutionswillen der in hochindustrialisierten Gesellschaften lebenden „Arbeiteraristokratie". Er propagierte deshalb die Revolution in Ländern der von industriellen Metropolen ausgebeuteten Peripherie. Die fortgesetzte kriegerische Selbstzerfleischung der imperialist-

46 In einem namentlich nicht gekennzeichneten Kommentar vom 03.10.90 ist im britischen "Guardian" zu lesen: "Germany would have been divided anyhow under the ‚temporary' wartime arrangements quickly made permanent by Cold War antagonism. It was not Berlin which solidified the division but the decision of the western powers to constitute West Germany as a separate State."

47 Die Blockade der Westsektoren Berlins war an der Luftbrücke, dem Widerstandswillen der West-Berliner und der amerikanischen Fähigkeit gescheitert, für den Fall des Abschusses von Luftbrückenflugzeugen mit der atomaren Vernichtung Moskaus und Leningrads drohen zu können. (Die Vereinigten Staaten hatten zwar nur Flugzeuge nach Großbritannien und Süddeutschland entsandt, die keine Kernwaffen tragen konnten, aber selbst wenn die sowjetische Führung durch ihren Geheimdienst davon Kenntnis erhalten haben sollte, drohte der Angriff der in den USA stationierten 100 B-29, die Kernwaffen des Typs „M III" aufnehmen konnten. Mit Zwischenbetankung waren sie in der Lage, sowjetisches Territorium zu erreichen [Chuck Hansen, US nuclear weapons. The secret history, New York 1988/Thomas B.Cochran et al.,U.S. Nuclear Forces and Capabilities, Cambridge, Mass. 1984]).

schen Mächte untereinander, zusammen mit der Begrenzung sowie zunehmenden Einschnürung ihres Aktionsraums durch Länder, in denen die Avantgarde der Arbeiterklasse inzwischen die Macht übernommen hatte, würde den Kapitalismus schwächen und den Sieg des Sozialismus beschleunigen. Zur Verwirklichung einer solchen ambitiösen Strategie bedurfte es nach Lenin einer revolutionären Partei der Arbeiterklasse, die willens und in der Lage war,

- in peripheren Ländern eine revolutionäre Situation herbeizuführen,
- nach erfolgreicher Etablierung der „Diktatur des Proletariats" im Kampf nach innen die Restbestände der alten Ordnung sowie die Destabilisierungskräfte des „Klassengegners" zu eliminieren,
- eine neue sozialistische Gesellschaftsverfassung mit einer gegenüber dem Kapitalismus überlegenen Produktivkraftentwicklung aufzubauen und
- gleichzeitig nach außen die Schwächung der imperialistischen Mächte voranzutreiben.

Eine solche Gesellschaft, davon war Lenin unerschütterlich überzeugt, dürfe nicht dem Selbstlauf überlassen bleiben, sondern müsse sich der Führung der Partei der Arbeiterklasse anvertrauen, ihre Mitglieder zur maximalen Kraftentfaltung anspornen und auf der Grundlage der Vergesellschaftung des Privateigentums an Produktionsmitteln einen hierarchisch straff gegliederten Gesellschaftsaufbau anstreben, dem sich das Individuum mit seinen persönlichen Bedürfnissen bereitwillig ein- und unterordnet und zugleich zur maximalen Entfaltung seiner Kräfte herausgefordert fühlt.

Die mit der Oktoberrevolution des Jahres 1917 entstandene Sowjetunion demonstrierte das vergebliche Bemühen, im Namen des Marxismus-Leninismus ein Optimum an Übereinstimmung zwischen dem individuellen und dem „gesellschaftlichen" Bewusstsein herbeizuführen. Im Zeichen der Errichtung der Diktatur des Proletariats und der Bauernschaft zerschlugen die „Sowjets" den vorrevolutionären Staatsapparat und Lenin errichtete nach dem Beispiel der Pariser Kommune den Staat der „Arbeiter und Bauern", der für die revolutionäre Intelligenz zum Instrument wurde, um die mit dem Wahrheitssiegel versehenen Erkenntnisse des „wissenschaftlichen Sozialismus"[48] gegen alle inneren und äußeren Widerstände durchzusetzen. Lenin: „Der Staat ist eine Einrichtung des Zwangs. Früher war das die Gewalt eines Häuf-

48 Lenins Wissenschaftsverständnis, das aus einer Mischung von dialektischem und deduktiv-empirischem Ansatz besteht, hatte fatale Folgen für die Entwicklung struktureller Gewalt. Den auf unsicheren Füßen stehenden Marxschen Anspruch, die Struktur der Realität auf dialektisch-materialistische Weise mit Gewissheit zu erfassen und Geschichte zu determinieren, verband Lenin mit dem deduktiv-empirischen Wissenschaftsansatz, der seinen Untersuchungsgegenstand durch „isolierende Abstraktion" aus dem zu vernachlässigenden Gesamtzusammenhang herauslöst. Aus beidem zusammen, erstens aus dem mit Wahrheitsanspruch auftretenden Marxschen Versuch, ausgehend vom „wirklichen Lebensprozess" der Menschen den realen Prozess der bürgerlichen Gesellschaft in einem „Gedankenkonkretum" zu erfassen und die Oberflächenphänomene eines strukturierten Ganzen aus der Erscheinungsweise seiner wesentlichen Beziehungen zu erklären, und zweitens aus der exaktem Teilwissen verpflichteten deduktiv-empirischen Vorgehensweise (in dem im Reich der Oberflächenphänomene nach Regelmäßigkeiten geforscht wird) konstruierte Lenin den „wissenschaftlichen Sozialismus". Jener vermittelte seinen Anhängern die Gewissheit, „über die einzig wirklich wissenschaftliche Darstellung objektiv unbezweifelbarer Gesetze der Natur, der Gesellschaft sowie der Geschichte als

leins von Geldsäcken über das ganze Volk. Wir dagegen wollen den Staat zu einer Einrichtung machen, die den Willen des Volkes zu verwirklichen zwingt. Wir wollen die Gewalt im Interesse der Werktätigen organisieren." (Lenin Werke 26, S. 335).

Die Verwirklichung einer idealen sozialistischen Gesellschaft mit einer Produktivkraftentwicklung, die allen bisherigen Gesellschaftsformationen überlegen sein würde, rechtfertigte in den Augen der Führungskader der Partei für eine Übergangszeit die Ausübung von Herrschaft. Schritt für Schritt würden individuelles und gesellschaftliches Bewusstsein auf optimale Weise zu einer Einheit verschmelzen. Es entstünde eine als einheitlicher Körper handelnde Gesellschaft, in der auf osmotische Weise das Einzelne und das Ganze für jeden Augenblick und in Bezug auf das künftig Machbare verbunden blieben. Eine solche Gesellschaft würde zwar selbst unter der Voraussetzung, dass die Individuen vollkommen selbstbewusst, eigenverantwortlich und aus eigenem Antrieb handeln, den Eindruck eines „Ameisenstaates" erwecken, dennoch gebe es in ihr keine strukturelle Gewalt mehr. Misslang jedoch die vollkommene Übereinstimmung zwischen individuellem und gesellschaftlichem Bewusstsein, würde eine Gesellschaft mit manifester struktureller Gewalt entstehen, in der wie im absolutistischen Staat ein ausgeprägtes Herrschafts-Untertanen-Verhältnis zum Vorschein käme und in der die Gesellschaft in ihrer Form als eigenständige, vom Staat unabhängige Realität unterdrückt oder im ganz extremen Falle sogar vollkommen verschwinden würde.

Wer sollte Kontrolle von unten ausüben, wenn Lenin forderte, die Arbeiterklasse muss „die Produktion ebenso organisieren, wie sie die Rote Armee organisiert hat. Jeder Arbeiter muss von dem Bewusstsein durchdrungen sein, dass er das Land regiert. Je weniger wir an der Zahl sind, desto mehr wird von uns verlangt. Russland muss sich in eine gewaltige Armee der Arbeit verwandeln, die durchdrungen ist von dem heroischen Bewusstsein, alles zu opfern für die gemeinsame Sache, für die Befreiung der Werktätigen". (ebd., S. 517) Deutlicher kann kaum formuliert werden, dass die Masse der Werktätigen nichts anderes war als „Sein für anderes Sein", nämlich das „Fürsichsein" der revolutionären Intelligenz.

Abgesehen von der Zwischenperiode des NEP (strategischer Rückzug auf den „Staatskapitalismus" nach erlittener Niederlage) führte dieser Weg scheinbar folgerichtig in den Stalinismus und die Säuberungsaktionen der zwanziger und dreißiger Jahre. Gesellschaft und Staat, das Nebeneinander von horizontalen und vertikalen Strukturen, löste sich zugunsten der vertikalen auf. Der absolutistische Staat erstand in neuer Form und mit ihm ein neofeudales Bewusstsein. Hans Lessing schrieb unmittelbar nach dem Ende der DDR: „Fasst man all dies zusammen, gelangt man fast zwangsläufig zum Schluss, dass eine derart zentralisierte, streng pyramidenförmig aufgebaute Leitung selbst auf ein weit weniger umfassendes Angebot an Informationen schon aus rein physiologischen und psychologischen Gründen nicht mehr ratio-

Ganzer zu verfügen" (Matthias-Lutz Bachmann, a.a.O.). Er wurde in seiner „Anwendung" zum intoleranten und herrschsüchtigen Instrument der Revolution, zur Legitimationswissenschaft der marxistisch-leninistischen Partei, die auf dem Rücken der Bevölkerung ihre unkontrollierte Herrschaft entfaltete und Zweiflern wie Gegnern als Etikett Dummheit oder Bösartigkeit anheftete.

nal, im Sinne einer Realverarbeitung von Fakten, zu reagieren vermocht hätte. Derartige Pyramiden sind, wie sich einmal mehr gezeigt hat, zur Steuerung gesellschaftlicher Prozesse absolut ungeeignet. Und damit auch das Prinzip des demokratischen Zentralismus, denn in seiner praktischen Anwendung war es weiter nichts als eine Art sich nach dem Wasserfall-Prinzip von oben nach unten ergießender Kaskade von Anweisungen, Reglementierungen und Befehlen." (Villain, Jean, Die Revolution verstößt ihre Väter – Aussagen und Gespräche zum Untergang der DDR, Bern 1990, S. 102).

Einige Zeit nach dem Ende des Zweiten Weltkrieges wurde also diese hierarchische Struktur zum Vorbild für den gesellschaftlichen Aufbau der DDR. Harry Tisch, ehemaliger Vorsitzender des Freien Deutschen Gewerkschaftsbundes (FDGB) in der DDR, bekannte in einem Interview: „Es lässt sich heute vieles sagen über die Fehler der damaligen Zeit. Der Ausgangspunkt ist immer wieder 1945. Da sind wir eben, um es lax zu sagen, in die Stiefel von Stalin gestiegen. Da sind wir nicht herausgekommen, bis zum Schluss nicht. Wir haben nicht mit den Methoden von Stalin, nicht mit der Massenvernichtung, gearbeitet, das nicht, aber mit der Art des Modells. Wir waren nicht gleichgeschaltet und mussten nicht alles genauso machen wie die, aber etwas ganz anderes zu machen als sie, ging auch nicht. Das wollten wir auch gar nicht." (Frankfurter Rundschau, 30.09.91)[49]

Verstärkend wirkte in Ost und West die „Systemkonkurrenz", die den Wiederaufbauanstrengungen in den vier Besatzungszonen Deutschlands schon bald nach Ende des zweiten Weltkrieges ihren unverwechselbaren Stempel aufprägte.[50] Trotz der scheinbar geschichtlichen Notwendigkeit, mit der sich die der Spaltung zugeneigten deutschen gesellschaftlichen Kräfte schließlich in Ost und West durchsetzten, muss

49 Rolf Henrich weist hier auf das bereits von Karl Marx in einem anderen Zusammenhang diskutierte „Einspielen" fremder Produktionsverhältnisse in eine militärisch unterworfene Gesellschaft hin, das niemals ohne Gewalt abgehe. Henrich bezeichnet die Übernahme des sowjetischen Modells durch die DDR als Verdrängung der höher entwickelten bürgerlichen Gesellschaft durch die niedrigere, aus der halbasiatischen Produktionsweise hervorgegangenen staatskapitalistischen Gesellschaftsformation der Sowjetunion, deren „zivilisatorische Ausstrahlung" nicht überzeugt habe (Rolf Henrich, S. 79/80). Für Rolf Badstübner ergibt sich als späte Erkenntnis: „Entgegen der Grundprämisse, mit der er angetreten war, realisierte der Sowjetsozialismus bzw. der spätere Realsozialismus, wie sich herausstellte, keine Epochenalternative im Sinne einer über die Grenzen der kapitalistischen Waren- und Profitwirtschaft hinausweisenden demokratisch-ökologischen Zivilgesellschaft. Das hing zweifellos in entscheidendem Maße mit seiner sowjetischen Herkunft und Prägung sowjetischer Herrschaftspraxis zusammen." Badstübner nennt hier vor allem die Praxis „in einem rückständigen Land mit einer verschwindend geringen Arbeiterklasse" (Badstübner, Rolf, DDR – gescheiterte Epochenalternative, Aufbruch in die Sackgasse oder was sonst? Versuch einer Annäherung, Berlin 1994, S. 22).

50 „Die hemmungslose Übertragung der Fixierungen des Kalten Krieges auf die deutsche Situation, die die beiden politischen Hauptkräfte, Adenauers Christliche Demokratische Union und Ulbrichts Sozialistische Einheitspartei, betrieben", kommentierte Friedrich Diekmann in der Frankfurter Rundschau vom 14.09.91, „war ein Symptom eingewurzelter politischer Unreife. Zugleich entsprach sie einer besonderen Situation; nach dem nationalen Desaster suchte ein von sich selbst tief verstörtes Volk in der Identifikation mit anderen jenen Anhalt, der ihm in sich verloren gegangen war. Man führte damals den Begriff der Einheit beiderseits fortgesetzt im Munde und tat alles, um sie realiter zu verhindern."

heutzutage konstatiert werden, dass ihr Machterwerb keineswegs zwangsläufig erfolgte. Andere bahnten ihnen durch ihr Tun oder Nichtstun erst den Weg zur Macht.

10.3 Die Entstehung des herrschaftlichen Bewusstseins in der DDR

Als im Mai 1945 die Gruppe „Ulbricht" aus Moskau eingeflogen wurde, um in der sowjetischen Besatzungszone für den vielleicht später als notwendig betrachteten Aufbau einer Gesellschaft nach sowjetischem Muster erste Vorbereitungen vor Ort zu treffen, besaß sie relativ feste Vorstellungen über den aufzubauenden Sozialismus. Sie konnte bereits auf eigene Erfahrungen aus ihrer sowjetischen Lebensumwelt zurückblicken. Sicher ist, dass sie den eigenen theoretischen Vorstellungen mehr vertraute als den widersprüchlichen Erfahrungen sowjetischer Praxis bzw. jene Widersprüche einfach leugnete. Ende Oktober 1944 bestand Wilhelm Pieck darauf, dass die „Partei Lenins-Stalins die einzige und beste Lehrmeisterin" für die „Gestaltung der KPD" ist. Die Partei sollte sich zwar für neugewonnene Mitglieder weit öffnen, aber sie dann „im Geiste des Marxismus-Leninismus-Stalinismus schulen". Bei der Schulung dachte Pieck an „ähnliche Einrichtungen wie sie die Nazipartei auf ihren Ordensburgen" ins Leben gerufen hatten. Vielleicht könne sogar ein „Orden (als Kadergruppe)" geschaffen werden.[51]

Sie traf auf eine Situation gesellschaftlichen Zusammenbruchs, in der außer der sowjetischen Armee und – aus dem Untergrund auftauchender – Parteizirkel verschiedenster Richtung kaum etwas funktionierte und in der das nackte Überleben für die meisten im Vordergrund stand. Dennoch gab es keine „Stunde Null" des Bewusstseins. Nationalsozialistisches Denken war nach der bedingungslosen Kapitulation Deutschlands nicht einfach im Erdboden verschwunden, Denkstrukturen der Weimarer Zeit tauchten wieder auf, Demokratievorstellungen entfalteten sich in den Köpfen der Menschen. Arbeiter suchten in verständlicher Anhänglichkeit die Betriebsstätten auf, in denen sie vor ihrer Zeit als Soldat gearbeitet hatten. Unternehmer pochten auf ihre erworbenen Eigentumsrechte. Flüchtlinge aus den Gebieten hinter der Oder und Neiße suchten in der Hoffnung auf eine baldige Rückkehr in ihre Heimat nach einer vorübergehenden Bleibe.

Sollte sich herausstellen, dass der Aufbau einer gesellschaftlichen Struktur im Sinne des Marxismus-Leninismus aus einer gesellschaftlichen Minoritätsposition heraus

---

51 Wilhelm Pieck, Gesammelte Reden und Schriften, Berlin (Ost) 1979, Bd. 6, zit. bei Hermann Weber aus: Peter Erler/Horst Laude/Manfred Wilke (Hrsg.), Nach Hitler kommen wir. Dokumente zur Programatik der Moskauer KPD-Führung 1944/45 für Nachkriegsdeutschland, Berlin 1994, S. 275,285,288.
Günter Schabowski entgegnete im Januar 1990 auf die Frage, warum er erst so spät auf die von ihm selbst seit langem erkannten Schwächen und Mängel des ‚realen Sozialismus' reagiert habe: „Wenn Sie die Geschichte und den Charakter dieser Partei kennen, dann werden sie verstehen, dass sie zeitweise den Charakter eines Ordens hatte: Man muss zu bestimmten Sachen stehen, man muss an die größere Weisheit der Partei glauben, man muss nach Rechtfertigungen suchen, selbst dann, wenn die Dinge kompliziert erscheinen. Was sich heute als kompliziert darstellt, erweist sich morgen als richtig." (Klemm, Volker, Korruption und Amtsmissbrauch in der DDR, Stuttgart 1991, S. 64)

begonnen werden müsste, bot sich als Stütze der Ulbrichtgruppe zwar die sowjetische Armee an, aber ob Ulbrichts Konzeption mit der zeit- und strategiebezogenen sowjetischen Politik konform gehen würde, das musste sich erst im Laufe der Zeit erweisen.

Die vorgefundenen Trümmer nationalsozialistischen Vorherrschaftsstrebens zeigten ein amorphes strukturiertes Ganzes, von dem weder große Teile der Struktur noch die allgemeine Entwicklungsrichtung bekannt waren. Im nahezu blinden Vertrauen auf die angeblich „geschichtliche Wahrheit“ des Marxismus-Leninismus begann die als Keimzelle des künftig herrschenden Bewusstseins auftretende Gruppe Ulbricht trotz weitgehenden Fehlens empirischer Daten und Bewertungen dem strukturierten Ganzen eine neue Form anzumessen, so als ob „im gesellschaftlich politischen Leben (...) ein freies Entwerfen, Disponieren und Experimentieren möglich“ (Richard Schröder in: Die Zeit, 12.09.91), innerer wie äußerer Fremdeinfluss dauerhaft auszuschalten sei und Gesellschaft als „genähte Totalität“ mit einem einzigen, alle Bereiche umfassenden und durchdringenden Diskurs gedacht werden könnte. In ihrem Selbstverständnis handelte sie als verselbständigte Ausstülpung der Kommunistischen Partei der Sowjetunion, als ein „Fürsichsein“, das (wegen der bedingungslosen Kapitulation Deutschlands) an kein bestimmtes gesellschaftliches Dasein in der Sowjetischen Besatzungszone gebunden war, nur sich selbst verantwortlich, dem Gestaltungsgegenstand gegenüber gleichgültig bis feindlich eingestellt und zu keinerlei Verantwortung verpflichtet.[52] Inwieweit das mit der eigenen Verselbständigung automatisch entstandene Spannungsverhältnis zwischen der herrschenden KPdSU (sowie ihren spezifischen Interessen) und der eigenen untergeordneten Position (mit der damit verbundenen andersartigen Interessenlage gegenüber dem gemeinsamen Gestaltungsgegenstand) überhaupt auf beiden Seiten adäquat wahrgenommen wurde, ist Gegenstand des Forschungsprojekts „Die SBZ/DDR zwischen Sowjetisierung und Eigenständigkeit – Handlungsspielräume und Entscheidungsprozesse 1945-1963“, das von Michael Lemke im Institut für Zeithistorische Studien bearbeitet wurde.[53]

52 Zu folgender später Einsicht gelangte der vormals keineswegs DDR-kritische Historiker Rolf Badstübner: „Der Realsozialismus ist nirgends als Neubau auf der ‚grünen Wiese‘ entstanden, und er begründete keine ‚Stunde Null‘, sondern war eingebettet in Kontinuität und Wandel des geschichtlichen Substrats. Bei aller Bedeutung radikaler Einschnitte in der Geschichte durch Revolutionen oder Umbrüche, ist doch zu beachten, dass sie stets nur einen (kleinen) Teil der Bestände verändern, die historisch über lange Zeiträume akkumuliert worden sind und die in gewandelter Form, entwicklungsfordernd oder -hemmend, weiterwirken. Dies wurde im historisch fehlgedeuteten und in seinem Realisierungsgrad maßlos überschätzten Realsozialismus sträflich unterschätzt und im Erbe- und Traditionsverständnis nur marginal reflektiert.“ (Rolf Badstübner, a.a.O. S. 16/17)

53 Potsdamer Bulletin für Zeithistorische Studien, Nr. 4,Oktober 1995, S. 19-29.
Andreas Malycha schreibt dazu auf Seite 19 seiner Studie über die SED: „Die Tatsache, dass aus Moskauer Archiven bislang lediglich Quellensplitter und selektierte Dokumente präsentiert wurden, konnte die Frage, inwieweit die SED Eigenständigkeit in ihrer Entwicklung besaß und in welchem Grad bzw. in Gestalt welcher Mechanismen sie trotz Abhängigkeit von der UdSSR bzw. der SMAD Handlungsspielräume wahrnahm und nutzte, nicht befriedigend klären helfen.“
Rolf Badstübner konstatiert aus seiner Kenntnis: „Dabei ist allerdings grundsätzlich zu berücksichtigen, dass KPdSU und KPD/SED gemeinsam eine weitgehend übereinstimmende und abgestimmte deutschlandpolitische Linie verfolgten und politisch von gemeinsamen weltanschaulichen Grundpositionen ausgingen. Trotzdem zeigten sich natürlich auch deutliche Unterschiede in der Interessenlage und Sichtweisen, insbesondere bei der Beantwortung der Frage, welche SBZ/DDR-Entwicklung

Mit der Festschreibung der KPD-Programmatik durch die Gruppe Ulbricht war jedoch keinesfalls der künftige Entwicklungsweg der sowjetischen Besatzungszone vorgeschrieben. Wie Erhard Crome betont, ist „methodisch ...einzuwenden, dass in der realen Geschichte äußerst selten die Pläne eines Landes, einer Regierung oder eines Staatsmannes – und sei es ein großmächtiger Diktator – pur verwirklicht werden könnten. Sie begegnen stets konkreten Bedingungen, Plänen anderer Akteure, ihr Handeln trifft auf das Handeln anderer, und der dann tatsächlich eintretende Verlauf der Geschichte ist gewissermaßen eine Resultante, die zwischen den verschiedenen ursprünglichen Intentionen und Interessen liegt" (Crome, Erhard, Die SED – Umrisse eines Forschungsproblems, in: Deutschland-Archiv, Heft 12, 1992, S. 1289,) und – was noch hinzuzufügen ist – Zeugnis ablegt von der Bereitschaft und dem Ausmaß in der Praktizierung von konkreter und Zulassung struktureller Gewalt zur Verwirklichung der eigenen Intentionen gegen Widerstände jeglicher Art.

10.4 Die SED im Zwischenbereich von hegemonialer und totalitärer Formation

Nach Umformung der SED zur staatstragenden Partei der DDR führte der Absolutheitsanspruch der Parteispitze mit der Zeit zu einem solchen Maß an Ignoranz und Arroganz, dass Walter Ulbricht erklären konnte, in der DDR herrsche „absolute Freiheit", aber natürlich nicht „für Verrückte und Konterrevolutionäre" (Frankfurter Rundschau, 19.10.91). SED-Funktionäre pflegten in aller Offenheit zu sagen: „Was Recht ist, bestimmen wir!", und Lenins Ausspruch, „Der Marxismus ist allmächtig, weil er wahr ist", bekam einen privilegierten Status[54] (Die Zeit, 12.09.91). Für die vielen in der Nachwendezeit formulierten selbstkritischen Analysen der Angehörigen der ehemaligen Führungseliten steht Helmut Bock, Emeritus der Akademie der Wissenschaften der DDR und Mitglied der Historischen Kommission der PDS, der 1992 in einem Beitrag zum Thema „Partei Staatbürokratische Kaste" vier Strukturmerkmale des „staatsmonopolistischen Sozialismus in der DDR" benannte:

1. Das Politbüro hatte ein „Monopol der Situationsbeurteilung und der Wahrheitsfindung". Statt des „demokratischen Zentralismus" herrschte ein „bürokratischer Zentralismus", ausgeübt durch die Parteibürokratie, bestehend aus Nomenklaturkadern. „Die apolitischen und sinnentstellenden Phrasen der herrschenden Ideo-

der Sowjetunion und dem sozialistischen Lager am besten dient. Hier begann es mit Auseinandersetzungen über die Reparationen, und dies setzte sich in bezug auf den Umfang der für die DDR lebenswichtigen sowjetischen Lieferungen von Rohstoffen etc. fort. (...) Unterschiedliche Akzentuierungen gab es in bezug auf das Verhältnis zwischen der Ausgestaltung von SBZ/DDR und den gesamtdeutschen Anstrengungen und auch in anderen Fragen." (Badstübner, a.a.O. S. 20)

54 „Eine Theokratie, deren Katechismus auf dem Axiom aufbaute, dass derjenige, der ‚falsche' Verhaltensweisen an den Tag legte, ein Opfer bedauerlicher Denkfehler sein musste. Und eben weil er dem als verbindlich erklärten ‚Glaubensbekenntnis' nicht zu folgen vermochte, war er notwendigerweise auch unfähig, die Dinge ‚richtig' zu sehen und zu interpretieren. Damit disqualifizierte er sich selber und brauchte infolgedessen auch nicht mehr ernst genommen werden ..." (Hans Lessing, in: Jean Villain, Die Revolution verstößt ihre Väter – Aussagen und Gespräche zum Untergang der DDR, Bern 1990, S. 100/101).

logie verschleierten den Wandel von einer revolutionären Partei zu einer nachrevolutionären und konservativen Staatspartei". Die DDR-Öffentlichkeit wurde geprägt durch irreführende Begriffe, eine reduzierte Kritikfähigkeit und durch ein falsches Bewusstsein.

2. Die „totalitäre Organisation von Staat und Gesellschaft" war ein Hauptprinzip des Systems. Die Partei durchdrang alle wichtigen gesellschaftlichen Bereiche. Soziale Staatsbürgerrechte waren gewährleistet, politische Grundrechte nicht. „Die Parteioligarchie stand faktisch außerhalb des Gesetzes."
3. Als Folge von Staatseigentum und „Bürokratisierung der Produktionsweise" lagen Planung und Leitung in der Verfügungsgewalt von Funktionären. „Die unmittelbaren Produzenten – die Betriebe und Individuen – besaßen keine souveräne Entscheidungsfreiheit, folglich auch keine Primärverantwortung für Produktion und Warenabsatz."
4. Als Folge der „totalitären Organisation von Staat und Gesellschaft" entstand eine neue „herrschende Kaste". Die „bürokratische Kaste (...) leitete, reglementierte, kontrollierte, bevormundete, verteilte, entschied." Dazu zählte die politische Polizei, deren Bespitzelungs- und Disziplinierungssystem zu einer „Vergiftung der staatsbürgerlichen und rein menschlichen Lebenssphären" führte.
5. Zum politischen Selbstverständnis gehörte eine „teleologische Geschichtsideologie", die mit dem Anspruch auftrat, die „einzige wissenschaftliche Weltanschauung" zu sein, und auf diesem Hintergrund auch wissenschaftliches Arbeiten unter einem dogmatischen Gesichtspunkt betrachtete. Im Zentrum der Ideologie standen Marxismus-Leninismus, Formationslehre und ein „formelhaftes Kapitalismus-Bild" (zit, von Wolfgang-Uwe Friedrich, Denkblockaden..., a.a.O., S. 121/122).

Im Politbüro lag das „Monopol der Situationsbeurteilung und Wahrheitsfindung" wiederum bei der Spitze. Laut Harry Tisch schirmte sich Honecker im Politbüro als das oberste „Fürsichsein" von der Mehrheit der Politbüromitglieder ab, ging mit sich selbst zu Rate oder zog andere im Vorfeld seiner Entscheidungen als Berater heran. (Frankfurter Rundschau, 30.09.91). Erich Honecker selbst empfand sich in die Pflicht eines Staatsoberhauptes genommen, das – wie ein absolutistischer Herrscher – in seiner Person das Ganze verkörpert und ihm dient (Tagesspiegel, 04.12.91).[55] Die zahlreichen „Stellvertreter Gottes" auf der Rangskala der Hierarchie, die in den verschiedenen staatlichen und gesellschaftlichen Einrichtungen das oberste „Fürsichsein" repräsentierten, waren als Mitglieder der Nomenklatur der übrigen Bevölkerung entrückt und standen ihr als das Andere gegenüber. Die Nomenklatur diente somit als zentrales Instrument zur „Sicherung der Exklusivität des Kaderbereichs und zur organisatorischen Sicherung der kaderpolitischen Vorstellungen der SED" (Oldenburg, Fred, Der Parteibegriff der SED und Karl Marx, in: Low, Konrad (Hg.), Karl Marx und das politische System der DDR, Stuttgart 1982, S. 153-190).

55 „In der Subjektivität des General-Sekretärs erscheint die Rechtseinheit auf den Punkt gebracht. Er ist der Herr, um es mit Hegel zu sagen, der ‚dem Besonderen entgegentritt'" (Rolf Henrich, a.a.O., S. 108).

Am wichtigsten für eine ZK-Mitgliedschaft war nicht Fachwissen, nicht einmal Parteilichkeit und Linientreue, sondern das Karrierestreben an sich, das primär nicht nach den politischen Inhalten der Karriere fragt, sondern danach, wie schnell sie nach oben führt. Auf der anderen Seite besagt die Extrahierung des Fachfaktors, dass für die ZK-Mitgliedschaft Karrierestreben und Parteilichkeit allein nicht ausreichten, „sondern dass auch ein gewisses Maß an Fachkompetenz notwendig war." (ebd. S. 111) Der ehemalige Mitarbeiter des Instituts für Gesellschaftswissenschaften beim ZK der SED, Frank Adler, stellte „ein hohes Maß an Selbstrekrutierung" als „dominantes Merkmal der personellen Reproduktion der herrschenden Gruppe" heraus. Die in der Konstituierungsphase der DDR rekrutierte Großvätergeneration entstammte der Herkunft nach vorwiegend der Arbeiterbevölkerung. Laut Frank Adler war der „Zugang auch zu oberen Leitungs- und Führungsebenen für die traditionellen Unterschichten – vorzugsweise für Arbeiter – so offen wie wohl nie zuvor in der deutschen Geschichte und vermutlich wie kaum in einem anderen sozialistischen europäischen Land, das nach dem II. Weltkrieg entstand". Auch in der Vätergeneration stiegen Arbeiter in höchste Ämter auf, wobei Adler konstatiert, dass zu jenem Zeitpunkt bereits die „Pflege dieser Reproduktionsquelle zur Herrschaftstechnik instrumentalisiert" worden war…, „bot doch die soziale Herkunft ‚Arbeiter' gegenüber der dann schon möglichen Rekrutierung aus der (neuen) Intelligenz eine Reihe von Vorteilen: Die Sozialisierung bzw. Disziplinierung im Apparat konnte aufbauen auf dem Fundament industrieller Disziplin, verinnerlichter Autoritäts- und Herrschaftsstrukturen betrieblicher Organisation; nach außen hin konnte der Legitimationsschein von der führenden Arbeiterklasse befestigt werden; die proletarische Herkunft sicherte ein gewisses Maß an Kommunikationsfähigkeit (Kenntnis, Mentalität, Sprache etc.) mit der Arbeiterschaft." (Adler, a.a.O., S. 180f).

Adler hob außerdem folgende Konsequenzen hervor: „Bis zuletzt wurde in der Tat von diesen ‚Kadern' eine Art von Dankbarkeit, ‚Gefolgstreue' empfunden, die Zweifel und Kritik – insofern derartiges überhaupt aufkeimte – paralysierte, zumal der persönliche Aufstieg, die persönliche Beteiligung an der Gestaltung eines alternativen deutschen Staatswesens für sie ein hohes Maß an Identifikation schuf. Nicht zuletzt war damit auch ein latentes Potential für Intelligenzfeindlichkeit gegeben, das gegen aufmüpfige Intellektuelle immunisierte und bei Bedarf gegen sie aktiviert werden konnte. Deshalb blieb die Reproduktion der unteren und mittleren Ränge aus den Unterschichten auch in der ‚geschlosseneren' Spätphase des Realsozialismus in reduziertem Umfang erhalten." (Adler, a.a.O., S. 181). Als Gegenleistung für erwiesene Treue erhielten sie – ihrem Rang entsprechend – Ehrungen (Orden und Medaillien des Sozialismus) und Privilegien wie z.B. die Benutzung eigener Versorgungseinrichtungen, besondere Bildungschancen, Auslandsaufenthalte, den Erwerb von Häusern und/oder die Zusicherung, unbehelligt vom Normalbürger der DDR die eigene Freizeit auch im westlichen Stil zu genießen.

Eine solche in sich gefestigte, auf eine Leitlinie ausgerichtete und in vielfältigen Praxen tätige Nomenklatur sah sich selbst als herrschender Teil einer „genähten Totalität", dem die große Mehrheit der DDR-Bevölkerung als beherrschter Teil gegenüberstand.[56] Während sich die Nomenklatur auf sich selbst bezog, sich selbst genügte, betrachtete sie die Masse der „Werktätigen" als „Sein für anderes Sein", als ein im anderen – im „Fürsichsein" der Nomenklatur – aufgehobenes „Sein". Als solches wurde es der – den Denkkategorien Hegels verhafteten – Selbstreflexion der Nomenklatur zugänglich.

Im Prozess der Reflexion des Verhältnisses beider Momente zueinander entdeckte die Nomenklatur nicht nur die Position des Beherrschten als ein Moment ihres eigenen „Fürsichseins", sondern die gegenseitige Anerkennung beider Momente trieb auch die zweite Bestimmung der Herrschaft – den Dienst des Herrschenden am Unterworfenen – hervor. Als z.B. der bereits erwähnte Harry Tisch nach der Beurteilung der politischen Grundstimmung in den Betrieben gefragt wurde, antwortete er: „Im Politbüro ging es immer nur darum, dass sich die Grundstimmung nicht negativ verändern durfte." Diese Äußerung enthielt zugleich die dritte Bestimmung der Herrschaft: die vom Herrschenden anzuerkennende Autonomie des Beherrschten, die bereits in seiner Eigenschaft als Moment des „Fürsichseins" des Herrschenden angelegt war, aber sich erst in seiner dem Herrschenden äußerlichen Existenz voll entfaltete. Von der Autonomie der beherrschten „Werktätigen" bzw. des „Rests" (der Bevölkerung) war die Nomenklatur selbst abhängig. Im Versuch, deren Autonomie zur Aufrechterhaltung von Unterordnung in Grenzen zu halten, erzeugte sie die vierte Bestimmung der Herrschaft: die Aneignung des Arbeitsprodukts des Beherrschten durch den Herrschenden. In der DDR besaß die Nomenklatur die alleinige Verfügungsgewalt über das Arbeitsprodukt der „Werktätigen". Zu diesem Zweck fesselte sie außerdem – in Marxschen Termini – „die lebendige Arbeitskraft an den Boden und an die Maschinerie als Zubehör". Der „Arbeitsvertrag" der „Werktätigen" begründete letztlich eine „Dienstpflicht gegenüber dem Staat", und zwar auf der Grundlage der „Treuepflicht des einzelnen zu seinem sozialistischen Staat". (Henrich,a.a.O., S. 160f.)

Der untaugliche Versuch, die Gesellschaft als geschlossenes Ganzes, als „genähte Totalität" zu betrachten, in der die Teiltotalitäten ebenfalls von ihrem Wesen her vollkommen bestimmt waren, hatte für das Verhältnis zwischen herrschender Nomenklatur und beherrschter Bevölkerung zur Folge, dass von letzterer vollkommene Einsicht in und freiwillige Unterordnung unter die Führung der Nomenklatur erwartet wurde. Das Verdikt Ulbrichts, in der DDR herrsche „absolute Freiheit", aber natürlich nicht „für Verrückte und Konterrevolutionäre", zeugte von der Gleichsetzung des „Moment"-Charakters des Beherrschten im „Fürsichsein" des Herrschenden mit der Existenz der Beherrschten als zwar abhängige, aber dennoch selbständige Einheit. Zugleich fiel auf, dass die Nomenklatur trotz dieser Gleichsetzung von der Sorge getrieben war, dass sich die Grundstimmung der Beherrschten verschlechtern könnte. Freiwillige Unterordnung der Beherrschten gab es durchaus in der DDR. Weit verbreitet war sie jedoch nicht, so dass die DDR-Gesellschaft von struktureller Gewalt im großen Ausmaß durchsetzt war.

56 „Es ist das Ideologie- und Entscheidungsmonopol, das diese großen Menschengruppen von anderen Klassen und Schichten abhebt und ihren Rang im gesellschaftlichen Leben bestimmt." (Rolf Henrich, a.a.O., S. 61).

Die Masse der abhängig gehaltenen Bevölkerung erwies sich gegenüber der herrschenden Nomenklatur in der Oktroyierung von Selektionsleistungen also nicht als grenzenlos manipulierbare vereinzelte Einzelne, sondern sie entwickelte aus ihrer unhintergehbaren Autonomie gegenüber der Nomenklatur durchaus beträchtliche Wirkungsmacht, die es – laut Harry Tisch – jederzeit zu berücksichtigen galt. Demnach artikulierte sich der theoretische Herrschaftsanspruch der Nomenklatur zwar totalitär und entsprach insofern der Totalitarismusanalyse Hanna Arendts, aber in der herrschaftlichen Praxis rieb er sich beträchtlich an der auf vielfältige Weise geäußerten Selbständigkeit der abhängigen Beherrschten. Während für Hannah Arendt die weder klassenstrukturell verankerte noch wertmäßig orientierte Masse den Nährboden für die Entstehung von Totalitarismus bildete und dieser psychosoziale Zustand der Massen zum Ansatzpunkt für eine totalitäre Ideologie bildete, hatte die Nomenklatur der DDR in ihrer praktischen Machtausübung von Anfang an die von ihr nur begrenzt manipulierbare beherrschte Masse zu berücksichtigen. Letzteres lag nicht zuletzt an der Unfähigkeit der Nomenklatur, die DDR-Bevölkerung vom Informationsfluss aus dem Westen völlig abzuschotten und die auch in ihr fortlebenden traditionsgebundenen Verhaltensweisen der deutschen Bevölkerung völlig zu unterbinden. Diesen Hinderungsgrund für die maximale Durchsetzung ihrer Herrschaft musste die Nomenklatur frühzeitig zur Kenntnis nehmen und in ihr Herrschaftskonzept integrieren. Da sie es nicht mit vereinzelten Einzelnen zu tun hatte, die grenzenlos manipulierbar waren, ließ sich auch im Laufe ihrer herrschaftlichen Praxis ihr erklärter Herrschaftszweck, der uniforme neue Mensch, nicht verwirklichen, woraus nach dem Absterben der DDR auch Folgen für die Totalitarismustheorie als vermeintlich adäquates Instrument zur Analyse der DDR zu ziehen sind. Zunächst ist jedoch das abhängige Bewusstsein ins Visier zu nehmen, ehe weitere Schlussfolgerungen gezogen werden können.

10.5 „Sein für ein anderes Sein" oder die Entwicklung des Bewusstseins der Abhängigkeit

10.5.1 Hörigkeit oder die Entwicklung des „Überichs"

Lisa Vogelbein, in Stalins Todesjahr (1953) beim Volksbildungsministerium der DDR beschäftigt, berichtete in einem Interview der Tageszeitung vom 27.08.91 von der Trauer über das Ableben Stalins: „Als uns Elsa Zaiser, sie war Volksbildungsministerin, gesagt hat, dass Stalin tot ist, haben ganz viele geweint. Auch Elsa hatte diese enge Bindung. Obwohl sie, nachdem sie 36 in die UdSSR emigriert ist, zweimal von Stalin aus Moskau verbannt wurde." Erna K., als Kommunistin 1933 nach Moskau geflohen, 1937 verhaftet und zu zehn Jahren Arbeitslager in Sibirien verurteilt, danach bis zu ihrer Ausreise in die DDR im Jahre 1956 Verbannte in einem kleinen Ort Kasachstans, reagierte auf den Tod Stalins gleichfalls sehr bewegt: „Ich stellte mich an den nächsten Baum und heulte wie ein Köter, den man anständig getreten hat. Im Betrieb sah alles verheult aus, war traurig. Der große Stalin. Was nun, jetzt war Stalin tot, was sollte aus uns werden? Dieser gedrückten Stimmung konnte sich kaum jemand entziehen. Wenn du mehr als zwanzig Jahre das eingetrommelt kriegst. Wir waren Gläubige, durch diese jahrelange Suggestion." (Meinhard Stark, „Wenn Du willst Deine Ruhe haben, schweige", Essen 1991, in: Frankfurter Rundschau, 05.10.91) Erna K. konnte nicht glauben, dass ihre grundlose Verurteilung und die vieler anderer mit Wissen Stalins geschehen war („Alle haben sich die Finger wund geschrieben an Stalin. Alle waren der Meinung, das geschieht alles ohne Wissen von Stalin"), und als sie nach Großbritannien oder West-Berlin ausreisen durfte, entschied sie sich für die DDR. Auf Vorhaltungen ihrer in West-Berlin lebenden Schwester entgegnete sie: „Das lass mal meine Sache sein, ich weiß, wo ich hingehöre." In der DDR traf sie auf Misstrauen: „Man war misstrauisch, weil die Menschen gar nicht so schnell ihr Idol Stalin beiseitelegen konnten. Stalin hat doch auch seine Verdienste, und er hat doch das Sowjetvolk zum Sieg geführt, und was die da alles gesagt haben, die Genossen, im persönlichen Gespräch mit dir. Die wussten nichts, und dir gegenüber waren sie misstrauisch…". Wie konnten Elsa Zaiser und Erna K. trotz der erlittenen Erniedrigungen immer noch Stalin verehren? Hätten sie nicht umgekehrt auf seinen Tod erleichtert reagieren müssen? In Hegels Kategorien von Herrschaft und Knechtschaft ausgedrückt führten grundlose Verhaftung, physische sowie psychische Folter, Verurteilung zur langen Haftstrafe mit anschließender Verbannung dazu, dass sich das anfängliche, der Person inneren Halt gebende kommunistische Selbstverständnis infolge der stalinschen Verfolgungsmaßnahmen (entstanden bei Stalin aus grenzenloser Furcht vor Widerspruch, Verrat und Aufstand) „verflüssigte". „Es ist darin innerlich aufgelöst worden, hat durchaus in sich selbst erzittert, und alles Fixe hat in ihm gebebt." (G.W.F. Hegel, Phänomenologie des Geistes, Frankfurt 1973, S. 153). Aus der erzwungenen Negation des aus Begeisterung für den Kommunismus geborenen Bewusstseins war die „reine Form" eines neuen „Fürsichseins" geworden, identisch mit dem „Fürsichsein" des Herrn; das den Knecht in die Lage versetzte, an sich selbst das außer ihm und für ihn bestehende „Fürsichsein" des Herrn zu erkennen und anzuerkennen. Andernfalls hätte der Knecht das Herr-Knecht-Verhältnis nur erleiden, aber nicht verstehen können. Der Dienst am Herrn, die eigene Selbstaufopferung, wären ihm nur unbewusst möglich gewesen, wenn es nicht dieses in den Knecht versenkte „Fürsichsein" gegeben hätte. Es wurde dem Knecht zur Form, in der sich seine Selbstaufopferung als Dienst am Herrn erst entfalten konnte. „Die enge Bindung" an die Person Stalins, aufgrund derer die beiden Kommunistinnen in ihrer Haft bzw. Verbannung in Todesfurcht erzitterten, war zur engen Bindung an ihr eigenes, über ihnen wachendes, sowohl hassens- wie liebenswertes „Überich" geworden, dessen Anerkennung sie erringen mussten. So war Erna K.'s vorbildliche Arbeitsauffassung keinesfalls überraschend: „Selbst im Lager, dachte ich, habe ich die Pflicht, für den Aufbau des Sozialismus in der Sowjetunion so gut zu arbeiten, wie ich kann … Gute Arbeit hat mir auch moralisch Halt gegeben. Man war zufrieden." (ebd.)

Nicht nur Aufseher zeigten sich zufrieden und spendeten Lob, sondern die Zufriedenheit erwuchs auch aus der Arbeitsleistung. Hegel beschrieb die „Wunderwirkung" der Arbeit im folgenden Satz: Als „formierendes Tun" ist sie „die Einzelheit oder das reine Fürsichsein des Bewusstseins, welches nun in der Arbeit außer es in das Element des Bleibens tritt; das arbeitende Bewusstsein kommt also hierdurch zur Anschauung des selbständigen Seins als seiner selbst", ... wird jetzt „für sich selbst ein Fürsichseiendes" (Hegel,a.a.O., S. 154). Im Stolz auf das Produkt der eigenen Arbeit (in welchem Maße die Arbeitsleistung auch immer abverlangt worden sein mag) erkennt der Knecht, dass er ebenso wie der Herr ein „Fürsichseiendes" ist.

10.5.2 Täuschung über das vermeintlich gemeinsame Ziel des Antifaschismus als Grund von Unterordnung

Im Rückblick urteilte Walter Ulbricht über die Funktion der antifaschistischen Kräfte als Steigbügelhalter der SED-Herrschaft: „Die grundlegende Aufgabe der antifaschistisch-demokratischen Kräfte bestand darin, unter Achtung der Besatzungsbedingungen Schritt für Schritt die politische und wirtschaftliche Macht in die Hände zu nehmen." (Die Zeit, 26.04.91). Dem Marxismus-Leninismus zuneigende Gegner des Nationalsozialismus mögen zu Ende des Zweiten Weltkrieges wirklich davon überzeugt gewesen sein, dass in jeder Art von Kapitalismus auf verborgene Weise der Faschismus lauert. Sie mögen deshalb nach 1945 geglaubt haben, dass mit der westdeutschen Demokratie der Faschismus erneut auferstanden sei und allein die DDR das Erbe des Antifaschismus angetreten habe. Der sowjetische Sieg über den Nationalsozialismus mag von ihnen zugleich als Sieg des Antifaschismus gefeiert worden sein, den es in der DDR künftig unter Einsatz aller Kräfte zu festigen gelte.[57] Ihre über lange Zeit loyale Verhaltensweise gegenüber der Sowjetunion und der SED, in der Hoffnung aufrechterhalten, dass ihre ursprüngliche Intention, antifaschistische Gegeneliten heranzubilden, verwirklicht werden könne, hinderte sie an der Erkenntnis, dass das von ihnen der Partei und der Sowjetunion entgegengebrachte Vertrauen zur Etablierung einer erneut „undemokratischen Form der Elitenrekrutierung" sowie als Basis zur „Produktion von Subalternität" (Rudolf Bahro) missbraucht wurde (Helmut Dubiel in: Frankfurter Rundschau, 06.07.91) und sie selbst in nicht zu geringer Zahl zu den späteren Opfern dieser neuen Herrschaft zählen würden. Ganz gewiss waren sie anfangs mit Blindheit gegenüber der neuen Herrschaftsform geschlagen, scheinbar hilflos der sich zunächst fast unmerklich vollziehenden Entwicklung ausgeliefert, so dass ihre zuerst vorbehaltlos erbrachte Loyalität gegenüber SED und Sowjetunion später zum Keim ihres eigenen knechtischen Bewusstseins mutierte. Aus der Sicht der achtziger Jahre urteilte Günter Gaus über ihre Wirkung im DDR-Bewusstsein: „Diese Männer und Frauen mit Nachkriegsgesinnung, deren Friedensschluss mit der SED brüchig, aber zunächst einmal vorhanden ist, haben nicht wenig dazu beigetragen, dass im herrschenden allgemeinen Bewusstsein Mitteldeutschlands die ersten Jahre

57 „Die meisten der DDR von ihren Gründern zugewiesenen Bedeutungsqualitäten standen antithetisch zu denen der Bundesrepublik, d.h. die Legitimation der DDR ergab sich im hohen Maße daraus, dass sie als Korrektiv zu den der Bundesrepublik berechtigt oder unberechtigt angelasteten negativen Charakteristika fungierte oder fungieren sollte." (Rolf Badstübner, DDR – gescheiterte Epochenalternative, Aufbruch in die Sackgasse oder was sonst? Versuch einer Annäherung, Berlin 1994, S. 12).

nach 1945, auch mit ihren guten Vorsätzen, noch viel gegenwärtiger sind als bei uns…“ (G. Gaus, Wo Deutschland liegt/Eine Ortsbestimmung, Hamburg 1983, S. 102). Der Begriff „Antifaschist“ hatte zu Anfang der achtziger Jahre in der DDR immer noch einen guten Klang, stellte Gaus fest. Zu den Seelenqualen dieser in die Fluchtburgen der DDR – in die sog. „Nischen“ – abgedrängten früheren Befürworter schrieb Gaus: „Zwischen ihnen gab es die alten deutschen Kommunisten, die für ihre Träume, ihre politischen Absichten und Ziele gelitten hatten und die nun, als Teilhaber ihrer Weltmacht, der Sowjetunion, auch ihre Nöte, ihre Qualen hatten mit den lastenden Kompromissen zwischen Parteidisziplin, der Suche nach eigenen Wegen, der Anbindung an Stalins Moskau und weltpolitischen Entwicklungen zum Kalten Krieg.“ (Gaus,a.a.o. S. 179).

10.5.3 Aufsteigerbewusstsein als Ursache von Unterordnung

Bis zum Bau der Mauer am 13. August 1961 hatten fast drei Millionen Bürger die DDR verlassen; unter ihnen vor allem Angehörige der alten Oberschichten, Funktionseliten, Industrielle, selbständige Händler sowie Handwerker, Bauern, konfessionell gebundene Menschen und auch eine beträchtliche Anzahl städtischer Bevölkerung. Die DDR war immer mehr zu einer Gesellschaft der Arbeiter und Kleinbürger geworden, von denen die freigewordenen Funktionsstellen in Gesellschaft und Staat besetzt wurden. In der Tradition deutscher Kindererziehung zeichneten sich gerade diese beiden gesellschaftlichen Gruppen durch besonders rigide Erziehungsmethoden aus, die nicht so sehr dem Ziel dienten, dem jungen Menschen zu größtmöglicher Eigenständigkeit, Selbstvertrauen und Kreativität zu verhelfen, sondern eher seine Fähigkeit zum Erdulden eines Arbeitstages von achtstündiger monotoner Arbeit zu stärken und als moralische Verfehlung zu bewerten, was höheren Orts bestenfalls als eine Geschmacksfrage gehandelt wurde. Hans-Joachim Maaz, langjähriger Chefarzt an der Psychotherapeutischen Klinik der Evangelischen Kirche in Halle, glaubte, dass die Wurzeln der rigiden Erziehungsmethoden bis in die frühkindliche Phase zurückreichten. „Die regelmäßige, gewalttätige Trennung von Mutter und Kind, bereits bei der Geburt, die nach klinischem Regime unter der medizinischen Autorität von Arzt, Hebamme und Apparat durchgeführt wurde und die Bedürfnisse von Mutter und Kind missachtete oder nicht verstand, fortgeführt durch immer wiederkehrende Trennungserlebnisse im Wochenbett, Kinderkrippe, Kindergarten…“, sei sogar in der DDR zum Normalfall erklärt worden und habe mit der verstärkten psychischen Trennung durch „Nicht-Annehmen, Nicht-Verstehen, Nicht-Einfühlen“ zu „schweren seelischen Verletzungen und Ängstigungen“ geführt, die „nur durch Verdrängungen und Abspaltung überlebt werden konnten“ (aus: Das gestürzte Bewusstsein oder die unglückliche Einheit“, in: Tagesspiegel, 29.09.91).

„Je größer die innere Verletzung, der innere Mangel“, meinte Maaz, „desto größer wird die notwendige Abschottung vor dem Fühlen und Erleben, desto größer wird andererseits auch die Bereitschaft und ‚Fähigkeit‘ zum Morden, Foltern, Verfolgen, zur Gewalt, zu starren Dogmen und unlebendigen Phrasen, zu militärischen Strukturen." Folgt man diesem nicht unumstrittenen Erklärungsversuch, müsste der steigende Anteil der Arbeiter und Kleinbürger am gesamtgesellschaftlichen Leben der DDR dazu geführt haben, dass in der DDR-Erziehung nicht mehr das Erreichen eines größtmöglichen Differenzierungsvermögens gefragt war, sondern mehr das des klaren, holzschnittartigen Denkens auf der Grundlage unhinterfragter Überzeugungen. Angesichts der vielfältigen Aufstiegsmöglichkeiten für Angehörige aus der Arbeiterschicht und dem Kleinbürgertum in gesellschaftliche Leitungspositionen, die zuerst durchaus jenseits ihres Erwartungshorizonts lagen und ihnen vom Bürgertum unter andersartigen Bedingungen auch nicht freiwillig eingeräumt worden wären, vergrößerte sich das Maß an Akzeptanz unter diesen Gruppen gegenüber dem SED-Führungsanspruch in Staat und Gesellschaft.[58]

10.5.4 Die Schere im Kopf oder die freiwillige Unterordnung im Bewusstsein des Abhängigen

Gesetzt den Fall, die Unterwerfung unter den Willen des Machthabenden wäre das alleinig gültige Gesetz für den Abhängigen. Selbstverwirklichung des Untertanen wäre dann ausschließlich als Selbstentsagung bis hin zur totalen Selbstaufopferung möglich. Der eigene Wille würde gegenüber dem herrschaftlichen Willen völlig zurückgenommen. Letzte Konsequenz dieses Handelns wäre die Auflösung des Herrschafts-Abhängigkeits-Verhältnisses durch den Tod des Abhängigen. Um dieses negative Resultat zu vermeiden, läge es im Interesse des Herrn, dem Abhängigen freiwillig ein Stück Autonomie einzuräumen; wie es Johannes Kaiser für die DDR-Wissenschaft formulierte: „Immer musste den Wissenschaftlern ein Stückchen Autonomie gewährt werden, wenn sie denn Wissenschaftler bleiben sollten." (Tagesspiegel, 7.7.91). Wo aber die Grenzen der Autonomie lagen, vermochte niemand exakt zu bestimmen, so dass die Schere im Kopf oftmals dem Zensor zuvorkam. „Was man intern möglicherweise noch kontrovers diskutierte, durfte nicht an die Öffentlichkeit dringen, unterlag scharfer Zensur. Das wichtigste Forschungsinstrument war die Schere im Kopf. Man schlug noch nicht einmal Themen vor, so laut Thomas Hanf vom Zentralinstitut für Soziologie, ‚die den Verdacht erregt hätten, anstößig zu werden'. Schon Entwürfe wur-

58 Je mehr Mitglieder dieser Gruppen jedoch gehobene Positionen einnahmen, desto intoleranter, sturer, abweisender, „pädagogischer" verhielt sich die neue Nomenklatur nicht nur gegenüber den noch Verbliebenen aus den alten Führungsschichten, sondern desto unduldsamer, rigider, anmaßender erschien auch Arbeitern und Kleinbürgern das Verhalten der neuen Führungsschicht. „Der soziale Aufstieg", schrieb Wolfgang Engler in einer Besprechung des Buches von Lutz Niethammer, Alexander von Plato, Dorothee Wierling über „Die volkseigene Erfahrung/Eine Archäologie des Lebens in der Industrieprovinz der DDR", Berlin 1991, „löste keinen gleichgerichteten Fahrstuhleffekt der kulturellen Verkehrsformen aus. Die in hohe und höchste soziale Lagen ‚Hineinarrivierten' blieben ihren Ausgangsmilieus verhaftet." (Frankfurter Rundschau, 01.10.91). Sie hielten nicht nur an ihren Kleidungs-, Ess- und Tischsitten fest, sondern auch an ihren wenig flexiblen Denkformen. So trugen sie selbst wieder zum Abbau von Akzeptanz sowohl bei den ‚unten Gebliebenen' wie bei den Mitgliedern der nachfolgenden Generation bei.

den gestoppt. Unliebsame Untersuchungsresultate waren zu glätten.“ (Tagesspiegel, 07.07.91).

In der Wirtschaft herrschte stattdessen Schönfärbung vor. Das Informationssystem zur Ermittlung volkswirtschaftlich relevanter Daten war, wie Hans Lessing berichtete, „mehrgleisig angelegt, und zwar als eine von unten nach oben progressiv wirkende Schönfärberei. Immer im Hinblick auf die vorgegebenen Ziele tendierte es stets dahin, vor allem die qualitativen Aussagen maximal an die oben gehegten Wunschvorstellungen anzunähern. Was natürlich nur mittels einer über die Jahre immer mehr eskalierenden Akrobatik mit Zahlen, Kennziffern, Berechnungen zu schaffen war. Einer Akrobatik, die wir als Wirtschaftspraktiker alle exzellent beherrschen lernen mussten.“ (Villain, a.a.O., S. 92).

Bei den Grenztruppen konnte nicht in Frage gestellte Unterordnung so weit gehen, dass zur Verhinderung eines Fluchtversuchs der Postenführer seinem Untergebenen zurief: „Jetzt müssen wir schießen, schieß!“ Zu einem späteren Zeitpunkt vor Gericht zur Verantwortung gezogen, äußerte der gleiche Postenführer: „Wie Werkzeuge, ohne Überlegung, rein mechanisch haben wir gehandelt, so wie wir es während der Ausbildung lernten.“ (Tagesspiegel, 10.09.91). Einer der früheren Ausbilder, damals General der DDR-Grenztruppen, rechtfertigte seine Unterordnung mit der ihm übertragenen Aufgabe, „Ruhe und Ordnung an der politisch sensibelsten und brisantesten Staatsgrenze zu gewährleisten“ und „politischen, ökonomischen und militärischen Schaden vom eigenen Land und der sozialistischen Staatengemeinschaft fernzuhalten“. (Die Zeit, 19.09.91). In der „Feindhysterie“ des kalten Krieges führten Unterordnung und aufgesplitterte Verantwortung beim DDR-Grenzregime dazu, dass – von der Form her – „Befehle in Übereinstimmung mit Völkerrechtlichen Prinzipien und innerstaatlichem Recht politisch verantwortungsbewusst und militärisch exakt umgesetzt wurden“ und dennoch nichts Geringeres als die Tötung von Fluchtwilligen zum Inhalt hatten, deren Tod zumindest nicht ausschlossen (Die Zeit,19.09.1991).

10.5.5 Furcht, Schweigen und Faszination – Gründe für die Unterordnung des abhängigen Bewusstseins

Wie bereits dargestellt war die „Furcht“ im Herrschafts-Abhängigkeits-Verhältnis ein konstituierendes Moment der Herausbildung von abhängigem Bewusstsein. Sie reichte bis an dessen Wurzeln, begann mit der totalen Verunsicherung des sich unterlegen Fühlenden, dem Zerfließen seiner bis dahin als sicher geglaubten Fundamente, führte zur Einpflanzung des herrschaftlichen Bewusstseins in dasjenige des Untertanen als sein „Überich“, dem es künftig in Selbstaufopferung diente, und schloss – je nach vorliegenden Bedingungen – die Erwartung von Anerkennung, Lob, Strafe und Verzeihung durch den Herrn mit ein. Auf das gesellschaftliche Zusammenleben von Menschen übertragen, entwickelte sich daraus: Furcht vor der Verhaftung, Furcht vor Folter, Furcht vor dem gewaltsam herbeigeführten Tod, Furcht vor dem Verlust von Freunden, Familie, Eigentum oder Lebensmöglichkeiten, Furcht vor Armut, vor Isolierung, Furcht vor Versagen. Es bedeutete „Leben in einem Dschungel, in Nischen, geduckt und voneinander isoliert" (Richard Schröder). In einem von Richard Schröder erwähnten Beispiel wurde dieses Leben sehr anschaulich dargestellt. „Eine Mitschülerin hat einmal zu meiner Tochter gesagt: ‚Du hast's gut, du musst nicht in die FDJ eintreten, ich muss, denn mein Vater hat gesagt, sonst gefährdet er seinen Beruf.[59] Man konnte diesen Vater fragen, ob er nicht die Gefahr überschätzt, aber will man ihn wirklich verachten, weil er in dieser Sache seinen Beruf nicht gefährden wollte?" (Die Zeit, 26.09.91). Aus Furcht vor Karriereknicks oder Repressalien wurde geschwiegen, und so entstand laut Wolfgang Thierse „ein System des alltäglichen, des leisen Terrors, das des Mittuns und des Mitschweigens vieler bedurfte;" (Die Zeit, 06.09.91).

Schweigendes Erdulden gab es auch in anderen Bereichen. So wies die ehemalige brandenburgische Bildungsministerin Marianne Birthler kritische Äußerungen der Eltern zur schleppend ablaufenden Entlassungsaktionen belasteter Lehrer zurück und kritisierte ihrerseits vorherrschende Verhaltensweisen von Eltern in der DDR-Vergangenheit. „Bei allem Verständnis, das ich für manche Eltern habe, müssen sie sich auch fragen lassen, ob nicht auch sie zu häufig in ihren Betrieben oder in den Elternversammlungen geschwiegen haben, ganz parallel zum Verhalten vieler Lehrer". (Tagesspiegel, 16.08.91). Weil es eines „übergroßen Muts" bedurfte, „aus der Reihe zu tanzen" (Friedrich Schorlemmer), schwieg man lieber und richtete sich ein. „Wir haben doch nicht alle täglich gelitten. Jeder hat sich so oder so eingerichtet und teils leichten, teils schweren Herzens Kompromisse geschlossen, und jedenfalls hat jeder die Situation erlebt, dass er geschwiegen hat, wo er besser etwas gesagt hätte", wie es Richard Schröder formulierte (Tagesspiegel, 01.09.91).

Wie Günter Gaus herausfühlte, war erbetene Unterordnung nicht immer ohne Reiz, gelegenlich voller Faszination: „Ich schließe das aus dem Wechsel des Tonfalls, den ich bei schlichten Genossen der SED gelegentlich feststellte, wenn die Rede aufs Politbüro kam (und ich füge hinzu, um der gängigsten westlichen Erklärung dafür zuvorzukommen: keinesfalls ein Tonwechsel, weil man meinte, das Gespräch werde abgehört." (Gaus,a.a.o., S. 109) Erstaunen, Scheu, Verlegenheit bis Abscheu vor zu offenen Diskusionen und ungeschminkter Berichterstattung im westlichen Fernsehen zeugten von einer Attitüde vorauseilenden Gehorsams, freiwilliger Unterordnung unter die herrschenden Verhältnisse. Hörigkeit, guter Glaube, Täuschung, freiwillige Anpassung aus Karriereabsichten, Unterordnung, Erdulden, Schweigen, Mimikry resultierten aus der Furcht des abhängigen Bewusstseins vor dem herrschaftlichen „Fürsichsein" in und außer ihm. Sie waren in der DDR weit verbreitet.

---

59 Über das Grenzregime entschied in letzter Instanz die sowjetische Führung. „Schmutzige Hände" bekamen die ausführenden DDR-Grenzorgane. Wie die Verantwortlichkeiten verteilt waren, lässt sich folgender Feststellung Wadim Sagladins, Erster Stellvertretender Direktor der Internationalen Abteilung des ZK der KPdSU, entnehmen. In einem Gespräch mit Condoleezza Rice vom Beratungsteam des amerikanischen Präsidenten Bush sagte er während des Zwei-plus-Vier-Prozesses im Frühjahr 1990: „Früher gab es zwei Deutschlands – eines, das uns gehörte, und eines, das Ihnen gehörte..." (Philip Zelikow/Condoleezza Rice, Sternstunde der Diplomatie, Berlin 1997, S. 369) Egon Bahr gab anlässlich des Prozesses gegen die Mitglieder des Politbüros zu Protokoll, dass aus seiner Kenntnis das Grenzregime der DDR nicht der Souveränität der DDR unterlag. Dennoch wurden die Politbüromitglieder in erster Instanz zu Freiheitsstrafen verurteilt.

10.5.6 Auflehnung und aktiver Widerstand

Abhängiges Bewusstsein hat das „Fürsichsein" des Herrn sowohl für sich im außer ihm existierenden Herrn als auch an sich (in Form des „Überichs") und vollbringt es im Dienst am Herrn und am „Überich" wirklich. Welche inhaltlichen Formen dieser Dienst annehmen kann, ist bereits ausführlich beschrieben worden. Vollständig bestimmt ist es nach Hegel jedoch erst, wenn das „Fürsichsein" auch für es selbst ist. Zur „Anschauung des selbständigen Seins als seiner selbst kommt es als „arbeitendes Bewusstsein". Im Formieren des Dinges wird ihm bewusst, „dass es selbst an und für sich ist, indem es die Form aus sich hinaussetzt" (Hegel,a.a.O., S. 153f).

Noch einmal zusammengefasst ist das abhängige Bewusstsein in seiner Form als „Fürsichseiendes" also vierfach bestimmt; durch

1. das „Fürsichsein" des Herrn, das außer ihm und für ihn ist,
2. das aus Furcht vor dem Herrn entstandene und im Dienst sich erfüllende „Fürsichsein" an ihm (Überich),
3. das im Verlauf des Formierens an ihm selbst entstehende „Fürsichsein",
4. das aus sich hinausgesetzte, entäußerte „Fürsichsein" im bearbeiteten Gegenstand, der vom Herrn angeeignet wird.

Als „Fürsichseiendes" kommt dem abhängigen Bewusstsein die gleiche Qualität zu wie dem „Fürsichseienden" des herrschaftlichen Bewusstseins. Als abhängiges Bewusstsein ist es genau dessen Gegenteil. Über die beiden letzten Formen seines „Fürsichseins" bleibt es an den Herrn gebunden, der die zu bearbeitenden Gegenstände zur Verfügung stellt und das Arbeitsprodukt aneignet. Dennoch gelangt es im Vergleich dieser beiden Formen des „Fürsichseins" zur Anschauung seiner selbst, setzt sich mit sich identisch und erwirbt dadurch Selbstbewusstsein. Selbstbewusst und stolz auf die im bearbeiteten Gegenstand vergegenständlichte Arbeitsleistung tritt es der Herrschaft gegenüber und erwartet als Gegenleistung deren materiell wie immateriell ausgedrückte Anerkennung. Bleibt sie aus oder wird nur unzureichend gewährt, ist der Stachel der Distanzierung, Entfremdung, Opposition, Demonstration, Anklage, Rebellion bis hin zum Aufstand gelegt, in dessen Verlauf das bestehende Herrschafts-Abhängigkeits-Verhältnis in Frage gestellt, abgelöst oder umgekehrt erneut bestätigt wird. Für das Herrschafts-Abhängigkeits-Verhältnis der DDR hat Harry Tisch eingestanden, dass das Politbüro diese mögliche Verhaltensweise der abhängig gehaltenen Bevölkerung stets einkalkuliert hat. Deshalb sollte sich – wie oben bereits ausgeführt – die Grundstimmung der Bevölkerung nicht negativ verändern.

Als in den siebziger Jahren die in Rostock geplante Aufführung eines revolutionären Bühnenstücks von Peter Schutt, westdeutscher Autor und DKP-Mitglied, am Veto Kurt Hagers, Politbüromitglied und Leiter der Kulturabteilung im Zentralkomitee, scheiterte, gab der DDR-Chefideologe folgende Begründung: „Ein solches Streikstück, in dem DDR-Arbeitern handgreiflich vor Augen geführt werde, wie man einen Streik organisiert, könne auf dem Boden der DDR, wo die Arbeiterklasse die Macht habe, nicht aufgeführt werden. Die Aufführung wäre ein kompletter Aufruf zur Konterrevolution, gleichbedeutend mit der Inszenierung des 17. Juni 1953 auf einer unserer großen Bühnen. Gegen den Rostocker Theaterregisseur habe man ein Parteiordnungsverfahren einleiten müssen, aber darüber solle Peter Schutt „revolutionäre Verschwiegenheit" bewahren (Die Zeit, 19.09.91).

Laut Hans-Joachim Maaz wusste jeder in der DDR, dass er Strafe zu erwarten hatte, „wenn er den schmalen Grad der vorgegebenen Linie verließ. Er stürzte unweigerlich in Ungnade, wurde beschimpft, bedroht und ausgegrenzt (du bist nicht im rechten Bewusstsein, du dienst dem Klassenfeind, du gehörst nicht zu uns). Da dieses System ... auf ‚ewig' angelegt war, und in der Tat keiner eine wirkliche Veränderung für möglich hielt, war bereits das geringste Abweichen vom Willen der Mächtigen eine lebensbestimmende existentielle Bedrohung". (Maaz, in: Tagesspiegel, 29.09.91).

In Hinblick auf das den Deutschen insgesamt unterstellte schwache Demokratiebewusstsein bittet Maaz um eine rücksichtsvolle Beurteilung der DDR-Deutschen, wenn er schreibt: „Nur wer sich das wirklich vor Augen hält, kann das erschreckende Ausmaß der Unterwerfung verstehen, die schließlich immer mehr ‚freiwillig' vollzogen wurde, als dass sie noch durch tatsächliche Strafen durchgesetzt werden musste.

Die Angst und Einschüchterung hatten sich tief in die Seelen der Menschen eingefressen. Unverhältnismäßig hohe und harte Strafen ... hatten das Denken, Fühlen und Handeln der Menschen unter Kontrolle gebracht, so dass die bestehende Strafandrohung weitestgehend ausreichte, um über das Volk zu herrschen." Selbst der Vorsitzende der LDP, Manfred Gerlach, dessen Partei zu den Blockparteien unter Führung der SED gehörte und der nominell Stellvertreter des Staatsratsvorsitzenden der DDR war, sah sich dem Entzug des „Spiegels" ausgesetzt, als er sich einmal missliebig gemacht hatte. Zur Aufhebung des Verbots bedurfte es der Genehmigung des Staatsratsvorsitzenden höchstpersönlich (Frankfurter Rundschau, 13.11.91). Wenn es für das Überleben und Weiterkommen nötig war, sich anzupassen, nicht vorzudrängen zusammenzuhalten, Konkurrenz zu vermeiden, bescheiden zu sein und nicht immer den neuesten Dingen hinterherzujagen (Peter Bender im Tagesspiegel, 22.09.91), war leicht einsehbar, welcher Menschentyp unter den klimatischen Bedingungen eines fehlenden Individualisierungsdrucks am besten gedeihen würde. Maaz beschreibt ihn im folgenden Zitat: „Die Anpassung durch Unterwerfung mittels Strafe, Trennung und Lob förderte depressiv-gehemmte und zwanghaft-eingeengte Strukturen. Wir finden in den Menschen dadurch viele latente Ängste, Unsicherheiten, Gehemmtheit und Minderwertigkeitsgefühle, Ohnmacht und Hilflosigkeit, eine Neigung zur Abhängigkeit, Gereiztheit und Gespanntheit. Einen Zustand, der sich in der allgemeinen Tendenz als introvertiert-kontrahiert beschreiben lässt." (Maaz, a.a.O.).

Diesem knechtischen Menschentyp zu entrinnen, der eigenen Furcht zu trotzen und zur Herrschaft in innere und äußere Distanz zu gehen, Abwehrbereitschaft gegenüber den täglichen Zumutungen der Herrschaft einzunehmen, laut zu protestieren und zu demonstrieren, zu boykottieren, gar zu rebellieren und zu streiken, geheimdienstliche Beobachtung, demütigende Belehrung, Zurücksetzung, Strafe, Gefängnisaufenthalt, Isolierung, Ausweisung, Ächtung in Kauf zu nehmen, all dies erforderte nicht nur großen Mut, sondern Abschiednehmen vom Mitläufertum, der Differenz zwischen Handeln und Denken, dem öffentlichen Lügen, der Bereitschaft zur Denunziation (Hans-Jochen Tschiche). Es bedeutete vor allem Bekanntschaft mit der Staatssicherheit und ihren inoffiziellen Mitarbeitern bis in persönliche Freundschaften hinein. Gerd Poppe vom Bündnis 90, Bundestagsabgeordneter, etwa zwanzig Jahre von der Stasi observiert, gab während der Parlamentssitzung zum Staatssicherheitsdienstgesetz Einblick in missbrauchtes Vertrauen. Sein siebenjähriger Sohn hatte im Jahre 1987 auf ein Blatt Papier geschrieben: „Heute war der erste Tag, an dem es schneite. Die Stasi war da und hat Poppoff – das bin ich – mitgenommen." Auf einem anderen Blatt las Poppe den Bericht des inoffiziellen Mitarbeiters der Stasi, des langjährigen Freundes und Gründungsmitglieds der DDR-SPD, Ibrahim Böhme, über dessen erste Begegnung mit ihm. In einer Diskussion über Frieden und Menschenrechte hatte Poppe zusammen mit seiner Frau einen Text eingebracht und die Anwesenden zur Unterschrift aufgefordert. Im Bericht Böhmes an die Stasi hieß es dazu: Dieser Text hätte „eindeutig eine scharfe Gewichtung gegen die Sowjetunion und gegen die Staaten des Warschauer Vertrags" und nähme ebenso eindeutig, „wenn auch mit geschickten taktischen Formulierungen, Position und Partei für die sogenannten parlamentarischen Demokratien der westlichen Welt" (Frankfurter Rundschau, 15.11.91). Poppe fügte hinzu, dass Erlebnisse dieser Art zu den Alltagserfahrungen von Tausenden gehörten, „die den aufrechten Gang erprobten, die unbequem für die Herrschenden waren".[60]

Wenn Hans-Jochen Tschiches Vermutung stimmt, dass ungefähr zehn Prozent der knapp 17 Millionen zählenden DDR-Bevölkerung auf die eine oder andere Weise Teil der „Stasikrake" geworden ist, leitet sich daraus die Notwendigkeit ab, das in den obigen Beispielen deutlich gewordene Verhältnis zwischen den beiden Momenten des abhängigen Bewusstseins, dem furcht- und dem widerstandsorientiertem Moment, einer näheren Analyse zu unterziehen.

10.5.7 Das Verhältnis zwischen Furcht- und Widerstandsorientierung im abhängigen Bewusstsein

Das im abhängigen Bewusstsein aus absoluter Furcht vor dem Herrn entstandene „Überich", dem es dient und wodurch es das (außer ihm und für ihn) existierende Bewusstsein des Herrn erkennt und anerkennt, stellt die erste selbständige Form des abhängigen Bewusstseins dar. Ihm gegenüber steht die zweite selbständige Form, die im Verlauf des Formierens an ihm selbst entstanden und im bearbeiteten Gegenstand veräußerlicht ist. Die erste Form ist Träger der Furcht, die zweite birgt die Möglichkeit des Widerstandes in sich. Absolute Furcht schließt Widerstand aus und absoluter Widerstand kennt keine Furcht. Beides verhält sich gegensätzlich zueinander. Als selbständige Formen des abhängigen Bewusstseins stellen sie also ein absolutes Gegensatzpaar dar und konstituieren dennoch beide zusammen qualitativ und quantitativ das abhängige Bewusstsein. Der Grad des abhängigen Bewusstseins wird bestimmt von dem mehr oder weniger des einen oder anderen. Überwiegt die Furcht gegenüber

60 Beispiele dieser Art gibt es zu Hauf. In der weiteren Entwicklung der Nachwendezeit wurden sie literarisch wie auch cineastisch in immer neuen Facetten aufgearbeitet.

dem Widerstand, kann von einem unterwürfigen abhängigen Bewusstsein gesprochen werden. Verhält es sich umgekehrt, dominiert also der Widerstand, ist von einem widerspenstigen abhängigen Bewusstsein auszugehen. Ein abhängiges Bewusstsein, in dem kein Gramm Widerstand enthalten ist, gelangt nicht zu sich selbst und stirbt an Selbstaufopferung; umgekehrt kündigt ein nur aus Widerstand bestehendes abhängiges Bewusstsein sein Verhältnis zur Herrschaft auf und riskiert im Kampf gegen die Herrschaft sein Leben. In den oben zitierten Beispielen hat es fast immer ein Mischungsverhältnis zwischen beidem gegeben.

10.6 Die DDR als Nischengesellschaft

10.6.1 Der Staat als Instrument der führenden Partei

Wie bereits ausgeführt fällt dem Staat auf jeder Stufe seiner Entwicklung die Aufgabe der Selbsterhaltung des strukturierten Ganzen in ganz besonderer Weise zu. Zur Erfüllung dieser Verpflichtung benötigt er ein Mindestmaß an Autonomie bzw. Selbstständigkeit gegenüber allen anderen autonomen Einheiten des strukturierten Ganzen, um sie, wenn nötig, im Namen der Selbsterhaltung in ihren Aktionsmöglichkeiten zu begrenzen. Daraus ist weder abzuleiten, dass der Staat neutral noch dass er oberhalb der Gesellschaft angesiedelt ist; unterliegt er doch seinerseits dem bestimmenden Einfluss einzelner oder ganzer Gruppen von autonomen Einheiten. Versuchen sie jedoch, seine Autonomie gänzlich in Frage zu stellen, verlieren sie entweder ihre Eigenständigkeit an den Staat, verschmelzen also mit ihm zu einer Einheit und sind dann auch an seine Besonderheit gebunden, oder der Staat verliert zunehmend seine Selbsterhaltungsaufgabe, was letztlich zur Auflösung des strukturierten Ganzen führen muss. Welchen Weg die SED beschritten hat oder ob sie eine dritte Schneise zwischen beiden zu schlagen versuchte, lässt sich an wenigen Daten aufzeigen.

In ihrem 1981er Parteistatut bezeichnete sich die SED als „führende Kraft der Organisationen der Arbeiterklasse und der Werktätigen, der staatlichen und gesellschaftlichen Organisationen“, d.h. Partei- und Staatsideologie wurden von ihr identisch gesetzt, Staatsmacht war Parteimacht, Parteiraison war Staatsraison. Der hierarchische Aufbau ermöglichte ihr, die jeweils herrschende Parteilinie – mittels Parteidisziplin – von der zentralen Ebene bis in die kleinsten Bereiche auch dann durchzusetzen, wenn einzelne Parteimitglieder nicht davon überzeugt waren.

Nach Ralf Dahrendorf zeichnete sich nicht nur diese Nomenklatura-Herrschaft dadurch aus, dass „es zumindest der Form nach staatliche, ökonomische und sogar gesellschaftliche Strukturen“ gab. Man habe Minister, Unternehmer und Leiter von sogenannten ‚gesellschaftlichen Organisationen‘ identifizieren können. Aber das Wort ‚Struktur‘ sei in diesem Zusammenhang irreführend gewesen. Als solche hätte man die Träger der vertrauten Positionen als bloßes Baumaterial betrachten müssen. Die Struktur sei erst durch die monopolistische Partei geschaffen worden (Frankfurter Rundschau, 13.10.90). Aussagen von Bezirks- und Parteisekretären der SED bestätigten Dahrendorf. Auf die Frage, an welcher Stelle man mehr bewirken könne, ob im

Parteiapparat oder im Staatsapparat, antwortete Ernst Timm, SED-Bezirkssekretär von Rostock: „An beiden Stellen kann man viel bewirken. Aber die Verantwortung in der Partei ist höher." Für Timm fungierten der Rats-Vorsitzender und Rat der Stadt Rostock lediglich als Unterabteilung des Gebietssekretariats der Partei (Die Zeit, 27.06.86). SED-Parteisekretär Günter Schmitt im Walzwerk Hettstedt bezeichnete den Betriebsdirektor nicht als seinen Chef: „Er hat mir nichts zu sagen, eher ich ihm." Weil er auch ein Genosse sei und er sich mit ihm gut verstehe, verzichte er jedoch auf seine Weisungsbefugnis (Die Zeit, 11.04.86). Wenn also der hierarchisch gegliederte Parteiapparat mit seinem gesamten „geronnenen, herrschaftlich organisierten Wissen" (Rudolf Bahro) den Staat regierte, waren dessen Organe weder als einzelne noch in ihrer Gesamtheit in der Lage, autonom zu handeln und ihre Selbsterhaltungsaufgabe gegenüber allen anderen autonomen Einheiten wahrzunehmen. Mit dem Verschwinden staatlicher Autonomie setzte zugleich der Versuch ein, die übrigen autonomen Einheiten der Gesellschaft immer stärker in eine vorgeformte Struktur zu pressen, ihnen den angestammten Handlungsspielraum durch Ausdehnung staatlicher Kompetenzen und Handlungen zu entziehen (Verstaatlichung der Gesellschaft) und den Aktionsrahmen der SED bis zur Allmacht auszudehnen. Die ideologische Grundlage für den Aufbau einer solchen Struktur hatte bereits Friedrich Engels im „Anti-Dühring" gelegt, als er den Freiheitsbegriff mit der Kenntnis „objektiver Gesetzmäßigkeiten" und der Durchsetzung der „historischen Notwendigkeit" in Verbindung brachte: „Nicht in der geträumten Unabhängigkeit von den Naturgesetzen liegt die Freiheit, sondern in der Erkenntnis dieser Gesetze und in der damit gegebenen Möglichkeit, sie planmäßig zu bestimmten Zwecken wirken zu lassen. Es gilt dies mit Beziehung sowohl auf die Gesetze der äußeren Natur, wie auf diejenigen, welche das körperliche und geistige Dasein des Menschen selbst regeln – zwei Klassen von Gesetzen, die wir höchstens in der Vorstellung, nicht aber in der Wirklichkeit voneinander trennen können. Freiheit des Willens heißt daher nichts anderes als die Fähigkeit, mit Sachkenntnis entscheiden zu können. Je freier also das Urteil eines Menschen in Beziehung auf einen bestimmten Fragepunkt ist, mit desto größerer Notwendigkeit wird der Inhalt dieses Urteils bestimmt sein." (Friedrich Engels, Anti-Dühring, Berlin (DDR),1970, S. 106)

Engels löste das Verhältnis von Freiheit und Notwendigkeit zugunsten der Notwendigkeit auf. Durch Anpassung an die erkannte objektive Notwendigkeit habe sich die Freiheit zu bewähren. Die auf Führung pochenden Parteien der Länder, in denen sich das Modell des „realen Sozialismus" durchgesetzt hatte, leiteten daraus folgende Freiheitskonzeption ab: Frei wird, wer die objektiven Gesetzmäßigkeiten der gesellschaftlichen Entwicklung erkennt und auf der Grundlage der erkannten Notwendigkeit handelt. Freiheit ist Verwirklichung des „Richtigen", ist Handeln im Sinne der „Wahrheit", nicht jedoch nur „Möglichkeit des Handelns". Mit den Worten Vladimir Klokockas: „Die Führungs- und Steuerfunktion des herrschenden Zentrums, das objektive Entwicklungsgesetze zu einer bewussten und – wie oft behauptet wird – wissenschaftlich fundierten Politik nutzt, legt auch die Richtungen für Aktivitäten und Initiativen fest, denen der einzelne zu folgen und er zu respektieren hat, will er frei handeln." (aus: Die Stellung des einzelnen im System des ‚realen Sozialismus', in: Heft

16 von 1980 [Vierteljahreszeitschrift für „Demokratie und Sozialismus"], 1981). Für die Mehrheit der Bevölkerung bedeutete Freiheit demnach lediglich, „Gefundenes zu finden". Spontanes Handeln war destruktiv. Stattdessen sollte der einzelne seine Persönlichkeit „allseitig und ungehindert in Übereinstimmung mit den gesellschaftlichen Gesetzmäßigkeiten" entfalten.[61]

„Im Staatssozialismus ist es das Postulat einer historischen Gerechtigkeit, womit die Legitimität der bestehenden Herrschaftsordnung praktisch gerechtfertigt werden soll. Die Politbürokratie will der Vollstrecker dieser Art von Gerechtigkeit sein. ‚Unser Recht ist nicht deshalb gesellschaftlich legitimiert, weil es der Gerechtigkeit entspricht – das wäre ein sozialistisch firmierter naturrechtlicher Ansatz! –, es ist vielmehr dann legitimiert (d.h. historisch gerecht)', behauptet der tonangebende DDR-Rechtsphilosoph Klenner, ‚wenn es mit den objektiven Gesetzmäßigkeiten der Entwicklung übereinstimmt und sie optimal durchzusetzen hilft.' Begründung und Bewertung, Rechtfertigung, Kritik und Korrektur der Legalität ‚sind folglich mit den Mitteln und Methoden der Gesellschaftswissenschaft zu erschließen', wobei von vornherein die moralische und juristische Berechtigung der sozialen und diese wiederum der historischen Berechtigung untergeordnet werden soll." (Rolf Henrich, a.a.O., S. 125)

Angesichts der unterstellten Interessenidentität von Individuum (autonome Einheit) und Gesellschaft (strukturiertes Ganzes) verwundert nicht, wenn beispielsweise der oberste Devisenhändler der DDR, Alexander Schalck-Golodkowski, auf die Frage nach der Motivation für sein Handeln antwortete: „Ich war Bürger der DDR, Mitglied der SED, Funktionär, und meine Motivation bestand darin, meinem Staat bedingungslos und so gut wie möglich zu dienen…" (Die Zeit, 03.10.91). Da Schalck-Golodkowski obendrein Oberst des Staatssicherheitsdienstes war, erfüllte er das realsozialistische Ideal. Es verwundert ebenfalls nicht, dass hauptamtliche Mitarbeiter der Abteilung XX des Staatssicherheitsdienstes bestätigten: „Ab einer bestimmten Ebene gab es keine Gesetze mehr." (Tagesspiegel, 02.08.91). Wenn die Partei das Bewusstsein bestimmte und die Funktionäre das Recht, konnte es keine Autonomie für den Staat und das Individuum geben.

Bereits Rudolf Bahro hatte 1976 in seinem Buch „Die Alternative" den Hintergrund für „bedingungsloses Dienen" und „Rechtlosigkeit" ausgeleuchtet: „Der Parteiapparat als Kern der Staatsmacht bedeutet den säkularisierten Gottesstaat. Nie waren, seit die Theokratien der Frühzeit niedergingen, weltliche und geistige Autorität derart in einer Hand vereint. In dieser institutionellen Identität von Staatsautorität, ökonomischer Verfügungsgewalt und ideologischem Ausschließlichkeitsanspruch sowie in der daraus sich herleitenden Unkontrollierbarkeit des Politbüros und ihrer bis an die Basis reichenden Apparate besteht das politökonomische Frontproblem im real existierenden Sozialismus." (Frankfurter Rundschau, 03,12.77).

61 „Der Status des Menschen im Sozialismus, wie er sich zwischen Oder und Elbe herausgestellt hat, ist genau noch der eines Mündels! (…) was der Mensch da längst tun könnte und worüber er allein entscheiden sollte, das vollführt in der Regel ein anderer, weil man unterstellt, die Menschen seien noch nicht reif genug." (Rolf Henrich, a.a.o., S. 13).

Die Beschneidung jeglichen staatlichen Autonomieanspruchs gegenüber der führenden Partei hatte fatale Folgen für die Selbsterhaltung des strukturierten Ganzen. Wenn dem „real existierenden Sozialismus“ sichtbare und stabile Grenzen zwischen Anwendung und Missbrauch der Macht fehlten und heute Unrecht war, was gestern noch als rechtmäßige Anwendung verstanden wurde[62], blieb für die Masse der Individuen nur eine Reaktionsweise übrig, auf die Bahro bereits hingewiesen hatte. Die übergroße Mehrheit der „Werktätigen“ reagierte keineswegs wie der karrierebewusste Schalck-Golodkowski, sondern schaltete angesichts – der Bedeutungslosigkeit ihres individuellen Daseins – im „real existierenden Sozialismus“ einfach ab und zog sich zurück. Eine Gesellschaft, zu deren Reproduktion die Individuen nicht mit voller Kraft beitragen, kann aber auf Dauer nicht im Wettbewerb der unterschiedlich strukturierten Gesellschaften untereinander bestehen.

Ein solcher Rückzug der Individuen hatte jedoch noch eine ganz andere – wesentlichere – Bedeutung: Mit ihm zerbrach in der Praxis des „Realsozialismus“ die Fiktion, dass irgendwann die Entwicklung eines strukturierten Ganzen gelingen könnte, in dem die Selbsterhaltung aller autonomer Einheiten gleichgerichtet ist, in dem sie der Vielfalt von Selbstverwirklichungen als Basis dient und der Staat aufgehört hat, eine besondere autonome Einheit zu sein. Der Parteiapparat, der sich seiner lastenden Existenz auf die anderen Teile des strukturierten Ganzen keineswegs bewusst war, identifizierte den Rückzug der Individuen auf sich selbst als das Wirken von Resten kleinbürgerlichen Bewusstseins. Ihm entging, dass sein unersättliches Streben nach vergrößerter Verfügungsmacht von den Individuen durch jene Rückzugsbewegung beantwortet wurde. In seiner Blindheit erkannte er nicht, dass er selbst mit seiner Verhaltensweise dazu beitrug, die aus ideologischen Gründen unterstellte Interessenidentität von Individuum und Gesellschaft bzw. von autonomer Einheit und strukturiertem Ganzen im Keim zu ersticken. Indem er den Anspruch erhob, für die „Werktätigen“ zu denken und zu handeln, ihnen also ihr „Fürsichsein“ bestritt, rief er unter den „allseits Umsorgten“ das elementare Bedürfnis hervor, ihr „Fürsichsein“ stärker zu schützen und es dem Zugriff des Parteiapparats möglichst zu entziehen.

Innerhalb dieses, die artikulatorischen Praxen beherrschenden Aktions- und Reaktionsmechanismus produzierten die in vielfältige Elemente aufgefächerten autonomen Einheiten erneut ein strukturiertes Ganzes, das weiterhin zu seiner Selbsterhaltung den „Staat“ als besondere Einheit des Ganzen benötigte. Angesichts des ausufernden Herrschaftsanspruchs der Partei und der sich in Nischen zurückziehenden Individuen erhielt der Staat keine Chance, absterben zu dürfen. Er wurde sogar wegen seiner Sanktionsgewalt zur Erhaltung des strukturierten Ganzen vom Parteiapparat immer dringender benötigt.

62 Legitim ist eine Geisteshaltung, die an eine unabhängig vom bewussten Entschluss des einzelnen ablaufende „gesetzmäßige Entwicklung“ glaubt, an alles, was machbar ist. „In dem, was wird, offenbart sich ihr das Seinsollende. Wie in allen anderen dem bürokratischen Leib maßgeschneiderten Konzeptionen wird die praktische Rechtfertigung der sozialistischen Legitimität im Interesse einer unbeschränkten Handlungsfreiheit der Macht außerhalb des Rahmens einer gegenwärtigen, sprachlich vermittelten Intersubjektivität gesucht.“ (Rolf Henrich, a.a.o., S. 126)

Die SED produzierte eine vollendete Form der Nischengesellschaft. Je krakenhafter sie als „staatstragende" Partei alle übrigen autonomen Einheiten zu erfassen suchte, desto mehr entzogen sich diese dem maßlosen Parteianspruch, verkrochen sich tiefer in ihre Nischen und versuchten zwischen ihrem Nischendasein und der Inanspruchnahme durch den Staat ein immer weniger zu durchdringendes Netz zu spinnen.[63] Der Versuch der Parteiführung, sich mittels des Staatssicherheitsdienstes Zugang zu verschaffen, verführte jenen dazu, den vielfältigen Verzweigungen nachzugehen und in einem grenzenlosen Informationsbedürfnis ein möglichst getreues Abbild der Nischengesellschaft aufzubauen. Je intensiver der Staatssicherheitsdienst die Nischen zu durchdringen versuchte, desto komplexer und widersprüchlicher wurde seine Tätigkeit und desto mehr stand er sich in den verschiedenen Nischenzugängen selbst im Wege. Der gewaltige finanzielle und personelle Aufwand des Staatssicherheitsdienstes entzog der Gesellschaft nicht nur an anderer Stelle dringend benötigte Ressourcen, sondern durch seine Vorgehensweise verurteilte er sich auch immer mehr zur Ohnmacht. Was jedoch zugleich bedeutete, dass er im Zerstören der Autonomie des einzelnen Menschen sehr mächtig sein konnte. Wenn es in einem von Jürgen Fuchs und Klaus Hensel wiedergegebenen Stasi-Bericht zur Anwerbung eines Inoffiziellen Mitarbeiters heißt, „Der Stand des Kampfes um seine Seele ist an dem und dem Punkt angekommen. Weitere Gespräche sind vonnöten.", zeigt sich darin sein absoluter Machtanspruch. (Frankfurter Rundschau, 21.12.91) Im Sumpf der realsozialistischen Realität von Herrschaft und Abhängigkeit ging jedoch nicht nur die ideologische Fiktion unter. Das strukturierte Ganze selbst war mit zunehmendem Eingriff des SED-Parteiapparates in die ureigenen Belange des Staates in seinem Bestand gefährdet. Der Staat verlor mit der ausschließlichen Betonung seines emanzipativen Charakters seine angestammten Fähigkeiten.

Aber auch für die SED war die aus ideologischer Verblendung behauptete Einheit von Partei- und Staatsraison nicht ganz unproblematisch. Ihr drohte im Gestrüpp staatlicher Administration ein erheblicher Verlust an strategischer Übersicht und parteipolitischer Dynamik; letztlich sogar die Einverleibung durch den Staatsapparat mit der Konsequenz, dass sie selbst nur noch durch den Staat existierte. Je komplexer der Prozess rationaler Redistribution wurde, desto abhängiger wurde sie vom Fachwissen

63 Das Moment des Rückzugs gegenüber der staatlichen Inanspruchnahme ist hier entscheidend für das Entstehen der Nischengesellschaft. Arnold Sywottek kritisiert den Begriff „Nischengesellschaft". Er schreibt: „Gegeben hat es in der DDR immer diese Milieus und Gruppenkulturen, die sich in Verwandtschafts-, Konfessions- und Statusverbänden, in Berufen, Ständen, Betrieben und auf Hierarchieebenen, regional begrenzt und gesellschaftsweit, generations- und gesellschaftsschichtgebunden, bildeten. ‚Nischengesellschaft' war die DDR wohl nur für Analytiker, denen die Wahrnehmung solcher diskreter Strukturen nicht vertraut war." (Arnold Sywottek, Zwischen Begriffs-Not und Respekt vor den Banalitäten. Zur Diskussion über ostdeutsche Kultur nach 1945. In: Kultur-Enquete. MKF, Jg. 7,H.34, 1994, S. 131). Milieus und Gruppenkulturen gibt es in der Tat in den meisten Gesellschaften. Ihr Entstehen verdanken sie unterschiedlichen Gründen. Hier und da kann es auch der Rückzug vor der überbordenden staatlichen Inanspruchnahme gewesen sein. In der DDR war es ein ausschlaggebender Grund. In vorhandenen Milieus und Gruppenkulturen wirkte er verstärkend.

der Intellektuellen, die diesen Prozess steuerten.[64] György Konrad und Ivan Szelenyi wiesen bereits 1978 in ihrem Buch „Die Intelligenz auf dem Weg zur Klassenherrschaft“ auf die zunehmende Schwierigkeit des Parteiapparats hin, den wachsenden Einfluss der Technokratie einzudämmen und die marginale Intelligenz unter Kontrolle zu halten.

Aus diesem Blickwinkel betrachtet, haftete dem Ausspruch, „Der Marxismus ist allmächtig, weil er wahr ist“, auch eine Schutzfunktion für das überforderte Politbüro an, das in seiner Gier nach immer mehr Verfügungsmacht die Grenzen seiner Entscheidungskompetenz drastisch zu spüren bekam. Poppers Verdikt, dass sich Entscheidungsbefugnis zwar nahezu unendlich akkumulieren lasse, nicht aber die Entscheidungskompetenz, und wenn schließlich einer alles zu entscheiden hätte, er ziemlich sicher zumeist falsch entscheiden würde, verwies die Parteiführung gerade umgekehrt wieder auf die vielen hilfreichen Geister in der Staatsbürokratie (Richard Schröder, in: Die Zeit, 12.09.91).

Überbetonung staatlicher Sanktionsgewalt gegenüber geduldiger argumentativer Überzeugungsarbeit lud wiederum das an sich schon leidvolle Herrschafts-Abhängigkeits-Verhältnis zwischen dem Parteiapparat auf der einen Seite und der auf Bewahrung eines Rests von „Privatheit“ (im Sinne von Autonomie) bedachten Masse der „Werktätigen“ auf der anderen Seite zusätzlich durch obrigkeitsstaatliche Maßnahmen negativ auf, erhöhte den Leidensdruck der in Abhängigkeit gehaltenen Bevölkerung und damit deren Ausweichversuche in die anscheinend schützende Nische.

Gero Neugebauers Verschmelzungsthese von Partei und Staat, in seinem Buch „Partei und Staatsapparat in der DDR, Aspekte der Instrumentalisierung des Staatsapparats durch die SED“, Opladen 1978, entwickelt, übersah die obige Problematik: „Angesichts der zunehmenden Funktion des Staatsapparats und seiner Rolle bei der Bewältigung ökonomischer und sozialer Probleme scheint die Partei eine Lösung anzustreben, die bereits in der gegenwärtigen Entwicklung sichtbar wird: eine widersprüchlich verlaufende, letztlich aber fortschreitende Integration von Parteiapparat und Staatsapparat, von Partei und Staat, ein Prozess, der nicht damit endet, dass die DDR zum ‚Staat der SED‘ wird, sondern in dessen Verlauf das bisherige und auf absehbare Zeit noch existierende System der Elemente der Machtordnungen aufgehoben wird durch eine Verschmelzung der – noch – getrennten Bereiche von Politik und Ökonomie“. Das Postulat der Einheit von Partei und Staat bzw. Partei und Staatsraison setzte entgegen der Verschmelzungsthese Neugebauers die fortbestehende und ständig erneute Trennung beider Bereiche voraus.

64 „Der Technokrat im Staatssozialismus orientiert sich für gewöhnlich an Zweckmäßigkeitserwägungen, er handelt instrumental, ohne sich dabei um eine übergreifende Legitimation seines Handelns zu kümmern. Die eigentliche Aufgabe der Staatspartei ist es nun, die Arbeitsteilung zwischen Entscheidungspraxis und Rechtfertigungsideologie zu vermitteln und auftretende Gegensätze abzuarbeiten. Konkret heißt das: Die Staatspartei muss einerseits die technokratische Abteilung innerhalb der Bürokratie zügeln, damit diese nicht allzu überraschende Wendungen in der Wirtschafts- und Sozialpolitik vollzieht, andererseits aber muss sie die den Realitäten ständig hinterherlaufenden Propagandisten motivieren, die jeweils letzten Entscheidungen ideologisch zu rechtfertigen.“ (Rolf Henrich, S. 73/74).

Verloren ging jedoch – trotz zunehmender Staatstätigkeit – die traditionelle Aufgabe des Staates, die Selbsterhaltung des strukturierten Ganzen zu gewährleisten. Es entstand eine Zweiklassengesellschaft, in der die einen unter Ausnutzung staatlicher Sanktionsgewalt – bei gleichzeitigem Kampf gegen Verselbständigungstendenzen der Staatsorgane – ihre absolute Herrschaft immer mehr als überkommenes Vorrecht ausübten; und die anderen, genötigt, sich an dem zu orientieren, was erlaubt war, sich selbst entfremdet und ohne reelle Chance zur Entfaltung von Individualität, den Weg in die Nische antraten, darauf hoffend, dass sie wenigsten dort ihre wahre Natur erkennen und zu offener, ehrlicher, spontaner Handlungsweise fähig würden.

Dort angekommen mussten sie erstens feststellen, dass der Bereich der Nische keinesfalls mit dem der privaten Sphäre zusammenfiel und zweitens, dass weder der eine noch der andere hermetisch gegenüber Eingriffen von außen abzuriegeln war.

Die Nische war und blieb stets ein gefährdeter Raum. Sie mussten drittens erkennen, dass ihr Ausweichen in die Nische sie nicht von ihrem abhängigen Bewusstsein befreite und – entgegen dem ersten Anschein – weder Flucht noch Widerstand darstellte, sondern in einer Gesellschaft mit maßlosem Machtanspruch der Herrschenden, denen nichts Autonomes heilig war, notwendig zur Existenz des Abhängigen gehörte und ihm den Aufenthalt in der Sphäre der ständigen Inanspruchnahme erst ermöglichte. Ob ihr abhängiges Bewusstsein mehr unterwürfig oder eher widerspenstig ausgeprägt war, beruhte zweifellos auch auf Faktoren wie Veranlagung, Erziehung, Alter, Reflexionsvermögen, der Art der persönlichen Bewältigung von selbstbestimmten oder aufgebürdeten Lebensumständen, Empfindsamkeit und einigen anderen mehr, zu deren Herausbildung zum Teil mehrere Generationen beigetragen haben. Diese Faktoren wirkten sich sowohl in der Nische wie in der Sphäre der herrschaftlichen Inanspruchnahme aus.

10.6.2 Die Gesellschaft als Appendix der Staats-Partei

In einer Gesellschaft, in der außer der führenden Partei keine sonstige Einheit Anspruch auf Autonomie erheben kann, entstehen überall Nischen, in die sich Individuen, Gruppen und sogar Organisationen und Institutionen zurückziehen; ausgeprägter in Bereichen, die der privaten Sphäre näherstehen, weniger zahlreich in gesellschaftlichen Sektoren, die in der Nähe des Machtzentrums liegen und/oder leichter von ihm zu kontrollieren sind, aber grundsätzlich überall. Die herrschende Partei betrachtete Nischenbildung vorwiegend als unreife Verhaltensweise der abhängig gehaltenen Bevölkerung, als Ausdruck ihres vom „Optimalverhalten"[65] noch weit entfernten Be-

65 Optimales Verhalten richtet „die sozialistische Moral auf ein ganz klares und praktisch für jeden gesellschaftlichen Tätigkeitsbereich, ja für jede Persönlichkeit fassbares Maß des Handelns, nämlich auf das Maß des Besten. Und dieses Maß steht für alle theoretischen und operativen Zwecke deutlich genug vor Augen: Es sind zuerst und vor allem die Ziele des Staatsplans…" (zit. bei Henrich aus einem der ersten Entwürfe zur staatssozialistischen Ethik,a.a.O. S. 151). „Optimalverhalten" ist also gleichbedeutend mit der Übererfüllung des Plans. „Welches Wertesystem der Staatsplanung vorgeschaltet wird, ob dasselbe planmäßig soziale Ungerechtigkeiten vertieft, die Umwelt zerstört oder die Men-

wusstseins, nicht jedoch als notwendige Resonanz auf ihren absoluten Herrschaftsanspruch.

In der gesellschaftlichen Praxis jedoch arrangierte man sich vorerst mit der Nische; zumal der herrschenden Partei nicht entging, dass die Nische auch einen pazifizierenden Einfluss auf das Herrschafts-Abhängigkeits-Verhältnis ausübte. Mit zunehmender Verstaatlichung der Gesellschaft sowie intensiverer Überzeugungsarbeit und Kontrolle glaubte die SED, schließlich dem Phänomen der Nischenbildung Herr zu werden. Daraus folgte, dass nicht nur die Herrschaftspraxis der Nomenklatur von der in der Totalitarismustheorie ausformulierten unterschieden war, sondern dass sich auch ihr aktuelles Herrschaftskonzept unter dem Zwang der praktischen Erfahrung zu verändern begann und ihr ursprünglich konzipiertes Herrschaftskonzept immer mehr Zukunftsprogramm wurde. Aus der faktischen Hinnahme der „durchnischten" Gesellschaft entstand ein jenseits der Maximen der Totalitarimustheorie angesiedeltes Herrschafts-Abhängigkeitsverhältnis, d.h. Fragen an die Totalitarismustheorie sind zugleich ein geeignetes Instrument zur Analyse der DDR.

Nische war nicht gleich Nische. Gemeinsam war allen Nischen das Moment des sich Zurückziehens aus der Sphäre der obrigkeitsstaatlichen Inanspruchnahme bzw. der mehr oder weniger erfolgreiche Versuch, ein Stück Autonomie zu gewinnen. Der Gestaltungsspielraum, den die Mitglieder in einer Nische hatten, war abhängig davon, inwieweit der Bereich sich näher oder entfernter vom Machtzentrum befand. Im Bereich der Justiz, der Wirtschaft oder der Schule war der Gestaltungspielraum gewiss kleiner als z.B. im kirchlichen Bereich oder in der privaten Sphäre.

10.6.2.1 Die Nische im Bereich der Justiz

Nach Heinrich Toeplitz, oberster Richter der DDR, war eine „von der Staatsmacht unabhängige Rechtsprechung im Sinne einer dritten Gewalt oder einer kontrollierenden Kraft", dem Sozialismus „wesensfremd" (Tagesspiegel,01.07.79).[66] Getreu dem sowjetischen Vorbild unter Andrej J. Wyschinski hatte die SED kurze Zeit nach ihrer Etablierung als staatstragende Partei – und gegen den zunächst noch hinhaltenden Widerstand unterer Gerichte – mit der „Übertragung der allgemeinen oder unmittelbar für ein bestimmtes Gebiet gegebenen politischen Anleitung der Partei auf das Gebiet der Justiz und des Rechts" begonnen und bis zum Schluss daran festgehalten (Hilde Benjamin, zit. von Rolf Hendrich, S. 181, dazu auch Klaus Schroeder, Der SED-Staat,

schen seelisch und körperlich verkrüppelt, danach fragen unsere famosen Ethiker lieber erst gar nicht. Ihre Ethik des ‚Optimalverhaltens' entspricht ganz der Auffassung in einer bürokratischen Welt, wonach ‚die Produktion als Zweck des Menschen und der Reichtum als Zweck der Produktion erscheint'. Gemessen daran ist die alte Vor-Stellung, der zufolge einzig der Mensch selbst der Zweck der Produktion sein darf, geradezu erhaben." (Rolf Hendrich, a.a.O., S. 150/151).

66 „Bei Konflikten mit der Macht konnte der Bürger nurmehr auf deren guten Willen und Selbstdisziplin hoffen, so wie er andererseits die verbindlichen Definitionen des Allgemeininteresses durch die Bürokratie hinnehmen mußte." Das Oberste Gericht der DDR erklärte in einem Grundsatzurteil aus dem Jahre 1951, es sei unvermeidlich, dass bei der Durchführung von Verwaltungsmaßnahmen „in dem einen oder anderen Falle die Person, das Eigentum, das Vermögen oder sonstige Interessen des einzelnen in Mitleidenschaft gezogen würden." (Rolf Henrich, a.a.O., S. 83).

a.a.O., S. 423). So gab es in der DDR zum Beispiel keine Verwaltungsgerichtsbarkeit. Die Bürger konnten Entscheidungen der Behörden nicht gerichtlich überprüfen lassen (Frankfurter Rundschau, 19.08.91).[67]

Dennoch entstanden selbst innerhalb dieses rigiden realsozialistischen Rechtssystems Nischen, in die sich Richter, Staats- und Rechtsanwälte zurückziehen konnten. Sie hielten sich aus spektakulären Prozessen mit politischem Hintergrund heraus und überließen solche Verhandlungen besonders systemtreuen Richtern (Tagesspiegel, 28.07.91/27.02.92). Je weniger ihre individuellen Interessen mit den gesellschaftlich proklamierten übereinstimmten (ohne dass zwischen dem individuell verfolgten und dem gesellschaftlich erwünschten Lebensentwurf ein unüberbrückbarer Gegensatz bestehen musste), desto intensiver suchten sie nach Nischen. Nischenbildung hieß also in diesem Bereich nichts anderes als der Versuch, sich nicht voll und ganz für den SED-Staat prostituieren zu müssen.

10.6.2.2 Nischen im Bereich der Volkswirtschaftsplanung

Die realsozialistische ökonomische Planung der DDR, in der die Gesellschaft als eine „zentral gesteuerte Industriemaschine" aufgefasst und vom Individuum „eine den maschinistischen Erfordernissen entsprechende Haltung und Lebensführung" erwartet wurde (André Gorz), war letztlich eine schlecht funktionierende Kommandowirtschaft. Die Diskrepanz zwischen der Logik prozessualer Abläufe, der auch eine zentral geplante Wirtschaft zur Vermeidung von Reibungsverlusten unterworfen ist, und der vom Politbüro auf Grund seines Entscheidungsmonopols beanspruchten jederzeit aktivierbaren absoluten Gestaltungsfreiheit wurde überhaupt nicht als Problem wahrgenommen. Niemals ist der Staatsplan im Sozialismnus ein neutrales technisch-organisatorisches Instrument gewesen, in das allein ‚wissenschaftliche' Kennziffern Eingang gefunden hätten. Allemal war der Plan das Hauptinstrument, mittels dessen über die Bedürfnisbefriedung von Klassen, Schichten, Gruppen und einzelne Personen entschieden wurde. „Mit Hilfe des Staatsplanes (…) schreibt die Politbürokratie Jahr für Jahr aufs Neue ihr ‚Allgemein'-Interesse fest." (Henrich, a.a.O., S. 135) Mit Hilfe des Staatsplans schrieb sie auch ihre Dogmen wie beispielsweise der Vorrang der Grundstoffindustrie vor der verarbeitenden Industrie fest und produzierte damit ein enormes Ausmaß an Disproportionalität. Die den Kombinatsleitungen abgeforderte Bereitschaft, auf einen unerwarteten Befehl der obersten Wirtschaftslenkung sofort in gewünschter Weise reagieren zu können, erzwang also in den Kombinaten den Aufbau eines Handlungsspielraums, der auch den Eintritt des schlechtesten aller denkbaren Fälle abdeckte.

Während jedoch von Einheiten mit anerkannter Autonomie der Versuch unternommen werden kann, Ungewissheit für alle Beteiligten durch Vertragsabschlüsse zu reduzieren, versagten sich DDR-Kombinatsleitungen aus den oben angegebenen

67 Ulbricht verkündete auf der Konferenz von Babelsberg im Jahre 1958: „Der Begriff des … Verwaltungsrechts verleitet direkt zu einem formaljuristischen Verhalten der Mitarbeiter des Staatsapparates …" (ebd. S. 85).

Gründen, diesen Weg zu beschreiten.[68] Stattdessen schufen sie die spezifische Form der Unternehmens-Nischen, reduzierten mit der ihnen allen in gleicher Weise plausiblen Verhaltensweise das bereits in der DDR-Volkswirtschaft erreichte Maß an Arbeitsteilung, kamen in der für den internationalen Vergleich wichtigen Stückkostendegression (economies of scale) nicht ausreichend voran, entsprachen immer weniger der von der Nachfrage geforderten Produktdifferenzierung und trugen damit an entscheidender Stelle dazu bei, dass die Selbsterhaltungsfähigkeit der DDR langsam zerbröselte. Im Gegensatz dazu waren die produzierenden Kollektive von der Ausarbeitung des Planes ausgeschlossen. „Geplant wird also von oben nach unten. Dadurch verbleibt das Untere, das Massenhafte mehr oder weniger in einem atomisierten Zustande. Und so gebärdet es sich. Nur der eigene Betrieb zählt. Die Betriebe haben gar keine andere Wahl, als ihre besonderen Interessen gegen den Plan (d.h. auf anarchische Weise) durchzusetzen." (Rolf Henrich, a.a.O., S. 137).

Dementsprechend hatte auf unterster Betriebsebene das „Netz bürokratisch-administrativer Regelungen und Institutionen" gegen die weit verbreitete Nischenbildung der Brigaden noch weniger Durchsetzungschancen. Vor allem die Arbeitsintensität, aber auch die unmittelbare Organisation des Produktionsprozesses hing vom Willen der zu Brigaden zusammengeschlossenen Arbeitskräfte ab. Zogen sie sich zurück und verweigerten die notwendigen Informationen zur Rationalisierung des Arbeitsprozesses, fehlte auch den von oben erlassenen Arbeitsnormen jegliche realistische Grundlage.[69] Arbeitsausfall aufgrund von Nachschubproblemen begünstige ein Nachlassen der Arbeitsintensität (Tagesspiegel,10.04.88). Da die Arbeitsstellen für viele in der DDR nicht nur Stätten der Berufstätigkeit und des Geldverdienens waren, sondern ihren Lebensmittelpunkt darstellten, gab es vielfältige Anlässe zur Pflege einer besonderen „Nischenkultur". Nischenbildung im Bereich der Wirtschaft zielte also ganz besonders auf die Fähigkeit zu autonomem Verhalten, um im Falle willkürlicher staatlicher Kommandos stets in der erwünschten Form reagieren zu können.

10.6.2.3 Nischen im Bereich der Gewerkschaft (FDGB)

Aus den bereits erwähnten Bemerkungen des langjährigen FDGB-Vorsitzenden Harry Tisch ist die enge Anbindung des FDGB an die SED deutlich geworden. Dem FDGB wurde von der SED keinerlei Autonomie (weder die Tarifautonomie noch das

68 „Die Betriebe halfen sich selber, indem sie nach dem Prinzip: ‚Gibst du mir, so geb' ich dir', inoffizielle Partnerschaften zu anderen Betrieben aufbauten. Landwirtschaftliche Produktionsgenossenschaften beschafften sich so die ihnen fehlenden Ersatzteile gegen Futtergetreide, das eine andere Genossenschaft gerade dringend benötigte, und so weiter. Nur offiziell wissen durfte es niemand. Wenn die Arbeiter- und Bauerinspektion oder die Parteikontrolle dahinter kam, gab's natürlich Ärger." (Wolfgang Hermann, in: Villain, a.a.O. S. 205).

69 „Das Vorspielen der ‚Macht der Arbeiterklasse' (Verweigerungshaltungen, Erpressungen) führte häufig dazu, dass umstrittene Maßnahmen (z.B. im Zusammenhang mit Lohn- und Normveränderungen, mit dem Einsatz neuer Technik und Technologie, der Einführung von Leistungsbewertungs- und Kontrollsystemen) nicht im beabsichtigten Maße realisiert werden konnten. Die Organisation der Beschäftigten in Arbeitsgruppen (Kollektiven, Brigaden) war für solche Aushandlungsprozesse ein begünstigender Faktor, war damit doch ein relativ enger kommunikativer Zusammenhang der Beschäftigten gesichert." (Karin Lohr, in Eva Senghaas-Knobloch/Hellmuth Lange, a.a.O., S. 15).

Streikrecht) zugestanden. Als deren „treuer Kampfgefährte" (Harry Tisch) erfüllte die Gewerkschaft bereitwillig sämtliche Forderungen und bezeichnete sich selbst als Partner und Helfer der Staatsführung. Dennoch hatte der FDGB auf zwei Schultern zu tragen: Auf der einen Seite half er der Staatsführung, die Ansprüche an die Arbeitsleistungen von Arbeitern und Angestellten durchzusetzen; andererseits vertrat er die Rechte von Beschäftigten gegenüber den Betriebsleitern (das Arbeitsgesetzbuch gewährte Gewerkschaftsvertretern in Personalfragen ein Anhörungsrecht und in manchen Fällen sogar ein Zustimmungsrecht). Seine Doppelrolle garantierte dem FDGB immer die besondere Aufmerksamkeit der SED. Schon der kleinste Anschein von Nischendenken wurde registriert, und Nischenbildung auf der untersten Betriebsebene unterlag sofort der Vermutung, zu einem kaum kontrollierbaren Auffangbecken für Unzufriedenheit in den Betrieben heranzuwachsen. Die Ereignisse des 17. Juni 1953 hatte die SED nie aus ihrem Gedächtnis gestrichen. FDGB-Funktionären erging es auf allen Ebenen genauso wie Harry Tisch im Politbüro. Sie sollten anwesend sein, aber unliebsames Engagement vermeiden und insbesondere ihre Aufgaben als Verwalter der Sozialversicherung und des Feriendienstes wahrnehmen.[70] Nischensuchende FDGB-Funktionäre engagierten sich z.B. in der liebevollen Restaurierung von erhaltenswerten Ferienhäusern, Feriendörfern bis hin zur Erneuerung und Unterhaltung ganzer Ferienorte wie beispielsweise der kleinen Harzstadt Stolberg. Anders als in der Ökonomie glich Nischenbildung im FDGB deshalb mehr dem Aufsuchen unpolitischer Bereiche, wie es für den Justizbereich üblich war. Das Abtauchen in die Nische bedeutete jedoch keinesfalls ein geringeres Maß an persönlichem Engagement, sondern konnte genau umgekehrt bis zur totalen Aufopferung für die Sache betrieben werden.

10.6.2.4 Nischen bei den Blockparteien

Die vom DDR-Verteidigungsministerium herausgegebene Zeitschrift „Militärwesen" (Juni 1979) wandte sich insbesondere dagegen, oppositionelle politische Parteien in den sozialistischen Staaten zuzulassen. Der politische Pluralismus sei „unannehmbar, weil er den Blick nach rückwärts richtet, und das kann letzten Endes nur Verrat am Sozialismus bedeuten". Der „entscheidende Vorzug der sozialistischen Demokratie" sei darin zu erkennen, dass sie mit der „formalen Demokratie der bürgerlichen Gesellschaft Schluss gemacht hat" (Tagesspiegel, 17.06.79). Nun ist die zweitklassige Rolle der Blockparteien selbst von ihnen nie bestritten worden. Im Juni 1989 verkündete z.B. der CDU-Vorsitzende Gerald Götting: „Alle gesellschaftlichen Kräfte streben danach, den Sozialismus zu vervollkommnen und seine großen Möglichkeiten immer wirksamer zum Wohle der Menschen zu erschließen." (Tageszeitung, 04.09.91). Göt-

70 „Ihr durchaus vorhandener Einsatz für soziale Belange im Arbeitsprozess beschränkte sich auf die Eindämmung von Belastungen und Gefährdungen, die mit dem traditionellen Industrieprozess unmittelbar am Arbeitsplatz verbunden sind: Abbau körperlich schwerer Arbeit, Arbeits- und Gesundheitsschutz, Pausenversorgung u.ä." (Siegfried Frister, Ansätze und Grenzen gewerkschaftlicher Arbeit – Technik und Gestaltung in der ehemaligen DDR, in: Forum humane Technikgestaltung, Heft 5, S. 35)

ting war offensichtlich bereits seit 1953 inoffizieller Mitarbeiter des Staatssicherheitsdienstes der DDR und des KGB. Persönlich wie als Vorsitzender der CDU hatte er also schon sehr früh die Richtlinienkompetenz des Politbüros der SED anerkannt (Tagesspiegel, 24.09.91). Seit 1950 waren die Fraktionsstärken der Parteien in der Volkskammer zugunsten der SED festgelegt worden. Wahlen hatten in diesem Zusammenhang keinerlei Bedeutung. Gefragt, ob die Liberaldemokratische Partei Deutschlands (LDPD) einmal die Führung in der DDR übernehmen könne, antwortete einer ihrer Vertreter unter großem Gelächter: „Eine führende Position der LDPD halte ich nicht für möglich." (Frankfurter Rundschau, 09.10.76) Unterschiede zwischen den von der SED unterwanderten und umgewandelten (CDUD und LDPD) und den von ihr gegründeten Blockparteien (NDPD und DBD) gab es schon. CDUD und LDPD hielten teilweise an eigenen Wertvorstellungen fest, während die von der SED gegründeten Parteien ihren Alibicharakter überhaupt nicht verleugnen konnten.

Die Aufgabe der Blockparteien bestand darin, „auf die der Politik der SED fernstehenden, bürgerlichen Gruppen und Schichten der Bevölkerung der DDR, wie z.B. Liberale, Selbständige und Freiberufler (DP), Christen (CDUD), Bauern (DBD) ideologisch-erzieherisch im Sinne der SED einzuwirken, zu verhindern, dass sie eigene, von der SED selbständige Gruppen suchten oder gründeten; Aufgabe konnte auch sein, als Sammelbecken für ehemalige Wehrmachtsangehörige und Nationalsozialisten (NDPD) zu dienen" (Stephan Husberg, Rolle und Funktion der Blockparteien und Massenorganisationen in der DDR, in: Bernd Faulenbach, Markus Meckel, Hermann Weber (Hrsg.), Die Partei hatte immer recht – Aufarbeitung von Geschichte und Folgen der SED-Diktatur, Essen 1994, S. 81). Die Blockparteien erschienen vielen politisch engagierten DDR-Bürgern als akzeptable Nischen. Sie wussten zwar, dass sie als deren Mitglieder nicht in Spitzenpositionen der DDR-Politik gelangen würden, aber ihre Mitgliedschaft hatte nicht selten eine absichernde Funktion für ihre beruflichen Tätigkeiten beispielsweise in Unternehmensleitungen, beim Handwerk, in der Landwirtschaft und verhalf ihnen dort zu einem größeren Handlungsspielraum (Schroeder,a.a.O., S. 413). Anders als der FDGB stellte also jede der Blockparteien bereits als solche eine zweifellos von der SED instrumentalisierte gesellschaftliche Nische dar. Im Sondervotum der Mitglieder der SPD und der Bündnis90/Die Grünen zum Bericht der Enquetekommission des Bundestages hieß es dazu: „Eine grundlegende Neubewertung ... ist auch aufgrund neuerer Forschungsergebnisse nicht erforderlich: Sie waren unselbständige, von der SED abhängige Organisationen." (Frankfurter Rundschau 14.07.94).

10.6.2.5 Nischen in Presse und Information

Für Honeckers Medienkommissar Herrmann hatte Lenins Weisung weiterhin volle Gültigkeit: „Die Presse ist der kollektive Organisator und Agitator der Partei!" Im „Journalistischen Handbuch der DDR" hieß es dazu: „Wir drucken nicht prinzipienlos alles Mögliche ab. Unsere Presse bringt, was der Masse des Volkes dient. Der Gegner kommt nur zu Wort, falls uns das dient!" Horst Sindermann, Abteilungsleiter für Presse und Rundfunk, formulierte bereits 1954 vor einem kleinen Kreis von Vertretern der Bezirksstudios des Staatlichen Rundfunkkomitees streng vertraulich: „Jeder Agitator, jeder Genosse, der verantwortlich in Presse, Rundfunk und Fernsehen wirkt, muss die Linie des Zentralkomitees genau kennen, er ist darauf eingeschworen, sie täglich zu verwirklichen. Was wir heute wissen, wofür wir uns täglich einsetzen, das wird morgen von den Volksmassen in Taten umgesetzt. Um mit Marx zu sprechen: so werden unsere Ideen zur materiellen Gewalt!" (Die Zeit, 25.05.79). Als zusätzliche Hilfe für den Journalisten verfasste die Abteilung Agitation des Zentralkomitees jeden Tag eine Argumentationslinie („Argu") zu den wichtigsten politischen Ereignissen, an die sich insbesondere Kommentatoren und Leitartikelschreiber zu halten hatten (Tageszeitung, 18.02.92/Schroeder, a.a.O., S. 566).

Bei einer dermaßen strikten Anbindung der Medien an die von der Parteiführung jeweils ausgegebenen „Linie" erstaunt nicht, dass Journalisten nach Nischen Ausschau hielten. Solche Nischen gab es insbesondere in Wochen- und Monatszeitschriften, in Kulturzeitungen, in der Provinzpresse, in den politikfernen Bereichen von Rundfunk und Fernsehen. Wenn aber die journalistisch fähigen Leute in Nischen abwanderten und sich dort kapriziöse Schaukämpfe lieferten, die nur von Eingeweihten mit Spannung verfolgt werden konnten, verdorrte die journalistische Arbeit in den Bereichen, die dem Zugriff der Partei unmittelbar ausgesetzt waren. Parteifromme Berichterstattung und sinkendes journalistisches Niveau resultierten bei der DDR-Bevölkerung in schwindender Akzeptanz der DDR-Medien und größerer Wertschätzung westlicher Medien. Die SED schnitt sich damit selbst einen wichtigen Zugang zur Beeinflussung der Bevölkerung ab. Die Umbenennung von ARD in „Außer Raum Dresden" kennzeichnete die weite Verbreitung des bundesdeutschen Fernsehprogramms. Nischenbildung in Presse und Information hatte also einen negativen Effekt für das von der SED beanspruchte Informationsmonopol und trug, anders als im Falle der Blockparteien, wohl eher zur Unterminierung statt zur Stärkung der DDR-Gesellschaft bei.

10.6.2.6 Nischenbildung im Bereich der Wissenschaft

Am Beispiel der Soziologie kann auf exemplarische Weise Nischenbildung im DDR-Wissenschaftsbetrieb demonstriert werden. Auch für Soziologen hatte das staatliche Planungs- und Abrechnungssystem Gültigkeit, einmal im Jahr Studien, Forschungsberichte und Expertisen abzuliefern. Ob ein Manuskript überhaupt veröffentlicht wurde und in welcher überarbeiteten Form, unterlag der Selbst- und Institutszensur sowie der staatlichen Genehmigung.

Anfangs zwar verfehmt, erreichten soziologische Disziplinen wie Kybernetik, Prognostik in der späten Ära Ulbricht jedoch eine gewisse Anerkennung und Förderung. Unter Honecker geriet die Soziologie ganz allgemein in den Verdacht, entideologisierend zu wirken. Organisationssoziologische Themen oder andere Bereiche, die mit dem dogmatischen Wissenschaftsverständnis der SED in Konflikt gerieten, unterlagen dem besonders wachsamen Auge der Selbst- und Fremdzensur.[71]

Die „kleine Gruppe" bildete den bevorzugten Untersuchungsgegenstand. Man wich aus in vielfältige Fallstudien zum sozialen Leben in der DDR: Frauen, Jugendliche, Studenten, Ingenieure, Migranten, kriminell Gefährdete, Behinderte und auch Ausreisende rückten ins Blickfeld. Kritik basierte auf der grundsätzlich unterstellten Reformierbarkeit der Gesellschaft. Zentralbereiche der DDR-Realität fasste man bestenfalls wie ein heißes Eisen an und unterrichtete über die Ergebnisse nur vor ausgewähltem Publikum. Institute der Akademie der Wissenschaften veranstalteten beispielsweise kleine Diskussionskreise über Tabuthemen. Zu gewährleisten war allerdings, dass die Ergebnisse nicht in die Öffentlichkeit getragen wurden (Frankfurter Rundschau, 29.08.91). Große wissenschaftliche Kontroversen, die oftmals einen Paradigmenwechsel anzeigen und zum Motor für ganz neue Forschungsrichtungen werden, konnten auf diesem kargen Nährboden kaum gedeihen. Auf fast allen Wissenschaftsgebieten fehlte die dazu gehörende Portion Mut zur Auseinandersetzung; was sich auf die dringend benötigte Innovationskraft sehr negativ auswirkte.

Die Einsicht des führenden DDR-Wissenschaftlers Manfred von Ardenne, dass nicht nur in der Biochemie „Tausende geschlossene Kreisläufe funktionieren, gleichzeitig und nahezu unabhängig sich selbst optimierend" und trotzdem zentral vom Gehirn kontrolliert und gesteuert, blieb sowohl für die Soziologie wie auch für andere Wissenschaftsbereiche und erst recht für die Strukturierung des gesellschaftlichen Aufbaus folgenlos – ganz abgesehen davon, ob ein strukturiertes Ganzes überhaupt in der Weise zu denken ist (Tagesspiegel, 15.05.83). Nischenbildung in der Wissenschaft war insgesamt vergleichbar mit derjenigen in den Medien und zeichnete sich insbesondere durch Ausweichen in weniger kontroverse Bereiche innerhalb der einzelnen Wissenschaften und in solche Wissenschaftszweige aus, die nicht so stark unter Kontrolle standen.

71 „Als Leitungsinstrument bei der Durchsetzung der objektiven Gesetzmäßigkeiten hatte die Soziologie die Aufgabe einer Bestätigungsforschung, indem sie in der Gesellschaft nach vorab festgelegten Gesetzmäßigkeiten in den sozialen Beziehungen fahndete. (…) Die Selbstbilder, die die DDR-Soziologie von der Beherrschbarkeit sozialer Prozesse entwarf, kulminierten in einem statistischen ‚Methodenfetischismus'. (…) Der Verweigerung, tiefer in die Eigenständigkeit der sozialen Welt einzudringen, entsprach ganz konsequent die Auswahl der Methoden. Die statistische Erfassung ‚sozialer Gesetze' schien ihre Beherrschbarkeit und Voraussagbarkeit widerzuspiegeln, qualitative Methoden, mit denen die befragten Personen ihren Status als Untersuchungsobjekt ein Stück weiter hätten verlassen können, blieben vernachlässigt ." (Winfried Thaa/Iris Häuser/Michael Schenkel/Gerd Meyer, Gesellschaftliche Differenzierung und Legitimitätsverfall des DDR-Sozialismus – Das Ende des anderen Weges in der Moderne, Tübingen 1992, S. 131/132). Anhand der Disserations- und Habilitationsthemen lässt sich der Weg in die Nische gut aufzeigen. Bis zur Anerkennung eines offiziellen Soziologie-Abschlusses im Jahre 1975 war eine Zunahme soziologischer Themenstellungen in Philosophie, Ökonomie, Pädagogik, Regionalwissenschaft und Geschichte zu beobachten. Danach löste man sich allmählich und ganz vorsichtlich vom historischen Materialismus, indem auch andere Ansätze beispielsweise in der Jugendforschung und der Frauen- und Familiensoziologie einbezogen wurden.

10.6.2.7 Nischen im Bereich der Schule

Im Oktober 1988 rief SED-Chefideologe Kurt Hager in einem Vortrag vor DDR-Pädagogen dazu auf, „verstärkt" die Vorzüge des Sozialismus zu propagieren und nachzuweisen, „dass wir die Wahrheit vertreten" (Frankfurter Rundschau, 31.10.88). Für die Schule lagen die Werte des Sozialismus außerhalb der „Grenzen der Diskutierbarkeit" (DDR-Philosoph Dieter Kirchhöfer); sie waren „unhinterfragbare Zielsetzungen des Unterrichts" und basierten auf der uneingeschränkt als gültig angesehenen Formationslehre (Tagesspiegel, 09.12.86).

Nach Stock/Tiedke ging es nicht um eine wirkliche Vermittlung der Werte des Sozialismus, bei der die Person des Schülers als ein fragender, handelnder, fühlender Mensch ernst genommen wird; gelernt wurde vielmehr über eine „technische Zweck-Mittel-Rationalität" (Frankfurter Rundschau, 20.02.92), die den Schüler auf ein planbares Objekt reduzierte, von ihm Leistung, „eine überzeugende Haltung zum Sozialismus" und nicht zuletzt Disziplin (Fahnenappell, Einhaltung einer strengen Schulordnung) verlangte (Tagesspiegel, 24.11.85). Konfliktfähigkeit und Konfliktbereitschaft blieben als Ziele bis zum Schluss ausgeschlossen, obwohl zwischen den geforderten Zielen der Leistungs- und Effizienzorientierung einerseits und der Reideologisierung andererseits ein Konflikt schwelte. Lehrer waren gehalten, das Kollektiv der Lernenden „anzuleiten" und ihm gegenüber „fortgeschrittene" ideologische und gesellschaftspolitische Positionen zu vertreten.

Einer derart geschlossenen Umklammerung zu entfliehen und das Maß an Autonomie zu erkämpfen, das zum Funktionieren eines Herrschafts-Abhängigkeits-Verhältnisses auf der Seite des abhängigen Bewusstseins unbedingt notwendig ist, bedurfte es eines stillschweigendes Arrangements mit der Seite der Lehrer, die dadurch ebenfalls das benötigte Maß an Autonomie gewann. Wie eine solche diskrete Übereinkunft aussah, schilderte Gerhard Spörl in folgender Bemerkung zweier Schüler: „Wir wissen, dass der Lehrer nicht davon überzeugt ist, was er uns über Marxismus-Leninismus erzählen muss. Aber er kann sich darauf verlassen, dass wir ihn deswegen nicht in Verlegenheit bringen. Wir lernen auswendig, was wir aufbekommen und verlassen uns darauf, dass er uns nicht mehr abverlangt." (Die Zeit, 11.07.86). Spörl nannte eine solche auf Doppelzüngigkeit aufbauende diskrete Übereinkunft, eine „Art Gesellschaftsvertrag im Kleinen, um die orthodoxen Ansprüche des SED-Überbaus gleichermaßen zu erfüllen wie zu ignorieren". Mit dieser Aussage charakterisierte Spörl exakt die besondere Form der Nische im Schulbereich. Dieser Typ von Nische erfüllte auch dann seinen Zweck, wenn beispielsweise ein Lehrer tatsächlich seinen eigenen Worten glaubte oder Schüler noch nicht die geeignete Verhaltensweise zur Etablierung dieser stillschweigenden Übereinkunft erlernt hatten. Wenn ein „gläubiger" Lehrer auf „ungläubige" Schüler traf und sich nicht an die Spielregeln hielt, hatte er die schlechter ausgefallenen Zensuren gegenüber seinen Schulkollegen und der Schulleitung zu rechtfertigen. Im umgekehrten Fall wappnete er sich mit Geduld, wartete ab, bis die Spielregeln von den Schülern beherrscht wurden und hielt sich in der Zwischenzeit bei Klassenarbeiten exakt an den vorher vermittelten Unterrichtsstoff. Über eine längere Zeit übten gute Noten den erwünschten Anpassungsdruck aus. Hatte es ein Lehrer mit scheinbar unbelehrbar gläubigen Schülern zu tun, konnte er die Anforderungen nicht nur variieren, sondern auch beliebig steigern. Fehlte jedoch auf der Seite der Lehrer oder der Schüler jegliche Anpassungsbereitschaft, gerieten beide in große Schwierigkeiten. Statt die vorgegebenen Werte des Sozialismus zu verinnerlichen, lernten Jugendliche in der Regel taktisches Verhalten. Sie übten zweckrationale Strategien ein, um Karriere zu machen oder zumindest ihre Karriereaussichten nicht zu verbauen. Unmittelbar vor dem Ende der DDR beklagte Prof. Schwartze, dass als Folge dieser Verhaltensweise seit etwa zwanzig Jahren keine Korrelationen mehr zwischen den Abiturabschlusszensuren und den Universitätszensuren bestand: „...Die Bewertung der jungen Leute beim Übergang von der Oberschule zur Universität konnte nicht mehr auf der Basis ihrer Zensuren und ihrer wirklichen Leistungen erfolgen." Schwartze fragte die langjährige DDR-Volksbildungsministerin Margot Honecker: „Ist Ihnen wirklich entgangen, dass das gesamte Zensurensystem schrittweise zu einer Bevorzugung bestimmter Gruppen von Schülern missbraucht wurde und dass so eine sachlich objektive und kreative Haltung zum gesamten Bildungsprozess schrittweise in erschreckender Weise ... zu Bruch gegangen ist?" (Volker Klemm, a.a.O., S. 101)[72]

Entgegen offizieller Absicht erhielt die Sozialisation durch die Familie weiterhin eine sehr große Bedeutung. Sie erwies sich in der Bewusstseinsbildung den außerfamilialen Institutionen sogar oftmals überlegen, weil sie im Unterschied zu anderen Lebensbereichen einen relativ freizügigen Kommunikations- und Erfahrungsraum bildete.[73] „In der Privatheit des Familienverbandes konnten westliche Rundfunk- und Fernsehsender gesehen bzw. gehört werden, ... Damit war einem Großteil der DDR-

72 Angesichts der geäußerten Einsichten über die Nischenbildung in der Schule erschien die folgende Aussage Klaus Schroeders, in der er seine Übereinstimmung mit B.-R. Fischer „Das Bildungs- und Erziehungssystem der DDR – Funktion, Inhalte, Instrumentalisierung, Freiräume", in: Materialien 1995, Band 11,2, S. 852ff) wiedergibt, zwar sehr dürftig, aber dennoch symptomatisch für ein Verharren in einer Entlarvungsstrategie: „Im Rahmen eines gleichförmigen Sozialisierungsprozesses sollten die Menschen mittels einer strikt normativen Erziehung kollektiv geformt und ideologisch gestählt werden.
Der sozialistische Erziehungsplan umfasste das gesamte soziale Leben, in dem der einzelne von der Kinderkrippe bis zur Rente von einem in das nächste Kollektiv weitergereicht wurde. Jede Individualität sollte dem untergeordnet werden. Wie in anderen gesellschaftlichen Bereichen kann schwer abgeschätzt werden, inwieweit der totalitäre Anspruch der SED Realität wurde, bzw. wie sich Differenz und Widerspruch zwischen politischem Entwurf und Realität auswirkten." Dieser letzte Satz kommt einer Bankrotterklärung gleich. Wenn Totalitarismustheorie nichts anderes zustande bringen sollte als ein Nachbeten des Herrschaftsanspruchs der SED – dargestellt als vielfältig aufgegliederte Ableitung der Hypothese eines totalen Herrschaftsanspruchs, wenn auch sorgfältig empirisch belegt mit Informationen aus den archivierten Hinterlassenschaften der SED-Herrschaft – müssen sich deren Vertreter fragen lassen, welchen Zwecken ihre sicherlich sehr mühevolle Arbeit dient, welcher wissenschaftliche „Nährwert" ihr zukommen soll?

73 „Zusammenfassend lässt sich zur familialen Sozialisation feststellen, dass die Untersuchungen von Jugendforschern, Familiensoziologen und Lebensweiseforschern in den späten siebziger und achtziger Jahren einen überraschend großen, ungebrochenen Einfluss der Familie auf den Sozialisationsprozess der heranwachsenden Generation aufzeigten. Dies erstreckt sich auf Einstellungen, Wertmuster, Lebensorientierungen und Verhaltensweisen der Jugendlichen. Ein umfassender, lückenloser Durchgriff auf die Familienerziehung, wie er in der staatlichen Familien-, Jugend- und Bildungspolitik intendiert und gefordert wurde, ist nicht erfolgt. Vielmehr behielt die Familie eine zentrale Bedeu-

Bevölkerung im familiären Rahmen bzw. in der Privatheit ein recht umfassender Informationsstand über das Weltgeschehen sowie dessen Beurteilung aus einer von der offiziellen Deutung abweichenden politischen Perspektive möglich." (Christiane Lemke, Die Ursachen des Umbruchs 1989 – Politische Sozialisation in der ehemaligen DDR, Opladen 1991, S. 88). Mit diesen Informationen und Deutungen im Kopf betraten die meisten Schüler und Lehrer bereits den Unterrichtsraum, so dass in der Konfrontation mit den offiziell vorgegebenen Zielen bei beiden eine innere Entfremdung von letzteren unvermeidlich war. Wie die daraus entstehenden Konflikte sowohl im Unterricht wie in der Familie bewältigt wurden, hatte erheblichen Einfluss darauf, ob sich das abhängige Bewusstsein des Jugendlichen mehr zum unterwürfigen oder zum widerspenstigen Pol neigte (Frankfurter Rundschau, 07.10.91). Die bereits aus dem Jahre 1977 stammende sarkastische Bemerkung des vor seinem Wechsel nach West-Berlin sehr beliebten DDR-Schauspielers Manfred Krug beleuchtete stärker die Entwicklung des Widerspruchsgeistes im abhängigen Bewusstsein von Jugendlichen. „Man kann ja nicht gleichzeitig ein vergleichsweise vorzügliches Schul- und Bildungssystem aufbauen und dann mit dessen Hilfe Idioten produzieren. Man kann nicht Intelligenz erziehen und einen, nein: den wichtigsten Teil von Intelligenz quasi herausoperieren: die Fähigkeit zur Kritik. Das klappt nicht. Da wird es immer Unruhe geben, immer und immer wieder Schwierigkeiten." (Die Zeit, 01.07.77). Die Frage, auf welche Weise von Lehrern die „Produktion von Idioten" vermieden wurde, ist nicht beantwortet, wenn man wie Klaus Schroeder lediglich konstatiert: „Das individuelle Bemühen vieler Lehrer und Erzieher, sich trotz der Einbindung in reglementierende und kontrollierende Programme und Rahmenpläne engagiert um die Kinder zu kümmern, wie auch ihre hohe zeitliche und nervliche Arbeitsbelastung, sollten nicht unerwähnt bleiben." (Schroeder,a.a.O., S. 564). Seine Bemerkung über den „nie endenden ‚Kampf' gegen Lehrer, die ihre politischen und propagandistischen Funktionen unzureichend wahrnahmen, gegen Eltern und Betriebskollektive, deren Arbeit als ‚Erziehungskräfte' zu wünschen übrigließ oder gegen Parteivertreter, die ihrer Aufsichtspflicht nicht genügend nachkamen", entwertet sich selbst, wenn er anschließend ohne weitere Begründung – urteilt: „Als nachwirkende Folgen des SED-Bildungssystems können genannt werden: eine weit verbreitete obrigkeitsfixierte Staatsauffassung, eine überwiegende Ausrichtung auf Sekundärtugenden sowie ein dichotomisches Gesellschaftsbild." (ebd. S. 565). Ganz im Gegensatz zu solchen scheinbar abschließenden Aussagen fehlt es weiterhin an Analysen über das Verhältnis zwischen beabsichtigter und praktizierter Herrschaftsausübung und erreichter Herrschaftsverankerung unter den Beherrschten, wobei die Bildung von und die Funktionsweise der zahllosen Nischen eine bedeutsame Stellung einnimmt.

---

tung, was darauf schließen lässt, dass sie als ‚Freiraum' privaten Diskurses die Entwicklung eigener – offiziell nicht erwünschter – Einstellungen und Verhaltensweisen begünstigte;" (Christiane Lemke, S. 99/ 100).

10.6.2.8 Nischenbildung in der literarischen Szene

Erich Honecker bezeichnete auf einer Kulturbundtagung im Juni 1979 „Parteilichkeit, Volksverbundenheit und hohen sozialistischen Ideengehalt“ als „unveräußerliche Grundprinzipien“ sozialistisch-realistischer Literatur und Kunst. Zwar wisse man, dass nicht alle Schriftsteller und Künstler Marxisten-Leninisten seien, aber in ihrer überwiegenden Mehrheit erwiesen sie sich als „feste Verbündete der Arbeiterklasse und der marxistisch-leninistischen Partei“ (Frankfurter Rundschau, 25.06.79). Im Jahre 1978 grenzte der stellvertretende DDR-Kulturminister Klaus Höpke die nach der Ausweisung Wolf Biermanns in den Westen emigrierten Schriftsteller und Künstler mit den Worten aus, dass sie aus dem ersten sozialistischen deutschen Staat, der den Weg in die Zukunft verkörpere, in die Vergangenheit zurückgegangen seien. Das werde ihnen politisch nicht guttun und es werde auch ihrem künstlerischen Werk, ihrem Talent Abbruch tun (Frankfurter Rundschau, 05.04.78). Die Partei beanspruchte die Bestimmung des Wertmaßstabs für alles, was als sozialistisch-realistische Literatur zu gelten hatte und brandmarkte Schriftsteller, die sich diesem Leitbild nicht fügten, als vergangenheitsorientiert, nicht wert, im Realsozialismus zu leben, zu arbeiten und zu publizieren. Wenn nötig, schob man die „Unbelehrbaren“ in den Westen ab oder ließ sie gehen und erweckte den Eindruck einer schmerzlosen Amputation erkrankter Glieder, wie es Günter Kunert treffend 1977 ausdrückte (Die Zeit, 05.08.77). Da Schriftsteller nicht in einem festen Arbeitsverhältnis stehen, setzten erst auf dem Weg vom fertigen Manuskript zum Buch die gefürchteten Lenkungsmaßnahmen an.

Als Vermittler zwischen Partei und Schriftsteller traten Kulturfunktionäre auf, die den Künstler dazu drängten, sich taktisch zu verhalten und das Einspruchsrecht des Staates in Kunstangelegenheiten nicht in Frage zu stellen. Wer von den Schriftstellern in Ungnade gefallen war, fand nirgendwo mehr Gehör und erfuhr nicht, auf welche Weise er abgeurteilt würde. War das Werk noch nicht öffentlich geworden, wurde es verboten. Dazu wieder Irene Böhme (Frankfurter Rundschau, 18.09.82): „Bücher verschwinden in abgelegenen Ställen oder im Reißwolf, Filme in versiegelten Archiven, Theateraufführungen finden einfach nicht statt. Geld spielt keine Rolle. Ist das Werk bereits öffentlich geworden, gibt es zwei Methoden: den Skandal und die Verleumdungskampagne.“

Dem Führungsanspruch der SED, dem die Vorstellung zugrunde lag, dass die Utopie bereits realisiert sei und das Leben nur noch besser, noch schöner, noch reicher, noch vielfältiger zu gestalten sei, stand das Berufsethos von Schriftstellern gegenüber, Zweifel zu hegen, am Spannungsverhältnis von Ideal und Wirklichkeit anzusetzen und die empfundene Wahrheit auszusprechen. In einem derart strukturierten Ganzen mit Omnipotenzanspruch der SED auf der einen Seite und einem vornehmlich auf Widerspruchsgeist aufbauenden Autonomieanspruch von Schriftstellern auf der anderen Seite gab es nichts anderes als totale Kampfansage, bestenfalls begrenzte und vorübergehende taktische Rücksichtnahme. Der Sieger eines solchen Kampfes stand von vornherein fest. Für den Verlierer war keine Nische verfügbar.

Zwar folgte mit Erich Honeckers Amtsantritt und im Anschluss an die Entspannungspolitik vom Anfang der siebziger Jahre zunächst eine Welle der Liberalisierung, so dass Jurek Becker 1973 auf dem VII. Schriftstellerkongress sagen konnte: Es gibt „in der Literatur so viele konkrete Wirklichkeiten…, wie es Individualität unter den Autoren gibt" (Die Zeit, 04.04.86). Wolf Biermanns Ausbürgerung im Jahre 1976 zeigte jedoch an, dass die Parteiführung die entfesselten Geister wieder einzufangen suchte. Dieser Tragödie dritter Teil mündete jedoch zur Überraschung der Partei in einer breiten Solidarisierung mit Wolf Biermann, zu der an führender Stelle Stephan Hermlin als Initiator des Protestbriefes beitrug. Zur Befriedung lockerte die Parteiführung in der Folgezeit zwar ihre Veröffentlichungs- und Zensurpraxis. Widerspenstige unter den Schriftstellern durften ausreisen und manche erhielten sogar ein Dauervisum. Die stetig schwindende Loyalität unter den Schriftstellern ließ sich mit solchen Maßnahmen aber nicht mehr stoppen. Vor allem fehlte der Parteiführung die intellektuelle Kapazität zur „inhaltlich-ästhetischen, literaturkritischen Einflußnahme" (Antonia Grunenberg) auf jene Schriftsteller, die zunehmend auf Distanz zur realsozialistischen Gesellschaft (ihrem früheren Identifikationsobjekt) gingen, und mit neuen literarischen Formen den Versuch unternahmen, die eigene Enttäuschung über die nicht realisierte oder realisierbare sozialistische Utopie zu überwinden.

Nur mehr der geheimdienstliche Weg öffnete der Partei den Zutritt zur nachwachsenden Generation dieser kritischen Schriftsteller, die die Aufbauphase der DDR nicht mehr erlebt hatte und die realsozialistische Gesellschaft vorwiegend als bürokratische Schikane kennenlernte. Deren Ablehnung von Werten wie des sozialistischen Realismus und Hinwendung zu älteren Kunsttraditionen wie des „Formalismus" führte direkt in die Entwicklung einer alles erlaubenden Gegenkultur, in der die sogenannte „Inhaltsliteratur" verpönt und die Trennung zwischen „realistischer" und phantastischer Schreibweise immer mehr verwischt wurde. Sie hatte nichts mehr von parteiamtlich geförderter und verordneter „Lebenshilfe" an sich, sondern war zum neuen, autonomen, sich unaufgefordert zu Wort meldenden „Sensor gesellschaftlicher Stimmungslagen" herangewachsen (Antonia Grunenberg, in: Die Zeit, 04.04.86). Als solche hatte sie letztendlich doch noch eine Nische in der Gesellschaft erobert. Der Preis war hoch: nebenberufliche schriftstellerische Tätigkeit mit niedrigem Einkommen, das kaum zur Selbstfinanzierung ihrer Veröffentlichungen ausreiche; offizielle Missachtung und inoffizielle Beschattung durch den Staatssicherheitsdienst; keinerlei Privilegien. Dieses Verschwinden in der Szene hatte schon sehr viel Ähnlichkeit mit dem Rückzug des DDR-Individuums in die private Sphäre und überschnitt sich mit jener in manchen Bereichen.

Die von der Parteiführung geförderte und verordnete Literatur gab es selbstverständlich weiterhin. Diese Form von hochoffizieller „Lebenshilfe" drapierte sich wie eh und je mit den „verschlissenen Argumenten" von Klassenkampf und Parteidisziplin und beklagte, dass immer weniger Schriftsteller bereit wären, für „unsere Sache" (Hermann Kant) einzustehen (Frankfurter Rundschau, 17.09.91/Die Zeit, 19.09.91).

10.6.2.9 Nischenbildung im privaten Bereich

Wenn in der Vergangenheit die DDR als Nischengesellschaft bezeichnet wurde, war meistens unter den Schlagwörtern „Datschen- und Trabbikultur“ von der Nischenbildung im privaten Bereich die Rede. Diese Nische umfasste jedoch weit mehr als jene Worte auszudrücken in der Lage sind. In einem Gespräch mit Marion Gräfin Dönhoff beschrieb ein junger sächsischer Bürger beispielsweise seine Nische auf folgende Weise: „Sie haben keine Ahnung, wie unabhängig man in unserem Staat sein kann, wenn man auf Privilegien verzichtet. Ich hatte die Zulassung zur EOS (Erweiterte Oberschule). Da habe ich mir überlegt: Junge, wenn du dich darauf einlässt, dann stehst du unter dauerndem Leistungsdruck, da wird von dir ständig Wohlverhalten erwartet. In unserer Gegend gibt es viele Betriebe, die Schweißer brauchen. Ich bin lieber Schweißer geworden ... Mir kann zum Beispiel niemand verbieten, mit Ihnen zu reden. Und wenn da einer vom Stasi lauert, was soll's? Schweißer werden immer gebraucht in unserer Republik.“ (Die Zeit, 11.07.86). Nischenbildung im privaten Bereich ging also weit über Freizeitgestaltung hinaus und erfasste die gesamte Lebenseinstellung und -führung. Wie der einzelne seinen privaten Lebensbereich beschrieb, hing sehr von dem für ihn wichtigen öffentlichen Bereich ab. Wie das Beispiel zeigt, war der öffentliche Bereich andererseits nicht durchgängig als fixe Größe zu begreifen und der private Sektor als variable. Der junge Sachse hatte seinen öffentlichen Lebensbereich sogar gerade umgekehrt nach seinen privaten Lebensbedürfnissen ausgerichtet. Dieses Phänomen tauchte bereits bei der Nischenbildung im literarischen Bereich auf.

Welche Sphäre der staatlichen Inanspruchnahme auch immer vom einzelnen ausgewählt wurde und welche qualitative und quantitative Bedeutung er diesem Sektor für seine private Lebensführung auch beimaß, das unausgesprochene oder artikulierte Ziel war immer, durch Rückzug in die Nische die notwendige Autonomie zu gewinnen, um das DDR-Herrschafts-Abhängigkeits-Verhältnis aus der Position des abhängigen Bewusstseins mit seinen beiden Momenten (unterwürfig und widerspenstig) durchstehen zu können. Der Rückzug war entgegen dem ersten Anschein also nicht aus reinem Widerspruchsgeist entstanden. Der junge Sachse kehrte auch das zweite Merkmal des abhängigen Bewusstseins heraus. Als er von „unserem Staat“ sprach, keimte darin das Moment des unterwürfigen abhängigen Bewusstseins auf. Beide Momente des abhängigen Bewusstseins waren in der Nische ständig präsent, wenn auch in unterschiedlicher Proportion.

Wenn Hunderttausende von DDR-Deutschen regelmäßig Freitagmittag zur „Datschen-Rallye“ (Tagesspiegel, 25.05.86) antraten, sich im eigenen Wochenendhaus von den Strapazen der Arbeitswoche erholten, sich lustvoll in die Obhut der „informellen Kommunikationsgemeinschaft“ der Siedler (Tagesspiegel, 25.01.92) begaben und dort – laut SED-Kritik – ungeniert ihre „kleinbürgerliche Protzsucht“ und ihr „egoistisches Geltungsbedürfnis“ auslebten (Tagesspiegel, 29.08.79), spiegelten sich darin ebenso beide Momente des abhängigen Bewusstseins. Günter Gaus hatte bereits 1983 auf die für ihn typische Weise die private Nische charakterisiert: „Die privaten Lebensräume, als Nische ausgestaltet, sind Freiräume von der herrschenden Lehre. Damit sind sie keineswegs auch grundsätzlich Widerstandsnester. Im Gegenteil: Sie haben eine Ventilfunktion. Es ist geradezu ein Kriterium der mitteldeutschen Nischen, dass ihre Inhaber, ihre Einwohner sich durch die Möglichkeit der Nische, des individuellen Glücks im Winkel mit dem Regime ihres Staats arrangiert haben. Wer sich mit ihm überwirft, tritt aus der Nische heraus." (Günter Gaus,a.a.O., S. 157) Gaus bezeichnete die privaten Nischen der DDR nicht als einzigartig. Solche Phänomene gebe es in vielen Gesellschaften. Mit Bezug auf den „alten Adam", der in der Nische wieder zum Vorschein käme, bemerkte er an anderer Stelle über die Nische: „Es ist der bevorzugte Platz der Menschen drüben, an dem sie Politiker, Planer, Propagandisten, das Kollektiv, das große Ziel, das kulturelle Erbe – an dem sie das alles „einen guten Mann sein lassen" und mit der Familie und unter Freunden die Topfblumen gießen, das Automobil waschen, Skat spielen, Gespräche führen, Feste feiern. Und überlegen, mit wessen Hilfe man Fehlendes besorgen, organisieren kann, damit die Nische noch wohnlicher wird." (ebd. S. 160). Er nannte die Nische sogar die „vorherrschende Existenzform in der DDR" und unterstellte den Nischenbewohnern genaue Kenntnis darüber, „wie weit sie gehen können, was sie tun und was sie lassen sollen, damit sie unbehelligt bleiben" (ebd. S. 160/168).

Auch Gaus hatte bemerkt, dass der herrschenden Partei die vielen Nischen im privaten Bereich ein Dorn im Auge waren, ihrem Zugriff vor allem mit geheimdienstlichen Methoden offen, voller kaum beeinflussbarer Strömungen, deren Existenz sie aber dennoch dulden musste und von der ihre Herrschaft auch profitierte. Er erweckte jedoch manchmal den Eindruck, dass die beiden Sphären, die staatliche Inanspruchnahme und die private Nische, weitgehend voneinander getrennt existierten. Er sah sie nicht im Zusammenhang des Herrschafts-Abhängigkeits-Verhältnisses, in dem die Sphäre der herrschaftlichen Inanspruchnahme die private Nische bestimmt, wie umgekehrt auch die private Lebenswelt bestimmend auf die herrschaftliche Inanspruchnahme übergreift. Lutz Niethammer wiederum, der die „Theorie von der privaten Nische" wegen der von ihr vertretenen Annahme kritisierte, dass die private Nische das Individuum „vor der Politik abschirme", geriet in seiner Beschreibung der Nische in die umgekehrte Gefahr, nämlich die Nischenautonomie zu stark zu vernachlässigen (Niethammer, Die volkseigene Erfahrung – Eine Archäologie des Lebens in der Industrieprovinz der DDR, Berlin 1991, S. 521). Sein Erstaunen darüber, dass die „scheinbar so gläserne DDR-Gesellschaft doch für die ‚Oberen' so undurchsichtig blieb, dass ihnen ‚ihr Volk' so fremd und unverstehbar war und wurde" (ebd., S. 530), resultiert genau aus dieser Unterbewertung der Nischenautonomie.

Verniedlichend, wenn nicht sogar blind gegenüber den Implikationen, die von der Nischenautonomie für die Herrschaftsausübung ausgehen, zeigte sich Klaus Schroeder. Die Mehrheit der Bevölkerung ordnete Schroeder dem durch „Wandel aus Anpassungs- und Lernprozessen der totalitärer Herrschaft unterworfenen Bürger" zu, die insbesondere nach dem Bau der Mauer 1961 in „tiefe Resignation" verfallen sei (ebd. S. 469). Getreu dem Muster der Totalitarismustheorie attestierte er ihr statt Nischenautonomie Zersplitterung in eine Vielzahl vereinzelter Einzelner, in ihrer Resignation der Oktroyierung von Selektionsleistungen der SED hilflos ausgeliefert, manipulierbar und unfähig zur Bildung eigenständiger Opposition (ebd. S. 468). Dementsprechend formulierte er zum Verhalten der Bürger gegenüber ihrer staatlichen Inanspruchnahme: „Auf einem anderen Blatt steht deshalb, inwieweit der einzelne diesen Vorgaben und Vorschriften nachkam oder sich jenseits der ‚offiziellen Wirklichkeit' soweit wie möglich im ‚Privaten' einrichtete. … Das Verhalten gegenüber der Obrigkeit blieb bei nahezu allen DDR-Bürgern von einer tief verwurzelten Ängstlichkeit geprägt. Das ständige Pendeln zwischen Zivilcourage und Anpassung, das selbst den Alltag oppositioneller Kreise bestimmte, konnte selten durchbrochen werden. Die fortwährende Furcht davor, auch als ‚Normalbürger' zum ‚Staatsfeind' gestempelt zu werden, hielt viele davon ab, der Diktatur entgegenzutreten." (ebd. S. 573). Das ständige Ausbalancieren staatlicher Inanspruchnahme durch autonomes Nischenverhalten und den dadurch verursachten erheblichen Einbußen für die Übertragung von herrschaftlichen Selektionsleistungen auf die Beherrschten erschien Schroeder nur als Pendeln zwischen Zivilcourage und Anpassung, als „alltägliche Schizophrenie" (ebd. S. 585). Statt danach zu fragen, ob die Totalitarismustheorie die ‚Differenz' zwischen praktizierter Herrschaftsausübung (auf der Grundlage eines totalen Herrschaftsanspruchs) und erreichter Herrschaftsverankerung in der Bevölkerung adäquat zu erklären vermag, verharrte er vorrangig in der ausführlichen Schilderung des starken Anpassungsdrucks, der auf der Bevölkerung lastete. Auf welche Weise die sich ausbreitende Nischenbildung mit dem fortschreitenden „Erosionsprozess" der DDR-Gesellschaft verknüpft war, was schließlich zur Bildung von Gegenmacht mit der Folge totaler Machterosion für die SED führte, wird nur sehr unzulänglich beantwortet.

10.7 Der Widerspenstigen Zähmung durch die Staatssicherheit

10.7.1 Partei, Staat, Individuum/Gesellschaft

Wie bereits vielfältig dargelegt, führte die ideologisch begründete Annahme von der Übereinstimmung des gesellschaftlichen mit dem individuellen Bewusstsein zur Entfaltung eines Herrschafts-Abhängigkeits-Verhältnisses, das gekennzeichnet war durch einen in absoluter Herrschaft ausufernden Autonomieanspruch der führenden Partei und einem inner- und außerhalb der gesellschaftlichen Nischen wirksam werdenden abhängigen Bewusstsein aller übrigen autonomen Einheiten des strukturierten Ganzen. Die ihnen von der ideologisch verblendeten, herrschsüchtigen Partei verweigerte Autonomie mussten sich die beherrschten Einheiten erst durch Nischenbildung gegen den maßlosen Anspruch der Partei ertrotzen. Die schützende Nische im Rücken half ihnen, ihre dienende Funktion in der Sphäre der staatlichen Inanspruchnahme auch dann zu bewältigten, wenn der Dienst am Herrn Herrschaftsausübung über andere autonome Einheiten einschloss. Privilegien versüßten außerdem den „herrschaftlichen Dienst". Jeglicher Privilegienhascherei abhold war die beherrschte autonome Einheit sogar in der Lage, die Art der Sphäre staatlicher Inanspruchnahme entsprechend der bevorzugten Art der privaten Lebenswelt auszuwählen. Entrinnen konnte sie ihr jedoch nicht.

Der seiner Autonomie durch die Partei beraubte und mit seinen Organen als Herrschaftsinstrument dienende Staat versuchte, jeglichen Selbstlauf der Gesellschaft zu unterbinden und aus ihr eine geplante, kontrollierte Veranstaltung zu machen. Peter Hacks fand dafür 1988 folgende sarkastische Worte: „Das Angenehme am Sozialismus ist, dass wir den Staat nahe erleben. Der sozialistische Mensch erwacht in seiner staatlichen Wohnung, schaltet das staatliche Licht ein, frühstückt einige staatliche Semmeln und fährt mit der staatlichen Bahn zu seiner staatlichen Arbeit, während die sozialistischen Kinder sich in den staatlichen Kindergarten oder die staatliche Schule begeben ... Es ist angesichts dieses Verstaatlichungsgrades sinnlos, in einem neuzeitlichen Gemeinwesen den Widerspruch zwischen Staat und Gesellschaft länger nachzuspüren. Er hat sich wirklich erledigt." (zit. bei Friedrich Diekmann „Staat im Widerspruch" in: Merkur, Februar 1992). Peter Hacks fügte ironisch hinzu, dass der Staat gegenüber der Gesellschaft den Vorzug habe, Fehler machen zu können. „Die Gesellschaft", so Hacks in „Ascher gegen Jahn", „macht keine Fehler, sie ist der Fehler."

Diekmann glaubte, Peter Hacks Analyse zu vervollständigen, als er zusätzlich das „Phänomen der Selbstaufhebung des Staates" einführte: „Wenn die Verstaatlichung der Gesellschaft einen so hohen Grad erreicht, dass die gesamte Gesellschaft wie eine Firma funktioniert, ... dann entfällt der Unterschied zwischen Staat und Gesellschaft, dann findet im Rahmen ständisch-korporativer Gliederungen eine vollkommene Individualisierung statt. Es gibt nur noch einzelne mit einem Gesamtinteresse: dem der Änderung." (Tagesspiegel, 02.02.92). Zur Stützung seiner These zitierte Diekmann Günter Mittag, der beklagt hatte, dass sich der realsozialistische Staat außerstande gesehen habe, die Blumenpreise zu erhöhen, von Mieten und Strompreisen ganz zu schweigen; das „Gesamtinteresse" der Individuen war dagegen. Aber weder die Verstaatlichung der Gesellschaft noch die Vergesellschaftung des Staates entsprachen der realen Situation der DDR. Je umfangreicher die Staatstätigkeit in der DDR wurde, desto mehr bildete die Gesellschaft auf allen Ebenen und in allen Winkeln Nischen, in denen sich Individuen, Organisationen und Institutionen dem zunehmenden staatlichen Zugriff zu entziehen suchten.

10.7.2 Ziel, Aufbau/Umfang und Aktivität des Staatssicherheitsdienstes

Die herrschende Partei betrachtete Nischenbildung nicht nur als Versuch, sich ihrem Herrschaftsanspruch zu entziehen, sondern glaubte darin vor allem einen noch zu tilgenden Widerspruchsgeist der beherrschten autonomen Einheiten auf der Spur zu sein, obgleich es sich für jene vornehmlich darum handelte, das notwendige Maß an Autonomie zu gewinnen, um überhaupt im Herrschafts-Abhängigkeits-Verhältnis den Part des Abhängigen bzw. Knechts adäquat ausfüllen zu können.

Von der Wahrnehmung des Nischenbewohners als „Widerspruchsgeist" zu seiner Fixierung als Feind der Gesellschaft war der Weg kurz. Der Staatssicherheitsdienst, lediglich mit einem Zweizeiler am 8. Februr 1950 ins Leben gerufen und in seinem Auftrag gegen Nischenbildung als „Geheime Kommandosache" am 30. Juli 1969 von

Erich Honecker durch seine Unterschrift bestätigt (Berliner Landespressedienst, 21. 02.92), gab in seinem Statut die grundsätzliche Richtung an. Äußerungen einzelner Mitarbeiter des Staatssicherheitsdienstes gegenüber observierten Personen sprachen eine noch klarere Sprache. Sascha Anderson, der selbst, kurzzeitig Opfer, zum zuverlässigen Täter avancierte, erzählte in einem Zeitungsinterview über die ideologische Überzeugung seiner Führungsoffiziere, dass sie ihre Arbeit als „Sieger der Geschichte" ausschließlich unter dem Gesichtspunkt von „Klassenkampf, Klassengegner, Staatsfeinde" betrieben (Die Zeit,01.11.91). Nischenbewohner begingen den unverzeihlichen Fehler, sich der „Liebe" des obersten STASI-Chefs Mielke zu entziehen.[74] Kurz nach der Öffnung der Mauer rief Mielke vor der DDR-Volkskammer aus: „Ich liebe euch doch alle!" (Frankfurter Rundschau, 10.02.92). Wer die Liebe von Mielkes Apparat aber nicht erwiderte, bekam es mit seinem Hass zu tun, wurde zum Feind abgestempelt und als Klassengegner verfolgt. Alles, was in der Welt geschah, wurde dem primitiven Freund-Feind-Schema unterworfen: entweder wir führen jemand oder der Feind (Tagesspiegel, 03.01.92).

Angesichts der zahllosen Nischen und Nischenbewohner in allen Bereichen der Gesellschaft ließ sich der Staatssicherheitsdienst auf flächendeckende Maßnahmen ein und avancierte so zum Staat im Staate. „Diese Tendenz zur Herausbildung Staat im Staate", erklärte Rudi Mittag am 6. Februar 1990 auf seiner Anhörung vor dem Untersuchungsausschuss der Volkskammer, „entstand Anfang der siebziger Jahre im Zusammenhang mit den ganzen Problemen, wie sie anstanden – KSZE-Prozesse, Grundlagenvertrag, Transitabkommen, Zunahme der diplomatischen Anerkennung der DDR –, also alles in allem mit der neuen internationalen Situation, in der sich die DDR befand. Sie fiel auch zeitlich zusammen mit der Wahl Erich Honeckers zum Generalsekretär und 1971 mit der Wahl des ehemaligen Ministers für Staatssicherheit in das Politbüro. Dieser Trend der Verselbstständigung, dieses Problem – Dialog nach außen, aber Verhinderung des Dialogs nach innen – führte zwangsläufig zu einer Aufblähung des Apparates ..." (Volker Klemm, a.a.O., S. 225).

Nach David Gills/Urich Schröters Untersuchung über das Staatssicherheitsministeriums, Berlin 1991, stieg die Zahl der offiziellen Mitarbeiter von 1974 (55 718) auf ca. 85 000 im Jahre 1983, unter denen sich 12 300 Hochschulabsolventen, 30 000 Fachhochschulabsolventen und 42 700 Meister bzw. Facharbeiter befanden (Gill/Schröter, S. 34/35). Von ihnen arbeiteten allein 9200 für die Hauptabteilung II (Spionageabwehr), XVIII und XIX (Sicherung der Volkswirtschaft), I und VII (Sicherung des Staatsapparats) sowie XX (Bekämpfung oppositioneller und extremistischer Be-

74 Wolfgang Schwanitz, Stellvertreter Mielkes, charakterisierte seinen Chef als einen stalinistisch geprägten, der Sowjetunion und derem Geheimdienst treu ergebenen Diener: „Mit Sicherheit lässt sich jedoch sagen, dass er aus dieser Schule kam, von ihr zutiefst geprägt war, und die Erfahrungen und Kenntnisse, die er von dort mitgebracht hatte, in den Aufbau der Staatssicherheitsorgane der DDR einbrachte. Denn klar ist eines: wenn deren erster Leiter Zaisser hieß und deren zweiter Wollweber, – derjenige, der tatsächlich von Anfang an, also gleich nach 1945, am Aufbau der neuen bewaffneten Organe maßgeblich mit beteiligt war, derjenige, der sich dann ab etwa 1948/49 voll auf den Aufbau der Staatssicherheitsorgane konzentrierte, hieß Mielke! Auch wenn er nicht von Anfang an als deren Chef fungierte, so war er doch derjenige, der dort von der ersten Stunde an maßgeblichen Einfluss ausgeübt hatte." (Villain, a.a.o., S. 135).

strebungen). Nach Gill/Schröter nahm die Hauptabteilung XX „eine Schlüsselstellung bei der flächendeckenden Bespitzelung der DDR-Bevölkerung ein. Sie hatte namentlich die staatlichen Organe und Einrichtungen, den Bereich der Justiz, des Gesundheitswesens, der Kultur und der Bildung, der Medien- und Jugendarbeit, der gesellschaftlichen Organisationen sowie der Kirchen und Religionsgemeinschaften mit geheimdienstlichen Methoden zu ‚bearbeiten'. Vor allem sollten ihre Mitarbeiter alle Bestrebungen erkennen und bekämpfen, die auf eine Änderung der bestehenden politischen Verhältnisse gerichtet waren, mithin jede Form von organisierter Kritik oder Opposition" (ebd. S. 45).

Trotz der zuletzt 91015 offiziellen Mitarbeiter war diese umfangreiche Aufgabe nur mit zusätzlich anzuwerbenden, verdeckt arbeitenden Inoffiziellen Mitarbeitern (IM) zu bewältigen, die, fach- und sachkundig in den verschiedensten gesellschaftlichen Bereichen fest verankert, auch Zugang zu den gesellschaftlichen Nischen hatten. Nach Aussagen ehemaliger Mitarbeiter des Ministeriums für Staatssicherheitsdienst (MfS) und Angaben Joachim Gaucks betrug die Anzahl der IMs ca. 174000 Personen (Gill/Schröter, S. 96) (Die Zeit,20.12.91) (Schroeder,a.a.O., S. 441/442).[75]

Folgende Methoden wurden laut MfS-Richtlinie angewandt: Sicherheitsüberprüfungen von Personen in gehobenen Positionen; operative Personenkontrollen (OPK) „zur Vorbeugung und Aufdeckung feindlich-negativer Handlungen, zum rechtzeitigen Erkennen und Verhindern gegnerischer Wirkungsmöglichkeiten, zur vorbeugenden Sicherung durch den Gegner besonders gefährdeter Personen"; operative Vorgänge (OV), um „vorbeugend ein Wirksamwerden feindlich-negativer Kräfte zu unterbinden, das Eintreten möglicher Schäden, Gefahren oder anderer schwerwiegender Folgen feindlich-negativer Handlungen zu verhindern"; Postkontrollen und Telefonüberwachung.

---

75 Für die Infoffiziellen Mitarbeiter galten folgende Kategorien: IM zur politisch-operativen Durchdringung und Sicherung des Verantwortungsbereichs (IMS), IM der Abwehr mit Feindverbindung bzw. zur unmittelbaren Bearbeitung im Verdacht der Feindtätigkeit stehenden Personen (IMB), IM mit Führungsaufgaben für ihnen untergebene IM und GMS (Gesellschaftliche Mitarbeiter für Sicherheit) (Führungs-IM oder FIM), IM für besondere Einsätze (IME), IM zur Sicherung der Konspiration und des Verbindungswesens (IMK) und hauptamtliche IM (HIM) für ganz spezielle Einsätze.
IM-Vorlaufakten dokumentierten alle Prüfungsergebnisse über eine als IM in Frage kommende Person. Erfüllte sie die Punkte des Anforderungsbildes, wurde ihr die Mitarbeit angeboten. Bei der Anwerbung scheute man weder vor kompromittierendem Material (Vorstrafen) noch vor Verlockungen (Studiermöglichkeiten) zurück (Tagesspiegel, 07.07. und 03.12.91). Nach der erfolgreichen Anwerbung wurde aus der Vorlauf- die mit weiteren Informationen aufgefüllte Personalakte, die im Falle Sacha Andersons z.B. die Personenkennzahl und seine drei Decknamen „IM David Menzer", „IMB Fritz Müller" und „IMB Peters" enthielt. Hinter dieser befand sich die Arbeitsakte des IM (teilweise bis zu fünf Bänden à 300 Seiten) und gesondert davon ein Teil mit Rechnungen, Kostenvermerken u.a. (Tagesspiegel, 21.12.91/Die Zeit, 24.01.92). Neben den IM und GMS gab es noch ungefähr 3030 „Elite-Informanten", Offiziere im besonderen Einsatz (OibE), wie z.B. Schalck-Golodkowski. Sie nahmen Schlüsselpositionen im Staatsapparat, der Wirtschaft, den Universitäten, den Kirchen und anderen gesellschaftlichen Bereichen ein und sollten „auf direktem Wege Einfluss auf Entscheidungen an den Schaltstellen der Gesellschaft nehmen" und helfen, Informationsverluste zu vermeiden (Gill/Schröter, a.a.O. S. 118). Am geheimsten arbeiteten die sogenannten Unbekannten Mitarbeiter (U-Mitarbeiter). Sie beobachteten und überwachten ehemalige oder noch tätige Mitarbeiter des MfS und beispielsweise Mitarbeiter von auswärtigen Geheimdiensten. Sie waren selbst den MfS-Dienststellen nicht bekannt.

Dies konnte im Einzelnen bedeuten: fingierte Verkehrsunfälle gegen unliebsame Personen, Zerstörung von Berufskarrieren durch Streuung von Falschinformationen, Zerstörung von Familienbeziehungen, psychiatrische Behandlung, Zerstörung des Selbstwertgefühls von bearbeiteten Personen und vieles andere mehr. Diese Maßnahmen richteten sich zwar vorwiegend gegen DDR-Bewohner, die bereit waren, aus ihrer Nische herauszutreten, in der Sphäre staatlicher Inanspruchnahme die Ebene des bloßen Meckerns zu verlassen und der herrschenden Partei wirklichen Widerstand entgegenzusetzen. Aber von diesen Zugriffen konnten auch zu jedem Augenblick Nischenbewohner betroffen sein, die – ahnungslos und sich keiner „Schuld" bewusst – per Zufall im scheinbar lückenlosen Aufklärungs- und Kontrollnetz des MfS hängen blieben. Allein die Möglichkeit eines solchen Zufalls hatte Rückwirkungen auf ihr abhängiges Bewusstsein und konnte das unterwürfige Moment in ihnen gegenüber dem widerspenstigen verstärken oder umgekehrt. Für die Untersuchung der Frage nach dem demokratischen Bewusstsein der DDR-Bewohner wäre hier ein weiterer Ansatzpunkt für empirische Analysen gegeben.

Repressionsmaßnahmen der herrschenden Partei sahen sich insbesondere zum Widerstand entschlossene Personen ausgesetzt. In ihrem abhängigen Bewusstsein dominierte das widerspenstige Moment. In den achtziger Jahren schlossen sie sich meist in Menschenrechts- und Friedensgruppen sowie zu künstlerisch, ökologisch und christlich orientierten Arbeitskreisen zusammen und suchten oftmals bei der evangelischen Kirche Schutz. „In der Mehrheit handelte es sich dabei um Gruppen, denen die Kirche als einzige staatsfreie Großorganisation der DDR Freiräume bot, um ungehindert ihre Ansichten austauschen zu können." (ebd. S. 147). „Es war der öffentliche Wahrheitsmangel", wie Christoph Dieckmann feststellt, „der die Kirche wie die Literatur zu Medien der Aufklärung promovierte." (Die Zeit, 23.08.96). Sowohl Kirche wie Kunstszene gerieten deshalb in ganz besonderer Weise in das Stasi-Operationsfeld. Beide wurden mit inoffiziellen Mitarbeitern (IM) gespickt, die durchweg das Ziel verfolgten, die Mitglieder der Widerstandsgruppen zu entzweien, ihre Aktivitäten zu lähmen und/oder ihre Führungskräfte systematisch zu isolieren. Am Beispiel der Friedensbewegung im Schutz der Kirche kann aufgezeigt werden, in welche Zwitterposition die Kirche geriet und welche zwiespältigen Folgen daraus für das Verhältnis von unterwürfigem und widerspenstigem abhängigem Bewusstsein der Bevölkerung entstanden.

10.7.3 Das widersprüchliche Verhältnis von evangelischer Kirche und herrschender Partei

Als zu Anfang der achtziger Jahre die beiden damaligen Supermächte kernwaffenbestückte Mittel- und Kurzstreckenraketen vorwiegend auf mitteleuropäischem Territorium stationierten und damit den politischen Handlungsspielraum ihrer europäischen Verbündeten wieder stärker einschränkten, wehrten sich beide deutschen Staaten gleichermaßen dagegen und hoben ihre besondere Verantwortung für die Erhaltung des Friedens hervor. Abgesehen von unterschiedlichen strategischen, taktischen und propagandistischen Zwecken, die mit der deutsch-deutschen Verantwortungsgemeinschaft von beiden Regierungen verfolgt wurden, legten sie dennoch größten Wert auf die Bewahrung ihres – in der Periode der Entspannung erzielten – geregelten Neben- und Miteinanders. Die Hochphase des kalten Krieges wünschte kein verantwortungsvoller Politiker zurück. Die Bereitschaft zur Friedenserhaltung erfasste auch breite Kreise der Bevölkerung. Im westlichen und östlichen Teil Deutschlands entstanden Friedensbewegungen, die sich keinesfalls mit der offiziellen Friedenspolitik ihrer Regierungen begnügen wollten und darüber hinaus auch die Bereitschaft zum inneren Frieden, zum Abbau von struktureller Gewalt in den jeweiligen Gesellschaften anmahnten.

Für die SED-Führung entstand aus der Binnenwirkung ihrer vorwiegend außenpolitisch motivierten Friedenspolitik eine problematische Rückwirkung auf das bis dahin gültige Feindbild. Die Ostberliner „Weltbühne“ gab z.B. 1987 zu bedenken: „Nicht, wer fundamental anderer Meinung ist als wir, nicht, wer ökonomisch, politisch, ideologisch im anderen Lager steht – und sei es im Lager des Monopolkapitals –, ist als Klassengegner oder politischer Widersacher schon unser Feind.“ Wo es um die Fortexistenz der Menschheit gehe, könne er „Partner sein in einer Koalition der Vernunft“ (Tagesspiegel, 03.05.87). Die Chance, auf der Grundlage dieser Neubestimmung mit neuen Gesprächspartnern aus dem Westen einen „systemöffnenden Dialog“ führen zu können und dabei als Nebeneffekt die eigene Herrschaft international stärker abzustützen, wurde seit längerem ausgiebig wahrgenommen. Zugleich musste aber als Folge dieser Dialogbereitschaft der immer drängender vorgetragenen Forderung begegnet werden, auch innerhalb der DDR eine „Kultur des politischen Streits“ im Umgang mit autonomen Einheiten auf der Basis gegenseitiger Anerkennung zu pflegen. Geschah dies nicht, gefährdete sie den systemübergreifenden Dialog. Die SED-Führung versuchte jedoch vorwiegend, die Zügel weiterhin straff zu halten und ihren absoluten Herrschaftsanspruch durchzusetzen. Zwar gestattete sie am 05.09.1987 die erste nichtstaatlich organisierte Friedenskundgebung außerhalb kirchlicher Räume, den „Pilgerweg zum Olof-Palme-Friedensmarsch für einen atomwaffenfreien Korridor“, auf dem sich alle kirchlichen Gruppen und der Kirche nahestehende Basisgruppen vereinten, vermied zwei Wochen später, dass Sicherheitskräfte auf der Dresdener Abschlusskundgebung gegen Plakataufschriften wie „Schwerter zu Pflugscharen“, „Für einen zivilen Ersatzdienst in der Kirche“, „Keine Feindbilder in Familie, Schule, Kindergarten“ einschritten, aber schon wenig später verbot sie Mitgliedern unabhängiger Friedens- und Umweltgruppen aus der DDR-Provinz, Ost-Berlin aufzusuchen und sich an Friedensaktionen in der Zionskirche zu beteiligen (Frankfurter Rundschau, 07.09.u.28.11.87) (Tagesspiegel, 19.09.87). Am 28.01.1988 verurteilte das Stadtbezirksgericht Lichtenberg Vera Wollenberger wegen versuchter Zusammenrottung nach § 217, Abs. 1 u.3, weil sie, zusammen mit Gleichgesinnten, die offizielle Luxemburg-Liebknecht-„Kampfdemonstration“ zur Propagierung staatsfeindlicher Parolen benutzt habe (Tagesspiegel,29.01.88). Im gleichen Zeitraum forderte die DDR-Führung wieder vermehrt Mitglieder oppositioneller Gruppen auf, entweder die DDR zu verlassen oder hohe Haftstrafen hinzunehmen. Mit dieser Methode hatte sie schon seit längerem versucht, Menschenrechts-, Friedens- und Umweltgruppen auszutrocknen (Frankfurter Rundschau,06.02.88), sofern es der gegen ihren Willen von der Partei mit dieser Aufgabe betrauten evangelischen Kirche nicht gelungen war, deren Aktivitäten auf den Raum der Kirche zu begrenzen und damit von der Öffentlichkeit weitgehend fernzuhalten (Die Zeit,05.02. 88).

Schon seit Anfang der siebziger Jahre hatte sich die Parteiführung auf einen Wandel ihrer Beziehung zur evangelischen Kirche eingestellt. Dies geschah auf zweierlei Weise:

1. durch partielle und vorläufige Anerkennung der Autonomie der evangelischen Kirche unter der Voraussetzung, dass sich die Repräsentanten der Kirche seit ihrer Verselbständigung von der gesamtdeutschen EKD (1968) gewillt zeigten, als Bund der Evangelischen Kirchen in der DDR (BEK) die SED-Herrschaft nicht mehr öffentlich in Frage zu stellen;
2. durch Unterwanderung kirchlicher Einrichtungen mit IMs des MfS, um gegen den SED-Staat gerichtete kirchliche Aktionen frühzeitig zu erkennen (so z.B. seit Anfang der achtziger Jahre zur Beschaffung von Informationen über Aktivitäten der Friedens- und Umweltgruppen, die im Schutze der Kirche agierten).

Zwischen SED-Politbüro und Leitungsorganen des BEK begannen damit seit Anfang der siebziger Jahre wechselvolle Beziehungen, in denen das bis dahin von Fremdheit, Misstrauen und offener Feindschaft beherrschte „Un"-Verhältnis abgelöst wurde durch ein allmähliches Aufeinanderzugehen, ein zögerliches Herantasten an Beziehungen auf der Basis gegenseitiger Anerkennung.[76] Da von Seiten des Politbüros zugleich an der geheimdienstlichen Unterwanderung der evangelischen Kirchen gearbeitet wurde, mag man sich erhofft haben, dass mit Hilfe inoffizieller Mitarbeiter des MfS die Autonomie der Kirche langsam ausgehöhlt, zu ihr ein Herrschafts-Abhängigkeits-Verhältnis etabliert und im Rahmen dessen kirchliche Loyalitätsbereitschaft erzwungen werden könne.

Dem BEK stand eine solche Unterwanderungsmöglichkeit nicht zur Verfügung. Er setzte stattdessen auf die in der SED-Spitze allmählich wachsende Einsicht, dass ohne kirchlichen Beistand die DDR-Gesellschaft längerfristig nicht zu stabilisieren sei. Beispielsweise konnte die evangelische Kirche zur Erhaltung eines hohen Arbeitsethos unter der kirchentreuen Bevölkerung beitragen (Die Zeit,04.03.83). Für die Kirche lag das Maximum ihrer Möglichkeiten deshalb im Aufbau symmetrischer Beziehungen zwischen zwei sich gegenseitig anerkennenden autonomen Einheiten. Sie stellte ihre Arbeit unter folgende Devise: „Eine Zeugnis- und Dienstgemeinschaft von Kirchen in der DDR wird ihren Ort genau zu bedenken haben: In dieser so geprägten Gesellschaft, nicht neben ihr, nicht gegen sie. Sie wird die Freiheit ihres Zeugnisses und Dienstes bewahren müssen. Denn sie ist durch ihren Auftrag allein an den gebunden, der als der menschgewordene Wille Gottes zur Rettung seiner Kreatur zu uns kam" (Die Zeit,07.02.1992).

76 „Man hatte Anfang der siebziger Jahre deutlich das Gefühl, (...) dass in der SED-Führung der Wille zu einem konstruktiven Miteinander zwischen Kirche und Staat vorhanden war." (Altbischof Albrecht Schönherr, in: Jean Villain, Die Revolution verstößt ihre Väter – Aussagen und Gespräche zum Untergang der DDR, Bern 1990, S. 16.

Liest man unter diesem Blickwinkel Äußerungen von führenden Kirchenvertretern in der DDR, wird der schwierige Weg deutlich, den die evangelischen Kirchen im Bestreben nach gegenseitiger Anerkennung von Kirche und SED gegangen sind. So formulierte der Magdeburger Bischof Krusche in einem dem Wetzlarer „Informationsdienst der Evangelischen Allianz" gewährten Interview: Die Kirche habe gelernt, dass es sich lohne, „auf die Stimme Jesu Christi zu hören und einen eigenen Weg zu gehen zwischen totaler Anpassung und totaler Verweigerung" (Tagesspiegel,13.01.82).

Totale Anpassung an die SED-Herrschaft bedeutete die kirchliche Einwilligung in ein von der SED-Spitze angestrebtes Herrschafts-Abhängigkeits-Verhältnis und totale Verweigerung kam einer Kampfansage mit ungewissem Ausgang zwischen zwei autonomen Einheiten gleich. Innerhalb eines Herrschafts-Abhängigkeits-Verhältnisses wäre es wie in jedem anderen gesellschaftlichen Bereich zur Herausbildung von Nischen gekommen, in die sich die weniger repräsentativen Mitglieder der Kirche zurückgezogen hätten, während den führenden Repräsentanten der Kirche die unangenehme Aufgabe zugefallen wäre, im vorauseilenden Gehorsam SED-Kirchenpolitik zu formulieren und sie unter dem wachsamen Auge der Partei in die Praxis umzusetzen. Die dem BEK ebenfalls zur Verfügung stehende Wahlmöglichkeit, sich total zu verweigern, wäre zwar nicht auf der Grundlage eines sich verschärfenden widerspenstigen abhängigen Bewusstseins erfolgt, da das dazugehörige Herrschafts-Abhängigkeits-Verhältnis nicht existierte; aber ein Rückfall in das „Un"-Verhältnis der fünfziger und frühen sechziger Jahre unter schlechteren Bedingungen als zum damaligen Zeitpunkt hätte auch nicht vermieden werden können. (Besonders der Abschluss des Militärseelsorgevertrages zwischen der EKD und der Bundesrepublik Deutschland im Jahre 1958 hatte den östlichen Zweig der damals noch vereinten evangelischen Kirchen Deutschlands in ein feindliches Verhältnis zur DDR gebracht.) Eine Neuauflage dieses auf Feindschaft beruhenden „Un"-Verhältnisses hätte den BEK aus dem strukturierten Ganzen (DDR) hinauskatapultiert, ihn jeder politischen Einwirkungsmöglichkeit beraubt, die Kirchenmitglieder bis hin zum einfachen Kirchgänger immer mehr unter Druck gesetzt und als positives Resultat lediglich eine innere Stabilisierung der Kirche herbeigeführt.

Nach ihrem Entschluss, weder eine Politik der totalen Anpassung noch eine der totalen Verweigerung zu verfolgen und stattdessen ein Verhältnis gegenseitiger Anerkennung anzustreben, gerieten Kirchenvertreter in Verhandlungen mit der SED-Spitze in ein unauflösbares Dilemma. Gerhard Besier und Stephan Wolf haben es im folgenden Zitat anschaulich beschrieben: „Willigte beispielsweise ein Bischof in größere Kooperationsbereitschaft mit dem Staat ein, so sah man darin nicht selten eine Art zumindest partieller Konversion: nicht der tatsächlich ausgeübte Druck auf den Amtsträger oder dessen potentielles Kalkül, noch bestehende Freiräume für seine Kirche zu retten, wurden in den Einschätzungen als mögliche Motive in Rechnung gestellt, sondern man sprach dann für gewöhnlich von einem beachtlichen ‚Lernprozess (…) unter Bedingungen des real existierenden Sozialismus'." (Frankfurter Rundschau, 21.01.92). SED-Spitze und mit Kirchenfragen befasste Stellen des MfS interpretierten kirchliche Reaktionen ausschließlich als Resultat eines sich anbahnenden Herrschafts-Abhängigkeits-Verhältnisses, in das der BEK nun allmählich einzuwilligen bereit sei.

Kirchliche Kooperationsbereitschaft betrachtete die ideologisch festgelegte SED-Spitze als ein Signal, dass die Kirche langsam „Vernunft" annimmt und die Einflussarbeit der IMs Früchte trägt (Die Zeit,14.02.92).

Um diesen falschen, aber dennoch nützlichen Schein für den BEK zu konservieren und hinter seinem Rücken die Autonomie der Kirche zu bewahren und sogar auszubauen, verfolgte die Kirchenleitung ebenfalls eine doppelbödige Strategie gegenüber der SED. Einerseits erweckte sie immer mehr den Eindruck inhaltlicher Übereinstimmung in den politischen Zielen. Ein prägnantes Beispiel entstammt einem Vortrag des damals stellvertretenden Vorsitzenden des BEK, Manfred Stolpe, aus dem Jahre 1984 und knüpft an die Gründungsrede des BEK im Jahre 1968 an, in der inhaltlich von einer „Kirche im Sozialismus" gesprochen worden war: „Ein fürwahr prophetisches Wort, das auch für die nächsten 15 Jahre noch genügend Aufgaben enthält. Seine Konkretisierung wird bedeuten, die Formel einer Kirche im Sozialismus als gesellschaftliche Aufgabe zu erfüllen. Kirche im Sozialismus als einer Kirche, die nicht nur auf ihre Position bedacht und auf das Gegenüber Staat fixiert ist, sondern die dazu beiträgt, die sozialistische Gesellschaft stabiler, gerechter und besser zu machen. Damit alle Menschen voll teilhaben können und der Frieden gesichert wird." (Frankfurter Rundschau, 10.05.84). Stolpe bezeichnete in dem gleichen Vortrag sogar die Bundesrepublik Deutschland als „imperialistisch". Andererseits machte sich die Kirche zum Sachwalter kritischer Positionen im Sozialismus und trug sie mit verteilten Rollen und auf zwei unterschiedlichen Ebenen vor. Bischof Forck vertrat beispielsweise gegenüber dem DDR-Staatssekretär für Kirchenfragen offen alle kritischen Punkte, während Stolpe den Staatssekretär mahnend auf die Erregtheit des Bischofs hinwies und darum bat, den Ernst der Lage zu begreifen. Stolpe scheute auch nicht den Gang zum MfS, weil er glaubte, dass seine Informationen, auf direktem Wege in diese Hauptinformationsquelle der Partei eingespeist, die Entscheidungen der Parteispitze maßgeblich beeinflussen würden. Da der Staatssicherheitsdienst außerdem über die Bewegungsfreiheit einzelner Menschen, Gruppen und Einrichtungen wie z.B. die Mitglieder der zahlreichen im Schutz der Kirche agierenden Umwelt- und Friedensgruppen entschied, konnte direkte Kontaktaufnahme zur Abwehr mancher Härten führen. Stolpe nannte seine Stasi-Kontakte eine „Gegenkonspiration", wies aber selbst auf die damit verbundene Gefahr eines „Gegenpaternalismus" hin: „Da war auf der einen Seite dieser Staat mit seiner Bevormundung. Und auf der anderen Seite haben wir – das würde ich im Nachhinein auch selbstkritisch an mich richten – so eine Art Obhut dagegengesetzt und gesagt: Machen sich diese jungen Menschen auch genug Gedanken, was alles passieren kann?" (Die Zeit,14.02.1992). Kirchliche Bevormundung hatte also auch den negativen Effekt, die Entwicklung demokratischen Bewusstseins unter den DDR-Deutschen zu behindern. In welchem Ausmaß tatsächlich der Widerspruchsgeist kritischer Gruppen von abwiegelnder Tätigkeit der Kirche gelähmt wurde, verursachte noch für lange Zeit kontroverse Diskussionen. Klaus Schroeder vertrat beispielsweise den Standpunkt, „realistische Kräfte" in der Kirchenleitung hätten zusammen mit der SED das Interesse verfolgt, oppositionelle bzw. unabhängige Stimmen aus der Kirche auszugrenzen (Schroeder,a,a,o., S. 484).

Nicht selten fühlten sich Umwelt-, Friedens- und Menschenrechtsgruppen durch Kirchenvertreter an den Staat verraten. Dieses Gefühl griff besonders dann um sich, wenn der „falsche" Eindruck entstand, dass die Kirche ihren eigentlichen Daseinszweck, Kirche für andere zu sein, der kirchlichen Selbstbehauptung gegenüber SED und Staat zu opfern schien. Dieser Eindruck entstand vor allem in Schwächeperioden der Kirche. „Manchmal haben wir uns etwas vorgemacht über die Macht und die Möglichkeiten unserer Kirche. Wir haben bittere Enttäuschungen hinnehmen müssen", bekannte Albrecht Schönherr in der „Zeit" vom 07.02.1992. In solchen Zeiten drängte sich nicht nur den vom MfS angeworbenen inoffiziellen Mitarbeitern der Kirche die folgende bittere Bemerkung Günter de Bruyns auf: „Um einen Gedanken, der wichtig schien, unter die Leute zu bringen, gab man den anderen preis." Ungefähr 5% der kirchlichen Mitarbeiter arbeiteten als IM des MfS. Ob jedoch der Vorwurf Schroeders zutrifft, dass „der interessengeleitete kirchliche Pragmatismus, durchmischt mit sozialromantischen Ordnungsvorstellungen, … die evangelischen Kirchenleitungen letztlich zur Anerkennung des SED-Staates als einer legitimen Obrigkeit" geführt habe, bleibt einer Antwort vorbehalten, die nicht den Geist der unmittelbaren politischen Auseinandersetzung ausatmet (ebd. S. 485).

Für die Frage, wie schwach oder stark das Demokratiebewusstsein der DDR-Deutschen ausgeprägt war, nimmt die Analyse des Verhältnisses zwischen der evangelischen Kirche und den zahlreichen Menschenrechts-, Friedens- und Umweltgruppen[77], die bei ihr Schutz vor der SED-Herrschaft suchten, zweifellos einen ganz besonderen Rang ein. In welcher Form ein überwiegend widerspenstig strukturiertes abhängiges Bewusstsein, das tendenziell zu absolutem Widerstand gegen die Herrschaft bereit war, auf unerwartete kirchliche Bevormundung reagierte, gibt durchaus Aufschluss über den demokratischen Gehalt (Fähigkeit und Bereitschaft zur Selbstbestimmung und freiwilligen Einordnung in das strukturierte Ganze) dieser Bewusstseinsform. Die bloße Bereitschaft zum Widerstandswillen innerhalb eines Verhältnisses von Herrschaft und Abhängigkeit sagt noch nichts über das Vorhandensein demokratischer Bewusstseinsformen aus. Sie gehört wie das unterwürfige Moment zum abhängigen Bewusstsein und existiert innerhalb wie außerhalb der schützenden Nische.

77 Hans Reichelt, langjähriger Minister für Umweltfragen in der DDR sagte am 18.01.90 vor dem Untersuchungsausschuss der Volkskammer: „Besonders in der Mitte der achtziger Jahre wuchs das Engagement kirchlicher Kreise und auch ökologischer Gruppen. Die Unterstützung dieser Bewegungen war gleich Null. Sobald sie kritisch wurden und Auseinandersetzungen führten, wurde sogar ein Teil von ihnen kriminalisiert." (Volker Klemm,a.a.o., S. 167). Reichelt nannte als wichtigsten Grund dafür, dass Daten über den Umweltschutz in der DDR geheim gehalten wurden, um den real existierenden Sozialismus nicht in Misskredit zu bringen: „Es gab eine krankhafte Angst, dass der Umweltschutz, also Maßnahmen des Umweltschutzes in der Ökonomie den Vorrang vor der Ökonomie, vor der wirtschaftlichen Entwicklung bekämen. Es war sogar so gewesen, dass Mittag sogar Angst hatte, die Wahrheit seinem eigenen Parteikollektiv vorzulegen. Sonst wäre der Jahresbericht des Umweltschutzes, der kritisch war, im Politbüro vorzulegen gewesen als ein Bericht, den man natürlich ernst zu nehmen hatte. …" (ebd. S. 170/171).

10.8 Verweist die „friedliche Revolution" von 1989 auf ein starkes Demokratiebewusstsein der DDR-Deutschen?

10.8.1 Entwicklung demokratischen Bewusstseins unter den Bedingungen der DDR

In der DDR konnten sich Bereitschaft und Fähigkeit zur Selbstbestimmung sowie deren Realisierung als artikulatorische Praxis nur innerhalb des dominierenden Herrschafts-Abhängigkeits-Verhältnisses entwickeln. Diese Bedingung stand für das herrschende Bewusstsein außer Frage. Nur sich selbst verantwortlich, fehlte ihm jedoch jegliche Bereitschaft, Freiheit und Rechte der beherrschten autonomen Einheiten a priori anzuerkennen. Die eigene Einordnung in das strukturierte Ganze war ihm ausschließlich aus der dominanten Position über andere vorstellbar. Das herrschaftliche Bewusstsein zeichnete sich ja gerade durch die mehr oder weniger drastische Beschneidung der Selbstbestimmung anderer aus. Sie an der Selbstbestimmung zu hindern, hatte zum Ziel, sich ihrer Arbeitsprodukte in Form des „Volkseigentums" zu bedienen. Ein demokratisches Verhältnis zu den Beherrschten hätte diesem Ziel entgegengestanden. Die Drohung des Abhängigen, sich durch Flucht zu entziehen, beantwortete die herrschende Partei mit der Abriegelung der Fluchtwege. Lediglich die Drohung der Selbstaufgabe des Abhängigen wäre geeignet gewesen, die Existenz der Herrschaft von Grund auf in Frage zu stellen. Letzteres trat jedoch nur in wenigen Fällen ein (z.B. die Selbstverbrennung des Pfarrers Brüsewitz).

Das abhängige Bewusstsein fand in der DDR keinen von der Herrschaft sanktionierten demokratischen Raum vor, in dem es ein demokratisches Bewusstsein hätte entwickeln und ausleben können. Zur Entfaltung eines solchen Bewusstseins musste es sich erst im Rahmen des Herrschafts-Abhängigkeits-Verhältnisses eine stets gefährdete Sphäre demokratischer Wirkungsmöglichkeit erkämpfen.

Die vielfältigen Nischen der DDR-Gesellschaft stellten einerseits die unverzichtbare Lebensbedingung für abhängiges Bewusstsein her, bzw. sie gaben der abhängigen Einheit erst das Maß an Autonomie, das sie gegenüber dem maßlosen Herrschaftsanspruch der Partei zur Erfüllung des abhängigen Status unbedingt benötigte. Andererseits stellte sich im subjektiven Empfinden der nach Autonomie strebenden Einheit die Bildung einer Nische als ein Akt der Selbstbestimmung dar, als eine ersehnte Entlastung von unmittelbarem herrschaftlichem Druck. In der Nische war die abhängige Einheit *für sich*, außerhalb ihres relativen Schutzes – in der Sphäre staatlicher Inanspruchnahme – *außer sich*; ungeachtet der unhintergehbaren Realität, dass Nischen dem herrschaftlichen Zugriff stets ausgesetzt blieben und infolge dessen Nischenbewusstsein auch durch abhängiges Bewusstsein bestimmt war, das beim einen eine mehr unterwürfige, beim anderen eine mehr widerspenstige Ausrichtung erfuhr. Nischenbildung war vergleichbar mit der dritten Bestimmung des abhängigen Bewusstseins: dem im Verlauf des Formierens an ihm selbst entstehenden „Fürsichsein", während sich in der Sphäre staatlicher Inanspruchnahme das abhängige Bewusstsein seiner ersten und zweiten Bestimmung ([1.] „Fürsichsein" des Herrn, das außer ihm und für ihn ist; [2.] das aus Furcht vor dem Herrn entstandene und im Dienst sich erfüllende „Fürsichsein" an ihm [Überich];) ausgesetzt sah. In ihrem „Fürsichsein" (3.Bestimmung) handelten Nischenbewohner als scheinbar vollkommen selbstbestimmte Einheiten. Unter vorbehaltloser Anerkennung der Autonomie, Freiheit und nichtkodifizierten Rechte ihres jeweiligen Gegenüber unterhielten sie untereinander Beziehungen und – über Nischengrenzen hinweg – zu Bewohnern anderer Nischen. Diese prinzipiell demokratisch strukturierten Beziehungen konnten voller Wärme, Zuneigung, gegenseitigem Verständnis und Würde sein, aber auch Prahlerei, Missgunst, Misstrauen und Abwehr enthalten. Demokratisches Bewusstsein der DDR-Bewohner konnte sich also durchaus in der Sphäre der Nischen bilden, während sie gleichzeitig als Abhängige in der Sphäre der staatlichen Inanspruchnahme mehr oder weniger Anpassung an die Herrschaft („nach dem Nützlichlichkeitsprinzip linientreu", in: Die Zeit,27.02.76) oder hinhaltenden Widerstand betrieben. Wie umfangreich und ausgeprägt das demokratische Bewusstsein in der Nische hervorquoll, ob mehr an den deutschen Traditionslinien, der Autoritätsgläubigkeit, Lebensverachtung, Innerlichkeit orientiert oder mehr im westlich-demokratischen Sinne, ist empirisch orientierten Studien vorbehalten und kann keinesfalls nur aus der Sichtweise der Totalitarismustheorie beantwortet werden (Tagesspiegel, 01.03.92).

10.8.2 Ohnmacht des Ministeriums für Sicherheit gegenüber demokratischem Nischenbewusstsein

Die Staatssicherheit musste Nischen und Nischenbewusstsein hinnehmen. Sie konnte sich jederzeit Zugang zu den Nischen verschaffen, so weit wie möglich über Veränderungen in der DDR-Nischengesellschaft informiert sein und – wenn für notwendig erachtet – verändernd eingreifen. Was sie jedoch nicht konnte, war die Entfaltung vielfältiger Beziehungen auf der Basis eines demokratischen Bewusstseins ganz zu unterbinden; es sei denn, sie stellte die Bildung von Nischen und damit die Existenzgrundlage des in der DDR dominanten Herrschafts-Abhängigkeits-Verhältnisses gänzlich in Frage. Allenfalls trugen ihre Aktivitäten zur Richtungsverstärkung oder -abschwächung bei.[78] Das allmähliche Anwachsen eines demokratischen Bewusstseinspotenials war trotz eines aufgeblähten Stasi-Apparats nicht zu stoppen; denn je zahlreicher die Nischen, desto umfangreicher die Möglichkeit zur Bildung demokratischen Bewusstseins. Die Frage, wie viel davon in reales demokratisches Bewusstsein

78 „...gerade in den letzten Monaten haben wir wirklich völlig reale, objektive, in keiner Weise geschönte Informationen erarbeitet. Sie widerspiegelten also die katastrophale Lage, so wie sie war. Aber der ehemalige Minister für Staatssicherheit konnte sich nicht entscheiden. Er hat immer mit sich gerungen: Na, ist denn das hier wirklich die objektive Wahrheit? Ist das tatsächlich so? Wir haben ihn darin bestärkt. Da waren wir uns einig im Leitungskollektiv. Wir haben gesagt: Jawohl, die Lage ist so, und sie ist vielleicht noch schlimmer als hier geschrieben steht. Aber das Ergebnis war dann - das war einoder zweimal -, dass dann gesagt wurde: Na ja, schreiben wir es doch noch einmal um. Und dann hat er ein paar Vorgaben gegeben, in welcher Richtung umzuschreiben war. Das war einfach Inkonsequenz und Bedenken, in dieser Art ungeschminkt die Informationen über die Lage weiter an Herrn Honecker zu geben..." (Wolfgang Schwanitz am 6. Februar 1990 vor dem Untersuchungsausschuss der Volkskammer, zit. bei Volker Klemm, a.a.O., S. 229)

umgewandelt worden ist, ließe sich nur in detaillierten Untersuchungen beantworten. Eine erste vorläufige Antwort hielt die „friedliche Revolution" von 1989 bereit. Zur Revolution genügte purer Widerstandswillen als Treibsatz, ihr „friedlicher" Verlauf basierte jedoch auf einem Mischungsverhältnis von demokratischem Bewusstsein der Abhängigen und Selbstaufgabe der Herrschenden.[79]

Wer – wie die Stasi – über alles im Voraus informiert war, stand deshalb noch lange nicht automatisch mitten im Prozess und war trotz umfassender Informationen schon gar nicht – wie einige fälschlicherweise meinten – der Motor der revolutionären Bewegung. Die zum Anwerfen und Beschleunigen des Revolutionsmotors benötigten Kräfte brachten weder einzelne Einflussagenten noch der streng hierarchisch gegliederte, bürokratisch regierte Stasi-Apparat auf, dem außerdem das Schicksal drohte, im Wust der Informationen zu ersticken. Akkumuliertes demokratisch orientiertes Nischenverhalten, das auf Tendenzen der Selbstaufgabe der Herrschenden stieß, war zu einer solchen friedlich-revolutionären Tat schon eher in der Lage; was nicht heißt, dass jeder Nischenbewohner aktiv geworden sein muss. In den meisten Fällen ging die Beteiligung sicherlich nicht über stillschweigende Sympathie mit der Bewegung hinaus.

Stefan Richter, in der Künstlerszene des Prenzlauer Bergs zu Hause, formulierte einen Schlüsselsatz für demokratisch orientiertes Nischenbewusstsein: „Wir haben sehr früh gelernt, ‚ich' zu sagen. Es war die einzige Möglichkeit, sich gegen die vielen ‚Wirs', die uns umgaben, zu behaupten." (Frankfurter Rundschau, 21.12.91). Diese Spielart von Selbsterhaltung trug den Keim demokratisch orientierter Selbstverwirklichung in sich. Ohne das Ich hätte es kein Potential für demokratisch orientiertes Nischenbewusstsein gegeben. Im Rückzug aus der staatlichen Inanspruchnahme in die Nische bezog sich der Flüchtende auf sich selbst und legte damit den Grundstein für sein künftiges „Fürsichsein" als Nischenbewohner. Je häufiger er im Laufe der Zeit den Rückzug in dieselbe Nische antrat und je zahlreicher seine Rückzüge in andere – auf seinem Tätigkeitsfeld neu entstehende – Nischen wurden, desto mehr bezogen sich die Nischenerlebnisse unmittelbar aufeinander, bestätigten oder verwarfen und bewerteten sich gegenseitig. Dem zunehmend komplexer werdenden Beziehungsgeflecht aus Nischenereignissen ordneten sich die Eindrücke, Empfindungen, Stimmungen und Gefühle aus vergangener Zeit und der Strom der neuen sinnlichen Wahrnehmungen zu, und das so entstehende neue „Fürsichsein" blieb auch nicht frei von den beiden Momenten des abhängigen Bewusstseins.

Es entstand eine Gegengesellschaft, die sich der alle Lebensbereiche umfassenden und das Alltagsleben der Menschen bestimmenden „einheitlichen Zielkultur", „die die marxistisch-leninistische Ideologie zumindest partiell mit gesellschaftlichen Interessen und Werten vermitteln konnte", entzog und zunehmend „eigene, nicht mehr

79 „Das zweite charakteristische Merkmal ist durch die relativ klare Einsicht eines Teils der Angehörten gekennzeichnet, dass das Experiment des ‚realen Sozialismus' in der DDR gescheitert sei und dass man nun die Ursachen dafür reflektieren müsse. Typische Vertreter dieser Gruppe waren unter anderem Günter Schabowski, Werner Eberlein, Erich Mückenberger und Hans Reichelt… Die Ursache für das Scheitern der DDR sah Günter Schabowski nicht im Versagen einzelner, sondern sie waren für ihn system-, strukturbedingt." (Volker Klemm, a.a.O., S. 50)

ideologiekonforme Vorstellungen, Bedürfnisse und Wertorientierungen" pflegte (Winfried Thaa/Iris Häuser/ Michael Schenkel/Gerd Meyer, Gesellschaftliche Differenzierung und Legitimitätsverfall des DDR-Sozialismus: das Ende des anderen Wegs in die Moderne, Tübingen 1992, S. 4/5/6). „Der Fortschrittskonsens der Nachkriegszeit, der in der DDR eine Öffnung des Regimes zu Zielvorstellungen der Bevölkerungsmehrheit ermöglichte, löste sich seit Beginn der achtziger Jahre zunehmend auf." (ebd., S. ll). Diese grundlegende Entwicklung zu Teilöffentlichkeiten mit je eigenen, vorwiegend demokratisch orientierten Gegenidentitäten, entstanden als Folge des über Jahrzehnte anhaltenden Rückzugs in die Nische, war stärker als sämtliche flächendeckenden Maßnahmen der Staatssicherheit dagegen.

10.9 Bereitschaft zur Zulassung extensiver struktureller Gewalt als auslösendes Moment für den Untergang der DDR

Wie bereits erwähnt, verknüpfte der „wissenschaftliche Sozialismus" Lenins den mit Wahrheitsanspruch auftretenden Marxschen Versuch, die Oberflächenphänomene eines strukturierten Ganzen aus der Erscheinungsweise seiner wesentlichen Beziehungen zu erklären, mit der exaktem Teilwissen verpflichteten deduktiv-empirischen Vorgehensweise. Der „wissenschaftliche Sozialismus" wurde zur Legitimationswissenschaft der marxistisch-leninistischen Partei und vermittelte seinen Anhängern die trügerische Gewissheit, „über die einzig wirklich wissenschaftliche Darstellung objektiv unbezweifelbarer Gesetze der Natur, der Gesellschaft sowie der Geschichte als Ganzer zu verfügen" (Matthias Lutz-Bachmann) und auf seiner Grundlage ein effizientes, allen übrigen Gesellschaften überlegenes strukturiertes Ganzes errichten zu können.

Die Schwächen der kapitalistischen Produktionsweise[80] würden der Vergangenheit angehören, sobald nach einer revolutionären Umwälzung das Privateigentum an Produktionsmitteln und die durch Angebot und Nachfrage bestimmte Preisfindung auf dem Markt abgeschafft worden seien und entsprechend der qualitativen und quantitativen Bestimmung der Bedürfnisse die erforderlichen Waren im benötigten Umfang produziert würden. Als Folge des Denkens in den Kategorien von Wesen und Erscheinung erhielt die durch das Politbüro höchstinstanzlich vorzunehmende Ermittlung und Bestimmung der gesellschaftlichen Bedürfnisse einen zentralen Stellenwert zugesprochen. Das „Wesen" eines für die Gesamtgesellschaft relevanten Problems zu erkennen und daraus den „einzig richtigen Lösungsweg" abzuleiten, sah man als vornehmste Aufgabe des Zentrums der Macht an. Demententsprechend war

80 Z.B. die Diskrepanz zwischen Wert und Preis der Ware, unverkäufliche Waren oder unerfüllte Kaufwünsche, Kapitalentwertung durch übereilt eingeführte neue Technologien, unnütze Transportkosten wegen „planlos" im Lande verstreuter Produktionsstätten, kostspielige Zusammenballung von Industrie an wenigen Orten, Luxusproduktion, Umweltbelastung, staatliche Sozialleistungen zur Beseitigung von Armut, Krankheit und frühzeitiger Invalidität ausgebeuteter Lohnarbeiter etc.

eine Weisung des Generalsekretärs der staatstragenden SED von der Aura einer tiefen „Wesensschau" umgeben, der man sich widerspruchslos zu fügen hatte.

Gesellschaftliche Erscheinungen auf ihnen zu Grunde liegende Gesetzmäßigkeiten zurückzuführen, hatte nicht nur das schnöde Allgemeine im Blick. Im aufgefundenen Allgemeinen sollte sich zugleich das Wesen zeigen; und über das, was gesellschaftlich als wesentlich galt, schien in letzter Instanz niemand anders als das Zentrum der Macht befinden zu können. Wie sich überhaupt die Suche nach dem Allgemeinen, die in einer Wesensschau kulminierte, und die Vorstellung von einer zentrierten Gesellschaft mit einem Machtzentrum, das zugleich die Spitze einer Machtpyramide bildete, gegenseitig bedingten. Die Vielfalt der Lebenswelt wurde über dieses unterstellte Bedingungsverhältnis vom „System aufgesogen" bzw. „die systemisch verselbständigten Organisationen des Staates und der Wirtschaft (wurden) in einen vorgetäuschten Horizont der Lebenswelt fiktiv zurückversetzt … als Lebenswelt drapiert" (Habermas 1981, Bd.2, S. 567). Daraus resultierte, dass sich untere Instanzen, solange es keine Anweisung von „oben" gab, selbst bei verbreitet empfundenen Missständen ängstlich und entscheidungsscheu verhielten und ihre Verantwortung gern an die nächsthöhere Entscheidungsebene abtraten, jedoch bei vorliegenden Weisungen von den unteren Ebenen unbedingten Gehorsam einforderten und gegenüber Widerständen rigoros durchgriffen. Zunehmender Entscheidungsdruck in den oberen Führungsetagen behinderte sodann die höchsten Entscheidungsinstanzen, die stets vorhandene und immer erneut aufbrechende Differenz zwischen „System" und Lebenswelt nach allen Seiten auszuloten, einen adäquaten Zielkanon zu entwickeln, den Einsatz der erforderlichen Mittel zu optimieren und auf diese Weise – dem eigenen maßlosen Anspruch folgend – im Plan bereits die realisierte Zukunft vorweg zu nehmen.

Aus der von Anfang an vorhandenen Bereitschaft, zur Durchsetzung der realsozialistischen „Zielkultur" auf Herrschaftstechniken zurückzugreifen, denen ein „Zwang zur Vereinheitlichung" und damit ein Maximum an struktureller Gewalt eigen war, wurde Realität, als die zur staatstragenden Partei gewandelte SED die Organisation der Gesellschaft nur noch wie einen Arbeitszusammenhang innerhalb eines Superkombinats betrachtete und deshalb die Vielfalt an artikulatorischen Praxen und Diskursformationen abschaffte, weil sie angeblich den reibungslosen Arbeitsablauf störte und den Fortschritt hemmte. Fortschrittsorientierung begründete jetzt die neue Herrschaftsstruktur, und solange viele Arbeiter, Bauern, Kleinbürger und vom sozialistischen Fortschritt beseelte Antifaschisten und Intellektuelle mit weiterem wissenschaftlich-technischen Fortschritt positive Erwartungen verbanden, „eignete sich nichts besser als die Fortschrittsidee, um die angebliche Objektivität gesellschaftlicher Entwicklung (also systemische Zwänge), geschichtsphilosophisch-ideologische sowie ein breites Spektrum lebensweltlicher Zielvorstellungen zusammen zu bringen" und als „geschichtliche Notwendigkeit" auszugeben. „War die Idee einer unaufhaltsamen, einheitlichen, lediglich kapitalistisch verzerrten Fortschrittslogik historisch das stärkste Argument der Arbeiterbewegung, so zeigen sich hier im scharfen Kontrast zu dieser emanzipatorischen Wurzel die funktionalen Züge der Fortschrittsidee: Für Pluralismus, Öffentlichkeit, oder zivile Gesellschaft … bleiben in einer als Kooperationszusammenhang zur Realisierung einheitlicher Fortschrittsziele organisierten Gesellschaft wenig Raum." (Winfried Thaa,a.a.o., S. 38) Bevölkerungssegmente, deren artikulatorische Praxen außerhalb des Funktionszusammenhanges eines Betriebes angesiedelt waren und die weiterhin in einer vom Diskurs durchsetzten und darin den Fortschritt aufspürenden Gesellschaft leben wollten, sahen sich in ihrer Lebensgestaltung verletzt und in ihrem Lebensentwurf und der damit eng verbundenen Persönlichkeitsentwicklung abgelenkt und eingeengt. Angesichts der sie treffenden massiven strukturellen Gewalt wie z.B. des rechtsgeschichtlich als Rückschritt und Unterdrückung empfundenen Dogmas der „Einheit von Rechten und Pflichten", das die Gewährung von Freiheitsrechten an die vorherige, gleichzeitige oder nachträgliche Erfüllung von obrigkeitsstaatlich erlassenen Pflichten binden wollte, verblieb ihnen entweder Anpassung oder Flucht in den Westen. Letzteres gab der SED-Führung solange keinen Anlass zur Sorge, wie in den Westen Deutschlands Flüchtende ihre Plätze für nachrückende Kader und Fachkräfte aus der Schicht der Arbeiter, Bauern und Kleinbürger, deren Lebenswelten und Denken den betriebsorientierten Arbeitszusammenhängen oftmals sehr viel stärker verhaftet waren, räumten.

Selbst als die bundesdeutsche Wirtschaftsentwicklung in den fünfziger Jahren für die Masse der DDR-Bürger attraktiv wurde und sowjetische Kritik am Stalinismus auch in Zirkeln der DDR bis hin zum Politbüro Anlass zum Überdenken der eigenen Position gab, schraubte die SED-Führung keinesfalls ihre Bereitschaft zur Zulassung struktureller Gewalt zurück, sondern ergriff – angesichts der ersten Anzeichen eines künftig ausgeglicheneren militärischen westöstlichen Kräfteverhältnisses – mit der Abriegelung der Grenze zu Berlin (West) die entscheidende Maßnahme, um den steigenden Flüchtlingsstrom gen Westen zu stoppen.

So bestand nun eigentlich keinerlei Veranlassung mehr, Arbeiter, Bauern und Kleinbürger gegenüber dem in der DDR verbliebenen Besitz- und Bildungsbürgertum zu bevorzugen. Jene aus den unteren Volksschichten aufgestiegenen Funktionäre beeinträchtigten mit ihren weniger flexiblen Denk- und Verhaltensweisen den Umgangston zwischen der Nomenklatura und der übrigen Bevölkerung. Sie waren eher bereit, in Konfliktfällen der Amtsautorität gegenüber den Sachzwängen den Vorzug zu geben. Aber anstatt nun nach dem Bau der Mauer vielfältige diskursive Formationen zuzulassen, nach Alternativen für den Stalinismus zu suchen und gegenüber der Sowjetunion zu vertreten, fühlte man sich jetzt in seiner rigiden weltanschaulichen Position sogar gestärkt, fürchtete weniger als zuvor das widerspenstige abhängige Bewusstsein der Bevölkerung und erzwang mehr Anpassungsbereitschaft. Erst längere Zeit nach dem Prager Frühling (1968) sah sich die SED-Führung gezwungen, sozialpolitische Aspekte stärker zu berücksichtigen, den Wünschen der Bevölkerung nach Steigerung des Lebensstandards entgegenzukommen sowie mehr Reisefreiheit zu gewähren. Zugleich intensivierte sie jedoch die von den Organen der Staatssicherheit verdeckt durchgeführten Überwachungsmaßnahmen, denn nach dem Bau der Mauer verblieben die Unzufriedenen, statt in den Westen zu fliehen, in der DDR und nahmen in den zahlreich aus dem Boden sprießenden Nischen Platz.

Auf die zahlreichen, von der Nomenklatur vorgetragenen Motivationsversuche reagierte die mit Eifer am gemütlichen Ausbau ihrer Nischen arbeitende Bevölkerung passiv und zunehmend unwillig. Sie war keineswegs bereit, der radikalen Abkehr von der Tonnenideologie und dem qualitativen Sprung in die rohstoffsparende Technologie der siebziger Jahre ohne Zögern mit zu vollziehen; zumal die Modernisierung der Wirtschaft nicht von Dezentralisierungsmaßnahmen begleitet war, sondern im Geiste „neostalinistischer Orthodoxie" (Badstübner) erfolgte. Der Übergang von der tayloristischen zur postfordistischen Produktionsweise misslang trotz oder gerade wegen des zunehmenden Kommandotons. Gegenüber der bundesdeutschen Wirtschaft, die – wie der gesamte Westen – im Gefolge der Erdölkrise (1973) zu einer rohstoffsparenden technologischen Erneuerung angesetzt hatte, geriet die DDR-Wirtschaft damit weiter in Rückstand. Exportprodukte der DDR erzielten auf dem Weltmarkt oftmals keinen angemessenen Preis mehr.

In den siebziger Jahren führte der „konsumorientierte Versorgungssozialismus" jedoch zunächst zu einem höheren Lebensstandard. Im Gefolge der entspannungspolitischen deutsch-deutschen Vereinbarungen flossen dem DDR-Staatshaushalt Jahr für Jahr erhebliche finanzielle Mittel zu, mit deren Hilfe Honeckers Strategie der „Einheit von Wirtschafts- und Sozialpolitik" finanzierbar wurde. Ziele wie Fortschritt, Wohlstand, soziale Sicherheit und Chancengleichheit konnten glaubwürdig vertreten werden. Vorübergehend sah sich die SED-Führung sogar in der Lage, auf ihre ständigen Appelle für eine bessere Zukunft zu verzichten. In der Bevölkerung stieg die Loyalität gegenüber der SED-Führung. Aber bereits gegen Ende des Jahrzehnts bedurfte es bereits erheblicher Kredite aus dem Westen, um den eingeschlagenen Weg fortzusetzen. Die Sozialpolitik verschlang bereits die Ressourcen, die in den zunehmend vernachlässigten Investitionsfonds für die Entwicklung der Produktivkraft sorgen sollten. Der unbestreitbaren Feststellung, dass man die volkswirtschaftlichen Möglichkeiten der DDR von Anfang an überstrapaziert habe, setzte man im Politbüro – laut Schabowski – bis zuletzt den Glaubenssatz entgegen: „Nein, wir leben mitnichten über unsere Verhältnisse. Wir stellen lediglich in Rechnung, dass diese sozialpolitische Mohrrübe, die wir den Menschen als Belohnung versprechen, wenn sie sich mit dem Sozialismus identifizieren, einen Leistungswillen mobilisiert, der durch Planungsgrößen der üblichen Art überhaupt nicht erfassbar ist..." (Villain, a.a.o., S. 38). Je fester der Glaube daran wurde, desto stärker trat die fundierte volkswirtschaftliche Bilanzierung der Einheit von Wirtschafts- und Sozialpolitik in den Hintergrund und um so aufdringlicher versuchte „Chefökonom" Mittag die zunehmenden Disproportionen mittels Kommandoton zu beheben.[81]

81 Die Berichte aus der Industrie boten laut Hans Lessing „der Zentrale durchaus die Möglichkeit, sich ein präzises Bild von den sich zuspitzenden Problemen zu machen; sowohl von jenen, die aus der wachsenden Disproportionalität der einzelnen Wirtschaftszweige untereinander erwuchsen, als auch vor allen Dingen vom DDR-spezifischen Davonlaufen der Kaufkraft und dem immer weiteren Zurückbleiben des Warenfonds. Desgleichen gab es genügend Beweise dafür, dass unser Export, gemessen an den Bedürfnissen des Binnenmarktes, einen zu hohen Anteil vom Nettoprodukt in Anspruch nahm. Gerade letzterem blieb man, entgegen allen plantechnischen Absichts- und Wunscherklärungen der Parteiführung, besonders hilflos ausgeliefert, und zwar hauptsächlich aufgrund immer neuer finanzieller Engpässe, strategischer Bedürfnisse und nicht zuletzt politischer Erfordernisse, die sich mit den gesellschaftlichen Realitäten allerdings immer weniger vertrugen. So kam es schließlich, dass ganzen Produktionsbereichen zwar Ziele vorgegeben waren, die Mittel, sie zu erreichen, jedoch ein-

„Die unzureichende Infrastruktur, Fehlplanungen und Versorgungsmängel sowie die Überbeanspruchung des Zeitbudgets für Dinge des täglichen Bedarfs machten die Alltagsbewältigung immer problematischer. Angesichts der Beschränkung sozialer Aufstiegsmöglichkeiten bei gleichzeitig zunehmender beruflicher Überqualifizierung boten berufliche Karriereaussichten kaum noch überzeugende Lebensperspektiven. Falls sie überhaupt angestrebt wurden, erforderten sie ein entsprechendes politisches Engagement, das immer weniger Menschen bereit waren aufzubringen." (Winfried Thaa u.a. S. 126) Es bahnte sich ein „normativ-kultureller Wandlungsprozeß" mit weitreichenden Folgen für die bis zur Mitte der siebziger Jahre gültige Zielkultur an.

Selbst zu DDR-Zeiten stellten DDR-Soziologen die achtziger Jahre bereits als ein Jahrzehnt dar, das von tiefgreifenden sozialen Differenzierungsprozessen gekennzeichnet sei: „Sozialstrukturelle Differenzierungen der Lebensweise sind (...) vor allem wesentlich feinere und tiefere, als die dem groben Raster der Klassen und Schichten folgende Differenzierung.[...] Insgesamt kann man feststellen, dass sich bei zunehmender sozialer Einheitlichkeit des (...) quantitativen und qualitativen Grundniveaus von Lebenstätigkeiten ein beschleunigter Prozess progressiver Differenzierung, vielschichtig werdender Unterschiede in der Vielfalt von Lebensäußerungen der Menschen abzeichnet. Das sind nicht nur die mannigfaltigsten Gruppenbesonderheiten von Normen und Gepflogenheiten in vielen kleinen und größeren Kollektiven des Wohnens und Arbeitens. Das ist auch die zunehmende Ausbildung von Originalität und Individualität in den Lebensstilen" (Hahn /Kalok/Müller 1989, S. 53ff, zit. bei Thaa, a.a.O. S. 129)

Die Nomenklatur förderte zwar mit einer gezielten Differenzierungspolitik die erkennbaren Differenzierungen und unterschiedlichen Interessen, aber zugleich versuchte sie, die mit dieser Entwicklung verbundenen Demokratisierungsprozesse zu unterbinden. „In Wirklichkeit verfolgte die Partei eine die Gesellschaft tendenziell vereinheitlichende Entdifferenzierungs- und Entstrukturierungspolitik, die eine selbstgewählte Umsetzung divergierender Teilinteressen in autonome Strukturen nicht möglich machte. (...) Auch den Differenzierungs- und Pluralisierungstendenzen auf der Ebene der realen Lebensweise begegnete die Partei mit normativen Festlegungen, mit einem von ihr autorisierten Set an Lebensentwürfen. DDR-Bürger sahen sich mit standardisierten und vorstrukturierten Lebensläufen konfrontiert, die nur geringe Freiräume für die Umsetzung selbstbestimmter Interessen und Bedürfnisse ließen." (Winfried Thaa,a.a.O., S. 143).

Mit ihrer weiterhin ungebrochenen Bereitschaft zur Zulassung eines Maximums an struktureller Gewalt produzierte sie eine immer tiefer greifende Entfremdung zwischen herrschender Nomenklatur und beherrschter Bevölkerung. Dem unablässig stärker werdenden Streben nach Selbstverwirklichung, Selbstverantwortung, Autonomie und Individualität setzte sie eine an der Erhaltung des Machtmonopols orientierte Herrschaftstechnik entgegen. „Ihre Reaktionen bestanden in Ignoranz und Repressionen zum Zwecke des puren Machterhalts (Winfried Thaa u.a., S. 232) Damit verlor

---

fach nicht mehr oder nur noch unzureichend zur Verfügung standen. Daraus ergab sich ein System der gegenseitigen Beschimpfungen. .." (Villain,a.a.O., S. 94).

die SED auch ihre „symbolische Macht“ (Bourdieu 1990, S. 42) über die beherrschte Bevölkerung und ihre Selbstaufgabe als „herrschende Klasse“ stand bevor, als ihr zu Ende der achtziger Jahre von der Masse der vorübergehend vereinten Einzelnen das „Monopol als Wortführer sowie als Entscheidungsinstanz für die Festlegung legitimer und illegitimer Sichtweisen aberkannt“ wurde.[82] (Winfried Thaa, a.a.O., S. 233). Auf die von der SED für alle Zeiten als „entschieden“ betrachtete Machtfrage antwortete zunächst die DDR-Bevölkerung mit den Ruf „Wir sind das Volk“ und bereitete mit der Aufforderung „Wir sind ein Volk“ die spätere Machtübernahme der im politischen und wirtschaftlichen Bereich hegemonialen Formationen der Bundesrepublik Deutschland vor.

10.9.1 Zur Frage der Effizienz der verschiedenen theoretischen Ansätze in der DDR-Forschung

Wohl unter den meisten DDR-Forschern bestand Einigkeit, dass die SED mit einem umfassenden Herrschaftsanspruch auftrat. Uneins war man sich in der Frage, ob überhaupt bzw. wie weit ihr Herrschaftsanspruch die Autonomie der Beherrschten als notwendiges Gegenüber und grundlegende Bedingung von Herrschaft anerkannte. Außerdem unterlag dem Streit, in welchem Ausmaß die praktizierte Autonomie der Beherrschten dem Herrschaftsanspruch der SED Grenzen setzte und ihn allmählich unterhöhlte oder ob der Zusammenbruch der SED-Herrschaft letztlich von außen herbeigeführt wurde und die innergesellschaftliche Entwicklung nur als deren Beiwerk angesehen werden konnte.

Herrschaft setzt Beherrschte voraus, deren Selektionsmöglichkeiten zugunsten der Selektionsleistungen der Herrschenden eingeschränkt werden, was nicht bedeutet, dass die tatsächlichen Selektionsleistungen der Herrschenden ihren Selektionsmöglichkeiten entsprechen; die Differenz wird manchmal sogar von den Beherrschten als nicht zu rechtfertigender Herrschaftsmangel eingeklagt. Darin kommt u.a. zum Ausdruck, dass Beherrschte sich nicht ohne Bezug auf Herrschende als Beherrschte definieren können. Insofern haben auch sie auf negative Weise teil an der Herrschaft. Sowohl die Beziehungen zwischen Herrschenden wie auch zwischen Beherrschten sind nicht frei von Über- und Unterordnung. Auf der Seite der Herrschenden besteht zwischen den herrschenden Personen, Gruppen bzw. zwischen den um Hoch- und Höchstrangigkeit kämpfenden hegemonialen Formationen – (eine Bezeichnung für die Einheit von Herrschaftsideologie und -theorie sowie deren organisatorischer wie institutioneller Ausformung) – ein Über- und Unterordnungsverhältnis. Ebenso ist die Seite der Beherrschten niemals frei davon.

82 „Die sozialen Akteure, darunter auch die Beherrschten, sind der sozialen Welt (wie verabscheuenswert und empörend diese auch immer sei) durch eine hingenommene Komplizenschaft verbunden, die bewirkt, daß gewisse Aspekte dieser Welt jenseits und diesseits kritischer Infragestellung bleiben. Genau über dieses im Dunkel verbleibende (...) wirkt sich symbolische Gewalt aus.“ (Bourdieu 1990, S. 43).

Herrschaftstheorien wie beispielsweise die Totalitarismustheorie sind aus der Reflexion über Herrschende und Beherrschte entstanden und werden als Maßstab zur Beschreibung von beobachtbaren gesellschaftlichen Machtverteilungsphänomenen eingesetzt, ohne ausschließen zu können, dass die Theorie die Vielfalt des Beobachtbaren eventuell einseitig sortiert und beispielsweise in „beweiskräftige" und deshalb empirisch verwertbare Beobachtungen unterteilt und in andere, die als offensichtlich vernachlässigbare definiert werden.

Die Paradigmenwechseln oftmals zugrundeliegenden, keinesfalls herrschaftsfernen Konjunkturen in der Entfaltung „vorherrschender" Diskurse sind nicht nur als Zug von wissenschaftlichen „Lemmingen" zu vergleichen, sondern sie sind ebenfalls infiziert von Über- und Unterordnungsverhältnissen, bisweilen auch von Herrschaft und Beherrschung, womit der Kreis geschlossen wäre. Wird die Totalitarismustheorie als Maßstab zur Erklärung der SED-Herrschaft angewandt, setzt sie am umfassenden Herrschaftsanspruch der SED an und sortiert und untersucht als erstes die Selbstzeugnisse der SED daraufhin, ob die Autonomie der Beherrschten anerkannt wurde. Seit dem Ende der DDR und der Öffnung der Akten liegen vielfältige Selbstzeugnisse vor, die entweder lediglich von einer Differenz zwischen Über- und Untergeordneten ausgehen und gleiches Denken und Handeln bei allen Beteiligten unterstellen oder ein zeitlich befristetes Verhältnis zwischen Herrschenden und Beherrschten beschreiben, in dem die Beherrschten durch Erziehung sowie durch mehr oder weniger brachiale wie sanfte Gewalt zur Erkenntnis ihres „wahren Klassenstandpunkts" gebracht werden sollen. Die Autonomie der Beherrschten wird nicht rundweg abgelehnt, aber als veränderbar im Sinne zunehmender Akzeptanz der „Avantgardeposition der SED" betrachtet. Die Selbstzeugnisse der SED legen insofern den Schluss nahe, dass bei ihr von einem totalitären Herrschaftskonzept ausgegangen werden kann.

Ganz in diesem Sinne hat Klaus Schroeder beispielsweise die Rekonstruktion der DDR-Geschichte und die Beschreibung und Analyse ihrer zentralen Strukturen als Herrschaftsgeschichte verfasst und die Rolle der SED als „totalitäre Staatspartei" ins Zentrum gerückt. Er bezieht sich explizit auf Hannah Arendts „wirkungsmächtiges Totalitarismusmodell", in dem „die weder klassenstrukturell verankerte noch wertmäßig orientierte Masse… den Nährboden für die Entstehung von Totalitarimus" bildet (Schroeder,a.a.O., S. 635). Für Hannah Arendt sind „soziale Vereinzelung und der in das diffuse Gefühl eigener Wertlosigkeit mündende Selbstverlust … die wichtigsten Charakteristika der modernen Masse" (Schroeder, a.a.O., S. 635). An dem „psychosozialen Zustand" der„Weltentfremdung" könnten totalitäre Ideologien ansetzen, „indem die terroristische Erzeugung diffuser Angst den einzelnen für die totalitäre Herrschaft gefügig macht" (ebd. S. 635). Nach Hannah Arendt umfasst totalitäre Herrschaft mehr als „von außen, durch den Staat und einen Gewaltapparat, zu herrschen; in der ihr eigentümlichen Ideologie und der Rolle, die ihr in dem Zwangsapparat zugeteilt wird, hat die totale Herrschaft ein Mittel entdeckt, Menschen von innen her zu beherrschen und zu terrorisieren. In diesem Sinne schafft die totale Herrschaft gerade den Unterschied zwischen Herrschern und Beherrschten ab und erzielt einen Zustand, in dem das, was wir unter Macht und Willen zur Macht verstehen, gar keine oder eine sekundäre Rolle spielt" (Hannah Arendt, Elemente und Ursprünge totaler

Herrschaft, München 1986, S. 527). Unschwer ist in dieser Formulierung Arendts die zweite Bestimmung des abhängigen Bewußtseins bei Hegel zu erkennen, das in Furcht vor dem Herrn entstandene und im Dienst sich erfüllende „Fürchsichsein" an ihm („Überich").

Schroeder zitiert in der Entfaltung der Totalitarimustheorie als nächstes Tzvetan Todorov, der die Verstrickung von Herrschenden und Beherrschten bzw. „totalitären Untertanen" darstellt. Todorov betont im folgenden Zitat die Funktion des „reinen Gewissens" als ein Herrschaftsinstrument: „Selbst wenn das totalitäre Regime Anstrengungen unternahm, seine Untertanen zu indoktrinieren, war es doch mit ihrem ‚nur' öffentlichen Gehorsam durchaus zufrieden, weil es ihm ausreichte, um sich unangefochten an der Macht zu halten. Gleichzeitig beruhigte es diese selben Untertanen, indem es sie in der Illusion wiegte, daß sie ‚im Inneren ihrer selbst' rein und würdevoll blieben. Die gesellschaftliche Schizophrenie wurde so zu einer Waffe in den Händen der Macht und dazu benutzt, das Wissen der Untertanen einzuschläfern, sie zu beruhigen und sie die Gefährlichkeit dessen unterschätzen zu lassen, was sie in der Öffentlichkeit taten." (T. Todorov, Angesichts des Äußersten, München 1993, S. 144/145). Todorov beschreibt hier die dritte Bestimmung des abhängigen Bewusstseins im Sinne Hegels, das im Laufe des Formierens an ihm selbst entstehende „Fürsichsein", und seine Verknüpfung mit der bereits erwähnten zweiten Bestimmung. Im Nischenbewusstsein der DDR-Bewohner scheint diese Verknüpfung auf. Es wird noch zu zeigen sein, warum in der Totalitarismustheorie Schroeders die mit dieser Verknüpfung verbundenen weitreichenden Implikationen nur nachlässig behandelt werden.

Nachdem Schroeder im Anschluss an Todorov noch auf die von C.J. Friedrich / Z.K. Brzezinski bereits in den fünfziger Jahren aufgestellten sechs Grundmerkmale totalitärer Diktaturen eingegangen ist (Ideologie, Monopolpartei, Terrorsystem, Massenkommunikationsmittel, Gewaltmonopol und zentrale Überwachung und Lenkung der gesamten Wirtschaft, in: Totalitäre Diktatur, Stuttgart 1957) stimmt er mit Martin Draths begrifflicher Zuspitzung des Modells überein, „die sich", wie Schroeder meint, „bis heute als praktikabel für die Beschreibung totalitärer Gesellschaften erwiesen hat" (ebd. S. 637).

Für Martin Drath ist „Begriffsbildung nie eine bloße Abbildung objektiver Gegebenheiten, sondern stets geistige Bemächtigung", „nie ganz voraussetzungslos", „stets einem bestimmten geistigen System verhaftet" (ebd. S. 637/638). Martin Drath selbst versteht darunter, dass der Begriff „Totalitarismus" „lediglich vom Standpunkt freiheitlicher Demokratie ausgebildet werden kann, weil er nur für sie etwas Wesentliches aussagt und Erscheinungen zusammenfasst, die von ihr aus gesehen gleichartig sind" (Martin Drath, Totalitarismus in der Volksdemokratie, Einleitung zu Ernst Richard, Macht ohne Mandat. Der Staatsapparat in der Sowjetischen Besatzungszone Deutschlands, Köln/Opladen 1958, S. XXIX). So nachvollziehbar die Zurückweisung der Widerspiegelungstheorie ist, so verkürzt wäre die Beurteilung des Verhältnisses zwischen Herrschenden und Beherrschten mittels eines Maßstabs, der dem Modell einer herrschaftsfreien Über- und Unterordnung von Individuen, die sich entweder selbst bestimmen oder freiwillig mit ihrer teilweisen bis ganzen Fremdbestimmung einverstanden sind, entnommen ist. Im Lichte eines solchen Maßstabs ist jegliche Herrschaft über andere durch Übertragung der Selektionsleistungen der Herrschenden auf die Beherrschten ausschließlich negativ bestimmt, wie umgekehrt mit dem Maßstab einer vollkommmen durchherrschten Gesellschaft jede Beeinträchtigung in der Übertragung von Selektionsleistungen den Herrschenden als Misserfolg zuzurechnen wäre (Niklas Luhmann).

Mit einem solchen Maßstab wären jedoch die im Herrschafts-Beherrschungssverhältnis ebenfalls existierenden Über- und Unterordnungsverhältnisse auf der Seite der Herrschenden wie auf der der Beherrschten sichtbar zu machen und zu analysieren. Er könnte auch noch als Vergleichsmaßstab zwischen freiwilliger Fremdbestimmung im Über- und Unterordnungsverhältnis und der im Untersuchungsobjekt als ausschließlich erzwungen registrierten Fremdbestimmung dienen. Völlig versagen würde dieser Maßstab jedoch in der Analyse von Konsequenzen, die von Bewusstseinsunterschieden innerhalb des Beziehungsverhältnisses der Herrschenden einerseits und der Beherrschten andererseits auf die jeweils andere Seite ausgehen. Ein derartiger Maßstab könnte auch nicht angeben, wie und unter welchen Bedingungen ein solches Beziehungsverhältnis allein schon durch das angepasste Verhalten der Beherrschten ständig unterhöhlt wird. Anpassung würde aus dem Blickwinkel des offen oder versteckt ausgeübten Widerstands oppositioneller Kräfte, die ihr Verhältnis zur Herrschaft völlig aufgekündigt haben und nur noch als totalen Gegensatz begreifen, betrachtet und diskreditiert werden; wie beispielsweise im Falle der „inneren Opposition" und ihres „reinen Gewissens", das nur noch in seinem stabilisierenden Effekt wahrgenommen wird (Todorov).

Über die theoretischen Begrenzungen hinaus, die durch den Maßstab der freiwilligen Über- und Unterordnung gegeben sind, können in der Beherrschung einer als totalitär bezeichneten Gesellschaft durchaus vielfältige Phänomene eines umfassenden Herrschaftsanspruchs empirisch aufgenommen, aber eben nicht theoretisch adäquat erfasst, sondern lediglich mehr schlecht als recht zugeordnet werden. Für eine angemessene Analyse bedürfte es einer zusätzlichen theoretischen Binnenanalyse des komplexen Verhältnisses zwischen Herrschenden und Beherrschten. Das hier ausgeführte Konzept der strukturellen Gewalt ermöglicht beides, wird aber von Vertretern der Totalitarismustheorie meistens aus Unkenntnis des Erklärungswerts und der Unzulänglichkeiten des Herrschafts-Knechtschafts-Verhältnisses von Hegel nicht aufgegriffen.

Ganz im Sinne des willkürlichen Auseinanderbrechens des komplexen Beziehungsverhältnisses zwischen Herrschenden und Beherrschten in den totalen Herrschaftsanspruch der Herrschenden sowie der Unterordnung der Masse der Bevölkerung auf der einen Seite und dem auf legale wie illegale Mittel zurückgreifenden Widerstand der sich unterdrückt fühlenden Minderheit auf der anderen Seite lässt Klaus Schroeder beispielsweise „totale Diktaturen pendeln zwischen den Extremen totalitärer Gewalt und tatsächlichem Zusammenbruch" (ebd. S. 637), wobei die Mehrzahl der angepassten Bevölkerung die Manövriermasse zwischen beiden Polen darstellt. Sie gilt es entweder zu beherrschen oder der Herrschaft zu entreißen. „Die Massen müssen" laut Heller/Feher/Markus „jederzeit den jeweiligen Wendungen der Partei und ihrer Verlautbarungen folgen", was die Autoren als „Zerstörung von Individualität" bezeichnen und ihre „Selbstentfremdung" zur Folge habe (A.Heller/ F.Feher/ G.Markus, Der sowjetische Weg. Bedürfnisdiktatur und entfremdeter Alltag, Hamburg 1983, S. 225/285, zit. bei Schroeder, S. 639).

Laut Klaus Schroeder „betrieb" die SED die Durchsetzung ihres „totalitären Macht- und Gestaltungsanspruchs ... mit erheblicher Energie und Erfolg" (ebd. S. 644). Wenige Zeilen später schreibt er aber: „Doch die Wirkungsmöglichkeiten der totalitären SED-Politik waren in den fünfziger Jahren durch die offene Grenze zur Bundesrepublik begrenzt. Vertreibung und Flucht von Millionen seiner Einwohner beeinträchtigten die Funktionsfähigkeit des Staates und zwang die SED zur vollständigen Schließung der Westgrenzen der DDR" (ebd. S. 644). Schroeder scheint nicht zu bemerken, dass allein schon die bestehende Fluchtmöglichkeit in der Bevölkerung ein Widerstandspotential freigesetzt haben muss, das eine Korrektur der praktischen Durchsetzung des allumfassenden SED-Herrschaftsanspruchs erzwang und für die Zeit vor der Errichtung der Mauer im Jahre 1961 nicht von einer „Selbstentfremdung" bzw. „Weltentfremdung" der Masse der Bevölkerung im Sinne Hannah Arendts ausgegangen werden kann. Selbst nach der gewaltsamen Schließung der Grenze konnte die SED nicht den Konsum westlicher Rundfunk- und Fernsehprogramme unterbinden, so dass als Folge westlicher Informationen eine eigene, autonome Meinungsbildung möglich blieb, die Selbstentfremdungstendenzen entgegenarbeitete.

Für die siebziger Jahre und den Übergang zur Entspannungspolitik im Rahmen des Kalten Kriegs erwähnt Klaus Schroeder sogar selbst, dass die SED-Führung ihr „totalitäres Sicherheitssystem" – wie er es ausdrückt – „modifiziert" habe. Als ob Schroeder spüren würde, welche Konsequenzen er für die Totalitarismusthese ziehen müsste, fügt er hinzu: „Um den totalitären Gestaltungsanspruch gleichwohl beizubehalten, wurde der ‚ideologische Kampf' verschärft." (ebd. S. 645). Um seine Totalitarismusthese, die sich ja nicht nur auf den Herrschaftsanspruch sondern ebenso auf die Herrschaftspraxis und die Verankerung der Herrschaft in der Bevölkerung beziehen muss, aufrecht erhalten zu können, qualifiziert Schroeder das informelle Eigenleben der Bevölkerung ab: „Das produktive Potential verpuffte in individuellen Überlebens- und Ausweichstrategien" (ebd. S. 645). Ob die zahlenmäßig kleinen Widerstandsgruppen den im Nischenbewusstsein der breiten Masse durchaus vorhandenen Widerstandsanteil überhaupt erkannten und dieses Potential für den Widerstand aufzuschließen versuchten, bleibt ebenso unhinterfragt wie die negativen Konsequenzen dieses Bewusstseins für die Stabilität der DDR. Viel einfacher scheint es zu sein, das registrierte „produktive Potential" lediglich unter der Kategorie „freiwillige Fremdbestimmung der Untergeordneten" als folgenlos abzutun und es aus der hohen moralischen Tonlage des reinen Widerstands heraus bestenfalls als zeitweiligen „Quietschton" in der Umsetzung des totalitären Herrschaftsanspruchs der SED „verpuffen" zu lassen. Es bleibt eben nicht folgenlos, wenn das weit verbreitete Nischenbewusstsein der DDR-Bevölkerung kategorial nicht als zugleich herrschaftserhaltend wie herrschaftsaushöhlend erfasst werden kann. In seiner kategorialen Not verfasst Schroeder den folgenden, eine gewisse Hilflosigkeit signalisierenden Satz: „Die informellen Strukturen und Beziehungen waren jedoch weitgehend aus der Not geboren und hatten nach 1989 unter veränderten Bedingungen nach außen hin zumeist keinen Bestand mehr“ (ebd. S. 645).

Schroeder bezeichnet zwar als „zentrale Schwäche“ des SED-Staats, dass ihm bei der Mehrheit der Bevölkerung „die Kolonialisierung der Köpfe“ nicht gelungen sei. Aber welche Folgen daraus für die Rückwirkung der SED-Herrschaftspraxis auf die Gültigkeit ihres umfassenden Herrschaftsanspruchs zu ziehen sind, ob daraufhin nicht das Verhältnis zwischen SED und Bevölkerung neu bestimmt werden müsste und welche Konsequenzen daraus für die Totalitarismusthese zu ziehen wären, wird von ihm nur sehr unzulänglich diskutiert. Zumindest hätte er an dieser Stelle das Verhältnis zwischen herrschender SED und beherrschter Masse der Bevölkerung nicht mehr nur aus dem Blickwinkel von unbegrenzter Über- und freiwilliger Unterordnung durch Anpassung betrachten dürfen, sondern das komplexe Beziehungsgeflecht eines solchen Verhältnisses aufarbeiten müssen, um zu theoretisch schlüssigen Antworten zu gelangen. Es hätte dann nicht geschehen können, dass er die vor dem Untergang der DDR seiner Meinung nach „im Verborgenen gewachsenen Kräfte“ (ebd. S. 646), die er zunächst in ihrer Wirkung „verpuffen“ lässt, in der Phase der „Selbstbefreiung der Bevölkerung“ zusammen mit den kleinen Gruppen des Widerstands unvermittelt zu einer machtvollen Einheit verschmilzt (ebd. S. 647), um sie danach gleich wieder in der Versenkung verschwinden zu lassen.

Für den Niedergang der DDR gibt Schroeder keineswegs die von ihm so bezeichnete „zentrale Schwäche“ des SED-Staats – die nicht gelungene Kolonialisierung der Köpfe – als Ursache an, sondern die Mängel der zentralen Planwirtschaft, die seiner Meinung nach „jegliche soziale und kulturelle Innovationskräfte blockierte“ (ebd. S. 646). So avanciert ein Unterthema – die Schwächen der zentralen Planwirtschaft – zum Hauptgrund, und Schroeder kann scheinbar unangefochten den weiterhin von der SED als Schild vor sich hergetragenen umfassenden Herrschaftsanspruch für seine These des SED-Staats als „spättotalitäre Variante eines Versorgungs- und Überwachungsstaats“ bezeichnen. Die vom theoretischen Standpunkt der strukturellen Gewalt ausgehende tiefere Analyse des Verhältnisses zwischen dem umfassenden Herrschaftsanspruch der SED und der von ihr beherrschten Masse der mehr oder weniger angepassten Bevölkerung, darin eingeschlossen die sorgfältige Analyse der Potentiale und verwirklichten Möglichkeiten der Widerstandsgruppen, erweist sich als fruchtbarer.

In Bezug auf die Einschätzung der Masse der Bevölkerung verbleibt auch Ehrhart Neubert unausgesprochen auf dem Boden der Totalitarismustheorie. „Unter dem Eindruck des raschen Untergangs der DDR darf nicht übersehen werden“, kommentiert er seine Abhandlung über die „Geschichte der Opposition in der DDR – 1949-1989“, Berlin 1998, „daß die lange anhaltende, innenpolitische Stabilität Ergebnis einer Politik der SED war, die Bürger zur aktiven Mitarbeit und zu passiver Duldung zu veranlassen. Die Bilder der Massenerhebung von 1989 dürfen die Loyalität der Mehrheit der Bevölkerung gegenüber dem gleichzeitig ungeliebten SED-Staat nicht verdecken.“ (ebd. S. 17). „Die Mehrheit der ostdeutschen Bevölkerung hat ihre aktive Teilnahme am DDR-System in den Nachwendejahren vergessen und verdrängt“. (ebd. S. 17)

Auch Neubert stellt ein Über- und Unterordnungsverhältnis zwischen SED und Masse der Bevölkerung her: „DDR-Geschichte – und Widerstandsgeschichte – kann nicht geschrieben werden, wenn das Phänomen massenhafter Anpassung und Selbstunterwerfung ignoriert wird. Diese Anpassung war nicht nur ein Zurückweichen vor der repressiven Gewalt der SED, sondern der Ausdruck einer geistigen Unfreiheit, einer Bindung aus ‚Überzeugung'. Diese Bindung garantierte die Macht der SED über die Bevölkerung" (ebd. S. 18). Anders als Schroeder ignoriert Neubert aber nicht die Rückkoppelung des umfassenden Herrschaftsanspruchs der SED an die konkreten Bedingungen der Herrschaftsausübung, wenn er erwähnt, dass auch die SED sich der „unreflektierten Verhaltensmuster in der ostdeutschen Gesellschaft" anpasste (ebd. S. 19) und sich „als Garant von Ordnung und Sicherheit" darstellte und „in dieser Hinsicht nicht hinterfragt" wurde (ebd. S. 20). Neubert erwähnt auch die Zwiespältigkeit des „Gemeinschaftsgefühls" der DDR-Bevölkerung. Seiner Meinung nach wurzelte es „in der angestrengten Kompensation von Minderwertigkeitsgefühlen und war eine Reaktion auf das Empfinden, auf die Schattenseite der deutschen Nachkriegsgeschichte geraten zu sein. Die eigene Lebensleistung musste verteidigt werden. Dazu gehörten die Interdependenz von wahrgenommenen Aufstiegschancen und Vorteilen, die das politische System für Anpassung und Unterwerfung bot, und die in den privaten Nischen, Subkulturen und grauen Märkten ertrotzten Erfolgserlebnisse und selbst geschaffenen, individuellen Spielräume" (ebd. S. 21). Neubert stellt in dieser Passage die überhaupt nicht zu unterschätzende Orientierung auf und Abgrenzung von der Bundesrepublik Deutschland heraus, was bei Schroeder zur vernachlässigenden Nebensache wird.

In seinem Gesamturteil über die Mehrheit der Bevölkerung geht er jedoch von einer „Selbstunterdrückung" aus, einer freiwilligen Fremdbestimmung durch die SED, also einem Über- und Unterordnungsverhältnis, dem als unterdrückte Beherrschte die opponierenden Kräfte, die Widersprechenden und der Widerstand gegenüberstanden. Das Verhältnis zwischen Herrschenden und Beherrschten ist also für ihn auf der Seite der Herrschenden durch ein Über- und Unterordnungsverhältnis zwischen SED und Mehrheit der Bevölkerung charakterisiert und auf der Seite der Beherrschten durch Opposition und Widerstand. „Die Einbeziehung der Rechtsfrage ermöglicht eine grundsätzliche Differenzierung zwischen Gegnern, die sich auf legales Handeln festlegten und dazu die Voraussetzungen schufen, und solchen, die auf die Wahl legaler Mittel verzichteten und ihre Legitimität allein aus der Ablehnung des SED-Staats bezogen." (ebd. S. 29). Erstere bezeichnet Neubert als Opposition, letztere als Widerstand, und grenzt davon die schwächere Form des Widerspruchs ab (ebd. S. 29). So verständlich für den aktiven Widerständler Neubert die Abgrenzung von der angepassten Bevölkerung ist, an deren Berührungsängste er sich gerieben haben mag, so wenig akzeptabel für die Gesamtanalyse der DDR-Gesellschaft ist die von ihm in gleicher Weise wie bei Schroeder vorgenommene Auflösung des Herrschafts-Beherrschungsverhältnisses in SED und Mehrheit der Bevölkerung auf der einen Seite und Opposition und Widerstand auf der anderen Seite. Die Unterbelichtung des Verhältnisses zwischen SED und Bevölkerungsmehrheit ist damit programmiert und kritische Fragen zur Analysefähigkeit der Widerstandgruppen in der Auslotung von

Verknüpfungspotentialen zwischen ihnen und der Masse der Bevölkerung werden weitgehend ausgeblendet.

Vergleicht man diese beiden auf der Totalitarismustheorie basierenden Analyseansätze mit denjenigen der DDR-Forschung der siebziger und vor allem der achtziger Jahre wird deutlich, dass hier nicht nur Abschied von der Instrumentalisierung der DDR-Forschung im Rahmen des Ost-West-Konflikts genommen wurde, sondern auch ein Versuch startete, sich intensiver mit den gesellschaftlichen Gegebenheiten der DDR und den vielfältigen Erscheinungen der Machtausübung und -begrenzung zu befassen. Dass die Staatssicherheit der DDR an diesem Versuch durch Inoffizielle Mitarbeiter beteiligt sein wollte, die lenkend eingreifen sollten, ist nicht weiter verwunderlich. Gerade diese Analyseansätze wurden aber nach 1989 in den Hintergrund gedrängt. Der dann eingeleitete Paradigmenwechsel unterlag ebenfalls dem Verhältnis von Über- und Unterordnung sowie dem von Herrschaft und Beherrschung. Eine erneue Instrumentalisierung der DDR-Forschung mit dem Ziel (das natürlich so nie explizit formuliert wurde), der ostdeutschen Bevölkerung schnellstmöglich das westdeutsche Gedankengut zu oktroyieren, setzte ein. Gewährung und Entzug von finanziellen Mitteln sowie Personalentscheidungen – vor allem in den ostdeutschen Universitäten – sind auch Folgen von Entscheidungen, mit denen Selektionsleistungen von Machteliten übertragen werden sollten und insofern sind auch sie vom Keim struktureller Gewalt infiziert.

10.9.2 Die Notwendigkeit einer innerdeutschen und innerostdeutschen Analyse

Angesichts von

- brennenden Flüchtlingsunterkünften,
- sog. „befreiten" Regionen oder Stadtvierteln,
- rechtsgerichteten Aufmärschen,
- der nach wie vor hohen Arbeitslosigkeit im Verhältnis zu Bundesländern wie Baden-Württemberg oder Bayern,
- der massenhaften Abwanderung der Bevölkerung z.B. aus Mecklenburg-Vorpommern und Brandenburg,
- der Forderung nach mehr Bundesinstituten oder Forschungseinrichtungen in Ostdeutschland

ist – auf der Grundlage des hier vorliegenden theoretischen Ansatzes – eine Aufarbeitung dessen, was der ostdeutschen Bevölkerung durch die Eingliederung in die Bundesrepublik Deutschland nach 1989 widerfahren ist, unerlässlich. Nur so kann es gelingen eine Debatte auf den Weg zu bringen, „die weder verklärt noch dämonisiert, die alle Enttäuschungen und Hoffnungen, vor allem aber auch die unausgesprochenen Widersprüche und Risse der ostdeutschen Gesellschaft vor und nach 1989 ausspricht". (Christin Melcher, „Wer wir sein könnten" in: Tagesspiegel 06.01.18).

Die ausführliche Auseinandersetzung mit der Existenz und der Funktion der „Nischen" in der DDR-Gesellschaft hatte zutage gefördert, dass diese grundlegende über

Jahrzehnte anhaltende Entwicklung zu Teilöffentlichkeiten mit je eigenen, vorwiegend demokratisch orientierten Gegenidentitäten – gegenüber dem Absolutheitsanspruch der Partei – stärker war als sämtliche flächendeckenden Maßnahmen der Staatssicherheit dagegen. D.h. die Nischen waren 1989 – neben anderen Faktoren – verantwortlich für den Aufbruch der DDR-Bevölkerung. Nach dem 09.11.89 entstand für die noch existierende DDR ein Schwebezustand, in dem die Nischen sich hin zu den „runden Tischen" öffneten. Die dort entstehenden Diskussionsforen waren genauso vielfältig wie die zuvor existierenden Nischen. Mit anderen Worten ausgedrückt: Es entstanden diskursive Formationen, die in ihrem Widerstreit um die hegemoniale Position rangen. In diesen Widerstreit griffen natürlich nicht nur Formationen ein, die dem alten System noch die Treue zu halten suchten, sondern auch die vorherrschenden diskursiven Formation der „alten Bundesrepublik Deutschland" und mit ihnen politische sowie ökonomische Kräfte, die an diesem „diskursiven Schwebezustand" kein Interesse hatten bzw. haben konnten. Denn die politische und wirtschaftliche Dynamik „überrollte" eine sich an den runden Tischen gerade entwickelnde Neuformierung der DDR-Gesellschaft.

Angesichts der durch nichts mehr zu kaschierenden Schwäche der Sowjetunion – beinahe zu Tode gerüstet durch den atomaren Wettlauf mit den USA – blieb Gorbatschow nichts anderes übrig, als im Tausch gegen massive finanzielle Unterstützung durch die Bundesrepublik die Vereinigung der beiden Teile Deutschlands anzubieten. Die unterschwellig immer vorhandene Ablehnung der Wiedervereinigung durch die Westmächte war demzufolge auch nicht mehr aufrecht zu erhalten. Die Rückwirkung dieser Veränderung des „internationalen Schachbretts" auf die DDR-Bevölkerung blieb selbstverständlich nicht aus: Die Parole „Wir sind das Volk" hatte sich schon in „Wir sind ein Volk" gewandelt und bekam durch diese außenpolitische Wende, die zudem der damalige Bundeskanzler Kohl auch geschickt nutzte, zusätzliche Stärkung.

Der nur zu verständliche Wunsch der DDR-Bürger, endlich auch an dem Reichtum teilhaben zu können, den die bundesrepublikanische Bevölkerung mit Hilfe des Marshall-Plans seit 1949 aufbauen konnte und der der DDR vorenthalten blieb, beschleunigte die Forderung, auch in den Besitz der D-Mark zu gelangen. „Die blühenden Landschaften", die Helmut Kohl im Juli 1990 – vor der ersten freien Volkskammerwahl – heraufbeschwor, taten ihr Übriges. Die bereits im August getroffene Entscheidung, die DDR der Bundesrepublik nach Artikel 23 Grundgesetz beitreten zu lassen und nicht – wie nach Artikel 146 ebenfalls möglich – eine wirkliche Vereinigung mit einer auf neuen Füssen stehenden Verfassung herbeizuführen, ebnete den Weg in eine Phase, in der die Mehrzahl der DDR-Bevölkerung „Aufbruch und Abbruch" zugleich erfuhr, gepaart zu allem Unglück mit dem Grundgefühl von „Entwertung und Geringschätzung", das „mehrere Generationen der Ostdeutschen bis heute [prägt]". (vgl. Christin Melcher, a.a.O.)

1990/91 ist der Schwebezustand beendet, die „runden Tische", die eine Möglichkeit der Entfaltung von verschiedenen diskursiven Formationen geboten hätten, verlieren ihre Funktion – den *der Beitritt, nicht der Prozess einer Vereinigung*, ist vollzogen. Die demokratische Teilhabe breiter Kreise der ehemaligen DDR-Bevölkerung kann sich damit nicht weiterentwickeln. Zugleich fehlt den meisten natürlich auch der Zugang zu den entscheidenden diskursiven Formationen der Bundesrepublik. Im Gegenteil: der „Ausverkauf“ der DDR durch die Treuhand unterband jeden Versuch der noch verbliebenen Kollektive, ihren noch funktionierenden Betrieb zu retten. Christin Melcher schreibt dazu: „Einige sind gekommen nach 1990, haben die Städte aufgekauft, die Posten an Hochschulen und Verwaltung besetzt und stehen bis heute bei der Debatte zwischen den Stühlen. Der Start in die Demokratie war, anders als in der Bundesrepublik, eben nicht mit Prosperität und individuellem Aufstieg verbunden, sondern allenfalls mit prekärem Wohlstand verbunden. Und der war permanent bedroht von dem immer länger werdenden Schatten, der die Arbeits- und Beschäftigungslosigkeit über ganze Landstriche warf.“ (Christin Melcher, a.a.O.) Damit waren einerseits wesentliche Orientierungspunkte für die DDR-Bevölkerung weggesprengt, d.h. sowohl die Strukturen der Beherrschung wie auch diejenigen, die sich der Beherrschung entzogen (die Nischen). Andererseits konnten gegen die wesentlich subtileren Herrschaftsformen, die alle in den „Mantel“ der freiheitlichen Demokratie gehüllt waren, nicht die „alten“ Nischen wiederbelebt werden. Dieses Vakuum wurde durch ein Verhalten ausgefüllt, das Melcher als Misstrauen gegenüber jeglichen gesellschaftlichen Veränderungen charakterisiert. Zugleich wird Politik dann eher als Dienstleisung betrachtet und politisches Engagement kritisch beäugt. Melcher schlussfolgert, dass „es kein Zufall [ist], dass Pegida & Co auf einem Opfernarrativ aufbauen, das sich problemlos aus der Vergangenheit herleiten und auf die Gegenwart projizieren lässt: der Ostdeutsche als Opfer der SED, der Treuhand, der westdeutschen Eliten, der Lügenpresse, der Islamisierung usw. In der Vermischung tatsächlicher und vermeintlicher Unterdrückung erscheint der Ostdeutsche immer wieder als eine ohnmächtige Figur, die fortgesetzt und schutzlos widrigen Umständen ausgeliefert ist. In dieser Rolle verbleiben schließlich nur wenige Handlungsoptionen: verschämte Hinnahme, laute Anklage oder Umkehrung der Rollen, was heißt, das Opfer schlägt zurück und wird zum Täter.“ D.h. sowohl ostdeutsche wie westdeutsche Erklärungsversuche dürfen gerade nicht bei einem Opfernarrativ stehen bleiben. „Denn in der beständigen Stilisierung als Opfer erscheint der Ostdeutsche als eines gerade nicht: als Bürger, der Verantwortung für sein Handeln übernimmt, der den Gang der Dinge beeinflusst.“ (a.a.O.) Melcher plädiert an dieser Stelle für eine innerostdeutsche Verständigung, d.h. eine andere als bisher stattgefundene Aufarbeitung der DDR-Geschichte, in der die eigene Verantwortung für die Vergangenheit, Gegenwart und Zukunft übernommen wird. Dies ist – und das räumt sie letztlich auch ein – jedoch nur möglich, wenn zugleich eine gesamt-innerdeutsche Debatte aufgerollt wird, bei der mindestens zwei „fest betonierte“ Gewissheiten in der deutsch-deutschen Vergangenheit endgültig über Bord geworfen werden: Dass die gesamte DDR-Bevölkerung – nach Lesart der Totalitarismustheorie – nur unterdrückt oder holzschnittartig als Mitläufer des Systems betrachtet wurde, und dass die Teilung Deutschlands allein vom „Osten“ kam. Die Beseitigung der ersten „Gewissheit“ ist im Rahmen dieser Arbeit mit dem Analyseansatz der strukturellen Gewalt geleistet worden. Die zweite vermeintliche Gewissheit wird einer weiteren ausführlichen Ausarbeitung überlassen werden.

11 Zusammenfassung und Schluss

Als im September 1995 Dieter Kirchner in seiner damaligen Funktion als Hauptgeschäftsführer des Arbeitgeberverbandes der Elektro- und Metallindustrie (Gesamtmetall) die Kosten für die Erhaltung des sozialen Friedens in der Bundesrepublik Deutschland als zu teuer bezeichnete, berührte er nicht nur den Angelpunkt allen gesellschaftlichen Zusammenhalts, sondern offenbarte zugleich auf indirekte Weise sein Verständnis von demokratischem Bewusstsein. Fügte man diesem Ausspruch noch den des damaligen Chefs der Deutschen Bank, Hilmar Kopper, gegenüber der Frankfurter Rundschau hinzu („Ich glaube, dass wir das Recht haben, Menschen zu sagen, weil das und das nicht geht, machst Du jetzt mal bitte das und das." Frankfurter Rundschau, 11.09.95), wurde deutlich, welches Ausmaß an struktureller Gewalt Repräsentanten der (west)deutschen Machtelite bereit waren, der Bevölkerung aufzuerlegen. Am vehementen Protest der sich betroffen Fühlenden zeigte sich jedoch auch, dass strukturelle Gewalt nur im beschränkten Ausmaß von der Bevölkerung hingenommen wird.

Zur näheren Bestimmung dieses Ausmaßes ist in der Analyse zwischen der Existenz von Unterordnungs- und Unterdrückungsverhältnissen unterschieden worden. Erstere kann nicht gleichgesetzt werden mit der Anwesenheit von struktureller Gewalt. Antwortet jedoch die unterordnende Seite auf diskursive Formationen, in denen Unterordnungsverhältnisse zu Orten von Antagonismen erklärt werden – bzw. in deren Sicht Untergeordnete sich selbst zunehmend als Unterdrückte wahrnehmen – mit diskursiven Formationen, die

- *ausschließlich der Konservierung der in Frage gestellten Unterordnungsverhältnisse dienen,*
- *eine direkte Auseinandersetzung mit der antagonisierenden diskursiven Formation vermeiden und*
- *darauf abzielen, den demokratischen Diskurs vorübergehend oder ganz zu unterbrechen und dieses Verhalten auch organisatorisch und institutionell abzusichern,*

entsteht ***strukturelle Gewalt***.

Diese grundlegende Definition struktureller Gewalt setzt auf der Diskursebene an, ist aber, institutionell wie organisatorisch ausformuliert, für den gesamten Bereich struktureller Gewaltanwendung gültig. Aus der Sicht dieser Definition stellen sich Gesellschaft und Staat als sedimentiertes Resultat vielfältiger artikulatorischer Praxen dar, initiiert durch widerstreitende einzelne wie assoziierte, in Subjektpositionen vielfältig zersplitterte autonome Einheiten in ihrem Kampf um hegemonialen Einfluss (in der Geschichte wahrzunehmen als von den jeweiligen „hegemonialen Praxen" geschaffene Abfolge unterschiedlicher sozialer und staatlicher Formen).

Eine solche Definition setzt voraus, dass institutionalisierte Machtkonstellationen im aktuellen politischen Kampf durch neue, sich erst in der politischen Auseinandersetzung herausbildende Formationen (einschließlich des ihnen adäquaten Ensembles relativ stabiler sozialer und staatlicher Formen) aufgebrochen werden. Sie betrachtet die Fähigkeit zur artikulatorischen Praxis als grundlegende Voraussetzung für die Bildung und Veränderbarkeit von Gesellschaft und bezeichnet als strukturelle Gewalt, wenn autonomen Einheiten das Auftauchen auf dem Felde der unendlichen Diskursivität ganz verweigert wird oder nur bestimmte Formen artikulatorischer Praxis strukturell zugelassen werden. Sie verkennt auf der einen Seite nicht den unauslöschbaren Kern struktureller Gewalt, der darin begründet ist, dass jede Entscheidung zur Auswahl und Umsetzung einer diskursiven Formation in gesellschaftliche Praxis zugleich eine Entscheidung gegen eine andere ebenfalls mögliche ist. Auf der anderen Seite markiert sie die Grenzlinie dort, wo zur Steigerung des – entgegen aller Versicherungen – nicht bestimmbaren gesamtgesellschaftlichen Entwicklungsniveaus Selektionsleistungen der Machtunterworfenen beschränkt werden, um „Macht glatt abfließen zu lassen" bzw. um „Steigerungsleistungen" in der „Regulierung von Kontingenz" (Luhmann) rücksichtslos auf Kosten der Selbstentfaltungsmöglichkeiten der Untergeordneten zu realisieren.

In einem Ganzen, dessen Struktur unter kontinuierlichen Untergrabungsbemühungen widerstreitender diskursiver Formationen von den zur Hegemonie strebenden Formationen allmählich als Ensemble relativ stabiler sozialer Formen hervorgebracht und ausdifferenziert wird, ist der Staat nicht nur in den Machtverteilungskampf der hegemonialen Formationen an hervorragender Position involviert, sondern seine auf Selbsterhaltung des Ganzen ausgerichtete Tätigkeit unterliegt ebenfalls dem umfassenden, in seiner Zielrichtung nur unzulänglich prognostizierbaren Transformationsprozess. Seine Weitsicht ist wie die sämtlicher anderer autonomer Elemente auf den allgemeinen Horizont der Veränderung begrenzt. Als Folge seiner unvollständigen Kenntnis über das Zusammenspiel der Gesamtheit aller Elemente bzw. des durch jene im strukturierten Ganzen erzeugten formlosen Gegenhalts, fehlt ihm jede Legitimation, Anspruch auf eine dem „Ensemble sozialer Formen" übergeordnete Position zu erheben oder gar zu behaupten, zentraler Knotenpunkt des strukturierten Ganzen zu sein. Er verkörpert nicht mehr aber auch nicht weniger als die neben dem formlosen Gegenhalt existierende institutionalisierte Kraft zur Erhaltung des strukturierten Ganzen. Staatlicher Dienst am strukturierten Ganzen bedeutet, die Flexibilitätsspielräume und -grenzen hegemonialer Praxen auszuloten. Die Räume und Grenzen zeigen sich

- *in der Teilung der Herrschaftsarbeit der um Hochrangigkeit konkurrierenden hegemonialen Formationen,*
- *innerhalb der Lager der von den hegemonialen Formationen umfassten hegemonisierten Elemente,*
- *im Verhältnis zwischen den hegemonisierenden und dem hegemonisierten Lagern,*
- *bei der Aktivierung flottierender Elemente.*

Da Gesellschaft nicht als ein passgenaues Mit- und Gegeneinander von Systemen zu denken ist, die sich in selbstreferentiellen Prozessen ihrer unterschiedlichen Positionen bewusst werden und dann – aneinander gekoppelt – ihre divergierenden Interessen abgleichen, sondern die hegemonialen Formationen sich in ihnen stets auf dem schmalen Grat zwischen Einordnung und Unterordnung einerseits und Ausgliederung und Umschlagen der Unterordnung in Unterdrückung andererseits befinden, obliegt es staatlicher Tätigkeit, jene – die Selbsterhaltung des strukturierten Ganzen gefährdenden – Formen struktureller Gewalt massiv zu bekämpfen.

Jenseits dieser Mindestanforderung öffnet sich ein breites Tätigkeitsfeld, dessen Grenzen – wie die der Mindestforderung – im Rahmen eines umfassenden Diskurses er- oder bestritten werden. Je nach Standort auf der Skala politischen Denkens und Handelns fallen die Antworten sehr unterschiedlich aus. Auf der Grundlage dieser Definitionen von Gesellschaft, Staat und struktureller Gewalt, die den Staat nicht wie in der marxistisch orientierten Sichtweise lediglich als Agenten des Kapitals betrachtet, ist anschließend das politische Spektrum von ganz rechts bis ganz links daraufhin abgeklopft worden, wie die einzelnen politischen Standorte ihr Verhältnis zur strukturellen Gewalt definieren, welche politischen Strömungen sich durchsetzen und wie sie ihr Handeln begründen.

Folgende Befunde haben sich hierbei auf der rechten Seite des politischen Spektrums ergeben:

Eine stärkere Rechtfertigung und Verherrlichung struktureller Gewalt als durch die Theoretiker der „Revolution von rechts“ der Weimarer Zeit wie Moeller van den Brück, Ernst Jünger, Gottfried Benn, Hans Freyer, Hans Zehrer, Martin Heidegger u.a sowie ihrer Vollstrecker im Nationalsozialismus ist kaum denkbar. In einer als total bezeichneten Revolution ergreift eine hegemoniale Formation die absolute Herrschaft, errichtet den totalen Staat, verlangt von allen Untergeordneten absoluten Gleichklang im Denken und Handeln und bricht jeden Widerstand mit allen zu Gebote stehenden Mitteln. Wiederhergestellt werden soll der postulierte Gleichklang zwischen der unveränderbaren Natur des Menschen und der statischen, von Menschenverstand unantastbaren, wesenhaften Ordnung der Welt. Wirksam sind die Theoretiker der „Konservativen Revolution“ bis in die Gegenwart sowohl in rechtsextremen Parteien und Verbänden wie in intellektuellen Kreisen bis hin beispielsweise zu Autoren wie Botho Strauß. Politischen Einfluss haben rechtsextreme Parteien und Verbände kaum außerhalb ihres Spektrums. Dennoch ist der in der bundesdeutschen gesellschaftlichen Praxis über lange Zeit dominierende „aufgeklärte Konservatismus“ geneigt, das Spannungsverhältnis zwischen Volkssouveränität und Rechtsstaat zugunsten des letzteren aufzulösen, d.h. das Prinzip, dass alle Macht vom Volke ausgeht, nicht nur im Spiegel der Freiheitstraditionen zu betrachten, sondern dem Rechtsstaat sogar Kommandogewalt über die Volkssouveränität zu erteilen. Die Zurückweisung der Kompromissentscheidung des Bundestages zum § 218 GG durch das Bundesverfassungsgericht im Jahre 1993 sowie die noch nicht abgeschlossene Diskussion über die als Werbung betrachtete Information, welche Ärzte Schwangerschaftsabbrüche vornehmen, verdeutlicht diese Tendenz. Wenn im Namen der Erhaltung des Rechtsfriedens der Schutz etablierter, zu geltendem Recht gewordener wohlverstandener Interessen älterer hegemonialer Praxen gegenüber neuen – in späteren sozialen Kämpfen erhobener – Rechte Vorrang genießt, oder wenn in weiter zurückliegenden Geschichtsperioden allgemein anerkannte Rechtsbegründungen und -interpretationen für zeitlos gültig erklärt und festgeschrieben werden, lässt ein solcher Staat strukturelle Gewalt zu. Als erhaltenswert Angesehenes gegen die Zeit, gegen ein neues Rechtsempfinden starr zu verteidigen, erzeugt Unterdrückung.

Dies geschieht auch dann, wenn in Gesellschaften, deren Technikentwicklung „ökonomisch fremdbestimmt" ist, einigen wenigen Technikwissenschaftlern auch für Politik und Recht „verbindlich zugestanden" wird, „anhand ihrer Maßstäbe zu entscheiden, was der ‚Stand der Technik' gebietet (Ulrich Beck). Auf diesen Sachverhalt kann man beispielsweise wie Niklas Luhmann reagieren, der 1986, im Jahr des Reaktorunfalls von Tschernobyl, kühl konstatierte: Die Risikogesellschaft muss „lernen, mit Katastrophen zu leben, und zwar ganz normal und unaufgeregt zu leben; sonst verschwinden die Katastrophen zwar nicht, aber es kommen vermeidbare Aufregungsschädigungen hinzu" (Frankfurter Rundschau, 26.11.94). Für Niklas Luhmann war strukturelle Gewalt kein ernst zu nehmender Begriff. In seiner Theorie der Macht aus dem Jahre 1975 entwickelte er einen Machtbegriff, der ausschließlich „die Steigerbarkeit einer Leistung unter veränderlichen gesellschaftlichen Bedingungen ins Auge fasst"(ebd. S. 31). Ein solcher Machtbegriff analysiert das Verhältnis zwischen Herrschenden und Beherrschten nur unter dem Gesichtspunkt höchstmöglicher Effektivität, die gesamtgesellschaftlich wiederum nur an der erzielten Steigerungsrate des Entwicklungsniveaus gemessen werden kann. Ein solches Entwicklungsniveau ist jedoch aufgrund der fehlenden Messkriterien nicht feststellbar und kann letztlich auch nicht auf selbstreferenziellem Wege ermittelt werden. Luhmanns Verweis auf progressive und konservative Kräfte, die in ihrem Wechselspiel Entwicklung auf gesellschaftlich anerkannte Weise vorantreiben, würdigt nicht ausreichend genug, dass ein solcher Wechsel auch als reines Spiel initiiert werden kann. Luhmanns Ausführungen zur strukturgebenden Funktion der Zeit gelten jedoch unmittelbar für das Bemühen hegemonialer Formationen um die Entfaltung eines ihnen adäquaten Ensembles sozialer und staatlicher Formen, in denen nur ihre Zukunftsprojektionen gegenüber den andersartigen der Unterlegenen rechtsverbindlich geworden sind. Genau diese Argumentation trägt den Keim struktureller Gewalt in sich.

Michel Foucault ergänzt die strukturgebende Funktion der Zeit durch sein Struktur/Subjekt-Diagramm, das der subjektivistischen Perspektive die Möglichkeit einräumt, sich der beklemmenden Einengung durch das „Macht /Wissen-Dispositiv" zu entziehen und durch sein Ausscheren längerfristig strukturverändernd zu wirken. Fordern aber in Analogie dazu antagonistische diskursive Formationen in Zeiten noch nicht veränderbarer gesellschaftlicher Strukturen die Unterlegenen ultimativ auf, in Wahrnehmung ihrer subjektivistischen Perspektive gegen bedrückende „verkrustete" Strukturen anzurennen und täuschen die zum Aufstand Bewegten über das Ausmaß der zu erwartenden harschen Reaktionen, tragen sie die Verantwortung für das vermehrte Leid der Enttäuschten, die – abgesehen von ihrem ohnmächtigen Erdulden der unmittelbaren Gegenschläge – auch weiterhin unter der eng mit dem erfolglos bekämpften Ensemble sozialer und staatlicher Formen verknüpften strukturellen Gewalt zu leben haben.

Unzeitgemäßes Handeln in jeglicher Form birgt besonders gefährlichen Zündstoff, wenn der Staat zum Motor der gesellschaftlichen Entwicklung arriviert und seine institutionalisierte Kraft dazu dienen soll, den gesellschaftlichen Gegenhalt auszuhebeln. Hierbei kann durchaus auf bestimmte Aspekte staatlicher Tätigkeit zur Erhaltung des strukturierten Ganzen zurückgegriffen werden; aber indem diese Aspekte – von anderen isoliert – als alleinige Daseinszwecke des Staates ausgegeben und damit überdimensioniert werden, gerät eine solche Umgestaltung leicht in die Fänge struktureller Gewalt. Diese Gefahr wird umso größer, je zielorientierter das strukturierte Ganze vom Staat her umgestaltet werden soll und je weiter dieses Ziel von bereits erkennbaren Entwicklungsrichtungen abweicht. Nun hat sich gezeigt, dass auch die Selbstthematisierung des strukturierten Ganzen und die Bestimmung seiner Entwicklungsrichtung, die in den hierfür spezialisierten artikulatorischen Praxen vorgenommen wird, einem hohen Maß an Ungewissheit unterliegen. Wer gerade wegen oder trotz der Unübersichtlichkeit und Ungewissheit den Staat als Motor gesellschaftlicher Umgestaltung benutzen möchte, unterliegt sehr leicht der Versuchung, durch entschlossenes Handeln den gordischen Knoten des unzulänglichen Wissens zu durchschlagen und die beabsichtigte Entwicklungsrichtung einfach dekretieren zu wollen. Später notwendig werdende Korrekturen werden dann üblicherweise mit der gleichen Entschlossenheit eingeleitet. Wer also den Staat zum Motor gesellschaftlicher Umgestaltung macht, sieht sich nicht nur dem unauslöschbaren Keim struktureller Gewalt gegenüber, sondern er kalkuliert strukturelle Gewalt von vornherein ein und dürfte in ihrer Rechtfertigung wenig Skrupel zeigen.

Jedoch ist das Spannungsverhältnis zwischen bewusster staatlicher Tätigkeit und dem formlosen Gegenhalt, den die Vielfalt der hegemonialen Formationen untereinander entfalten, angesichts der für beide Formen gültigen Unübersichtlichkeit nie exakt zu bestimmen. Denn es ist weder eine reine Entwicklungstendenz erkennbar, die sich allein aus dem unbeeinflussten formlosen Gegenhalt der hegemonialen Formationen ergibt, noch lassen sich Entwicklungstendenzen allein auf staatliche Eingriffe zurückführen. Die vollständige Auflösung zur einen oder anderen Seite gelingt nicht. Trotz der national und insbesondere global unüberwindbaren Zuordnungsprobleme wird dennoch oftmals das Gegenteil behauptet, und je nach politischem Standort ergeht entweder die Aufforderung an den einzelnen Staat, sich zurückzunehmen und bestenfalls auf passives Handeln zu beschränken, oder gerade umgekehrt die dem formlosen Gegenhalt geschuldete Entwicklungstendenz zu ignorieren und die Entwicklungsrichtung zu dekretieren. Aber weder die eine noch die andere Aufforderung ermöglichen die Minimierung struktureller Gewalt.

Dieses Ziel ist nur unter der Bedingung zu erreichen, dass zur Erhaltung des strukturierten Ganzen stets dessen Ausgangspunkt staatlicher Tätigkeit im Vordergrund steht: Das gewaltige Gebäude der Vielfalt diskursiver und hegemonialer Formationen entsteht nur dann, wenn die sich in vielfältige Elemente zerlegende autonome Einheit artikulatorische Praxen ausbildet. Jeder Staat, der die Erhaltung des – vermeintlich erkennbaren – strukturierten Ganzen gegen die einzelne autonome Einheit ausspielt, beseitigt nicht nur langfristig die Existenzgrundlagen beider (und damit auch die eigene), sondern kalkuliert auch ein hohes Maß an struktureller Gewalt.

Sofern also der Staat als Motor gesellschaftlicher Umgestaltung dienen soll, ist die Beeinträchtigung der einzelnen autonomen Einheit der Richtwert für das Ausmaß struktureller Gewalt. Welches Ausmaß noch als zulässig und welches nicht mehr als akzeptabel erscheint, muss auf dem Felde der unendlichen Diskursivität im Konflikt der widerstreitenden diskursiven Formationen immer wieder erneut ausgefochten werden. Dabei ist es unerheblich, ob die Beeinträchtigung der sich artikulierenden autonomen Einheiten im Namen der nichtautonomen, artikulationsunfähigen, lediglich unpräzise artikulierenden oder der übrigen sich artikulierenden und in ihrer Elementform an den verschiedensten diskursiven und hegemonialen Formationen beteiligten autonomen Einheiten vorgenommen wird, oder sogar im Namen einer als unveränderbar betrachteten „Substanz" bzw. eines sich stets wandelnden „Strom des Lebens".

Unter dem Stichwort „Globalisierung" nehmen seit einiger Zeit grenzüberschreitende und weltweit tätige hegemoniale Formationen den Staat als Beschleunigungsmotor einer ihrer Ansicht nach ausschließlich von ihnen bestimmten gesellschaftlichen Entwicklung in Anspruch. Entziehe sich der Staat dieser von ihnen definierten Aufgabe, so argumentierten sie, drohe der Zerfall der gesellschaftlichen Fundamente. An die Stelle von „Freiheit, Gleichheit, Brüderlichkeit" müsse „Freiheit, Gleichheit, Bezahlbarkeit" treten (Andre Leysen, früheres Verwaltungsratsmitglied der Treuhandanstalt zur Privatisierung der DDR-Staatsbetriebe) und bisher für soziale Belange bestimmte staatliche Finanzen müssten auf ihre Konten umgelenkt werden.

Entschieden jene hegemonialen Formationen für den Staat, was „bezahlbar" sei, würden sie die Erhaltung der national wie global strukturierten Ganzen mit ihrem Wohlergehen gleichsetzen und dessen Lebensdauer – wie diejenige der Staaten – ihrer eigenen Lebenszeit unterordnen. Der Staat wäre seiner Autonomie beraubt und dazu verurteilt, der von den hegemonialen Formationen ausgehenden strukturellen Gewalt Folge zu leisten und den Wechsel von Unterordnung zu Unterdrückung selbst anzuordnen.

Manche marxistisch orientierte Analysen, die die Unterordnung des Staates unter die Belange global agierender hegemonialer Formationen vorausgesagt haben, finden sich durch die eben dargestellte Entwicklung bestätigt. Wenn der Staat unmittelbar aus den Verwertungsbedingungen des Kapitals abgeleitet wird, können global agierende hegemoniale Formationen ihm keinerlei Autonomie einräumen. Er ist für sie vollständig dem weltweit agierenden Kapital ausgeliefert und steht ausweglos zu seinen Diensten. Charakterisieren marxistisch orientierte Analysen die Bevölkerungsmehrheit in Ländern mit „Hochwertproduktion" außerdem als völlig manipuliert, als subjektlose Subjekte – im Sinne von Botho Strauß –, zu Widerstand unfähig, bleibt, so postulieren sie, letztlich nichts anderes übrig als am gesellschaftlichen Rand potentielle Gegenkräfte zu sammeln und von dort einen Neuanfang zu wagen. Gegenkräfte können aus der Sicht dieser Analysen nur außerhalb staatlicher Aktivitäten entfaltet werden.

Jene Analysen übersehen, dass global engagierte hegemoniale Formationen von Sphäre zu Sphäre mit unterschiedlichen historischen und kulturellen Traditionen und aufgrund dessen mit uneinheitlichen nationalstaatlichen Rahmenbedingungen und voneinander abweichenden gesellschaftlichen Entwicklungsmöglichkeiten konfrontiert sind. Als Folge ergeben sich nicht nur Vereinheitlichungstendenzen, sondern ebenso sind weitere Ausdifferenzierungen möglich. Vielgestaltigkeit unter den strukturierten Ganzen kann ab- und auch zunehmen. Dem Kapitalismus läutet eventuell das Totenglöckchen, aber ebenso ist der schleichende Übergang in andere, noch nicht erkannte und eruierte Gesellschaftsformationen möglich. Würde die Gesellschaft und der in und für sie wirkende Nationalstaat dem marxistischen Analyseansatz entsprechen, müsste das Profitinteresse der Kapitaleigner und das Regime der Konsumenten zum höchsten Gradmesser gesellschaftlicher Entwicklung erhoben werden.

Die Selbstentfaltung des in vielfältige Subjektpositionen zersplitterten Subjekts überragt aber das einseitige, vom „possessiven Individualismus" gemalte Bild und umfasst beispielsweise auch seine Auseinandersetzung und Aneignung des Mit-, Gegen- und Durcheinanders in sich selbst vernünftiger Weltbilder, die als vielgestaltiges Ensemble nicht der Vernunft eines allen übergeordneten Weltbildes gehorchen. Das darin zum Ausdruck kommende vielfältig motivierte Verlangen nach Differenz ist als nicht zu unterschätzende Ausformung und Überhöhung der Selbsterhaltung und Selbstverwirklichung der eigentliche Treibstoff der gesellschaftlichen Entwicklung. Wäre der Staat gehalten, im Konsumenten das Maß aller Dinge zu sehen, würde er beispielsweise nicht genügend auf die Offenheit des Feldes der Diskursivität achten und verlöre damit die Erhaltung des Terrains aus dem Auge, das der autonomen Einheit überhaupt erst das Auftauchen aus der unpräzisen Artikulation ermöglicht und zur vielfältigen artikulatorischen Praxis bis hin zur Bildung diskursiver Formationen befähigt. Er stünde unter anderem dem Verlangen privater Medien hilflos gegenüber, die Beteiligung an der Presse- und Informationsfreiheit in ihre Entscheidungskompetenz zu legen und damit das Medienverhalten der Bevölkerung zur logischen Folge unternehmerischer Planung werden zu lassen.

Eine solche Tendenz wäre ebenfalls unausweichlich, wenn sich der Staat das Shareholder-Prinzip der Vorstände von Großunternehmen zu eigen machte und entgegen anerkannter Volkswirtschaftstheorien (Keynes) und durchweg negativer Erfahrungen (Reaganomics) mit einer Politik der Umverteilung des Sozialprodukts von unten nach oben Massenarbeitslosigkeit zu beseitigen suchte. Die als Folge einer solchen Politik dennoch steigende Massenarbeitslosigkeit enthielte bis zu vier Fünfteln der Bevölkerung die unentbehrliche Grundlage zur ihrer Selbstverwirklichung vor. Geringes Einkommen und Arbeitslosigkeit behinderten das Subjekt, sich selbst als extreme Differenz zu entwerfen, – einzigartig, frei in der Entfaltung seiner Elemente – sich selbst immer wieder neu zu entdecken, neu zu erfinden, um an der Sphäre der Kommunikation und der politischen Entscheidungen vollgültig teilzunehmen.

In einer Gesellschaft, in der Massenarbeitslosigkeit und/oder unter der Armutsgrenze liegende Arbeitseinkommen mit voller Absicht einkalkuliert werden, verschlechtert sich nicht nur das Klima des „sozialen Friedens", sondern es wird ein leicht entflammbares Potential an struktureller Gewalt erzeugt. Denn sobald Arbeitslose und Geringverdienende nicht mehr zu freiwilliger Unterordnung bereit sind, sondern sich zunehmend in ihrer Selbstverwirklichung unterdrückt fühlen, gegen ihren Ausschluss aus dem Arbeitsleben rebellieren, wird die bis zu jenem Zeitpunkt nur potentiell vorhandene strukturelle Gewalt real. Eine Machtelite, die Massenarbeitslosigkeit verharmlost bzw. die Betroffenen lediglich vertröstet, den Arbeitslosen unterstellt, ihre Arbeitsaufnahme scheitere an ihrem überzogenen Anspruchsdenken sowie ihrer fehlgeleiteten Ausbildung, und die mit Vertretern antagonistischer diskursiver Formationen nicht zimperlich umgeht, lässt strukturelle Gewalt zu. Am Beispiel der DDR ist in dieser Studie dargestellt worden, dass maßlose Bereitschaft zur Zulassung struktureller Gewalt zum Untergang der Gesellschaft führt.

Aus der von Anfang an vorhandenen Bereitschaft, zur Durchsetzung einer realsozialistischen Zielkultur auf Herrschaftstechniken zurückzugreifen, denen ein „Zwang zur Vereinheitlichung" und damit ein Maximum an struktureller Gewalt eigen ist, wurde Realität, als die zur staatstragenden Partei gewandelte SED die Organisation der Gesellschaft nur noch wie einen Arbeitszusammenhang innerhalb eines Superkombinats betrachtete und die Vielfalt an artikulatorischen Praxen und Diskursformationen abschaffte. Fortschrittsorientierung begründete jetzt eine neue Herrschaftsstruktur, die für die Bevölkerung keinen von der Herrschaft sanktionierten demokratischen Raum vorsah, in dem sie ein demokratisches Bewusstsein hätte entwickeln und ausleben können. Zur Entfaltung eines solchen Bewusstseins musste sie sich erst im Rahmen des Herrschafts-Abhängigkeits-Verhältnisses eine stets gefährdete Sphäre demokratischer Wirkungsmöglichkeit erkämpfen.

Der untaugliche Versuch, die Gesellschaft als geschlossenes Ganzes, als „genähte Totalität" zu betrachten, in der die Teiltotalitäten ebenfalls von ihrem Wesen her vollkommen bestimmt sind, hat für das Verhältnis zwischen herrschender Nomenklatur und beherrschter Bevölkerung zur Folge, dass von letzterer vollkommene Einsicht in und freiwillige Unterordnung unter die Führung der Nomenklatur erwartet wird. Das Verdikt Ulbrichts, in der DDR herrsche „absolute Freiheit", aber natürlich nicht „für Verrückte und Konterrevolutionäre" zeugt von der Gleichsetzung des Herrschenden – der in seinem „Fürsichsein" (Hegel) das Moment des Beherrschten erfährt – mit der Existenz der Beherrschten als zwar abhängige, aber dennoch selbständige Einheiten. Aus dieser Gleichsetzung befreit nur der Gang in die Nische. Die vielfältigen Nischen der DDR-Gesellschaft haben einerseits die unverzichtbare Lebensbedingung für „abhängiges Bewusstsein" dargestellt, bzw. sie haben der abhängigen Bevölkerung erst das Maß an Autonomie gegeben, das sie gegenüber dem maßlosen Herrschaftsanspruch der Partei zur Erfüllung des abhängigen Status unbedingt benötigte. Andererseits stellt sich im subjektiven Empfinden des nach Autonomie strebenden Subjekts die Bildung einer Nische als ein Akt der Selbstbestimmung dar, als eine ersehnte Entlastung von herrschaftlichem Druck. In der Nische ist das abhängige Subjekt *für sich*, außerhalb ihres relativen Schutzes (der Nische) – in der Sphäre staatlicher Inanspruchnahme – *außer sich*. Hörigkeit, guter Glaube, Selbsttäuschung, freiwillige Anpassung aus Karriereabsichten, Unterordnung, Erdulden, Schweigen, Mimikry sind in der DDR weit verbreitet gewesen und resultierten aus der Furcht des „abhängigen Bewusstseins" vor dem herrschaftlichen „Fürsichsein" (Hegel) in und außer ihm. Die

Kategorien des Herrschafts-Knechtschafts-Verhältnisses aus Hegels „Phänomenologie des Geistes" sind nirgendwo lebendiger als im realen Sozialismus gewesen. Der vom Kopf auf die Füße gestellte Hegel hat erst in der DDR seine volle Wirkung entfaltet. So hat das „abhängige Bewusstsein" der DDR-Bevölkerung das „Fürsichsein" der „Avantgarde der Arbeiterklasse" sowohl für sich in der außer ihr existierenden Nomenklatura als auch an sich (in Form des „Überichs") und vollbringt es im Dienst am Herrn. Zur Anschauung seiner selbst kommt es als arbeitendes Bewusstsein. Im Formieren des Dings wird ihm bewusst, „dass es selbst an und für sich ist, indem es die Form aus sich hinaussetzt" (Hegel, Phänomenologie des Geistes, Frankfurt/Main, 1973, S. 153f). Jetzt tritt es auch der Herrschaft selbstbewusst und stolz auf seine im bearbeiteten Gegenstand vergegenständlichte Arbeitsleistung entgegen, und erwartet als Gegenleistung deren materiell wie immateriell ausgedrückte Anerkennung. Bleibt sie aus oder wird sie nur unzureichend gewährt, ist der Stachel der Distanzierung gelegt, von der Herrschaft verfemte antagonistische diskursive Formationen können Widerhall finden und die Entwicklung zur Entfremdung, Opposition, Demonstration, Anklage, Rebellion bis hin zum Aufstand vorantreiben. Das „abhängige Bewusstsein" der beherrschten Bevölkerung ist also durch das Moment der Furcht wie das des Widerstands geprägt. Je nach quantitativer Verteilung beider Momente zeigt es sich mehr unterwürfig oder widerspenstig. In der Nische bildet das Moment des Widerstands die Grundlage des selbstbestimmten Nischenbewusstseins; zwar bleibt auch das letztere eine spezifische Form des „abhängigen Bewusstseins", aber in den Beziehungen der Nischenbewohner untereinander kann – dank seiner neuen Form – die Entwicklung demokratischen Bewusstseins hervor getrieben werden.

Der Weg in die Nische bleibt dem Staat im realen Sozialismus versagt. Es fehlt ihm die notwendige Autonomie gegenüber der auf absolute Führung pochenden SED, um neben dem formlosen Gegenhalt als institutionalisierte Kraft das strukturierte Ganze zu erhalten. So bezeichnet sich die SED in ihrem Parteistatut von 1981 als „führende Kraft der Organisationen der Arbeiterklasse und der Werktätigen, der staatlichen und gesellschaftlichen Organisationen", d.h. Partei- und Staatsideologie werden von ihr identisch gesetzt, Staatsmacht ist Parteimacht, Parteiraison ist Staatsraison. Wenn der hierarchisch gegliederte Parteiapparat mit seinem gesamten „geronnenen, herrschaftlich organisierten Wissen" (Rudolf Bahro) den Staat regiert, sind dessen Organe weder als einzelne noch in ihrer Gesamtheit in der Lage, autonom zu handeln und ihre Selbsterhaltungsaufgabe für das strukturierte Ganze gegenüber allen anderen autonomen Einheiten wahrzunehmen. Als Folge ihrer bis zum Ende ungebrochenen Bereitschaft zur Zulassung eines Maximums an struktureller Gewalt hat die Nomenklatur (der Parteiapparat) schließlich auch ihre „symbolische Macht" (Bourdieu) über die beherrschte DDR-Bevölkerung verloren und hat damit ihre eigene Selbstaufgabe als „herrschende Klasse" produziert.[83] Zwar wurde die von der SED als „entschieden" betrachtete Machtfrage von der DDR-Bevölkerung mit dem Ruf

83 Dieser Ausgang wäre keinesfalls zu erwarten gewesen, wenn das Verhältnis von Herrschenden und Beherrschten eine Form angenommen hätte, wie sie von der Totalitarismustheorie gezeichnet wird. Entsprechend dieser Theorie steht dem Pol der Herrschenden zwar auch ein Pol der Beherrschten

„Wir sind das Volk!“ aufgekündigt, aber mit der wenig später formulierten Losung „Wir sind ein Volk!“ begab sich die gleiche Bevölkerung – mit wenigen Ausnahmen – in den politischen und wirtschaftlichen Bereich hegemonialer Formationen der Bundesrepublik Deutschland, ohne dass sie je die Chance gehabt hätt, sich über die weitreichenden Konsequenzen dieses „Übertritts“ im Klaren zu sein.

Angesichts der Bedrohungen des strukturierten Ganzen „Bundesrepublik Deutschland“ durch rechtskonservative bis rechtsradikale Kräfte sowie durch Erosionserscheinungen der bisher festgefügten Parteienlandschaft steht die Aufarbeitung der ab der neunziger Jahre bis zur heutigen Zeit wirkenden strukturellen Gewalt noch aus. Zwar ist in der vorliegenden Arbeit ein Teil davon – Auswirkungen der neoliberalen Wende auf die Gesellschaft – geleistet worden. Aber in welcher Weise strukturelle Gewalt auf dem Gebiet der Kultur, der Wissenschaft, der Bildung, des sozialen Zusammenlebens gewirkt hat, ist noch nicht erfasst. Diese Aufarbeitung würde auch eine genaue Betrachtung der außenpolitischen Komponente des Einigungsprozesses einschließen. Nur mit einer solchen Analyse könnte die Voraussetzung geschaffen werden, dem Prozess der friedlichen Vereinigung der beiden Teile Deutschlands neuen Schwung zu verleihen.[84]

gegenüber, dieser wird jedoch von den wenigen aus der Bevölkerung ausgefüllt, die Opposition und Widerstand leisten und damit leicht von den Herrschenden zu isolieren oder gar zu neutralisieren sind.

84 Die Konzentration auf die spezifischen Verhältnisse der deutschen Gesellschaft sind der notwendigen Begrenzung des Arbeitsvorhabens geschuldet. Dass die Auswirkungen von struktureller Gewalt aktuell auch andere Gesellschaften in vergleichbarer Weise (rechtspopulistische Bewegungen, Untergrabung der demokratischen Verhältnisse) erfassen, liegt auf der Hand. Allerdings müssen in einem solchen Fall wiederum präzise jene Ausgangsbedingungen analysiert werden, die das Maß an struktureller Gewalt haben zunehmen lassen.

12 Literaturverzeichnis

Adler, Frank, 1991: Soziale Umbrüche, in: Reissig, Rolf/ Glaessner, Gert-Joachim (Hrsg.), Das Ende eines Experiments. Umbruch in der DDR und deutsche Einheit. Berlin, S. 180.

Anderson, Jenny/ Bajaj, Vikas: „Subprime Scrunity on Wall Street", in: International Herald Tribune 07.2007.

Arendt, Hannah: Elemente und Ursprünge totaler Herrschaft, München 1986.

Assheuer, Thomas, 1992: „Ich unterscheide, also bin ich" – Zur Kontinuität des Antisemitischen bei Carl Schmitt/Eine Lektüre seiner Aufzeichnungen, in: Frankfurter Rundschau, 18.01.1992.

Atmanspacher, Harald: …, in: Frankfurter Rundschau, 01.11.1994.

Bachmann, Bert, 1993: Der Wandel der politischen Kultur in der ehemaligen DDR in: Philosophische und, soziologische Veröffentlichungen im Osteuropa-Institut der Freien Universität Berlin, Bd. 26.

Bachmann, Matthias Lutz/Schmidt-Noerr, Gunzelin (Hrsg.), 1991: Kritischer Materialismus, München.

Badstübner, Rolf, 1994: DDR – gescheiterte Epochenalternative, Aufbruch in die Sackgasse oder was sonst? Versuch einer Annäherung, Berlin.

Bahro, Rudolf: Die Alternative, 1976, in: Frankfurter Rundschau, 03.12.1977.

Baudet, Marie-Béatrice/Clavreul, Laetitia: "Les terres agricoles de plus en plus convoitées", in: Le Monde, 15.04.2009.

Bender, C./Grassel, H: „Woher kommen die Jobs?" in: Frankfurter Rundschau, 31.01.2006.

Bender, Peter: …, in: Tagesspiegel, 22.09.1991.

Berliner Landespressedienst: 21.02.1992.

Berry, Christopher, 1994: The Idea of Luxury: A Conceptual and Historical Investigation, Cambridge.

Besier, Gerhard/Wolf, Stephan: …, in: Die Zeit 14.02.1992.

Bischoff, Joachim: Überforderung der Wirtschaft? in: Horst Schmitthenner (Hrsg.), Der „schlanke" Staat, Hamburg.

Böhme, Irene: …, in: Frankfurter Rundschau, 18.09.1982.

Bonß, Wolfgang / Hohlfeld, Rainer / Kollek, Regine, Vorüberlegungen zu einem kontextualistischen Modell der Wissenschaftsentwicklung, 1994: Deutsche Zeitschrift für Philosophie, Heft 3, Berlin.

Bourdieu, Pierre, 1991: Die Intellektuellen und die Macht, Hamburg.

Braun, Johannes, 1995: Menschen und Mächte in der DDR, Berlin.

Brunkhorst, Hauke, 1994: Demokratie und Differenz: Egalitärer Individualismus, Frankfurt am Main; Krise der Demokratie in: Frankfurter Rundschau, 05.02.1994.

Brunkhorst, Hauke: „Das Recht der Idioten", in: Frankfurter Rundschau, 13.06.1995

Buchter, Heike: „Kippen jetzt die Kreditversicherer", in: Die Zeit, 07.02.2008.

Busch, Hans Werner: in einem Interview 24.05.2004.

Center for Media and Democracy, in: Washington Post, 11.05.2005

Clement, Wolfgang: im Interview, in: Tagesspiegel, 07.02.2005.

Crome, Erhard, 1992: Die SED – Umrisse eines Forschungsproblems, in: Deutschland-Archiv, Heft 12.

Crouch, Colin, 2004: Post-Democracy, Oxford; Postdemokratie, Frankfurt am Main 2008

Dahrendorf, Ralph in: Die Zeit, 08.09.1995.

De Mandeville, Bernard, 1724: Die Bienenfabel, Frankfurt am Main 1980.

Derrida, Jacques, 1972: Die Schrift und die Differenz, Frankfurt am Main.

Diekmann, Friedrich: „Staat im Widerspruch“ in: Merkur, Februar 1992.

Diekmann, Friedrich: ..., in: Frankfurter Rundschau, 14.09.1991.

Drath, Martin: Totalitarismus in der Volksdemokratie, Einleitung zu Ernst Richard, Macht ohne Mandat. Der Staatsapparat in der Sowjetischen Besatzungszone Deutschlands, Köln/Opladen 1958, S. XXIX.

Dubiel, Helmut: ..., in: Frankfurter Rundschau, 06.07.1991.

Eckert, Rainer / Faulenbach, Bernd (Hrsg.), 1996: Halbherziger Revisionismus: Zum postkommunistischen Geschichtsbild, München.

Elias, Norbert, 1978: Über den Prozess der Zivilisation, Frankfurt am Main, Bd. 1.

Elter, Andreas, 2005: „Die lachen sich kaputt“, in: Frankfurter Rundschau, 22.10.2005.

Engels, Friedrich, 1970: Anti-Dühring, Berlin (DDR).

Engler, Wolfgang: Besprechung des Buches von Lutz Niethammer, Alexander von Plato, Dorothee Wierling über „Die volkseigene Erfahrung/Eine Archäologie des Lebens in der Industrieprovinz der DDR“, Berlin 1991, in: Frankfurter Rundschau, 01.10.1991.

Erler, Peter/Laude, Horst/Wilke, Manfred (Hrsg.), 1994: Nach Hitler kommen wir. Dokumente zur Programmatik der Moskauer KPD-Führung 1944/45 für Nachkriegsdeutschland, Berlin.

Eribon, Didier, 2016: Rückkehr nach Reims, Berlin.

Faulenbach, Bernd / Meckel, Markus / Weber, Hermann (Hrsg.), 1994: Die Partei hatte immer recht – Aufarbeitung von Geschichte und Folgen der SED-Diktatur, Essen.

Fink, Christian: „Der Vater der Ökonomie war kein Prediger des freien Marktes. Er suchte nach Werten“, in: Die Zeit, 14.08.2013.

Fink-Eitel, Hinrich, 2002: Michel Foucault zur Einführung, Hamburg.

Fischer, B.-R.: „Das Bildungs- und Erziehungssystem der DDR“ in: Materialien 1995, Band 11.

Fischermann, Thomas: „Schneller – aber auch tiefer?“ in: Die Zeit, 16.04.2009.

Flores d'Arcais, Paolo: Philosophie und Engagement, in: Frankfurter Rundschau, 16.05.1995.

Foucault, Michel, 1976: Mikrophysik der Macht, Berlin.

Foucault, Michel, 1991a: Überwachen und Strafen, Frankfurt am Main.

Foucault, Michel, 1991b: Der Wille zum Wissen, Frankfurt am Main.

Fraser, Nancy mit Jaeggi, Rahel, 2018: Capitalism – A Conversation in Critical Theory, Cambridge

Freyer, Hans, 1931: Revolution von rechts, Jena.

Friedrich, C.J./Brzesinksi, Z.K., 1959: Totale Diktatur, Stuttgart.

Frie, Ewald, 1994: Geschichte der Kirche in der DDR, in: neue politische literatur, Heft2/94.

Friedrich, Wolfgang-Uwe, 1996: Denkblockaden: Das Totalitarismusmodell aus der Sicht der PDS, in: Eckert/Faulenbach (Hrsg.).

Friedrich, Wolfgang-Uwe, 1993: Pluralismus in der DDR, Jakob-Kaiser-Stiftung.

Frisch, Joachim, 1997: Machtmißbrauch im politischen Diskurs – Konstruktion und Reproduktion von Machtverhältnissen durch bürgerliche Herrschaftskritik, Opladen.

Frister, Siegfried, 1992: Ansätze und Grenzen gewerkschaftlicher Arbeit – Technik und Gestaltung in der ehemaligen DDR, in: Forum humane Technikgestaltung, Heft 5, Friedrich-Ebert-Stiftung, Bonn, S. 33-43.

Focus: Magazin Finanzen, 24.04.2009.

Fuchs, Tatjana: „Was ist gute Arbeit?“, in: Tagesspiegel, 29.04.2006.

Gablers Wirtschaftslexikon, 7. Auflage 1967, Bd. 1, S. 1614/1615; Bd. 2, S. 1587.

Galtung, Johan, 1975: Strukturelle Gewalt: Beiträge zur Friedens- und Konfliktforschung, Reinbek.

Gaus, Günther, 1983: Wo liegt Deutschland/Eine Ortsbestimmung, Hamburg.

Gill, Davis / Schröter, Ulrich, 1991: Das Ministerium für Staatssicherheit – Anatomie des Mielke-Imperiums, Berlin.

Glaessner, Gerd-Joachim (Hrg), 1988: Die DDR in der Ära Honecker. Politik – Kultur – Gesellschaft, Opladen.

Glaser, N. / Kristol, I, 1976: The American Commonwealth, New York.

Götting, Gerald: im Interview, in: Tagesspiegel, 24.09.1991.

Gorz, André, 1975: Socialism and Revolution, London.

Grunenberg, Antonia: ..., in: Die Zeit, 04.04.1986.

Günther, Klaus: ..., in: Frankfurter Rundschau, 26.03.1994.

Habermas, Jürgen, 1990: Strukturwandel der Öffentlichkeit, Frankfurt am Main.

Habermas, Jürgen: 1996: Die Einbeziehung des Anderen, Frankfurt am Main.

Habermas, Jürgen, 1998: Die postnationale Konstellation, Frankfurt am Main.

Habermas, Jürgen: ..., in: Die Zeit, 03.12.1993

Hardt, Hanno: ..., in: Tagesspiegel, 26.09.1995.

Hamann, Götz: „Lautsprecher des Kapitals", in: Die Zeit, 04.05.2005.

Hegel, Georg Wilhelm, Friedrich, 1973: Phänomenologie des Geistes, Frankfurt/Main.

Heller, A. / Feher. F. / Markus,G., 1983: Der sowjetische Weg. Bedürfnisdiktatur und entfremdeter Alltag, Hamburg.

Hengsbach, Friedhelm: „Fragwürdige Wertedebatte", in: Frankfurter Rundschau, 29.04.2006.

Henkel, Hand-Olaf, Die sozialpolitische Diskussion gerät zunehmend in Schieflage, in: Tagesspiegel, 12.02.1995.

Hennig, Eike, 1992: Was leistet das Konzept der „strukturellen Gewalt"? in: Heitmeyer, W. / Möller, Kurt / Sünker, Heinz (Hrsg.), Jugend – Staat – Gewalt, München, S. 57-80.

Henrich, Rolf, 1989: Der vormundschaftliche Staat, Hamburg.

Herzinger, Richard, 1994: Das aktive Nichts – die konservative Revolution und die deutsche Übermoderne in: Frankfurter Rundschau, 12.02.1994, Jahrbuch des internationalen Arbeitskreises Literatur und Politik in Deutschland.

Heusinger, Robert im Interview: „Dieses System ist katastrophal" in: Frankfurter Rundschau, 07.04.2009.

Hildebrandt, Reinhard: Staat, Macht, Individuum – Zivilgesellschaftliches Engagement und seine Begrenzungen, in: Perspektiven DS 30. JG. 2013 / Heft 1, S. 88.

Hildebrandt, Reinhard: Die amerikanische Finanzkrise und die massive Verschuldung der USA, in: Solon-line 03.06.2008.

Hildebrandt, Reinhard, 2015: Zivilgesellschaft im Widerstreit, Frankfurt am Main.

Hirsch, Joachim, 1995: ..., In: Zeitschrift für Sozialistische Politik und Wirtschaft, Heft 85, Sept/Okt.

Hoffmann, Wolfgang, in: ..., Die Zeit, 05.05.1995.

Huffschmid, Jörg, 1995: Ist Vollbeschäftigung noch möglich? in: Horst Schmitthenner (Hrsg.), Der „schlanke" Staat, Hamburg.

Huntington, Samuel P., 1976: "The Democratic Distemper", in: N. Glaser, I. Kristol (Hrsg.) The American Commonwealth, New York.

Kalecki, Michael, 1943: in: Ewald Nowotny, Politische Aspekte der Vollbeschäftigung – Heute, in: Economic Theory, Political Power and Social Justice. Linzer Universitätsschriften Volume 7. 1987 Wien.

Kandler, Hermann, 1992: Kirche in der DDR – Zwischen Sozialismus und Pluralismus.

Kant, Immanuel, 1984: Zum ewigen Frieden, 2. Zusatz, Nachdruck der Ausgabe Königsberg 1795, Erlangen.

Kersting, Wolfgang, 2006: Die politische Philosophie des Gesellschaftsvertrags, Darmstadt.

Klemm, Volker, 1991: Korruption und Amtsmißbrauch in der DDR, Stuttgart.

Klokockas, Vladimir, 1981: Die Stellung des einzelnen im System des „realen Sozialismus", in: L'80 (Vierteljahreszeitschrift für „Demokratie und Sozialismus").

Knapp, Udo, in: ..., Die Zeit, 26.05.1999.

Kocka, Jürgen / Sabrow, Martin, 1994: Die DDR als Geschichte. Fragen – Hypothesen – Perspektiven, Berlin.

Kohlenberg, Kerstin: „Acht Häuser für Lakeisha" in: Die Zeit, 14.02.2008.

Konrad, György / Szelenyi, Ivan, 1978: Die Intelligenz auf dem Wege zur Klassenmacht, Frankfurt am Main.

Krämer, Hagen, 2014: Ungleichheit, Marktversagen und Verteilungsnormen, Weimar bei Marburg.

Krämer, Ralf, 1995: Die Bedeutung des Staates für linke Politik, in: Zeitschrift für Sozialistische Politik und Wirtschaft, Heft 86, Nov./Dez., S. 17.

Kronauer, Martin: ..., in: Frankfurter Rundschau, 28.11. 1995.

Kühl, Jürgen, 1995: Finanzierung der Arbeitsmarktpolitik, in: Horst Schmitthenner (Hrsg.), Der „schlanke" Staat, Hamburg.

Kutz, Magnus-Sebastian/Nehls, Sabine: „Angriff der Schleichwerber", in: Frankfurter Rundschau, 09.01.2007.

Laclau, Ernesto / Mouffe, Chantal, 1991: Hegemonie und radikale Demokratie – Zur Dekonstruktion des Marxismus, Wien.

Laux, Eberhard, in: ..., Frankfurter Rundschau, 01.03.1995.

Landon, Thomas Jr.: Learning to embrace regulation, in: International Herald Tribune, 16.04.2008.

Lemke, Christiane, 1991: Die Ursachen des Umbruchs 1989 – Politische Sozialisation in der ehemaligen DDR. Opladen.

Lenin, W. I., 1963: Aus Anlaß der „Profession de foi", in: Lenin Werke, Band 4, Berlin (DDR).

Lenin, W. I., 1959: Was tun? in: Lenin Werke, Band 5, Berlin (DDR).

Lenin Werke, 1960: Bände 27, 30, Berlin (DDR).

Leysen, André: ..., in: Die Zeit, 08.09.1995.

Liebig, Michael: „War on the Depression – Der Erste New Deal" (1933-34).

Lundberg, Erik, 1985: The Rise and Fall of the Swedish Model, Journal of Economic Literature, American Economic Association.

Luhmann, Niklas, 1988: Macht, Stuttgart.

Luhmann, Niklas, 1997: Die Gesellschaft der Gesellschaft, Frankfurt am Main.

Luhmann, 1983: Rechtssoziologie, Baden-Baden.

Lutz-Bachmann, Matthias/ SchmidNoerr, Gunzelin (Hrsg.), 1991: Kritischer Materialismus, München.

Maaz, Hans-Joachim: Das gestürzte Bewusstsein oder die unglückliche Einheit, in: Tagesspiegel, 29.09.1991.

Maier, Hans, 1994: Über den aufgeklärten Konservatismus, in: Die Zeit, 01.04.1994.

Maron, Thomas: „Verschärfte Kontrollen", in: Frankfurter Rundschau, 03.05.2006.

Melcher, Christin: „Wer wir sein könnten“, in: Tagesspiegel, 06.01.2018.

Merklein, Renate, ..., in: Handelsblatt-Artikel 30./31.12.1994.

Messerschmidt, Manfred: ..., in: Die Zeit, 29.01.1993.

Moeller van den Bruck, 1931: Das dritte Reich.

Mouffe, Chantal, 2016: Agonistik – Die Welt politisch denken, Berlin.

Müller, Albrecht: ..., in: Frankfurter Rundschau, 16.05.1994.

Müller, Albrecht: „Riester-Rürup-Täuschung“ in: Nach-DenkSeiten, 25.04.2008.

Müller, Mario: „Phoenix will fliegen“ in: Frankfurter Rundschau, 22.10.2004.

Müller, Mario: „Im Steuerdschungel“, in: Frankfurter Rundschau, 22.01.2005.

Müller-Doohm in: Frankfurter Rundschau, 27.12.1994.

Naakow, Grant-Hayford / Scheyer, Victoria, Juni 2016, G-I Galtung Institut, Working Papers.

Nancy, Jean-Luc, 2012: Die Anbetung – Die Dekonstruktion des Christentums, Zürich 2012.

Narr, Wolf-Dieter/Schubert, Alexander, 1995: Weltökonomie: die Misere der Politik, Frankfurt am Main.

Naschold, Frieder, 1995: Ergebnissteuerung, Wettbewerb, Qualitätspolitik – Entwicklungspfade des öffentlichen Sektors in Europa, Kurzfassung in: Mitteilungen des Wissenschaftszentrums Berlin, Heft 69, S. 8-10.

Neubert, Ehrhart, 1998: „Geschichte der Opposition in der DDR – 1949-1989“, Berlin.

Neugebauer, Gero, 1978: Partei- und Staatsapparat in der DDR – Aspekte der Instrumentalisierung des Staatsapparats durch die SED, Opladen.

Niethammer: Die volkseigene Erfahrung – Eine Archäologie des Lebens in der Industrieprovinz der DDR, Berlin 1991.

Nonhoff, Martin, (Hg.) 2007: Diskurs – radikale Demokratie – Hegemonie, Bielefeld

Nonhoff, Martin, 2017: Vortrag in der Universität Erfurt: Viel hilft viel? Demokratische Krise und radikaldemokratische Reaktion.

Oldenburg, Fred, 1982: Der Parteibegriff der SED und Karl Marx, in: Low, Konrad (Hrsg.), Karl Marx und das politische System der DDR, Stuttgart, S. 153-190.

Piketty, Thomas, 2014: Das Kapital im 21. Jahrhundert, München

Pieck, Wilhelm, 1979: Gesammelte Reden und Schriften, Berlin (DDR).

Pirker, Theo / Lepsius, Rainer / Weinert, Rainer / Hertle, Hans-Hermann, 1995: Der Plan als Befehl und Fiktion. Wirtschaftsführung in der DDR, Opladen.

Pleitgen, Fritz, 1995 in: Wilhelm von Sternburg (Hrsg.), Tagesthemen ARD – Der Streit um das Erste Programm, Frankfurt/M.

Potsdamer Bulletin für Zeithistorische Studien, Nr. 4, Oktober 1995.

Projekt Klassenanalyse, 1972: Leninismus – neue Stufe des wissenschaftlichen Sozialismus? 2.Hlb. Berlin.

Rancière, Jacques: 2002. Das Unvernehmen. Politik und Philosophie. Frankfurt/Main.

Rancière, Jacques: 2011. Der Hass der Demokratie. Berlin.

Reich, Robert in: ..., Die Zeit, 09.12.1994.

Richard, Ernst, 1958: Der Staatsapparat in der Sowjetischen Besatzungszone Deutschlands, Köln/ Opladen.

Richardson, Michael, in: International Herald Tribune, 16.07.1993.

Roetzer, Florian: „Gespräch mit Jacques Derrida“, in: Falter, Wiener Stadtzeitung, Beilage zum „Falter“, 1987.

Rorty, Richard, 1987: Der Spiegel der Natur: Eine Kritik der Philosophie, Frankfurt am Main.

Schmitthenner, Horst (Hrsg.), 1995: Der „schlanke“ Staat, Hamburg.

Schmitz, Matthias/Assheuer, Thomas, 1993: Wir sind enttäuscht genug. Die Befreiung des Menschen vom Staatsbürger. Botho Strauß und die Überwindung der (Post)Moderne. In: FR vom 10.7.1993.

Schroeder, Klaus, 1998: „Der SED-Staat – Partei, Staat und Gesellschaft – 1949-1990", München/Wien.

Schröder, Richard: ..., in: Die Zeit, 12.09.1991

Schumann, Harald: ..., in: Tagesspiegel, 03.02.2005.

Schumann, Harald: „Die Apo des Kapitals", in: Tagesspiegel, 30.10.2004.

Schwart, Nelson D./Creswell, Julie: „Desperate for solution, but who understands the problem?" in: International Herald Tribune, 25.03.2008.

Senghaas-Knobloch, Eva/Lange, Hellmuth [Hrsg.], Forum „Humane Technikgestaltung", Heft 5, S. 12.

Smith, Adam, 1759: Theorie der ethischen Gefühle, Hamburg 2010.

Speth, Rudolf: „Die politischen Strategien der ‚Initiative Neue Soziale Marktwirtschaft'", in: Hans-Böckler-Stiftung, Fakten für eine faire Arbeitswelt, August 2004.

Stark, Meinhard, 1991: Wenn Du willst Deine Ruhe haben, schweige, Essen 1991, in: Frankfurter Rundschau, 05.10.1991.

Stiglitz, Joseph E., 2012: The Price of Inequality, London.

Stock/Tiedke: ..., in: Frankfurter Rundschau, 20.02.1992.

Storz, Wolfgang, ..., in: Frankfurter Rundschau, 25.10.2005.

Strauß, Botho, 2006: Mikado, München.

Sywottek, Arnold, 1994: Zwischen Begriffs-Not und Respekt vor den Banalitäten. Zur Diskussion über ostdeutsche Kultur, in: Kultur-Enquete. MKF, Jg. 17, H.34, S. 131.

Tenbrock, Christian: „Arbeit für 4,90 Euro" in: Die Zeit, 22.05.2003.

Thaa, Windfried / Häuser, Iris / Schenkel, Michael / Meyer, Gerd, 1992: Gesellschaftliche Differenzierung und Legitimitätsverfall des DDR-Sozialismus: das Ende des anderen Weges in die Moderne, Tübingen.

Tilly, Charles, 1985: War making and state making as organized crime in: Walther, Rudolf: Aufklärung, Untergang, Fortschritt, Verfall – Der leere Streit um die Logik der Zivilisation, in: Frankfurter Rundschau, 07.05.1994.

Tisch, Harry: ..., in: Frankfurter Rundschau, 30.09.1991.

Todorov, T., 1993: Angesichts des Äußersten, München.

Tsiros, Nikolaos, 1993: Die politische Theorie der Postmoderne, Frankfurt am Main.

Underhill, Geoffrey R.D.: Policy Recommendations, Section 1: Concerning the shareholder principle specifically, in: Global Financial Architecture, Legitimacy and Representation: Voice for Emerging Markets, Garnet Policy Brief No.3, January 2003.

Urban, Hans-Jürgen, 1995: Deregulierter Standort-Kapitalismus? In: Horst Schmitthenner (Hrsg.), Der „schlanke" Staat, Hamburg.

Vierteljahreszeitschrift für „Demokratie und Sozialismus", Heft 16, 1981.

Villain, Jean, 1990: Die Revolution verstößt ihre Väter – Aussagen und Gespräche zum Untergang der DDR, Bern.

Von Salzen, Claudia, in: Tagesspiegel, 06.09.2014.

Von Weizsäcker, Carl Christian: John Maynard Keynes, Der Bezwinger der Weltwirtschaftskrisen, in: www.faz.net, 20.07.2013.

Wahl, Rainer: Quo vadis Bundesverfassungsgericht? in: Frankfurter Rundschau, 30.06.93.

Walther, Rudolf: Aufklärung, Untergang, Fortschritt, Verfall – Der leere Streit um die Logik der Zivilisation, in: Frankfurter Rundschau, 07.05.1994.

Wansleben, Martin: …, in: Tagesspiegel, 15.06.2005.

Weiland, René, …, in: Tagesspiegel, 29.08.1993.

Wissenschaftszentrum Berlin, Forschungsschwerpunkt „Arbeitsmarkt und Beschäftigung“ in: Heft 69/9, 1995.

Wyschinski, Andrej, 1949: Die Fragen der Staats- und Rechtstheorie, Moskau.

Zelikow, Philip / Rice, Condoleezza, 1997: Sternstunde der Diplomatie, Berlin.

Benutzte Zeitungen, Zeitschriften und blogs

Archiv der Gegenwart
Berliner Landespressedienst
Die Weltbühne
Die Zeit
Frankfurter Allgemeine
www.faz.net
Frankfurter Rundschau
International Herald Tribüne
Le Monde
Nach-DenkSeiten
Neue politische Literatur
Spiegel
Süddeutsche Zeitung
Solon-line
Tagesspiegel
Tageszeitung
Washington Post

FSC
www.fsc.org
MIX
Papier | Fördert
gute Waldnutzung
FSC® C083411

Kolibri 360 GmbH
Ferdinand-Jühlke-Straße 7
99095 Erfurt, Deutschland
produktsicherheit@kolibri360.de